AI 시대
글쓰기 공식
3GO

[나만의 문장을 만드는 비밀 코드]

신동진 지음

메타X 미디어

AI 시대
글쓰기 공식
3GO
[나만의 문장을 만드는 비밀 코드]

개정판 1쇄 발행 2025년 10월 25일

지은이	신동진
발행인	현대원
편집인	박정준
디자인	신예환, 이재원
발행처	주식회사 메타엑스미디어
등록일	2025년 2월 28일 l 제2025-000027호
소재지	(우)03780 서울시 서대문구 신촌로127, 1208호
전화	02-2273-4832
팩스	02-2273-4830
전자우편	metax@metax.kr
홈페이지	metax.kr

ISBN 979-11-991771-9-2

copyright©㈜메타엑스미디어, 2025
이 책은 저작권법에 따라 보호받는 저작물이므로, 서면허락을 받지 않은 무단 전재와 무단 복제를 금합니다.
Published by MetaXmedia, Inc. Printed in Korea.

[프롤로그/2025]

"동진아, 너 책 어디서 구할 수 있지? 이번에 수습기자가 들어왔는데, 네 책을 선물하고 싶어서."

"이번에 신입 직원이 들어왔는데요, 기자님 책은 어디서 살 수 있을까요?"

2016년, 2년에 걸친 작업 끝에 첫 글쓰기 책을 세상에 내놓았다. 치열하게 살던 그 시절, 내게 이 책은 자랑이자 증명이었다. 그리고 2쇄를 마지막으로 책을 절판시켰다.

그렇게 시간이 흘러 어느새 10년. 그 사이, 종종 연락이 왔다.

"기자 시절 썼던 그 글쓰기 책, 아직 구할 수 있을까요?"

내 생애 첫 작품이기도 했던 나의 글쓰기 책. 가끔은 생각했다.

'이 책을 다시 세상에 선보이게 된다면 어떨까?'

그래서 다시 용기를 냈다. 그리고 다시 쓰기 시작했다. 이제는 그때와는 다른 위치에서, 다른 삶의 무게로. 호기롭게 기자였던 시절의 프롤로그 첫 문장은 이제 이렇게 바꿔 써본다.

"난 공대 출신 기자였다. 지금은 가상융합을 연구하는 박사이자, KT에서 AX 사업개발을 맡고 있다. 홍보와 대관을 거쳐 금융정책과 데이터 정책규제 대응, 그리고 기업가치를 위해 뛰던 내가 지금은 글쓰기 하나만 믿고 달려간다. 오늘도 그게 어디든 기꺼이…"

- 2025년 8월, 다시 꿈을 꿀 것을 다짐하며.

[프롤로그/2016]

나는 공대 출신 기자다.

7년 전 '기사'의 ㄱ 자도 몰랐던 내가 글쓰기를 해본 것이라고는 그저 블로그에 두서없이 생각을 나열하듯 적는 수준이었다. 나에게 있어 글쓰기는 신세계였다. 글쓰기는 경이롭고 설레는 약속의 땅이 아닌 낯설고 두려운 미지의 정글이었다.

그런 내가 기자가 됐다.

글의 구조를 잡는다는 것, 문장 간 흐름을 매끄럽게 이어간다는 것, 의식의 흐름으로 글을 논리 정연하게 써내려 간다는 것 모두 어렵고 고단한 일이었다.

우선 글쓰기의 두려움과 맞서야 했다. 매주 토요일이면 서점에 가서 글쓰기 책을 골랐다. 서점을 샅샅이 뒤졌고 닥치는 대로 샀다. 책에서 하라는 대로 따라 했다.

하지만 글쓰기 실력은 늘지 않았다. 늘 제자리 걸음이었고 글쓰기에 대한 열등감은 더욱 커져만 갔다. 글을 써야만 하는 부담감에 때로는 미쳐버릴 것 같았다. 그렇게 2년이 흘렀다.

온라인 매체에서 경제지로 이직하고 한 달간 공황상태가 됐다. 지면에 쓸 기사를 제대로 써내지 못했다. 한 달 동안 심적 고충은 죽고싶을 정도였다. 당시 나를 지켜보던 선배들이 정말 나를 안쓰러워했다. 200자 원고지 1매도 제대로 써내지 못했다. 매일매일 기사를 써야 한다는 압박에 시달렸다. 출근하기 싫을 정도였다. 아직도 그 때를 잊지 못한다.

글이 안 되다 보니 무시당하기도 했다. 그 누군가는 나를 '온라인 매체 출신 따위'라며 온갖 모멸감을 주는 언사를 서슴지 않았다. 하지만 반박할 수 없었다. 글을 못 쓰는 것은 사실이었다.

심적으로 너무 힘들어 이직한 것이 후회됐다. 이전 회사로 다시 돌아갈까도 진지하게 고민했다. 당시 전 회사 팀장에게 전화를 걸어 다시 돌아가도 되냐고 물었다. 선배는 단호했다. 회사 입장에서 돌아오는 건 좋지만 나 자신을 위해서는 거기서 어떻게든 버텨야 한다고 했다. "거기서 살아남지 못하면 앞으로 닥칠 더 힘난한 일들을 감당하지 못할 것"이라며 진심 어린 조언을 보냈다.

그동안 제대로 된 글쓰기 공부를 하지 않았다는 것을 깨달았다. 그저 책을 읽으면 글이 잘 써질 것이라고 막연하고 안일하게 생각했다. 이를 악 물었다. 나를 인간 이하로 취급하던 그를 글로 눌러 보겠다고 다짐했다.

본격적으로 글쓰기 훈련을 시작했다. 매주 주말이면 기자실로 출근했다. 한 주간 쌓여 있는 모든 일간지, 경제지를 펼쳤다. 새벽에 도착해 저녁까지 정독하고 필사했다. 안간힘을 썼다. 살아남기 위해, 인정받기 위해 독기를 품고 글쓰기를 훈련했다.

하지만… 이렇게 연습을 하는데도 글쓰기 능력이 느는 것 같지 않았다. 글쓰기 실력이 향상되는 게 느껴지지 않았다.

"선배 저 좀 살려주세요"

극심한 스트레스를 선배들에게 호소했다. 글 좀 쓴다는 선배들을 쫓아다니며 글쓰기 비법을 전수하라고 졸랐다. 마침내 선배들은 몇 분으로부터 자신만의 글쓰기 비법을 듣게 됐다.

선배들로부터 들은 글쓰기 비법을 하나씩 적용해 보았다. 노력은 배신하지 않았고, 결국 내 나름대로의 글쓰기 방법을 찾게 됐다.

지금 내 취미는 글쓰기다. 내가 생각해도 극적인 반전이다. '브런치'라는 글쓰기 도구를 이용해 다양한 내 삶의 이야기를 풀어내고 있다.

글쓰기 '젬병이'가 '글장이'가 되기 위한 과정은 너무도 잔인하고 지금도 그 과정을 밟고 있다. 어느 정도 글쓰기에 두려움이 사라진 지금 지난날을 돌아보면 지난 나의 삶이 한 편의 드라마처럼 흘러간다. 어쩌면 내게 이런 과정은 숙명이었을지도 모른다. 지금의 책을 내야만 하는 숙명이었을지도… 아무 의미 없이 찍어 가고 있는 하나의 '점'들이 모여 인생의 '선'을 만들고 선들이 삶의 '면'이 된다는 스티브 잡스가 2005년 스탠포드대학교 졸업사에서 이야기한 '커넥티드 닷츠(Connected dots)'가 이런 것일까.

이 지면을 빌려 글쓰기 비법을 전수해 준 김희정 선배, 심재우 형님께 고마움을 전한다. 그리고 거친 글이지만 제대로 한번 가르쳐 보겠다며 나를 유력 경제지로 이끌어주시고 글쓰기 과외까지 해주시기를 마다하지 않았던 당시 데스크, 박창욱 선배께도 깊은 감사를 드린다. 박창욱 선배가 아니었다면 난 아직도 글쓰기 늪에서 허우적댔을지도 모른다. 비록 길지 않은 기간이었지만 내 인생의 중요한 시기였고, 박 선배와 기자생활을 함께 했음에 강한 자부심을 느낀다. 온라인 매체 시절부터 곁에서 한결 같이 응원해 주고 지지해 주었던 이연춘 선배, 유현희 선배, 양창균 선배, 김휘석 형님, 조용국 형님, 좋은 책이 나올 수 있도록 꼼꼼하게 책을 검수해준 신벼리씨, 멋진 사진을 찍어 준 문정아 작가님, 외신 기사 번역을 도와 준 후배 김지수 기자와 검수를 도와준 조부경님께도 감사를 전한다. 늘 내 곁에서 본보기다 되어주는 아내에게도 존경을 표한다.

2016년
신동진

(목차)

11 서문
13 이 책 활용법

1 ＼ 읽고

32	1-1. 왜 기사를 읽어야 하나?
33	1-2. 우리의 읽을거리를 위해 오늘도 뛰는 그들
36	1-3. 기사를 통해 무엇을 얻을 수 있나?
37	1-4. 독자분들에게
42	1-5. 읽을 거리

2 ＼ 쓰고

92	2-1. 자료 찾기
100	2-2. 자료 정리
104	2-3. 시각화하라
111	2-4. 글쓰기 전 명심해야 할 7가지 조언
112	#1. 정확히 이해하라
123	#2. 충분히 정리하라
131	#3. 사실과 의견은 구분하자
142	#4. 기교는 버려라
151	#5. 글은 최대한 짧고, 쉽게
159	#6. 어미, 조사의 중복은 하수
166	#7. 중언부언도 하수
176	2-4. 글쓰기 실전
177	2-4-1 글쓰기 틀 '3GO'
191	▶ 3GO 글쓰기 구조 학습 요약

	220	2-4-2 설득하는 글의 공식 - '주근사'	
	245	2-4-3 보고 듣고 느낀 것을 글로 쓰기 - '현장사배'	
	317	2-4-4. 용어 풀어쓰기 - '용배설사'	
	341	2-4-5. 이해한 것을 요약하기 - '우~ 자유'	
	356	2-5. 나를 기록해보자	

3 \ 퇴고

358	3-1. 퇴고는 많이 할수록 고수
365	3-2. 필사(筆寫)
366	3-2-1. '글쓰기 내공 높이기'
371	3-2-2. 필사하면 좋은 글
373	#1. 글쓰기 내공을 높이는 3단계 연습법
379	#2. 참신한 도입부
399	#3. 블로그, 에세이 등 1인칭 시점이 돋보이는 글
406	#4. 돋보이는 현장감
415	#5. 네이티브 애드를 고민하는 블로거에게 도움
428	#6. 에세이 쓰기에 도움이 되는 글
434	#7. 보고서 쓰기 등에 유용한 깔끔하게 쓴 글
442	#8. 행사 글 및 보도자료 쓰기에 참고하면 좋은 글
451	#9. 잘 쓴 보도자료
456	#10. 기행문/여행기 쓰기에 참고하면 좋을 기사
462	#11. 조사한 내용을 글로 잘 풀어낸 기사
467	#12. 외신을 번역해서 기사화한 글
478	#13. 글쓰기의 다양한 방법: 사물의 의인화
485	#14. 리뷰 쓰기에 참고하면 좋은 기사
491	[에필로그/2025]

서문

[AI 시대, 왜 우리는 여전히 글을 써야 하는가]

　이제는 기계도 글을 쓴다. 문장을 만들고, 이야기를 짓고, 심지어는 시와 소설도 창작한다. 그래서 누군가는 말한다. "이젠 사람이 굳이 글을 쓰지 않아도 되는 시대 아니냐"고. 하지만 나는 오히려 지금이야말로 '나의 글'이 더욱 필요한 시대라고 생각한다. AI가 아무리 발달해도, 인간만이 쓸 수 있는 글이 있다. 살아온 시간과 감정, 고민과 통찰이 담긴 글. 바로 '나의 글'이다. 그래서 이번 책의 제목도 '나의 글로' 글쓰기로 잡았다. 이 책은 그런 글을 쓰고자 하는 사람을 위한 책이다.

　단순히 정보를 정리하거나 멋진 문장을 흉내 내는 것이 아니라, 나의 생각과 감정을 바탕으로 '주체적으로' 글을 쓰는 힘을 기르기 위해 만들었다. 글쓰기는 단지 기술이 아니라 사고의 훈련이고, 나를 표현하는 도구이며, 세상과 연결되는 방식이다. AI가 모든 걸 대신해주는 시대일수록, 내 생각을 정리하고 말할 수 있는 능력은 더욱 중요해진다.

이제는 묻고 싶다. "이 글은 누구의 생각인가?", "이 문장은 무엇을 믿고 쓰여졌는가?" 그 질문 앞에서, 누군가의 생각을 흉내 내는 글이 아닌, '나의 시선'과 '나의 목소리'로 글을 쓰는 일이 중요해지고 있다.

이 책은 AI 시대에도 능동적이고 주체적인 글쓰기 역량을 기르고 싶은 이들에게 도움이 되고자 한다. 다른 누구의 글이 아니라, 오직 '나의 글'을 쓰는 사람. 그런 사람이 되는 여정에 이 책이 작은 길잡이가 되기를 바란다.

2025년 8월, 뜨거운 계절의 숨결 속에서
신동진 드림

이 책 활용법

나처럼 글쓰기가 두려웠던 사람들을 위해 다시 노트북을 열었다. 글쓰기를 배우고, 그 안에서 즐거움을 느끼기까지 참 많은 시행착오를 겪었다. 이제는 그 시행착오를, 그리고 그 안에서 얻은 즐거움을 나누고 싶다.

글쓰기에 정답은 없다.

내 감정과 생각을 솔직하게 표현하면 된다. 물론, 지켜야 할 '몇 가지 원칙'은 있다. 이 원칙은 잘 쓴 글을 보면 알 수 있다. 이 책은 '잘 쓴 기사'를 예시로 삼아 글쓰기의 기본기를 전한다. 원칙을 익히고 나면, 그 위에 자신만의 색을 입히는 일은 생각보다 어렵지 않다. 13년 동안 나 역시 수많은 시행착오 끝에 나만의 글쓰기 방법을 만들 수 있었다. 글쓰기에 정답은 없지만, 지름길은 있다.

"이렇게 써라"가 아니다.

이 책은 "이렇게 써라"는 식으로 가르치지 않는다. 대신 다양한 글을 보여주고, 직접 써보도록 이끈다. 글쓰기에 대한 두려움을 깨고, 예시와 훈련을 통해 어느새 글을 쓰고 있는 '나 자신'을 발견하게 될 것이다. 뉴스 기사는 누구에게나 유용하다. 글쓰기를 잘하고 싶은 일반인, 언론인을 준비하는 학생, 회사에서 보도자료를 써야 하는 홍보 담당자에게도 모두 도움이 된다.

기자는 매일 글을 쓴다.

하루에도 몇 번씩 선배에게 깨지며, 같은 주제를 여러 방식으로 써본다. 어떤 구성이 독자에게 가장 잘 전달되는지를 찾기 위한 훈련이다. 기자는 '불특정 다수'를 독자로 삼는다. 그래서 누구나 이해할 수 있도록 쉽게, 간결하게 쓰는 법을 배운다. 주제의 핵심을 파고들고, 메시지를 분명하게 담는 연습도 한다. 이런 기자식 글쓰기 훈련은 일반인에게도 매우 효과적이다.

이 책은 글의 '구조'에 집중한다.

세 줄로 시작하는 글쓰기 틀부터, 주장하는 글, 설명하는 글, 사진과 그래프를 해석하는 글까지 여러 상황에 맞는 글쓰기를 함께 연습할 수 있다. 하나의 기본 틀을 다양한 글쓰기에 적용해보며 실생활 글쓰기에 유연하게 활용하는 법을 익히게 될 것이다.

보도자료도 다르지 않다.

보도자료의 독자는 기자다. 핵심이 분명하고, 기사의 재료가 될 만한 '팩트'가 많아야 한다. 화려한 문장은 필요 없다. 오히려 방해가 될 수 있다. 이 책을 통해 글쓰기의 기본기를 익히면, 보도자료도 자신 있게 쓸 수 있다.

지금 이 책을 읽고 있다는 건, 당신 역시 글쓰기에 대한 고민이 있다는 뜻이다.

'그렇다면, 이 책은 당신에게 꼭 필요한 책이다'

글쓰기에 대한 간절함이 있다면, 내가 경험으로 쌓아온 글쓰기 방법이 당신에게 분명 도움이 될 것이라 믿는다.

['많이 쓰면 늘 것'이라는 함정]

"글쓰기 연습은 어떻게 하고 계세요?"라는 내 질문에, 내게 글쓰기 코칭을 받는 분들 중에는 종종 이렇게 대답하는 사람들이 있다.

"글은 그냥 쓰다 보면 늘지 않을까요?"

"요즘은 AI한테 맡겨서 쓰고 있어요."

이 대답은 얼핏 들으면 합리적이고, 또 시대적 흐름을 반영한 말처럼 들린다. 손을 자주 움직이면 문장이 조금은 자연스러워지고, AI의 도움을 받으면 그럴듯한 글이 금세 눈앞에 나타난다. 실제로 SNS에 짧은 감상을 적거나 블로그에 일상을 기록하는 데는 이런 방식만으로도 충분하다. 하지만 여기에는 결정적인 한계가 있다. 문장이 매끄럽다고 해서, 그것이 곧 '좋은 글쓰기 실력의 성장'을 의미하지는 않는다. 글이 다듬어진 문법을 따르고 있다고 해서 반드시 '읽히는 글'이 되는 것도 아니다. 글은 단순히 쓰는 행위를 넘어, 독자가 끝까지 읽고, 무언가를 얻고, 마음에 오래 남는 경험을 해야 비로소 살아 있는 글이 된다. 글쓰기를 요리에 비유하면 이 차이는 금세 드러난다.

즉흥 요리와 글쓰기의 착각

만약 어떤 사람이 요리사가 되고 싶다고 한다. 그런데 그는 매번 냉장고를 열어 무작정 양파, 마늘, 고추장을 꺼내 들고, 그날의 기분에 따라 이것저것 집어넣는다. 불은 세게 올렸다가 갑자기 줄이고, 간은 손에 잡히는 대로 넣는다. 그렇게 조리한 음식이 때로는 뜻밖에 괜찮은 맛을 낼 수도 있다. 친구들이 모여 앉아 "오, 이거 의외로 맛있네?" 하고 놀라며 박수칠 수도 있다. 하지만 그것은 어디까지나 '우연히 얻어 걸린 맛'일 뿐이다. 오늘은 적당히 맞았지만 내일은 너무 짜고, 모레는 싱거우며, 그 다음 날은 아예 먹기 힘들 수도 있다. 맛이 일정하지 않고, 다시 재현할 수도 없다. 그 사람은 여전히 요리사라기보다 '즉흥적인 요리를 즐기는 아마추어'에 머물러 있는 것이다. 반면, 요리사의 길을 진지하게 걷는 사람은 전혀 다르다. 그는 양파를 썰 때 흘러나오는 매운 향 속에 숨은 단맛을 알고, 익히면 그 단맛이 어떻게 농축되는지 이해한다. 고기를 굽기 전에 온도를 맞추고, 기름이 몇 도일 때 가장 바삭하고 고소한 튀김이 나오는지 실험한다. 심지어 수비드 요리가 왜 저온에서 오랜 시간 조리되어야 하는지, 그 안에서 단백질이 어떤 방식으로 변성되는지까지 과학적으로 공부한다. 단순히 "맛있다"와 "맛없다"라는 감각적 결과만 보지 않고, 그 뒤에 숨어 있는 원리와 전통, 맥락을 탐구하는 것이다. 글쓰기에서도 이와 비슷한 착각이 흔하다. "많이 쓰면 언젠가는 늘겠지." 그러나 글도 요리와 같다. 단순한 반복만으로는 한계가 있다. 매번 기분 내키는 대로 쓰다 보면, 오늘은 읽히지만 내일은 밋밋하고, 모레는 도무지 집중이 되지 않는 글이 나온다. 결국 독자에게는 늘 '맛이 제각각인 글'만 남게 된다. 글은 요리처럼 연구와 이해, 전략이 필요하다. 글이 독자에게 어떤 맛을 줄지, 어떤 향을 남길지 고민해야 한다. 그래야만 비로소 독자들이 다시 찾고 싶어 하는, 재현 가능한 '레시피 있는 글'이 완성된다.

독자를 위한 '레시피'

맛있는 음식을 만들려면 가장 먼저 떠올려야 할 것은 '누가 이 음식을 먹을 것인가'다. 아이에게 차려줄 밥상이라면 자극적인 향신료를 빼고, 부드럽고 쉽게 삼킬 수 있는 재료를 고른다. 반대로 어른들이 모인 자리라면 복합적인 풍미와 깊은 여운을 고려해 조리해야 한다. 사랑하는 사람을 위한 음식이라면 맛뿐 아니라 그릇의 색감, 음식이 놓인 자리, 은은하게 퍼지는 향기까지 신경을 곱게 쓴다. 요리는 언제나 먹는 이를 중심에 두고 시작된다. 글도 똑같다. 글은 결국 누군가가 읽어야 완성된다. 아무리 진심을 담았더라도, 독자가 두세줄 읽다가 덮어버린다면 그 글은 실패다. 글은 나 혼자 감탄하며 즐기는 자화상 같은 것이 아니라, 상대방과의 대화다. 대화가 되려면 상대의 상황과 감정을 고려해야 한다. 그래서 글쓴이는 글을 시작하기 전에 반드시 자신에게 질문해야 한다.

이 글은 누구를 위한 글인가?
그들은 지금 어떤 문제와 욕구를 갖고 있는가?
나는 어떤 방식으로 그들의 시간을 붙잡을 것인가?
글을 읽은 독자가 마지막 문장을 덮을 때, 어떤 감정을 안고 돌아가기를 원하는가?

이 질문들에 답하지 못한다면, 그 글은 아직 요리로 치면 '손님 없는 주방'에 불과하다. 생각해보라. 혼자서 라면을 끓여 먹을 때는 대충 해도 괜찮다. 국물 맛이 짜든 싱겁든 그저 배만 채우면 된다. 그러나 누군가를 집에 초대해 식사를 대접할 때는 달라진다. 메뉴를 고민하고, 상차림을 준비하며, 상대방이 좋아하는 취향을 떠올린다. 글쓰기도 바로 이와 같다. 나 혼자 끄적이는 메모라면 즉흥적이어도 무방하다. 하지만 독자에게 읽히는 글, 나아가 책으로 묶여 세상에 나가야 하는 글이라면 반드시 '레시피'를 짜야 한다. 글은 독자를 위한 레시피다. 나만의 재료와 기법으로 쓰는 것 같지만, 결국은 상대방이 '맛있게 먹을 수 있어야' 한다. 글쓴이가 아무리 감동받으며 써 내려갔더라도, 독자가 느끼지 못하면 그것은 자기만족일 뿐이다. 맛있게 읽히지 않는 글은 나 혼자 먹고 끝나는 음식과 다르지 않다.

글은 상품이다

생각해보면 글쓰기는 가게를 운영하는 일과도 닮아 있다. 가게 주인이 되고 싶다고 해서 아무 상품이나 진열한다고 장사가 되는 건 아니다. 가게를 열었다면, 어떤 상품을 중심에 둘지, 그 상품이 지금 사람들이 가장 많이 찾는 것인지, 오프라인에서 팔아야 할지 온라인에서 팔아야 할지, 또 어디서 어떻게 팔아야 가장 잘 팔릴지를 고민해야 한다. 여기에 더해 포장, 가격, 마케팅 방식까지 세밀하게 설계하지 않으면 손님은 발걸음을 멈추지 않는다. "물건을 늘어놓는 것"과 "팔리는 상품을 만드는 것" 사이에는 커다란 간극이 존재한다. 글도 마찬가지다. 글은 결국 하나의 '상품'이다. 내가 쓰고 싶은 마음만으로, 하고 싶은 이야기만 쏟아내는 것은 개인의 일기장에서는 괜찮다. 그러나 세상과 소통하고자 하는 글에서 "내가 하고 싶은 말만 하면 된다"는 태도는 위험하다. 독자의 시선, 취향, 그리고 그들이 글에 투자할 시간까지 고려해야 비로소 '판매되는 글'이 된다.

예를 들어 블로그 글이라면 검색 키워드와 독자의 관심사가 맞아떨어져야 한다. 그래야 검색을 통해 들어온 사람들이 글을 끝까지 읽고, 다시 방문한다. 책을 내겠다고 한다면, 단순히 내 이야기를 묶는 것이 아니라 시대적 흐름 속에서 어떤 필요를 충족하는지를 보여주어야 한다. 지금 사람들이 어떤 문제에 답을 찾고 있는지, 어떤 주제에 목마른지를 정확히 짚어내야 한다.

글은 결국 '시장' 속에서 살아남아야 한다. 시장은 냉정하다. 독자들이 공감하지 않는 글은 금세 잊히고, 아무리 공을 들였더라도 반응이 없다면 존재하지 않는 것과 다르지 않다. 반면, 시장을 이해하고 전략적으로 기획된 글은 오래 회자되고, 사람들 사이에서 공유된다. 따라서 글쓰기를 진지하게 하고 싶다면, 글을 "상품으로서 어떻게 설계할 것인가"를 반드시 고민해야 한다. 그것이 글이 단순한 기록을 넘어, 세상과 연결되는 문이 되는 순간이다.

물론 글을 많이 쓰는 경험은 필요하다. 글쓰기는 결국 손끝의 노동이기 때문에, 손을 움직이지 않고는 절대로 늘 수 없다. 그러나 그것만으로는 부족하다. 마치 요리사가 매번 즉흥적으로 재료를 넣고 불을 올리면서 "언젠가 실력이 늘겠지"라고 말하는 것과 같다. 그렇게는 결코 늘지 않는다. 오히려 습관적인 시행착오만 반복될 뿐이다. 그렇다면 실력이 쌓이는 순간은 언제일까? 바로 이런 질문을 스스로에게 던질 때다.

"왜 이 글은 중간에 독자가 흥미를 잃고 떠났을까?"
"왜 어떤 문장은 쉽게 읽히는데, 다른 문장은 걸리듯 막혔을까?"
"왜 이 글은 사람들의 마음을 움직였을까?"
"내가 감동받았던 글은 어떤 방식으로 나를 붙잡았을까?"

이 질문들에 성실히 답하려는 순간, 글쓰기는 단순한 반복이 아니라 성찰과 분석의 훈련이 된다. 글쓰기의 성장 곡선은 직선이 아니다. 단순히 쓰는 양을 늘린다고 꾸준히 오르지 않는다. 오히려 아무 생각 없이 반복하다 보면 제자리에서 맴돌거나, 나쁜 습관만 굳어진다. 성장의 곡선이 꺾여 다시 위로 솟아오르는 순간은, 자신이 쓴 글을 돌아보고 해부할 때 찾아온다. 문장의 호흡을 점검하고, 글의 구조를 뜯어보며, 어떤 단어가 독자의 마음을 움직였는지를 기록하는 과정 속에서 실력이 자란다. 많이 쓰는 것 자체는 토양에 불과하다. 그 위에 성찰과 분석이라는 비료가 더해져야만 열매가 열린다. 결국 글쓰기의 열쇠는 '양'이 아니라 '방식'에 있다. 생각 없이 쓴 천 편의 글보다, 성찰 속에서 다듬어진 열 편의 글이 더 큰 성장을 만든다.

글쓰기도 체계적인 접근 필요

나는 글쓰기 코칭을 할 때마다 이렇게 말한다.

"글도 요리처럼 연구와 기획이 필요해요"

요리사가 신메뉴를 내놓기 위해 수십 번의 시도를 반복하듯, 글쓴이도 한 편의 글을 위해 수많은 자료를 읽고, 문장을 고치고, 구조를 다시 짠다. 때로는 실패한 시도에서 더 큰 배움을 얻고, 예상치 못한 조합에서 새로운 가능성을 발견하기도 한다. 이런 과정은 번거롭고 시간이 오래 걸리지만, 결국 그것이 글을 '작품'으로 완성시킨다. 좋은 글은 단순히 영감에서 나오지 않는다. 순간의 번뜩임은 불씨일뿐이다. 그 불씨가 꺼지지 않고 큰 불로 타오르려면, 끊임없는 질문과 고민이라는 장작이 필요하다. "이 문장은 독자의 눈길을 잡을 수 있을까?", "이 대목은 불필요하게 늘어지지는 않을까?", "이 글을 다 읽은 독자는 어떤 감정을 안고 돌아갈까?" 같은 질문에 답하려는 과정에서 글은 비로소 살아난다. 그래서 글쓰기를 진지하게 하고 싶은 사람이라면, 글을 단순한 기록이나 낙서가 아니라 하나의 작품으로 대해야 한다. 초고는 밑그림이고, 퇴고는 색을 입히는 과정이며, 최종본은 독자 앞에 내놓는 완성된 요리다. 이 과정을 거치지 않은 글은 늘 '맛없다'는 평가를 받을 수밖에 없다. 음식이 요리사의 훈련을 거쳐 탄생하듯, 읽히는 글도 치밀한 준비와 전략 속에서 완성된다. 글쓰기의 본질은 결국 즉흥이 아니라 체계다. 영감이 씨앗이라면, 연구와 기획은 그것을 꽃으로 피우는 토양과 햇빛, 그리고 물이다. 글은 우연히 잘 써지는 것이 아니라, 훈련과 설계 위에서만 재현 가능하게 읽힌다.

글쓰기의 즐거움

여기서 중요한 것은, 이런 과정이 결코 고통만은 아니라는 점이다. 오히려 글쓰기를 요리에 빗대어 생각해보면, 그 안에는 더 큰 즐거움이 숨어 있다. 새로운 재료를 찾아 나서는 일은 작은 모험과도 같다. 마트에서 생소한 향신료를 발견하거나, 시장에서 처음 보는 채소를 집어드는 순간의 호기심이 요리를 더 풍성하게 만들 듯, 글쓰기도 새로운 주제를 탐구할 때마다 가슴이 뛴다. 자료를 모으는 과정은 보물찾기와 같다. 수많은 책과 인터뷰, 경험 속에서 반짝이는 단서를 발견할 때마다 글의 맛은 더욱 깊어진다. 색다른 조리법을 시도하는 과정도 흥미롭다. 레시피에 적힌 순서를 고집하기보다, 나만의 방식으로 변형해보며 맛의 균형을 맞춰가는 과정은 실험실 같은 긴장과 설렘을 동시에 준다. 글쓰기도 마찬가지다. 기존의 구조나 문법에만 의존하지 않고, 새로운 서술 방식이나 전개를 시도하면서 문장을 완성해가는 길은 창조적 즐거움으로 가득하다. 때로는 실패도 한다. 요리에서 소금 한 줌이 지나치면 국물이 엉망이 되듯, 글에서도 불필요한 수식어 하나가 흐름을 망치기도 한다. 그러나 그 실패조차 다음 시도의 자양분이 된다. 그리고 무엇보다 값진 순간은, 글이 누군가에게 '먹힐 때' 찾아온다. 내가 정성껏 만든 음식이 사람들의 얼굴에 미소를 짓게 하듯, 내가 쓴 글이 누군가의 마음에 위로를 주고, 새로운 통찰을 안기며, 다시 걸을 용기를 준다면 그것만큼 보람찬

일은 없다. 글은 결국 나 혼자만의 놀이가 아니라, 타인과 감정을 나누는 행위다. 누군가가 내 글을 읽고 "이 문장에서 힘을 얻었다"라고 말해줄 때, 그 순간이야말로 글쓰기가 줄 수 있는 최고의 보상이다. 결국 글쓰기는 훈련의 고단함과 창조의 즐거움, 그리고 나눔의 기쁨이 어우러진 여정이다. 고통과 설렘이 교차하고, 실패와 성취가 번갈아 찾아오지만, 그 모든 과정이 모여 글을 쓰는 사람의 삶을 더 풍요롭게 만든다.

글쓰기와 장인의 태도

글쓰기를 직업으로 하든, 취미로 하든, 우리는 결국 장인의 태도로 임해야 한다. 대충 만든 음식은 손님이 두 번 다시 찾지 않는다. 대충 쓴 글은 독자가 기억하지 않는다. 그 순간은 잠시 지나갈 수 있어도, 다시 읽고 싶어지는 글, 오래 남는 글은 결코 우연히 만들어지지 않는다. 장인은 늘 묻는다.

"어떻게 하면 더 나아질까?"
"무엇을 빼야 하고, 무엇을 더해야 할까?"
"이 글을 읽는 사람은 어떤 기분일까?"

이 질문은 요리사의 질문과도 같다. 소금을 조금 덜 넣어야 할까? 불을 더 줄여야 할까? 혹은 접시에 어떻게 담아야 손님이 더 맛있게 느낄까? 장인은 사소해 보이는 질문조차 가볍게 넘기지 않는다. 글쓴이 역시 문장의 리듬, 단어 하나의 선택, 문단의 길이까지 끝없이 되묻고 다듬어야 한다. 장인의 길은 화려하지 않다. 목수가 하루에도 수십 번 대패질을 하고, 도예가가 수없이 흙을 빚어 깨뜨리듯, 글쓰기도 같은 과정을 거쳐야 한다. 초고를 쓰고, 지우고, 다시 쓰는 과정에서 단단한 문장이 태어난다. 성급함을 버리고, 묵묵히 같은 동작을 반복할 때 비로소 손끝에 감각이 자리 잡는다. 글쓰기는 결국 장인의 수련이다. 매번 조금씩 더 나아지려는 노력이 쌓여, 언젠가 자신만의 문체와 색깔이 드러난다. 그때야 비로소 글은 독자 앞에서 살아 숨 쉬며, "읽히는 글"이 된다. 장인의 태도를 잃지 않는 한, 글쓰기는 단순한 기록을 넘어 삶을 담아내는 작품으로 거듭날 수 있다.

글쓰기는 요리와 닮아 있다. 재료를 모른 채 무작정 끓이는 냄비는 우연한 맛만을 남긴다. 한 번쯤은 기대 이상의 맛이 나올 수도 있지만, 그 맛을 다시 재현하지 못한다면 그것은 단순한 행운일 뿐이다. 그러나 재료의 성질을 이해하고, 불의 강약을 조절하며, 먹는 이의 기호와 상황을 고려해 설계된 음식은 언제 어디서나 일정한 감동을 준다. 글쓰기도 다르지 않다. 독자를 위한 레시피를 고민하고, 문장의 재료를 고르고 다듬으며, 흐름이라는 불 조절을 신중하게 다룰 때 글은 비로소 정성껏 빚어진다. 그렇게 완성된 글은 단순한 텍스트가 아니라, 사람들의 마음을 움직이는 한 끼의 음식처럼 독자에게 전달된다. 글은 감정의 배설이 아니라, 누군가에게 건네는 완성품이다. 쓰는 이의 만족에서 멈추지 않고, 읽는 이의 경험을 끝까지 고려해야 한다. 그래서 글은 요리처럼, 그리고 매장 운영처럼 치밀해야 한다. 어떤 상품을 팔지, 어떤 독자에게 어떻게 전달할지를 고민하지 않는 가게가 오래 살아남을 수 없듯, 독자를 고려하지 않은 글은 금세 잊힌다. 그렇게 치열하게 다듬어진 글만이 결국 오래 기억되고, 다시 읽히며, 사람들 사이에서 전해진다. 글쓰기는 결국 요리와도 같고, 장사의 기술과도 같다. 순간의 영감이 아니라 꾸준한 훈련과 전략이, 그리고 독자를 향한 세심한 배려가, 글을 살아남게 한다.

[글쓰기 여정 속 자신과 사투 중인 분들을 응원합니다]

'아이들이 처음 숟가락을 잡는 모습을 본 적이 있는가?'

작고 어설픈 손으로 낯선 도구를 이리저리 돌리며 어찌할 바를 몰라한다. 손으로 집어먹으면 그만일 것을, 왜 굳이 이런 이상한 도구를 써야 하느냐는 듯한 표정으로 말이다.

처음엔 어색하고 불편하다. 때로는 짜증도 난다. 하지만 결국, 배워야 한다. 왜냐고? 배워야 선택할 수 있기 때문이다.

"쓸 줄 알면서 손으로 먹는 건 괜찮다. 하지만 쓸 줄 몰라서 손으로 먹는 태도로는 세상을 제대로 살아갈 수 없다."

글쓰기도 똑같다. 태어날 때부터 글을 잘 쓰는 사람은 없다. 보고 듣고 느낀 것을 글로 옮기는 일은 누구에게나 어색하고 힘들다. 하지만 훈련을 통해 익혀야 한다.

억울한 상황에서 나를 지키고 싶다면, '주장할 수 있어야 한다'. 그 때 글쓰기는 당신의 '무기'가 된다. 생각을 구조화하고, 감정을 정리하고, 메시지를 설득력 있게 전달하는 힘. 그 힘은 '글쓰기'라는 도구를 통해 완성된다.

세상에 하루아침에 잘할 수 있는 것은 없다

많은 사람들이 적은 노력으로 큰 성과를 기대한다. 하지만 우리는 알게 된다. "노력한 만큼 성장하는 것 자체가 축복"이라는 걸. 왜냐하면 세상은 때때로, 노력해도 보상받지 못하는 곳이기 때문이다. 글쓰기도 마찬가지다. 기초 체력을 기르려면 시간과 반복이 필요하다. 하루 5분 필사한다고 내공이 쌓이진 않는다. 최소 30분, 가능하다면 하루 1시간. 꾸준히 쌓아야 어느 순간, 남이 알아보는 실력이 된다. 그리고 기억하자. 내 글쓰기 실력은 내가 제일 모른다. 그건 남이 말해주는 것이다. 하지만 1년 전 쓴 글과 지금 글을 비교해보라. 그 차이가 보일 만큼 썼다면, 이미 당신은 성장한 것이다.

즐기자, 그래야 계속할 수 있다

꾸준함은 결국 자기 자신과의 싸움이다. 그 싸움을 이기려면 글쓰기를 '성과'보다 '즐거움'으로 여겨야 한다. 브런치 작가가 되고 나서 들은 이야기들이 있다.

"처음엔 좋았어요. 내 이야기를 쓸 수 있어서. 그런데 점점 조회수에만 신경 쓰게 되더라고요."

공감한다. 나에게도 브런치는 내 마음을 기록하는 공간이다. 물론 구독자 수가 많아지면 좋다. 하지만 어느 순간부터 나는 조회수보다, '내가 정말 내 이야기를 쓰고 있는가'에 집중하기로 했다. 이 책을 집은 당신도 아마 비슷할 것이다. 글을 잘 쓰는지 못 쓰는지는 중요하지 않다. 글쓰기에 대한 고민이 있다는 것, 글을 잘 쓰고 싶다는 마음이 있다는 것, 그 자체가 시작이다.

지금 당장 떠오르는 생각을 적어보자.

아무런 소재도 떠오르지 않는다면, 기다리자. 억지로 끌어내려 하지말자. 글은 밀어붙인다고 써지는 게 아니다. 초반엔 의지로 밀어붙여야 한다. 하지만 결국 우리가 도달해야 할 지점은 하나다.

'글쓰기 자체가 즐거워지는 상태.'

글쓰기가 당신의 가장 유쾌한 습관이 되는 날. 그때부터 당신의 글쓰기 내공은 자연스럽게 쌓이기 시작할 것이다.

〈글쓰기, 왜 오래 걸릴까?〉

"글을 쓰려고 하면 너무 오래 걸려요."

미디어 업계에서 일하는 A씨가 어느 날 내게 털어놨다.

"필사도 해봤고, 문장 구성도 분석해봤는데… 잘 안 돼요."

답답하다는 듯 이마를 찌푸렸다. 나는 그에게 평소 글쓰기 습관을 물었다. 그는 망설임 없이 말했다.

"글을 쓰기 전에 비슷한 사례를 찾아요. 그걸 베껴 쓰면서 구성을 그대로 가져오고, 내용만 바꿔요."

그 순간, 나는 어떤 조언을 해줘야 할지 확신이 들었다.

"글쓰기는 결국 자신감이에요."

글쓰기에 있어서 자신감은 생각보다 큰 요소다. 하지만 그에게 글쓰기는 이미 '부담'이 돼 있었다. 잘 써야 한다는 의욕이 오히려 자신을 짓누르고 있었던 것이다. 한 번에 완벽하게 써야 한다는 생각. 이건 글쓰기의 가장 큰 함정이다. 글은 처음부터 완성되는 게 아니다. 글을 쓴다는 건 마치 하나의 작품을 만들어가는 과정과 같다. 처음엔 흐릿했던 생각을 글로 옮기고, 그걸 내가 의도했던 모양에 가깝게 다듬는 것. 그게 바로 글쓰기다.

"글쓰기는, 필사랑은 좀 달라요."

필사는 훌륭한 훈련 도구다. 좋은 문장을 베껴 쓰며 문장의 구조, 어휘, 리듬감을 체화하는 데 도움이 된다. 하지만 글쓰기의 본질은, 내 이야기를 내가 써내려가는 것이다.

훈련과 실전은 다르다. 내 글을 쓰고 싶다면, 어떤 이야기를 어떻게 써내려갈지 내가 결정하고, 내가 판단하고, 내가 책임져야 한다. 그리고 퇴고하자. 처음 전달하고자 했던 메시지가 글 속에 정확히 담길 때까지 다듬는 것이다.

그래서 나는 그에게 이렇게 말했다.

"우선, 마음껏 써보세요. 퇴고라는 훌륭한 도구가 있으니까요."

처음부터 완벽하려 하지 말고, 그냥 써보고, 나중에 고치는 거다. 글쓰기 공포에서 먼저 벗어나야 한다. 또 하나, 좋은 글을 많이 읽을 것. 특히 기사를 많이 읽어보라고 조언했다. 읽다가 '잘 썼다' 싶은 글은 따로 스크랩해두고, 왜 좋은지, 구조는 어떤지 분석해보는 훈련도 도움이 된다.

많은 글을 읽는다고 해서 반드시 글을 잘 쓰게 되는 건 아니다. 읽기는 '감상'이고, 쓰기는 '창작'이다. 좋은 음악을 많이 들었다고 해서 작곡을 잘하는 건 아닌 것처럼 말이다. 반대로 글을 많이 써봤다면, 당연히 글을 쓰는 감각은 훨씬 빠르게 성장할 수 있다.

읽는 능력과 쓰는 능력은 다르다. 한쪽만 집중하면 균형이 깨질 수 있다. 많이 읽고, 많이 써보고, 두 가지를 함께 훈련하는 것. 그게 글쓰기 실력을 키우는 가장 확실한 방법이다.

01_ 읽고!

글을 잘 쓰고 싶다면, 다양한 구성의 글을 많이 읽어야 한다.

1-1 왜 기사를 읽어야 하나?

　기사는 단 하나의 메시지를 효과적으로 전달하기 위한 글이다. 독자가 쉽게 이해할 수 있도록, 구조와 흐름에 공을 들여 쓰인 결과물이다. 집중하지 않아도 내용을 파악할 수 있다면, 그건 기자가 독자를 위해 글을 치열하게 다듬었다는 증거다. 기자가 그런 글을 쓰기 위해선 먼저 깊이 있는 취재가 필요하다. 이슈에 대한 철저한 조사와 배경지식 습득은 기본이다. 아무리 글을 잘 쓰는 사람이라도, 제대로 이해하지 못한 내용을 쉽게 설명하는 건 불가능하다. 이렇게 정리된 기사는 '정보' 이상의 가치를 지닌다. 핵심만 추려 요약한 글이자, 그 메시지를 가장 잘 전달할 수 있는 글쓰기 구조의 교과서다. 기사를 읽고 단번에 이해했다면, 그건 우연이 아니다. 당신이 쉽게 읽을 수 있도록, 기자는 수없이 글을 고치고 다듬었을 것이다. 흘려 읽은 한 문장 속에도 기자의 고민과 설계가 녹아 있다. 잘 쓴 기사 한 편을 제대로 읽는 것. 그것만으로도 좋은 글쓰기를 위한 최고의 연습이 될 수 있다.

1-2 우리의 읽을거리를 위해 오늘도 뛰는 그들

"하나의 기사가 세상에 나오기까지, 얼마나 많은 노력이 담겨 있는지 알고 있는가?"

기자는 단 한 편의 기사를 쓰기 위해 수많은 취재원을 만나고, 관련 자료를 수집하고, 주제를 깊이 있게 이해하기 위해 공부한다. 자료는 여기저기에서 모은다. 책도 읽고, 통계도 뒤지고, 현장도 다녀온다. 그렇게 정리한 내용을 보통 원고지 7~10매 분량 안에 담는다. 신문기자는 지면이 한정돼 있고, 방송기자는 정해진 시간 안에 정보를 압축 전달해야 하기 때문이다.

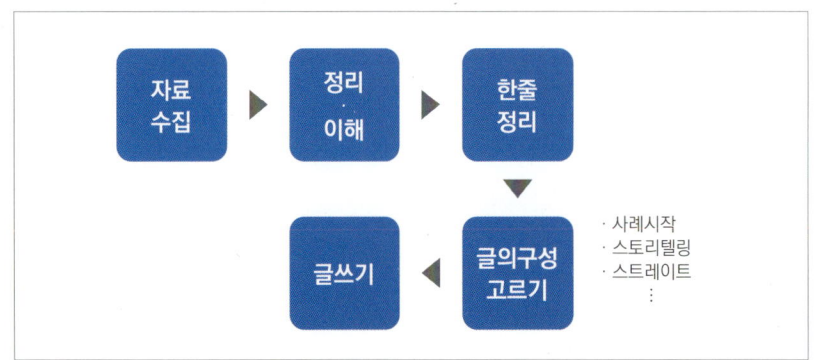

 기자는 이렇게 모은 자료 속에서 '야마'[1], 즉 핵심 주제를 잡는다. 기자는 머릿속으로 끊임없이 '글의 틀'을 떠올린다. 그가 그동안 읽어 온 수많은 글, 자신이 써본 다양한 글의 구성 방식 속에서 이번 글에 가장 적합한 구조를 찾아내는 것이다. 이 구성 방식, 즉 '글의 틀'이야말로 기자 글쓰기의 핵심이자, 우리가 배워야 할 가장 중요한 요소다.

 기자는 단순히 쓰고 끝내지 않는다. 바이라인(By-line)[2], 즉 기사 하단에 자신의 이름이 올라가는 순간부터 그 글은 책임의 영역이 된다. 그래서 퇴고에 퇴고를 거듭한다. 나의 경우 보통 열 번 이상 퇴고를 한다. 물론 속보처럼 시간이 촉박할 때는 오탈자 중심으로 빠르게 검토하는 정도에 그치기도 한다. 기자가 퇴고를 마친 기사는 팀장에게 전달된다. 대부분의 언론사에서 팀장은 기자 경력 10년 이상의 전문가다. 글을 쓰는 데 능한 것뿐 아니라, 다른 사람의 글을 분석하고 다듬을 줄 아는 실력자

---

1) 기자들 사이에서는 주제를 '야마'라고 부른다.
2) by-line. 기사를 작성한 사람이 누구인지(written by) 알리는 부분을 말한다.

다. 하지만 팀장의 검토가 끝이라고 생각하면 오산이다.

그다음은 바로 '데스크' 단계다. 데스크는 부장급 기자로, 언론사 안에서 취재 지시, 기사 수정, 제목 확정 등 편집권을 가진 실질적 책임자다. 이 단계에서 이루어지는 편집 과정을 '데스킹'이라 부른다. 일반 종합일간지 기준으로 데스크는 보통 20년차 이상의 베테랑 기자들이다.

그리고 마지막 관문, 편집팀이 있다. 편집팀 에디터는 단순히 오탈자를 고치는 수준을 넘어 필요하다면 글의 구조와 흐름 전체를 확 바꿔놓는 능력자이기도 하다. 나는 경제지 기자 시절, 편집 에디터의 손에서 내 기사가 '다이아몬드처럼 다듬어지는' 과정을 여러 번 경험했다. 몇 줄의 위치를 바꾸고, 문장을 간결하게 줄이기만 해도 글의 분위기와 전달력이 완전히 달라지는 '편집의 마법'이었다.

이렇듯 기사 한 편은 기자, 팀장, 데스크, 편집 에디터까지 수많은 전문가들의 손을 거쳐 완성되는 글의 집합체다. 흔히 보이는 인터넷 글과는 결이 다르다. 정제된 문장, 압축된 정보, 치열한 구조까지 기사는 글쓰기의 가장 훌륭한 교과서다. 그들의 땀으로 만들어진 한 편의 기사. 그건 단지 정보가 아니라, 글쓰기를 배울 수 있는 살아 있는 자료다.

'오늘도 우리가 무심코 넘긴 그 기사 속에는 누군가의 치열한 고민과 고집스러운 퇴고의 흔적이 남아 있을 것이다'

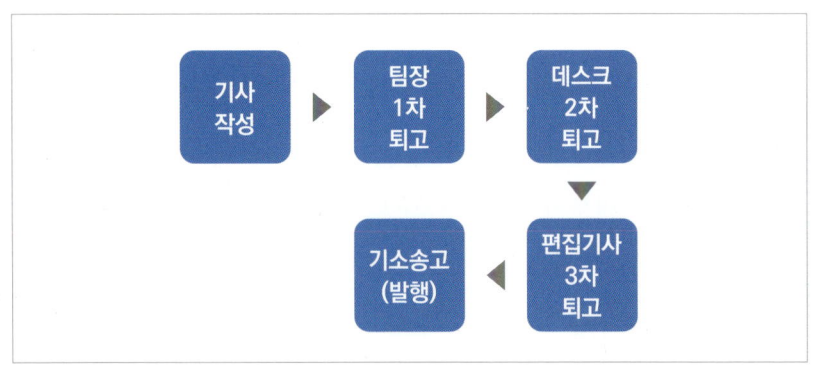

1-3 기사를 통해 무엇을 얻을 수 있나?

일반인이 글을 쓰는 이유는 다양하다. 누군가는 감동을 전하고 싶고, 누군가는 재미를 주고 싶고, 또 어떤 이는 정보를 나누기 위해 글을 쓴다. 기자도 마찬가지다. 기사도 결국 독자의 마음을 움직이기 위한 글이다. 기자 역시 글을 통해 감동, 재미, 정보 중 하나 또는 그 이상을 전하고자 고민한다.

기자는 글의 주제를 효과적으로 전달하기 위해 글쓰기의 '**틀**', 즉 구성 방식을 치열하게 고민한다. 핵심 메시지를 선명하게 전달하기 위한 가장 효율적인 구조를 찾는 것이다. 이 틀은 기자만의 도구가 아니다. 우리 모두가 글을 쓸 때 활용할 수 있는 강력한 프레임이다. 내가 쓰고자 하는 글의 유형에 따라 적절한 틀을 선택해 구성하면 전하고자 하는 메시지를 더욱 정확하고 설득력 있게 담을 수 있다.

기사는 종종 딱딱하게 느껴질 수 있다. 한정된 지면에 맞춰 정보를 압축하고, 불필요한 수식 없이 간결하게 써야 하기 때문이다. 그래서 '기사는 일반인의 글쓰기엔 적합하지 않다'는 오해도 있다. 하지만 그것은 '형식'만 보고 내린 섣부른 판단일 수 있다. 진짜 핵심은 '어떻게 구성했느냐'에 있다. 기사는 정보와 메시지를 효과적으로 전달하기 위한 글쓰기의 기술이 집약된 장르다. 기사는 '==글의 멋=='을 구성으로 보여준다. 기사를 많이 읽고, 구성 방식을 익히고, 그 틀을 일상적인 글쓰기에 적용해 보라. 내용이 특별하지 않아도, 구성만으로 글의 인상이 달라진다.

글을 잘 쓰는 사람처럼 보일 수 있다. 이는 결코 사기나 속임수가 아니다. 그만큼 구성력이 글의 힘이라는 뜻이다. 하나의 주제를 깔끔하게 풀어내는 능력. 하고 싶은 이야기를 명확하게 전달하는 능력. 기사를 통해 얻을 수 있다.

1-4 독자분들에게

많은 사람들이 글을 쓸 때 흔히 저지르는 실수가 있다. 하나의 글에 여러 개의 주제를 담으려는 것이다. 전하고 싶은 이야기는 많은데, 막상 근거는 부족하거나 아예 없는 경우도 많다. 이럴 때 글은 일방적이고, 설득력이 떨어지며, 억지스러워 보인다.

이 책에서는 '==하나의 주제로 글을 풀어내는 법=='을 알려준다. 잘 쓰인 기사의 사례를 통해 주장을 어떻게 정리하고, 어떻게 구성하며, 어떻게 설득력 있게 풀어내는지를 배운다. 기사 속 '==깔끔한 글쓰기=='는 [읽고 → 분석하고 → 따라 써보는 과정]을 통해 체득할 수 있다.

기사는 '틀'이 있는 글이다. 여기서 말하는 '틀'은 글의 구성 방식, 즉 골격이다. 기자의 기본 글쓰기 구조는 '세 줄 스트레이트'. 핵심 내용을 단 3줄로 요약해 전달하는 방식이다. 이 세 줄은 글의 뼈대다. 일반 글쓰기도 마찬가지다. 핵심 메시지를 먼저 정리하고, 그 위에 근거와 설명을 차례대로 쌓아 올리는 것. 이것이 바로 글의 설계다.

이 책에서는 글쓰기의 틀을 세우는 법뿐 아니라 글쓰기의 공식도 함께 소개한다. △설득형 글 △설명형 글 △현장에서 보고 듣고 느낀 점을 옮기는 글 등 다양한 목적과 상황에 맞는 구성 방식들을 예제와 함께 학습할 수 있도록 구성했다. 공식을 익히고, 다양한 구성 예제를 접하다 보면 글을 쓰는 힘은 물론, 글을 보는 안목도 눈에 띄게 향상될 것이다.

기사는 결코 기자들만의 전유물이 아니다. 기사는 여러분의 글쓰기를 돕는 최고의 지침서다. 주제를 명확하게, 구성은 탄탄하게, 독자를 설득하는 힘까지 갖춘 글. 그런 글을 쓰고 싶다면 기자의 글쓰기 방식에서 해답을 찾을 수 있다.

〈내가 글을 쓰는 이유〉

"왜 아직도 브런치를 하세요?"

많은 이들이 내게 묻는다. 구독자가 많은 이유를, 여전히 글을 쓰는 이유를. 사실, 그 모든 질문은 하나로 귀결된다.

"왜 글을 쓰느냐"는 물음.

나는 이렇게 대답한다. "내게 글쓰기는 내 삶의 일부입니다."라고. 글쓰기는 삶의 기록이다.

내 글쓰기는 수험생 시절부터 시작됐다. 그 시절의 나는, 매일 '네이버 블로그' 비공개 글에 나를 적었다. 불안과 고독, 희망과 다짐, 때로는 원망을... 아무도 읽지 않을 글에, 스스로를 써 내려갔다. 그 후 기자가 되어 정신없이 바쁘게 살면서 글쓰기를 멈춘 5년의 공백이 생겼다. 결혼을 하고, 아들을 낳고, 육아휴직을 하며 문득 생각했다.

"다시, 나의 시간을 기록하자."

그리고 나는 브런치를 시작했다. 인턴이던 2008년부터 지금까지의 삶을, 1인칭 시점으로, 나만의 감성으로, 때론 조용히, 때론 담담하게 풀어냈다. 자극적인 이야기를 쓰기보다는 "나도 그랬어"라는 공감을, 누군가에게 위로가 되는 글을 쓰고 싶었다.

글을 계속 쓰는 이유는 '아버지가 된 지금', 달라졌다. 이제 나는 아들이 언젠가 나처럼 힘든 시기를 겪을지도 모른다는 생각을 한다. 그리고 그때, 지금 내가 쓰는 글이 작은 등불이 되기를 바란다. 역사는 반복된다고들 말한다. 내가 지나온 고민과 시련을 아들도 겪을지 모른다. 그때 내 글을 통해 아들이 용기를 얻기를 바란다. 삶의 끝자락에서 포기하고 싶은 날, "아빠도 이겨 냈구나"라는 생각이 작은 위로가 되기를. 나는 아들에게 재산을 많이 남겨줄 수는 없을 것이다. 하지만, 하루하루 삶 속에서 깨달은 마음의 기록만큼은 '가장 진실된 유산'이라 믿는다.

요즘 나는, 아버지의 젊은 시절이 궁금하다. 예전 사진 속에서 나를 보행기에 태우고 미소 짓는 아버지의 모습이 떠오른다. 멋지고, 젊고, 어딘가 슬퍼 보였던 그 표정. 이제는 80을 바라보는 연세. 뇌졸중과 고엽제 후유증으로 재활 치료를 받고 계신다. 가끔 여쭈어보면 젊은 날의 이야기를 쑥스러운 듯 흘려버리신다. 사실 나는 10대, 20대 내내 아버지를 원망했다. 술에 취한 모습, 무책임한 말들, 엄마에게 잘하지 못했던 모습들까지. 하지만, 결혼을 하고 아이를 낳고 살아보니 조금씩 아버지를 이해하게 됐다. 그 시절, 아버지에게 하루는 불안과 생존의 연속이었을 것이다. 월남전의 기억, 서울로 상경한 첫날, 1만 원을 쥐고 시작한 삶.

"아들, 난 죽으려고 전쟁에 갔었어. 그런데 살아왔고... 서울에서 엄마랑 시작했지. 사람은 쉽게 죽지 않아. 죽을 듯이 일했어. 안해본 일이 없어. 그렇게 살다 보니 지금이야."

어릴 땐 그 말을 몰랐다. 지금은 안다. 그 말 뒤에 숨어 있던 고독과, 무너지지 않으려 애쓴 외로움을.

'언젠가 아들도 나를 궁금해하지 않을까?'

나는 언젠가 내 블로그와 브런치 아이디, 비밀번호를 아들에게 남겨줄 것이다. 아들이 나를 이해하지 않더라도 괜찮다. 그저, 필요한 순간에 글을 찾아주었으면 한다.

'삶에 지치고, 마음이 흐려질 때 아빠도 그 나이에 이런 고민을 했구나, 혼자가 아니구나, 그 사실만으로도 위로가 되기를'

내가 몇 살까지 살 수 있을지는 모른다. 아들과 평생 좋은 관계를 유지할 수 있을지도 알 수 없다. 하지만 글은 남는다. 아들은 브런치에 발행된 날짜를 보며 그 시절 아빠의 나이를 짐작할 수 있을 것이다. 그 글을 통해, 아빠라는 사람과 대화하는 기분을 느낄 수 있기를.

삶에 울림이 있을 때, 깨달았을 때, 그 마음을 글로 적는다.

"그것이 내가, 오늘도 글을 쓰는 이유다"

1-5 읽을 거리

　글을 잘 쓰고 싶다면 무엇보다 많이 읽어보는 경험이 필요하다. 여기에 소개하는 글들은 내가 한때 깊이 빠져 있었던 와인 경험을 담아낸 기사들이다. 단순한 와인 정보 전달을 넘어서, 와인이라는 매개체를 통해 삶의 의미와 가치를 탐구하고자 했다. 이 글들은 과거 헤럴드경제에 연재했던 기사로, 기사 형식을 따르면서도 감정과 철학을 담으려 노력했다. 단순히 사실만 나열하는 것이 아니라, 읽는 이가 '글을 보는 눈'을 키우고, 다양한 글쓰기 감각을 체험할 수 있도록 구성했다. 무엇보다 중요한 건 직접 읽고 느끼는 것이다. 글은 결국 사람을 향한 기록이며, 많이 읽을수록 글쓰기의 뼈대와 숨결을 더 잘 이해하게 된다. 이 읽을거리들이 글을 쓰고자 하는 이들에게 작은 참고점이자, 더 넓은 글쓰기 세계로 나아가는 계기가 되기를 바란다.

1. 소맥보다 와인이 좋은 5가지 이유

[신동진의 와인에 빠지다] - 1화. 왜 와인인가

얇게 뽑은 물줄기가 글라스 안으로 빨려 들어간다. 검붉은 광채. 매혹적인 빛깔이다. 글라스를 가볍게 돌린다. 화려한 향이 콧속으로 날아든다. 갈증이 밀려온다. 잔을 들어 입가로 가져간다. 천천히 기울인다. 혀 위로 와인이 흐른다. 달콤함과 매끄러움. 눈을 감고 이미지를 그려본다…

30대 중반까지만 해도 술하면 소맥이 최고라 생각했다. 소맥은 소주와 맥주를 일정한 비율로 혼합해 만든 일종의 칵테일이다. 소주의 알싸함과 어우러진 맥주 홉의 쓴맛, 그리고 꿀꺽 삼킬 때 터지는 맥주의 청량함을 난 정말 좋아했다. 무엇보다 살얼음으로 코팅된 글라스에 말아먹는 소맥은 고단했던 하루의 피로를 말끔히 씻어주는 느낌이었다. 물론 이런 감성적 접근은 소맥 3잔까지다. 이후에는 '부어라 마셔라'로 이어지는 레퍼토리, 술자리에서 나의 삶은 그렇게 다람쥐 쳇바퀴 돌 듯 반복됐다. 내게 와인은 '비싼 술', '분위기 잡을 때 마시는 술'로 기억됐다. 때문에 와인을 마시는 자리는 몸에 맞지 않는 옷을 입은 듯 매번 불편했다. 친한 이들이 와인 마시러 가자고 하면 "삼겹살에 소맥이나 말아먹지"라며 투덜거리기도 했다. 그러던 지난해 말 겨울 즈음이었다. 우연히 한 아르헨티나 전문 레스토랑에 가게 됐다. 소주와 맥주는 없었다. 술은 오직 와인뿐이었다. 아르헨티나 말벡 와인이 나왔다. 코르크를 '퐁'하고 따니 복잡한 향이 콧속으로 파고들었다. 코를 찌를 듯한 성난 알코올 냄새가 아니었다. 기분 좋은 향. 싱싱한 꽃다발을 건네받았을 때의 느낌이랄까. 그 이후 이 레스토랑을 몇 번 더 방문했다. 다시 맛보고 싶었다. 그렇게 와인에 대한 거부감은 조금씩 무뎌졌다. 한술더떠 가성비 좋은 와인을 파는 가게를 찾아다니기 시작했다. 어느새 소맥보다 와인을 마시는 횟수가 늘어났다. 지금은 와인에 푹 빠져 산다. 저녁 자리가 일상인 내게 와인은 내 삶의 일부분이 됐다.

와인 예찬론자의 입장에서 와인은 갑(甲)과 을(乙)의 구분이 없는 술이다. 소맥은 갑의 기분에 따라 을의 운명이 결정된다. 갑이 내달리면 을은 쓰러지는 한이 있더라도 미친 듯이 쫓아 달려야 한다. 그날은 아무리 요령을 피워도 장렬히 전사해야 하는 운명의 날, '만신창이각'이다. 하지만 와인을 마신다면 상황은 달라진다. 많은 사람이 와인에 대해 '좋은 선입견(?)'을 가지고 있다. '와인을 원샷하라고 요구하는 것은 몰상식한 행동이다'라는 인식! 드라마, 영화 속에서 본 와인을 마시는 분위기, 이미지가 우리의 무의식 속에 깊게 자리 하고 있어서이지 않을까 짐작해본다.

와인은 '우리'에 집중할 수 있도록 해준다. 내가 느끼기에 소맥은 야망이 넘치는 놈이다. 잔이 몇 차례 돌고 나면 저녁 자리의 주인공은 '우리'가 아닌 '소맥'이 되기 일쑤다. 대화는 어느새 사라지고 서로의 술잔에 든 소맥에 집착하게 된다. 와인은 그렇지 않다. 와인이 가진 13~14도의 알코올 농도는 적당한 취기를 일으킨다. 와인은 그날의 우리를 더 가깝게 만들어준다. 통상 와인 1병은 6잔 정도 나온다. 둘이라면 석 잔, 셋이라면 두 잔가량을 마시게 되는 셈이다. 두어 잔만으로도 경직된 서로의 마음을 풀어주는 것이 와인이다. 주인공을 돋보이게 해주면서 자신의 맡은 역할을 멋지게 해내는, 없어서는 안 될 빛나는 조연이다.

와인은 어색한 이들을 이어주는 유능한 메신저이기도 하다. 술자리에서 어색하거나 대화가 끊기면 어김없이 잔을 들어 입안으로 털어 넣기 마련이다. '술자리에서의 어색함=술을 마시자'는 무언의 약속과도 같다. 특히 둘이서 마실 때는 1~2시간 만에 소맥 스무 잔이 돌기도 한다. 내 경험상 저녁 9시가 안 되어 인사불성이 되는 불상사의 원인은 대체로 이런 어색함 때문이다. 와인은 이런 불상사를 원천봉쇄할 수 있다. 저녁 자리에 가기 전에 마실 와인을 골라, 와인 속 이야기를 미리 파악해 두면 '필름이 끊기는 최악의 상황'을 피할 수 있다. 와인 속 숨겨진 이야기를 풀어나가다 보면 금세 분위기는 화기애애해진다. 게다가 대화를 하면서 마시다 보면 와인 한병으로 1~2시간은 거뜬히 버틸 수 있다. 대화 주제가 생기면 와인 이야기는 잠시 멈추고 대화를 나누면 된다.

와인은 알면 알수록 매력적인 술이다. 와인 속에 담긴 이야기는 무궁무진하다. 중세를 거쳐 근대, 현대까지 다양한 세계사 이야기가 숨어 있다. 학창시절 '세계사'란 말만 나와도 고개를 절레절레 흔들었던 나였지만 지금은 와인과 얽힌 이야기를 찾아 읽고 정리하는 재미에 푹 빠져있다.

와인을 마시면서 인생도 배우고 있다. 와인마다 추구하는 바가 다르기에 그 나름의 다양성을 존중해야 하고, 다름을 인정해야 하고 그 안에서 가치를 찾아내야 하는 것이 와인이기 때문이다.

'이러니 내가 어찌 와인에 빠지지 않을 수 있겠는가!!!'

2. 부딪혀라, 보일 것이다

[신동진의 와인에 빠지다] - 2화 와인의 시작

모든 일이 그러하듯, '시작한다'는 것은 결코 쉬운 일이 아니다. 무엇보다 '어떻게'라는 부분에서 턱하고 걸리고 만다. 나도 그랬다. 어디서부터 어떻게 시작해야 할지 너무 막막했다. 이럴 땐 나만의 방식이 있다. 일단 달려들고 본다. 와인에 대한 두려움과 거부감에 정면으로 맞서는 것, 그것이 지금 내가 이렇게 와인 연재까지 온 방법이다.

먼저 책을 통한 학습을 선택했다. 책으로 나올 정도라면 적어도 사실관계는 확인이 됐을 것이란 믿음에서다. 쉬는 날 대형서점으로 가서 와인 관련 서적을 보이는 대로 살펴봤다. 대부분 비슷한 구성이었는데, 포도품종과 생산지 등에 대한 설명들이었다. 아무것도 모르는 내게 너무도 어렵게만 느껴졌다. 이 방법으로는 얼마 가지 않아 포기할 것 같아 경험을 통한 학습으로 방향을 선회했다.

토요일이면 집 근처 마트 와인 판매대를 찾았다. 퇴근길에는 회사 근처 와인 매장을 찾아갔다. 아무것도 모르겠더라도 와인에 붙어 있는 라벨을 눈에 익히고자 했다. 사람도 자꾸 보면 정이 들듯, 보다 보면 언젠가는 와인과 나도 가까워지지 않겠냐란 막연한 기대에서다. 그렇게 한 달여 간 배회하다 안식처를 정했다. 바로 마트 와인 판매대다. 마트에는 수많은 와인들이 널려있을 뿐 아니라 와인 라벨을 찍어 검색해봐도 그 누구도 제재하지 않는다. 마음 편히 와인을 보면서 이런저런 생각할 수 있는 최고의 장소다. 매주 토요일이면 마트에서 와인을 살펴본 뒤 1~2병을 산다. 집으로 오는 발걸음이 가볍다. 저녁에 와인을 맛볼 상상만으로도 설렌다. 맛을 보고 난 뒤에는 꼼꼼하게 맛과 느낌, 그리고 와인의 포도품종과 나라, 지역에 얽힌 이야기를 찾아 정리한다. 그러다 알게 됐다. 와인이란 것이 단순히 맛만 보고 끝나는 것이 아니라, 와인 한 병에는 참 많은 인문학과 세계사가 담겨있다는 것을. 학창시절 사회와 지리, 세계사에 소홀히 했던 것을 후회하고 있다. 당시 난 이들 과목을 '매우 굉장히 너무너무 어렵고 고리타분한 것' 쯤으로 여겨 등한시했다. 지금 생각해보니 이들 과목을 단순 암기 방식으로 접근해서 흥미를 갖지 못했던 것 같다.

　내 경험상 와인과 친해지는 가장 빠른 방법은 '많이 마셔보는 것'이다. 비싼 와인을 고집할 필요는 없다. 와인 매장이나 마트에서 파는 2만 원대 이하의 저렴한 와인 중에서도 훌륭한 향과 맛을 선사하는 것들이 많다. 주머니 사정에 따라 취향에 맞게 알아나가면 된다. 남들이 아무리 최고라 하는 와인이라고 해도 내게 맞지 않을 수 있다. 사람마다 취향이 다르기 때문이다. 많이 마셔보고 자신이 좋아하는 스타일의 와인을 찾아 나가는 것이 중요하다. 내 경우에는 복잡한 향과 맛을 보여주는 와인을 좋아한다.

　마음에 드는 와인을 찾았다면 이제 포털에서 '와인 이름'을 검색해보자. 와인이 어떤 포도품종으로 만들었는지, 생산자·제조 지역, 수상 이력 등이 상세히 나와 있다. 수입가격이 궁금하다면 와인서처에서 검색해보면 된다. 해외 판매 가격, 빈티지별 와인 평가 점수 등을 확인할 수 있다. 더 궁금하다면, 이제 해당 와인을 구성하고 있는 포도품종에 대해서 검색해보자. 해당 와인이 어떤 역사적 배경을 가지고 있는지 등에 대해서 살펴보면 좋다. 의외로 재미난 세계사를 확인할 수 있을지도 모르니 말이다.

내게 처음으로 시작하는 와인을 추천해달라고 한다면, 망설임 없이 "프랑스 보르도 지방 와인 중 까베르네 쇼비뇽(Cabernet Sauvignon)을 주 품종으로 한 레드 와인을 추천한다. 프랑스 보르도 지역은 세계 최대의 와인 산지로, '수학의 정석'과 같은 곳이다. 보르도 지역의 와인 관련 지식을 습득하고 나면 다른 지역의 와인을 이해하는데 기초 지식이 되니 말이다. 아울러 까베르네 쇼비뇽은 레드와인 하면 가장 먼저 연상되는 포도품종이다. 실제로 와인 매장이나 마트에 가면 와인 라벨에 가장 많이 적혀있는 품종이기도 하지만 세계 최상급 레드와인이자 보르도의 5대 와인으로 손꼽히는 '샤또 라피트 로칠드'나 '샤또 마고' 등의 주된 품종으로 쓰이고 있기도 하다. 개인적으로도 나는 까베르네 쇼비뇽으로 만든 와인을 매우 좋아한다. 내가 좋아하는 복잡한 향과 맛을 선사해줘서다. 오래 숙성된 와인일수록 더 깊은 향과 맛을 줘 더욱 매력적인 포도 품종이다.

사실 처음 무언가를 시작한다는 것에는 시간과 노력이 필요하다. 애정을 쏟아야 한다. 외국어 공부를 비롯해 글쓰기 훈련, 취미로 삼는 기타,

피아노마저도 익숙해지려면 많이 해봐야 한다. 최근 한 선배님께 연락이 왔다. 새로운 도전에 대한 고민이 있으셨는데, 문득 내 의견이 궁금해지셨다고 했다. 들어보니 이미 많은 준비를 하셨고, 거의 마무리 국면이었다. 섣불리 시작하지 못하는 마음은 이해되지만, 우리 마음속 뜨거움은 머뭇거리는 동안 식어버리기 일쑤다. 그래서 난 솔직하게 말씀드렸다.

"마음에서 느껴지는 뜨거움이 식기 전에 부딪혀 보세요. 그래야 그 다음이 보여요"라고..

3. 와인도 사랑도 기다림

[신동진의 와인에 빠지다] 3화. 와인의 시간

흔히 가슴 뛰게 떨리는 사람이 생기면 자꾸자꾸 보고 싶어진다. 만나고 싶어 조바심내는 자신을 발견하게 된다. 내 마음을 보여주고 싶고, 그와 함께 있는 시간이 주는 행복함을 느끼고 싶어 한다.

"혹시 오늘 와인 어떠세요?"

내게 요즘 와인이 그렇다. 와인을 만나는 시간은 내게 설렘 그 자체다. 다양한 와인을 맛보며 그만이 가진 매력을 느끼는 시간이 너무도 소중하고 행복하다. 특히 생각지도 못한 가성비 좋은 와인을 만나게 되면 '만세'를 부르고 싶을 정도다. 부담 없는 가격에, 훌륭한 향과 맛까지 주는 와인을 만난 기쁨을 비유하자면, '산속에서 산삼을 찾은 심마니'이랄까. 물론, 꼭 마셔보지 못하더라도 책에서나 볼 수 있는 와인을 만나게 되면, 보는 것만으로도 좋다. 한국에서는 보는 것조차 어려운 것이 많아서다. 그만큼 귀하다.

사람 사이에, 특히 연인으로 발전해 가기 위해서는 무엇보다 시간이 필요하다. 서로가 첫눈에 반하지 않은 이상 말이다. 천천히 다가서야 한다. 상대가 나를 인지할 수 있게, 그리고 나란 사람에게 호감을 느낄 수 있게. 그래야 상대와 마주 앉아 차라도 한잔 마실 기회가 생긴다. 이미 마음이 커질 대로 커져 버린 이에게 이 기다림의 시간은 조바심으로 고통 가득한 나날일 것이다. 일희일비하면서 말이다. 와인도 마찬가지다. 와인과 친해지고 싶다면 기다려줘야 한다. 와인이 가진 향과 맛이 깨어날 때까지. 코르크 마개를 '퐁'하고 딴 뒤 바로 마시면 와인이 주는 느낌은 시고 떫은 맛일 것이다. 이성에게 성급하게 대시했을 때 "저 이성 친구 있거든요!"라고 걷어차이듯 말이다.

나 역시 와인을 잘 알지 못하던 시절, 소주를 마시듯 따자마자 와인을 마셔댔다. 향을 맡는 것도 건성건성, 입안에서 맛을 느끼려는 시도조차 없이 꿀꺽 삼켰다.

"이게 뭐야!!! 아후 셔! 뭐 이리 떫어!!! 맛없어 ㅠ_ㅠ"

심지어 프랑스 와인을 맛볼 때는 반발감마저 생기기까지 했다. 내 미각을 의심했다. 도대체 이런 걸 마시고 맛있다고 하는 이들이 잘못된 것인지, 아니면 내가 와인을 몰라서 그런 것인지 혼란스러웠다. 그러다 알게 됐다. 와인은 마개를 딴 뒤에 적어도 30분~1시간을 두고 마시면 더 향과 맛이 좋아진다는 것을. 특히 프랑스 와인, 그중에서 까베르네 쇼비뇽을 주 품종으로 해서 블랜딩해 만든 와인을 마셨을 때의 경험을 비춰보면, 1시간 이상 충분히 기다렸다가 마시는 것이 바로 마셨을 때보다 훨씬 더 좋았다. 같은 와인일까 싶을 정도로. 불과 두 달 전의 일이다. 프랑스 보르도 지방의 5대 샤또인 무똥 로칠드에서 생산하는 5등급 와인인 '샤또 끌레르 밀롱'을 맛볼 기회가 있었다. 마트에서 가격이 10만 원 후반대인 어마어마한 녀석이다. 하지만 난 그 소중한 기회를 너무 허망하게 날려버렸다. 따자마자 마신 탓에 시고 떫은 맛 이상을 느낄 수 없었다. 지금 생각해도 너무 쓰라린 경험이다. 고가의 와인을 접할 기회가 있다면 충분히 기다렸다가 맛보길 권한다. 와인을 강제로 열어준다는 디캔팅을 했다고 하더라도 30분 이상 기다려주는 것이 좋다. 내 경험상 그렇다. 좋은 와인을 준비해갔다면 미리 따놓고, 식전주로 샐러드와 화이트 와인을 마시면서 기다리는 것도 한 방법이다. 혹시 와인의 시간이 궁금하다면 따자마자 한 모금 마셔보고, 나머지는 1시간 뒤에 마셔보자. 좋은 경험이 될 것이다. 만약 레드 와인을 주문했는데 병 표면에 이슬이 맺힌다면 와인에게 더 많은 시간을 주는 것이 좋다. 와인을 너무 차가운 온도에서 보관한 탓이다. 1시간이 지났음에도 시고 떫은 맛이 강하다면 와인의 잘못이 아니다. 시간이 더 필요한 것이다. 와인은 시간을 배신하지 않는다. 충분히 기다려준다면 반드시 내게 훌륭한 향과 맛을 선사해 줄 것이라 믿는다.

4. 사람도 와인도, 저마다 온도가 있다

[신동진의 와인에 빠지다] 4화 - 와인의 온도

"차장님 안 더우세요?"

오늘 아침, 옆자리에 앉은 대리님이 핀잔을 준다. 얇은 스웨터에 경량 구스다운 조끼를 껴입은 내 모습이 보기에도 많이 더워 보이나 보다.

난 따뜻한 게 좋다. 곰탕을 먹을 때에도 바람막이 자크를 목 끝까지 추켜올리고 먹는 것을 좋아한다. 그러면 곰탕 한 그릇을 다 비울 때 쯤 몸 안 깊은 곳에서 따뜻한 기운이 올라오면서 몸 전체를 뒤덮는 느낌이 든다. 너무 좋다. 물도 냉수보다는 정수를, 따뜻한 물과 정수를 혼합한 마시기에 기분 좋은 따끈한 물을 마신다. 몸 안에서부터 올라오는 뜨끈뜨끈한 기운이 온몸으로 퍼지는 느낌이 참 좋다. 내 왼쪽자리 대리님은 나와는 정 반대 체질이다. 더운 것을 견디기 힘들어 한다. 쌀쌀한 날씨에도 반팔티에 반바지를 입는 상남자라고 할까. 사람마다 체질이 다르니, 좋아하는 온도가 다른 것은 자연스러운 일이다. 온도는 사람의 마음을 편안하게 해주어 더 쉽게 속마음을 나눌 수 있게 해주는 마법을 지녔다. 만약 누군가와 허심탄회 하게 이야기를 나누고 싶다면 상대가 가장 편하게 생각하는 온도를 갖춘 장소에서 이야기를 나눠보길 권한다. 대화가 좀 더 매끄럽게 이어질 수 있을 것이다. 와인도 마찬가지다. 와인의 본래 맛을 즐기기 위해서는 마시는 환경, 즉 와인이 좋아하는 온도를 지켜주는 것이 좋다. 일반적으로 레드와인은 12~18도, 화이트 와인은 5~12도가 마시기 좋은 온도다. 우리가 레스토랑에서 화이트 와인을 시키면 얼음통에 와인을 담아 주는 것은 와인의 최적 온도를 맞추기 위함이기도 하다.

　와인을 마시기에 최적 온도를 찾는 방법은 간단하다. 인터넷 포털에 와인 이름을 검색해서 와인에 대한 상세 설명이 있는 페이지를 살펴보면 된다. 사실 와인의 최적 온도를 찾겠다고 마실 때마다 온도계를 들고 다닐 수는 없는 일이다. 그래서 내 경우 요즘 훈련하고 있는 것이 있다. 목욕탕에 갔을 때 냉탕(20~22도)에 손을 넣었다 뺐다를 반복하면서 그 느낌을 손에 익히려고 한다. 처음에는 많이 놀랐다. 20도가 생각보다 많이 차가워서다. 이 경험을 바탕으로 생각한다. '이것보다 조금 더 차갑다고 생각이 들면 레드와인의 적정 시음 온도인 15~18도 정도가 되겠구나'라고. 15~18도는 내가 좋아하는 장기숙성형인 까베르네 쇼비뇽이 주 품종으로 들어간 레드 와인의 적정 시음 온도다. 손이 따뜻한 내 기준에서는, 손으로 병을 잡았을 때 레드와인은 '서늘하다', 화이트 와인은 확실히 '차갑다'고 느껴지면 마시기 좋은 온도다. 혹시 와인을 사 왔다가 하루 이틀 정도 보관해서 마셔야 하는 상황이라면 냉장고 채소실에 보관하면 된다. 굳이 와인 입문 입장에서 와인셀러를 살 이유는 없으니 말이다. 채소실의 경우 3~5도 정도를 유지한다. 채소의 생명은 신선함이기 채소실은 높은 습도를 유지하도록 설계됐다. 물론 채소실에서 보관한 와인을 마실때는 시간이 필요하다. 꺼내 30분~1시간 반 정도 놔두고 손바닥으로 병을 만져보면서 마시기 좋은 온도가 될 때까지 기다리면 된다.

흔히 와인은 살아있다고들 말한다. 병 속에서 숙성과정이 진행되고, 보관 상태에 따라 와인의 향과 맛이 달라져서 일 것이다. 그런데 잘 생각해 보면 우리도 마찬가지다. 나를 둘러싼 수많은 사람들의 온도와 교감하며 살아간다. 상처를 주면 그 사람과의 관계가 망가지게 되지만 서로 잘 보듬고 살아가면 훌륭한 인연이 된다.

5. 싸다고 나쁜 건 아니다

[신동진의 와인에 빠지다] - 5화 와인의 잔

"차장님 그러다 관절 나가요"

매일 아침 걷는다. 새벽 공기를 마시며 광화문에서 서대문, 그리고 서촌을 둘러본다. 약 50분에서 1시간 정도. 걷다 보면 알게 된다. 무얼 그리 바쁘게 지냈는지, 보지 못하고 지나쳤던 것들이 많았음을.

이른 아침 출근길 사람들의 모습은 각양각색이다. 옷차림새부터 걸음걸이까지 저마다 개성이 묻어난다. 찬바람이 '쌩'하고 분다. 멋들어지게 차려입은 스포츠웨어가 인상적인 이가 런닝화를 신고 빠르게 내 옆을 스쳐 지나간다. 걸음을 멈췄다. 상가 건물 쇼윈도 앞에 서 있다. 내 모습이 비친다. 출근 길 교복인 정장에 운동화를 신고 있다. 이는 몸에 무리가 가지 않는 산책을 하기 위해 최소한의 장비만 착용한 것이다. 그러다 문득, 지금 내가 맞닥뜨린 상황이 와인잔과 닮았다는 생각이 들었다. 세상에는 무수히 많은 와인 잔이 있다. 다이소에서 파는 천 원짜리부터 전문 와인 가게에서 파는 10만 원이 넘는 고가의 와인 잔까지. 마치 세상에 무수히 많은 운동화가 있고, 축구화, 골프화 등 특정 스포츠에 특화된 운동화도 있듯이 말이다. 우리는 운동하기 위해 집에 사놓은 일반 운동화를 이용하기도 하고, 조깅에 특화된 런닝화를 사서 신기도 한다. 물론 런닝화를 신었다고 일반 운동화를 신은 사람보다 반드시 달리기를 더 잘한다고 볼 수 없다. 와인 잔도 마찬가지다. 비싼 와인 잔을 가졌다고 해서 싼 와인 잔을 가진 이보다 와인을 더 잘 알 것이라고 장담할 수 없다. 그렇다면 "와인 잔은 무엇인가". 와인 잔의 본질을 먼저 이해해야 한다. 와인 잔은 와인의 향과 빛깔, 그리고 와인이 지닌 맛의 특성을 잘 느낄 수 있도록 도와주는 하나의 도구다. 와인 잔은 크게 △ 레드 △화이트 △스파클링 이렇게 크게 3가지 종류로 구분된다. 우리가 가장 쉽게 접하는 와인 잔이 바로 레드와인용 보르도 잔이다.

 와인을 마시는 것은 어디에서나 싸고 쉽게 구할 수 있는 이 잔으로 시작하면 된다. 이 잔으로 레드와인을 마시든, 화이트와인을 마시든 누가 뭐라 할 사람은 없다. 와인이 지닌 향과 빛깔, 맛이란 본질을 느끼기에는 부족함이 없어서다.

 와인을 더 깊게 알고 싶다면 와인 잔을 와인에 맞게 고르면 된다. 좀 더 세부적으로 살펴보면 레드와인은 다시 보르도 잔과 부르고뉴(버건디) 잔으로 나뉜다. 부르고뉴 잔은 보르도 잔보다 와인을 담는 공간인 볼이 더 넓다. 볼 모양에 따라 향이 피어오르는 방식이 달라지고, 와인이 입안으로 흘러들어갈 때 혀에 닿는 부위와 면적에 따라 맛의 인상도 차이가 나서다. 화이트 잔은 레드 잔보다 상대적으로 크기가 작다. 차게 마셔야 하니 와인 온도가 빨리 올라가지 않게 하기 위해서다. 스파클링 와인(샴페인) 잔은 볼 폭이 좁고 긴 형태인데, 찬 온도를 유지하면서 뽀글뽀글 올라오는 기포를 오랫동안 보면서 즐기게 하기 위해서다. 만약 "그냥 마시면 되는 거지"라는 의문이 든다면 종이컵이나 머그잔에 와인을 따라 마셔보며 와인 잔의 와인과 어떻게 다른지 경험해 보길 권한다. 종이컵에서 나는 종이 냄새가 와인 향에 미치는 영향, 머그잔의 두툼한 입구에 입술이 닿았을 때의 둔탁한 촉감, 원통형 용기 모양이 담아내지 못하는 와인향 등이 와인을 마시는 즐거움을 반감시킨다는 것을 알게 될 것이다.

요즘은 이런 상상도 해본다. 머지않은 미래에는 '와인 온도와 당도 등을 알려주는 와인 잔에 투명 디스플레이가 장착된 스마트 잔이 나오지 않을까'라고 말이다. 물론 그렇다 하더라도 와인을 마시며 느끼는 다양한 향과 맛, 그리고 그 안에서 느끼는 마음속에 떠오르는 이미지는 대체할 수 없을 것이다. 그건 삶을 살아가며 느낀 희로애락 속 나만의 추억이 투영되어서다.

6. 점수는 점수일뿐

[신동진의 와인에 빠지다] 6화 - 와인의 점수

실적 평가 시즌이 다가왔다. 올 한해가 벌써 지나갔구나란 생각과 함께 올해 나의 평가점수는 몇 점일지 머릿속이 복잡해져 온다.

사람도 점수가 매겨지는 때가 있다. 바로 지금, 평가 시즌이다. 직장인에게는 매년 인사고과(人事考課)가 매겨진다. 이를 바탕으로 한 해의 실적평가가 이뤄지고 이것은 내년도 연봉을 결정하는 중요한 지표가 된다. 직장인의 꽃이라고 할 수 있는 승진도 고과 점수에 따라 가능성 여부가 갈린다. 고과 점수가 공개되면 누군가는 울고 누군가는 웃는다. 고과 점수는 판을 휘젓기도 한다. 어떤 이는 어디론가 적을 옮겨야 하고, 어떤 이는 더 나은 점수 따기 위해 옮기기도 한다. 사실 점수란 것이 사람 그 자체를 평가하는 지표가 될 수는 없다. 그해의 여건과 환경으로 인해 그가 지닌 자질보다 고평가되기도, 저평가되기도 하니 말이다. 하지만 조직을 운영하기 위해서는 평가란 것은 필수불가결(必須不可缺)한 존재임은 그 누구도 부인할 수 없다.

와인에도 점수가 매겨진다. 세계 와인 시장을 좌지우지하는 와인 평론가로 불리는 이들로부터다. 와인의 점수는 빈티지, 즉 포도 수확 연도에 따라 달리 매겨진다. 한 해의 여건과 환경에 따라 그해의 포도 품질이 정해지고, 포도의 작황은 와인의 품질에 영향을 미치게 되기 때문이다. 매년 포도 수확 시즌이 되면 각 와인 산지의 빈티지 평가가 진행된다. 와인을 시작하거나, 즐기는 이들의 경우 와인을 선택함에 있어 와인의 점수를 중요한 지표로 삼는다. '고득점=고품질'일 것이라 여겨져서다. 이 때문에 많은 와인 마케터들이 와인 점수를 활용한 마케팅 전략을 수립하기도 한다. '싸고 좋은 와인'으로 포장해 대중에게 알리기에 가장 직관적이고 효과적인 방법이기 때문일 것이다. 물론 이런 상술이 도가 지나쳐서 문제가 됐던 때도 있었다. 지난 2007년의 일이다. 우리나라 한 대형 유통매장에서 유명와인 평론가 이름을 내건 와인 코너를 마련하고 대대적인 프로모션을 진행했는데 "소비자를 기만했다"는 비난에 휩싸였다. 90점대 높은 점수를 받은 와인을 판다고 했지만, 이중 절반 이상의 빈티지가 높은 점수를 받은 빈티지와 다른 빈티지를 판매했다는 것이다. 와인은 빈티지에 따라 다른 점수를 받을 뿐 아니라, 가격도 차이가 나는데, 이에 대한 정보를 속이고 판매에만 열을 올렸다는 비판에 직면했다. 와인 애호가 정도 되면 와인을 빈티지별로 꼼꼼하게 따져가며 사겠지만, 일반인이 그렇게까지 하면서 와인을 고르기는 쉽지 않은 것이 현실이다. 세계의 와인 시장을 쥐락펴락하는 유명 와인평론가가 매긴 와인 점수는 참고할 만한 정보로써의 숫자는 맞다. 좋은 점수를 받은 와인은 가격도 함께 뛰기 시작한다. 그만큼 찾는 이들이 많아져서 일 것이다. 하지만 높은 점수를 받은 와인이라고 해서 나에게도 멋진 인상을 줄 것이란 보장은 없다는 것을 명심해야 한다. 간과해서는 안 된다. 사람을 평가하는 것도 사람이고 와인의 점수도 결국 사람이 매긴 숫자일 뿐이다. 평가자의 주관적인 성향이 들어갈 수밖에 없다는 것을 말이다. 우리는 모두 각각의 취향을 가지고 있다. 우리는 그것을 개성이라고 부른다. 와인을 제대로 느끼고 싶다면 와인의 점수로부터 자유로워지길 바란다. 다른 사람이 아무리 좋은 와인이라고 해도 그건 그 사람 기준에서지, 내 기준은 아니다. 나는 감히 권하고 싶다. 와인을 즐기고자 마음먹었다면, 다양한 와인을 많이 경험해보자. 우리가 끊임없이 사람들과 부대끼면서 인생을 배워나가듯이 말이다. 그게 점수가 높은 와인이든 점수가 낮은 와인이든 와인이 주는 경험은 소중한 기억으로 남을 것이다.

7. 강요는 금물

[신동진의 와인에 빠지다] 7화 - 와인과 사랑

'우리는 사랑을 한다. 행복해지기 위해서'

첫 시작은 호감으로부터 시작된다. 남녀노소 상관없다. 호감이 생기면 더 많이 알고 싶어지고 그러다 서로를 이해하게 되고 그리고는 함께 있고 싶어진다. 그리고 우린 그것을 사랑이라 부르며 상대와 함께할 날들의 달콤함을 꿈꾼다. 서로의 사랑이 영원할 것이라 약속하며 평생 함께하자고 다짐하면서 말이다. 하지만 그 어떤 사랑에도 위기는 찾아오게 마련이다. 사랑에 달콤함만이 있을 것이란 것은 이상일 뿐이니… 어느 정도 서로를 알게 되면 권태기란 것이 찾아 오기도 하고, 상대를 소유하기 위해 내 기준에 맞춰 마름질을 하려고 하기도 한다. 위기를 슬기롭게 넘기면 '영원'이 되지만, 많은 이들이 이별을 한다. 그것이 현실이다. 예전에 내 모습을 더듬더듬 기억해본다. 처음에는 그 사람의 모습이 좋아 사랑하게 됐지만 어느 순간부터는 또 다른 나를 만들기 위해 안간힘을 쓰기도 했다. 내 원칙에 맞추라고 강요하며 말이다. 당연히 이런 내 행동의 결과는 어김없이 이별로 이어졌다.

사랑은 강요할 수 없고 강요해서도 안된다. 강요하면 할수록 멀어지는 것이 바로 사람의 마음이다. 사랑하는 마음은 새하얗고 얇은 한지와도 같아서 쉽게 더럽혀지기도 하고 너무 강하게 한쪽으로만 잡아당기면

찢어지게 마련이다. 서로가 힘의 균형을 잘 맞춰야 한다. 와인을 마심에 있어서도 그렇다. 내가 와인을 좋아한다고 해서 상대방에게 강요해서는 안된다. 비즈니스와 모임에서 와인을 곁들이는 곳이 속속 생겨나고 있긴 하지만, 아직까지 와인이란 것은 많은 이들에게 다가가기 어려운 주류 중 하나다. 와인은 무조건 비싼 와인을 마셔야 한다고 강요하거나, 와인을 모르는 것이 마치 그 사람의 교양과 지적 수준이 떨어진다는 식으로 함부로 말해서는 절대 안된다. 와인에 관심이 없는 이에게 와인에 대한 지식이 없음을 탓하거나, 와인을 마시는 것이 마치 무언가 대단한 행위인 양 포장하며 마시는 것을 강요하게 되면 상대방이 처음에는 와인을 마지못해 마시겠지만, 그러한 강요가 반복되면 오히려 와인을 끔찍이 싫어하게 될 것이 틀림없다.

  내 주위에 와인을 좋아하는 이들의 부류는 두 가지다. 와인이 가진 이야기를 좋아하는 사람과 와인을 음식과 함께 마시는 것, 마시는 것 자체를 즐기는 사람이다. 와인이 가진 이야기를 좋아하는 나 같은 사람에게 뉴질랜드, 호주 등 신세계 와인은 매력이 떨어지지만, 와인을 마시는 것을 즐기는 이들에게 신세계 호주는 '퐁'하고 따서 바로 마시기에 좋고, 상대적으로 싼 가격에 다양한 음식들과도 매칭해서 먹기에 굉장히 좋은 와인이다. 내게 와인은 하나의 역사 교과서와 같다. 포도품종부터 해당 와인이 지닌 이름, 지역에 얽힌 뒷이야기 등을 찾아가다 보면 와인이야기에 흠뻑 빠져들곤 한다. 그런 재미에 푹 빠져 살다 보니 이렇게 연재도 하고 있으니 말이다. 그렇다고 다른 분들에게 와인을 마셔야한다고 강요하고 싶지 않다. 와인도 사랑도 물 흐르듯 순리대로 하면 되기 때문이다. 마시고 싶다면 마시는 것이고 그게 아니라면 안 마시면 된다. 사랑하면 함께 하는 것이고 사랑하는 마음이 사라지면 다른 사랑을 찾아 떠나듯이 말이다.

'마음 아픈 일일 수 있으나 와인도 사랑도 그러한 것이다. 그게 인생이니 말이다'

8. 누군가가 그리워질때

[신동진의 와인에 빠지다] 8화 - 와인, 그리고 어울림

식탁에 앉아 와인 하나를 연다. 와인 셀러에 한 달 정도 모셔뒀던 와인이다. 지난달 지인과 와인주점에 그날의 감동을 잊을 수 없어 결국 한 병을 사 들고 집까지 왔다. 지금 내가 앉아 있는 거실은 고요하다. 오로지 와인과 나 둘만의 공간이다. 조명은 당시 주점만큼 어둡지는 않지만, 그렇다고 아주 밝지도 않다. 잔잔한 음악도 없다. 지금은 와인에만 집중하기에 딱 좋은 그런 밤이다. 와인을 보니 지난달에 느꼈던 감동이 다시 올라오는 것 같다. 처음 맛봤던 날의 감동이 설레발을 치며 침샘을 자극한다. 이미 머릿속은 과거의 경험을 끄집어내어 기대감을 한창 끌어올리고 있다.

와인을 잔에 따른다. 얇은 물줄기를 만들려 애쓴다. 이제 막 딴 와인이지만 조금 더 풍부한 향과 맛을 느끼고 싶은 욕심에서다. 와인잔에 짙은 루비색의 영롱한 붉은 빛이 감돈다. 와인의 향이 공기를 타고 비강 안으로 파고든다. 기대감이 점점 고조된다. 두 손가락을 가로로 눕혔을 때 정도의 알맞은 양의 와인이 잔에 담겼다. 흔히 와인의 향을 최고로 끌어올릴 수 있는 와인의 양이 바로 손가락 두 개 정도다. 와인 잔에 따라진 와인이 아름답게 보이는 비율이기도 하다. 잔 입구에 코를 가져가 '킁킁' 거려 본다. 혼자이기에 주변의 시선을 의식하지 않고 오로지 향

을 맡는 것에만 집중할 수 있어 좋다. 아주 미세하게 달콤한 향이 느껴진다. 복잡하지도 않고 강렬하지도 않다. 연지 얼마 안 돼서 일까 아직 향은 피어오르지 않았다. 그렇게 수차례 코를 벌렁거리며 향을 콧속 깊이 끌어들이려 애쓴다. 차근차근 와인이 가진 매력에 집중하고 싶다. 갈증이 밀려온다. 인내심은 이제 바닥을 쳤다. 잔을 들어 입안으로 와인을 흘려 넣는다.

'헉, 강렬한 단맛이다'

혀 위로 잘 익은 풍성한 과실이 한가득 들어왔다. 묵직하고 진한 초콜릿의 달고 쌉싸름함에 잔을 내려놓았다. 기대와 전혀 다른 맛에 흠칫 놀랐다. 믿을 수 없을 정도로 한 달 전 맛봤던, 내 기억 속 와인과 전혀 다른 맛이다. 똑같은 빈티지이고 심지어 구매처도 같음에도…

'너무 달다. 난 이토록 단맛을 좋아하지 않는데…'

사람들과 함께 마셨던 그 날이 그리워졌다. 아마도 그날의 분위기와 음식, 이 모든 것이 어우러지면서 내 뇌는 와인의 향과 맛을 전혀 다르게 인지했을지도 모르겠다. 둘만 이렇게 있으니 이 와인은 전혀 내 스타일이 아니었다.

문득 우리가 살아가며 맞닥뜨리는 '사람과의 관계'가 떠올랐다. 우리는 늘 사람과의 관계 속에서 살아갈 수밖에 없다. 집안에서는 가족과의 관계, 집 밖을 벗어나면 학교, 직장, 그리고 공적이든 사적이든 만남을 강요당하는 사회 속에서 말이다. 나 역시도 사람과의 관계 속에서 즐거움과 행복을 찾으려 애쓸 때가 있었다. 하지만 그러할수록 더욱 공허해지는 것을 느끼곤 했다. 만나면 기분이 좋은 사람도 있지만, 보는 것 자체만으로도 고통스러움을 주는 이들도 있어서다. 우리는 살아가면서 내가 좋아하는 이들만 만날 수 없다. 좋다는 감정을 느끼는 것도 상대적이니 말이다. 사실 내가 좋다고 해서 상대에게 내가 좋은 사람이라는 보장이 없다. 사람 사이의 관계 속에서 완벽하게 좋음이란 이상일 뿐이라는 걸 우리는 살아오면서 이미 알고 있다. 결국 우리는 현재 나와 나를 둘러싼 환경을 받아들임으로써 부정적 감정으로부터 자유로워질 수 있다. 사람과의 관계가 좋을 때도 있고 안 좋을 때도 있다는 것을 있는 그대로 받아들여짐으로써 마음의 평온을 유지할 수 있다.

 요즘 명상을 하면서 생각하곤 한다. 좋은 것도 나쁜 것도 다 내가 받아들여야 한다고. 그것이 인생이니 말이다.

9. 시간이 흐를수록 더해지는 가치

[신동진의 와인에 빠지다] 9화 – 와인과 기록

우리는 망각 속에서 살아가고 있다. 기억하고자 하지만 대부분을 잊으면서 살아간다. 좋았던 일이든, 나쁜 일이든. 아무리 잊지 않으려 애써도 흘러가는 세월 앞에 장사 없다. 그래서 우리는 사진, 글 등과 같은 수단을 활용해 기록이란 것을 남긴다. 지금 내가 이렇게 글을 쓰는 것도 기록하고자 하는 내면 욕구의 발현일지도… 이런 생각도 든다.

'인간에게 기록하고자 하는 본능이 있는 건 아닐까? 그 덕택에 현재를 살아가는 우리가 과거 우리 선조뿐 아니라 구석기, 신석기 인류의 삶도 엿볼 수 있는 것일지도…'.

우리는 의식적이든 무의식적이든 끊임없이 기록하며 살아간다. 특히 21세기 현재를 살아가는 우리는 '디지털화된 기록'을 남기며 살아간다. 학교에서 직장에서 개인적인 블로그 등을 통해서. 우리는 '0'과 '1'로 표현되는 디지털 코드로 짜인 공간에 우리가 원하는 것을 저장하고 있다. 사진이나, 동영상, 글자 형태로. 사실 와인의 세계에도 기록은 매우 중요하다. 와인을 제조하는 와인 양조장이 아무리 역사가 오래됐다고 하더라도 그만이 가진 역사적 가치를 입증해줄 이야깃거리가 없다면 그저 수많은 와인 중의 하나에 불과하다. 프랑스 와인이 전 세계 와인 애호가들 사이에서 높은 가치를 인정받는 이유 중 하나는 와인 속에 녹아있는 무궁무진한 역사적 배경, 즉 기록 때문이기도 하다.

　미국 와인이 전 세계의 주목을 받게 된 아주 흥미로운 역사적 기록을 하나 소개하려고 한다. 바로 '파리의 심판'이다. 1976년 5월 24일 파리의 와인 바이어였던 영국인이 있었다. 그는 자신이 운영하는 와인 가게를 홍보하기 위해 이벤트를 기획하게 된다. 마침 1976년은 미국 독립 200주년이기도 해 프랑스인에게 미국에도 훌륭한 와인이 있음을 알리기 위해서였다. 당시 프랑스에서 미국 와인이 저질(Low quality)로 인식됐는데, 이 같은 편견을 깨주고 싶었던 것 같다. 이 영국인은 미국 캘리포니아 와이너리 여러 곳을 방문해 블라인드 테이스팅에 선보일 와인을 손수 골랐다. 이 과정은 2008년에 개봉한 영화 '와인 미라클'에 자세히 그려져 있다. 이벤트의 품격을 높이기 위해 프랑스 와인도 프랑스 보르도 5대 샤또인 샤또 무똥로칠드, 샤또 오브리옹을 비롯해 샤또 몽로즈 등을 준비했다. 모두 내로라하는 프랑스 와인들로, 화이트 와인은 부르고뉴 생산자의 그랑 크뤼와 1등급, 레드 와인은 보르도 그랑 크뤼 1, 2등급의 최고급 와인이다. 그렇게 엄선한 레드와 화이트 각각 10종(캘리포니아 와인 6종+프랑스 와인 4종)이 블라인드 테이스팅 무대에 올려졌다. 심사위원 역시 프랑스 와인 최고 전문가 9명을 초빙했다. 프랑스의 대표적 와인 생산자로 꼽히는 도멘 드 라 로마네 꽁띠 소유주, 샤또 지스쿠르의 소유주를 비롯해 미슐랭 별 세개 레스토랑의 오너 셰프, 수석 소믈리에, 프랑스 최고 와인 전문지의 편집장도 포함돼 있었다. 하지만 결과는 충격적이었다. 현장에 있던 모두가 경악할 정도로. 화이트 와인 부문에서 미국 와인이 132점으로 2등 프랑스 와인(126.5점)을 압도적인 점수로 제치고 1위에 올랐다. 레드 와인 부문에서도 미국 와인이 프랑스 5대 샤또라고 불리는 샤또 무똥 로칠드, 샤또 오브리옹 등을 제치고 1위를 차지했다.

사실 이 사건은 단순 해프닝으로 끝날 수도 있었다. 프랑스에서, 프랑스 와인 최고 권위자들이 당시 저질로 인식되던 미국 와인이 프랑스 와인보다 우수하다고 스스로 인정하고 공표한 것이나 마찬가지였으니, 이 결과가 사회적으로 미칠 파장이 우려됐을 것이다. 실제로 이날 결과가 입소문을 타자, 심사위원으로 참여했던 이들이 결과를 인정하지 않으려 했다는 이야기가 있긴 하다. 하지만 운명의 장난 같게도 현장에는 ==미국 '타임(Time)'지 파리 특파원==이 이 모든 광경을 지켜봤고, 그로부터 2주 후 '파리의 심판(Judgment of Paris)'이라는 제목의 기사가 전 세계로 찍혀 나갔다. 당연히 이후 미국 캘리포니아 와인은 전 세계 와인 애호가와 업계의 집중 조명됐고, 지금까지도 미국 캘리포니아 와인은 와인 시장에서 고품질 와인으로 각광 받고 있다.

==' 기록이 있었기에 40여 년이 지난 지금도 당시 상황이 세세하게 전해질 수 있었던 것이리라'==

사실 우리는 뉴스를 통해 종종 접하곤 한다. 아주 먼 옛날 연애 편지 또는 일기 등이 발견됐다며 이를 대중매체에서 대대적으로 기사화한 것을. 우리는 현재도 다양한 형태로 일기를 쓰기도 하고, 사랑에 빠진 이들은 SNS 및 모바일 메신저를 통해 수없이 사랑의 메시지를 주고 받기도 한다. 현재로서만 본다면 흔하디흔한 일상으로 치부될 수도 있다. 하지만 이러한 일상적인 것조차도 '기록으로서 가치'가 더해지면 후대에는 재조명받게 될 것이다. 기록이란 것은 시간이 흐를수록 가치가 더해지는 와인의 속성과도 맞물리니 말이다.

10. 와인도 사랑도 사기

[신동진의 와인에 빠지다] 10화 – 와인과 사기

흔히 우리는 '사랑'을 할 때 '영원'을 속삭이곤 한다. 하지만 우리는 어느 순간 알게 된다. '사랑', '영원'이란 단어는 현재를 열렬히 사랑하는 이들이 앞으로도 그들의 사랑이 영원하길 바란다는 바람을 서로에게 확인받고자 하는 바람일 뿐이라는 것을. 사랑은 영원할 수 없고 영원하다고 약속할 수 있는 속성의 것이 아니다. 그저 사랑이 변할까 두려워하는, 사랑에 상처를 입었거나 트라우마가 있는 상대를 안심시키기 위한 목적에 충실한 단어일 뿐. 오늘도 어제까지 '사랑'과 '영원'을 속삭이던 수많은 연인이 이별했을, 이별 중일지도 모른다. 아이러니하게도 '사랑'과 '영원'이란 언약은 너무도 쉽게, 허무하게, 그리고 찰나의 순간에 물거품이 되어 버린다. 결국 그들에게 달콤했던 사랑고백도 무수히 많은 날을 함께 하자고 두 손가락 걸고 약속했던 매 순간들도… 그저 지키지 않아도 되는 그저 한낱 단어에 불과했던 것이다. '사기'처럼 말이다.

사기의 속성이 그러하다. 모든 걸 다 책임질 듯이 약속해놓고 결국에 가서는 배신감으로 인해 당한 사람은 근간이 무너지게 된다. 아픔과 고통만 남긴 채… 버텨야 하는 것은 사기친 사람이 아니라 사기를 당한 사람이 고스란히 감당해야 하는 몫이 된다. '사랑'과 '영원'을 속삭이며 달콤한 말로 '우리는 함께할 날이 많으니'라며 모든 것을 다 이해해주길 바라던 이로 하여금 갑작스럽고 일방적인 이별 통보 당했을 때의 허탈함과 배신감은 이루 말할 수 없을 것이다. 이별을 통보한 입장에서는 무슨 이유에서든 떠나기만 하면 된다는 생각에 상대를 떨궈버린 현실 자체가 홀가분할 수 있겠으나, 이별 통보를 받고 수용하지 못하는 입장에서는 하루하루가 고통스러운 나날일 것이다. 사랑하는 사람에게, 사랑했던 사람에게 배신당했다는 분노 속에서 밤잠을 설칠 지도 모른다. 과거 사랑과 영원을 믿으며 그 또는 그녀와의 핑크빛 미래를 꿈꿨던 자신을 자책하며 심지어 자신의 삶, 미래까지도 망가뜨리는 시도를 하는 이들도 있을 것이다.

와인계에서도 와인애호가들의 마음을 빼앗은 사건이 있다. 그 주인공은 바로 와인 애호가들 사이에서 "닥터47"이라고 불렸던, '루디 쿠니아완'이다. 결론부터 말하면, 그는 2012년 3월 위조 와인 사기로 체포돼 2014년 8월 미국 맨해튼 연방지방법원에서 10년 징역형을 받고 현재 복역 중이다. 그는 2006년 와인 경매에서만 1만2000병, 우리나라돈으로 약 450억 원(3500만 달러어치) 가량을 팔았다고 전해진다. 미국 검찰 측은 루디가 2004년부터 2012년 사이 와인 수집가, 경매사 등을 상대로 위조 와인을 넘긴 것으로 추정하고 있다. 그의 집에서는 1947년 라플레어, 라피트, 로마네 콩티, 1950년 페트뤼스 등 인쇄된 와인 레이블 수천장과 컴퓨터 안에 스캔된 레이블 이미지, 위조와인에 쓰인 빈병과 코르크 등이 발견됐고, 심지어 위조 방법이 적힌 노트까지 발견됐다고 한다. 저렴한 와인 몇 가지들을 섞은 병에 껍데기를 씌워 그야말로 명품 와인으로 '탄생'시킨 것이다. 수많은 와인 애호가들은 루디가 만든 허상의 와인에 열광을 한 것이고 말이다. 이처럼 대담한 사기 행각을 벌인 루디가 대체 몇 병의 와인을 팔아치웠는지, 얼마나 생산을 했는지는 추산이 불가능할 정도다. 와인 업계에서는 그를 '와인계의 위대한 개츠비'라고 말하기도 한다. 실제로 그의 이야기는 영화로도 만들어지기도 했으며, 넷플릭스에는 그의 얼굴이 그대로 담긴 다큐멘터리(Sour Grape)가 올라와 있다. 그는 미국 캘리포니아 와인 경매장을 통해 와인 애호가들 사이에서 명성을 얻어나갔다고 한다. 그는 엄청난 돈을 지불하며 와인을 매입했고, 그런 그의 모습은 와인 애호자들 사이에서 회자됐다. 루디는 고가의 희귀와인을 수집하는 애호가들과 어울리게 됐다. 그리고 루디는 그들과 어울리는 자리에 고가 와인을 기꺼이 오픈했다고 한다. 그의 그런 모습에 와인애호가들은 그와 함께 하는 시간은 잊지 못할 순간이었다고 증언한다.

  사실 와인업계에서 사기, 그러니까 위조 와인의 역사는 오래 전부터 존재해왔다. 거슬러올라가면 그리스, 로마 시대부터로 추산된다. 사실 위조 와인이냐, 불량 와인이냐의 구분은 오랫동안 무의미했다. 와인의 품질이나 원산지, 등급에 관한 대략적인 기준 자체가 없었기 때문이다. 그러던 것이 18세기를 지나 전문가들 사이에서 품질에 관한 기준들이 조금씩 생겨나고 1899년 프랑스 정부에서 와인은 포도주스를 발효한 음료로 법적으로 규정하게 된다. 이 때가 되어서야 법적으로 올바른 와인과, 그렇지 않은 위조 와인의 구분이 생긴 것이다. 이후 와인 애호가들을 속이려는 위조범들과 진품을 감별하는 전문가들의 전쟁은 지금까지 이어져오고 있다. 와인이 전세계인으로부터 사랑을 받으면서 명품 와인을 구하려는 이들은 많아지고, 몸 값도 올라가다보니 이를 노린 위조범들, 루디와 같은 이들이 생겨나고 있는 것이다.

위조를 넘어 생명을 위협하는 범죄까지 일어났다. 와인에 자동차에 사용하는 부동액을 넣은 사건이 발생한 것이다. 바로 1985년 오스트리아의 부동액 와인 사건이다. 당시 독일과 오스트리아에서는 깊고 단맛이 있는 와인이 고가로 판매됐는데, 이러다보니 오스트리아의 일부 생산자가 더 깊은 단맛을 궁리하다 해서는 안되는 일을 저지르게 된다. 인체에 유해한 디에틸렌글리콜(자동차 라디에이터용 부동액으로 단맛과 향미를 증진시키는 물질이나 인체에는 위험하다)를 와인에 첨가한 것. 이 사건은 오스트리아의 한 와인 생산자가 세금을 돌려받기 위해 부동액의 구입비용 영수증을 국세청에 제출하는 바람에 들통났다. 이로 인해 오스트리아산 와인의 명성과 신뢰를 회복하는데 오래 걸릴 정도였다.

와인 뿐 아니다. 우리는 인생을 살면서 배신을 당하기도 하고 배신 하기도 한다. 자신이 처한 상황을 돌파하기 위해, 혹은 미래의 잠재적 위험을 피하기 위해 불가피한 선택이라고 자위하면서 말이다. 하지만 그렇다고 하더라도 '배신'은 정당화될 수 없다. 서로 함께 하며 마음을 나눴던 순간들, 그 기억들로 인해 더욱 괴로운 나날을 보낼 이들이 있기 때문이다. 길거리를 지나다니다보면 지하철안에서 우두커니 서서 멍한 눈으로 하염없는 눈물을 흘리는 이들을 보곤한다. 얼마나 가슴아픈 사랑을 겪었길래... 어떤 배신을 당했길래... 저토록 혼이 나간 상태로 눈물이 마르지 않는 샘이 되었는지 안타까운 마음이 들어 나까지 가슴이 저며올 때가 있다.

나는 어땠을까. 난 요즘 나의 과거의 순간들을 되돌아보곤 한다. 부끄러운 과거도 있고 내 삶에서 지워버리고 싶은 날들도 있다. 가슴이 시리도록 사랑하며 행복했던 순간들도 있고, 떠올리는 것 자체만으로도 끔찍하리만큼 아픈 사랑의 흔적도 있다. 수년이 지나도 여물지 않았음을 깨닫고 냉큼 기억으로 통하는 문을 닫아버린다. 하지만 이미 한번 열린 문 사이로 물밀듯이 밀려오는 아픔의 흔적들로 손 쓸새 없이 내 머릿속은 그녀와 얽힌 상념들로 가득차버린다. 그럴 때 난 내게 되묻는다. '그때 내가 했던 사랑이 진짜였다면 그것만으로도 족한 것 아닐까... 그걸로 된거지...'라고 말이다.

되돌릴 수 없다면 선택해야 한다. 아름다운 추억으로 남길 것인지 아니면 영영 기억속에서 지워버릴지를... 사랑을 앓고나면 모든 사랑이 사기같고 물거품같게 느껴질 때가 있다. 배신감에 온몸이 부르르 떨릴 정도로 애증에 휩싸일때도 있다. 상처 때문이다. 하지만 그렇다 하더라도 '그 순간이 진심이었다면... 그 순간이 진짜였다면...' 그것으로 족한 것이라고 나 스스로를 달래야 한다. 지나간 것에 집착하면 할수록 더욱 더 망가지는 것은 나이기 때문이다. 나를 지키기 위해선 그래야만 한다. 아름다운 추억으로 남길 수 없다면 놓아주어야 한다. 내 기억속에서 사라질 수 있도록...

11. 리더의 말 한 마디

[신동진의 와인에 빠지다] 11화 - 와인 등급의 기원

요즘 점심 자리나 저녁 식사 자리에 가면 종종 듣는 말이 있다.
"와인 어떻게 시작해야 해요? 너무 어렵고 복잡해요 ㅠ_ㅠ"
와인 연재를 하고 있다 보니 와인에 대해서 내게 물어오시는 분들이 있어서다. 난 그럴 때면 말한다.
"전 와인 전문가는 아니에요. 다만 와인을 좋아하고 와인 속에 숨겨져 있는 이야기를 찾아내는 것을 좋아할 뿐이지요"라고.

와인 전문가가 아니니 당연히 와인에 대해 평가하지 않는다. 그저 난 와인 속에 담긴 이야기를 찾아내고 그걸 이해하는 재미를 즐길 뿐이다. 아울러 내가 찾으면서 이해한 내용을 사람들과 나누는 것을 좋아한다. 짧게는 몇 시간, 길게는 며칠에 걸쳐 찾아낸 이야기들을 하나둘씩 풀어내다 보면 어색하거나 무거운 식사 자리 분위기도 금세 화기애애해진다.

많은 이들이 와인에 관심을 가지고 와인을 배우려고 도전한다. 하지만 어디서부터 어떻게 시작해야 할지 막막하다. 포도품종부터 와인 예절, 뒷이야기 등 혀를 내두를 만큼 광범위하다 보니 어렵고 복잡하게 느낄 수밖에 없다. 나 역시도 그랬다. '와인 공부해야지'라고 다짐했다가 포기하기를 수차례였다. 그러다 문득 와인에 얽힌 이야기를 찾는 것에 심취하게 됐고 와인을 공부한다고 거창하게 생각하기보다 '내가 마신 와인

만큼은 알아두자'로 마음을 고쳐먹으니 와인이 보였다. 그러면서 와인에 대한 지식을 하나둘 습득하게 됐고, 지금은 와인과 얽힌 이야기라면 찾아보고 정리할 정도로 거부감이 없는 상황이 됐다. 말 그대로 자연스럽게 와인을 즐기는 수준까지 오게 된 것이다. 무언가를 배운다는 것, 알아나가기 위해서는 애정이 필요하다. 그리고 궁금한 것을 찾아서 확인하는 수고로움이 수반돼야 한다. 그리고 내가 경험하고 공부한 정보를 나누는 즐거움도 중요하다. 특히 와인은 더욱더 그러하다. 물론 타인에게 와인에 관해서 소개하려면 어설픈 정보로는 안된다. 내가 알고 있는 바를 상대의 관점에서 이해하기 쉽도록 풀어줘야 한다. 준비가 필요하다.

  어려운 이야기를 어렵게 하는 것은 누구나 할 수 있다. 그러나 쉽게 설명하는 것은 어려운 일이다. 내가 잘 모르는 것을 아는 척해서는 안 되며, 상대방을 강제적으로 이해하도록 억압해서도 안 된다. 결국 이 수준까지 내 지식을 끌어올리기 위해서는 '기승전-암기'밖에 없다. 오늘 나눌 와인에 대한 이야기는 바로 프랑스 보르도 지방의 와인 등급에 대해서다. 와인이라고 하면 프랑스 와인 그중에서도 보르도 와인을 떠올릴 수밖에 없어서다. 실제로 와인 가게나 마트에 가면 단연 눈에 띄는 프랑스 와인은 보르도다. 그중에서 와인 라벨에 메독(Medoc)이라고 적힌 와인을 쉽게 볼 수 있다. 다시 말하면 메독 와인이 유명하다는 증거이기도 하다.

  자 그럼 여기서 의문이 들 수밖에 없다. '메독 지역 와인이 왜 중요할까'라고 말이다. 그에 대한 답을 끌어내기 위해서는 나폴레옹 3세 시대로 시곗바늘을 되돌려야 한다. 지금으로부터 약 160여 년 전인 1855년 프랑스 파리. 프랑스는 세계박람회(世界博覽會) 준비에 한창이었다. 1851년 영국 런던에서 첫 박람회가 열렸고 두 번째 개최지로서 성공적인 박람회를 치르기 위해서다. 당시 세계박람회는 각 나라가 자국의 상품을 진열해 교역을 증진하기 위한 산업혁명에 따른 상품전시회였다. 그때에는 만국박람회(萬國博覽會, Universal Expositions)라고 부리기도 했지만, 현재는 세계박람회(World's Fair) 혹은 세계 엑스포(world expo)로 불린다. 19세기 중엽 프랑스는 세계 최대 와인 생산 수출국이었다. 그들에게 와인은 자존심과도 같았다고 한다. 당연히 와인을 주요 전시품으로 채택했다. 그런데 문제는 수많은 와인 중에서 어떤 와인을 전시할지였다.

사실 그럴 만도 하다. 나름 주요 수출품을 선정하는 것이니 다양한 이해관계자들이 예의주시하고 있었을 것이다. 여기에 선정되고 안되고의 차이는 그들의 명예뿐 아니라 향후 수출에도 막대한 영향력을 미치게 될 것이란 판단에서일 것이다. 이런 고민을 한 방에 해결해 준 사람이 바로 당시 황제였던 나폴레옹 3세였다. 나폴레옹 3세는 보르도 와인 업자들을 불러, 메독 지방의 와인의 품질을 파악해 등급을 매겨 전시하라고 지시했다고 한다. 그 결과 메독 지방 와인 업자들은 며칠 만에 수백 개의 샤또 와인을 평가해 총 61개의 샤또 와인 생산자를 지정했다. 이것이 바로 프랑스 보르도 그중에서도 메독 지역 와인의 등급인 '그랑 크뤼 클라쎄'의 기원이다. 그랑 크뤼 클라쎄는 특1등급부터 5등급까지 5개 등급으로 메독 와인의 품질 서열을 나누고, 총 61개를 등급에 맞게 선정했다. 와인에 관심이 있는 분들이라면 한번쯤 들어봤을 샤또 라뚜르, 샤또 마고, 샤또 라피트 로칠드 등이 프랑스 보르도 메독 지방의 5대 샤또가 바로 특1등급이다. 물론 단 하나의 예외가 있다. 보르도의 5대 와인이자, 1등급 와인(PREMIERS CRUS Classe)으로 알려진 '샤또 오브리옹'이다. '샤또 오브리옹'은 사실 메독 지방이 아닌 그라브 지방 와인이다. 당시 '샤또 오브리옹'은 외국인들에게 프랑스 와인 하면 떠오르는 굉장히 유명한 와인이었고, 그렇다 보니 파리 세계박람회에서 뺄 수가 없었다고 한다. 아마 이 순간 실무자의 심정은 이런 거 아니었을까 상상해본다.

'아무렴 어떠랴. 어차피 이번 행사의 목표는 성황리에 마무리하는 것이다. 메독 지방이 아니면 어때. 이미 세계적으로 유명한 와인인데!!! 지방이 다르다고 해서 뺀다면 '샤또 오브리옹'을 보지 못해 아쉬워하는 이들이 생기면, 혹시 이들이 나폴레옹3세님과 친분이라도 있다면... 헉.... 에라 모르겠다. 일단 넣고 보자'

그리고 1855년도에 만든 이 서열은 160여 년 이상이 지난 현재까지도 그대로 유지되고 있다. 여담으로, 현재 프랑스 보르도 메독 지방의 '5대 샤또'로 손꼽히는 샤또 무똥 로칠드는 1855년 당시에는 특2등급이었는데, 1973년 특1등급으로 승격됐다. 샤또 무똥 로칠드는 유명 아티스트 작품을 와인 라벨에 담았고, 샤또에서 직접 와인을 병입했다는 문구를 넣는 등 와인 업계에서 다양한 혁신을 한 것으로 유명하기도 하다.

사실 와인을 공부하는 입장에서 프랑스 와인 등급 하면 뭔가 대단한 역사가 있을 것 같은 환상을 품게 되지만, 결국 이 역시도 나폴레옹3세의 말 한마디로 160여 년이 지난 지금까지도 마치 진리처럼 전해지고 있다.

최근 경제 위기다, 지배구조 개혁이다 해서 온 나라가 시끌벅적하다. 서민들은 부익부 빈익빈의 심화뿐 아니라, 갈수록 먹고살기 어려워지는 현실 속에서 근근이 버티며 살아가고 있으니 말이다.

리더가 얼마나 중요한지, 그의 말 한마디 한마디가 우리의 현재, 그리고 미래에 어떤 영향을 미치게 될지 다시 한번 생각하게 되는 요즘이다.

12. 라벨에 숨어있는 유럽사

[신동진의 와인에 빠지다] 12화. 와인의 명함, 라벨

오늘 오후 업무 미팅이 있어 협업을 해야 하는 담당자분과 인사를 나누며 명함을 건넨다. 내가 누구인지 어떤 일을 하는지 호칭은 어떻게 불러야 하는지에 대한 간략한 소개로 운을 뗀다. 처음 만난 사이이니 나에 대해서 좀 더 설명해보려고 애쓴다. 앞으로 긴밀히 협업을 해야 해서다.

우리는 살아가면서 늘 새로운 사람과 만남을 이어갈 수밖에 없다. 공적이든 사적이든. 상대의 호감을 사려면 나에 대해 설명해야 하고, 직장인에게 이러한 역할을 해주는 것이 바로 명함이다. 와인의 명함에 해당하는 것이 바로 라벨(Label)이다. '레이벨'이라고 읽기도 하고, '에티켓'이라고 부르기도 한다. 내 경우 구수한 한국식 발음을 좋아하니 '라벨'로 통칭한다.

와인 라벨에는 누가, 언제 수확한 포도로, 어디서 와인을 만들었는지, 언제 병 속에 와인을 넣었는지, 포도밭 이름은 뭔지, 와인 양조에 사용된 포도 품종은 무엇인지, 알코올 함량은 어떻게 되는지 등의 정보가 들어 있다. 나라에 따라서는 포도밭의 등급이 표기되어 있기도 하다. 쉽게 말해, 와인은 우리와 처음 대면하면 명함 대신 자신의 라벨을 우리에게 건네는 셈이다. 이를 통해 자신을 소개하는 것이다. 물론 실제로 와인 가게에 가서 진열대에서 와인 라벨과 마주하게 되면 소개팅에서 얼어버리

듯이 눈앞이 캄캄해질 때가 대부분일 것이다. 늘 이론과 실전은 다르다는 것을 명심해야 한다. 와인은 저마다, 나라별로, 생산자별로 라벨의 타입과 정보의 양이 천차만별이라 와인 라벨을 조금 공부했다고 해서 하루아침에 와인 마스터가 될 수 없다. 그렇다 하더라도 시작이 반이라는 말이 있으니, 일단 시작해보자. 와인 라벨 보는 법에 대해서 말이다. '배우고 익히면 즐겁지 아니한가'. 모르는 것보다 조금이라도 알면 확실히 도움이 되는 것이 바로 와인 상식이다. 첫걸음이니 상대적으로 복잡한 프랑스 와인 라벨 읽는 법에 대해서만큼은 간략하게 짚고 넘어가고자 한다. 참고로 프랑스 와인 라벨의 경우에는 포도품종을 별도로 표기하지 않는다. 대부분 여러 포도품종을 일정 비율로 혼합하는 블렌딩 방식을 택해서다.

프랑스 와인을 살펴보면 '샤또(Chateau)'와 '도멘(Domaine)'이란 단어가 큼직하게 적혀있는 것을 확인할 수 있다. 이것은 한마디로 '양조장'이라고 생각하면 된다. 그냥 아주 후려쳐서 굉장히 쉽게 이해할 수 있도록 설명하자면, OB맥주, 롯데주류와 같은 표시라고 생각하면 된다. 통상적으로 프랑스 와인에 샤또는 보르도 지방에서 와인을 생산하는 양조장에 쓰이며, 도멘은 부르고뉴 지방에서 와인을 생산하는 양조장을 가리킨다. '샤또'는 과거 봉건시대 양조장이 포함된 큰 저택을 가리켰다고 한다. 그래서 프랑스 와인에 샤또라고 적힌 라벨에 큰 저택 그림이 들어가 있는 것도 이 때문이다. 도멘도 같은 맥락으로 추정된다. 그래서일까. 와인 업계에는 이런 말이 있다. '프랑스 와인은 보르도(Bordeaux)와 부르고뉴(Bourgogne)에서 생산한 와인이 양대 산맥을 이룬다'라고 말이다. 다만 차이점도 있긴 하다. 보르도 지방에서 만드는 와인은80% 이상이 레드와인인 반면, 부르고뉴 지방에서는 레드와인용이 48% 정도, 화이트와인은 52% 정도가 된다고 한다. 아울러 보르도 지방 와인은 일반적으로 우리가 생각하는 어깨가 강조된 병에 와인을 담고, 부르고뉴 지방의 와인병 모양은 병 입구에서 병 바닥까지 매끈하게 떨어지면서 바닥쪽이 큰 와인병에 병입된다.

와인 라벨이 중요한 이유는 생산국가의 정부 기관 혹은 와인을 공급하는 국가의 기관에 의해 승인되고 있어서다. 대부분의 와인 생산국에서는 국가적으로 와인에 대해 엄격하게 관리를 하고 있다고 보면 된다. 또한 와인 라벨에는 와인 라벨에는 다양한 유럽 역사 이야기가 숨어 있기도 하다. 여기서 모든 와인 라벨을 다 언급할 순 없지만, 대표적으로 몇 가지 사례를 소개해보고자 한다. 맛보기로. 프랑스 보르도 5대 와인으로 꼽히는 샤또 무똥 로칠드는 샤갈, 피카소 등 유명 예술가들의 작품을 라벨로 만든 것으로 유명하다. 이는 1945년 제2차 세계대전 종식과 함께 찾아온 평화를 축하하기 위해 로칠드 남작이 처칠이 전쟁 중에 승리를 의미하며 사용했던 'V'자에 기초한 디자인을 젊은 화가 필립 줄리앙에게 요청했던 것이 시작으로 전해진다. 이를 시작으로 샤갈, 피카소, 키스 해링 등 우리에게도 익숙한 아티스트들과 협업했고, 지금 무똥 라벨은 '예술을 위한 와인'의 경지 수준으로 끌어올려져 있다.

최근 맛봤던 이탈리아 돈나푸가타(Donnafugata) 와인도 라벨에 흥미로운 유럽사를 담고 있다. 돈나푸가타란 이름은 '피난처의 여인' 이란 뜻으로 19세기 나폴리 왕이었던 페르디난도(Ferdinando) 4세의 아내, 마리아 카롤리나(Maria Carolins)에서 유래한다. 마리아 카롤리나는 나폴레옹의 군대를 피해 시칠리아로 피난을 왔고, 그녀가 머물던 건물이 오늘날 돈나푸가타의 와이너리라고 한다. 그래서 돈나푸가타 와인 라벨에는 머리를 휘날리며 말을 타는 여성이 그려져 있는데, 마리아 카롤리나가 나폴리에서 시칠리아로 피난하는 모습을 형상화한 것이다.

  비단 두 가지 사례를 들었지만, 이외에도 수많은 역사적 사실이 라벨에 녹아 들어가 있다. 그래서 와인이란 것은 생물이고, 알면 알수록 빠질 수밖에 없는 것이다.

13. 내 영혼의 위로

[신동진의 와인에 빠지다] 13화. 와인과 탱고

실처럼 가느다란 음이 뽑혀 나온다. '탱고의 영혼'이라 불리는 작은 손풍금, '반도네온'[3]에서 뿜어져 나오는 소리다. 서두르지 않는다. 한 음 한 음. 구슬프게 절규하듯 내 가슴 속 깊이 파고든다. 사랑의 아픔과 삶의 애환으로 인한 슬픔을 함께하자고 호소하는 듯이. 그러다 따뜻함이 느껴진다. 슬픔 뒤에 오는 위로가 이런 것일까. 날카롭게 파고들던 음은 작아지고, 분위기가 고조되며 악기들의 합주가 이어진다. 위로하듯 부드러운 선율이 내 마음을 감싼다. 위로, 안도감. 삶의 힘든 외로움과 고통을 잊어버리라는 듯. 인생은 원래 그런 것이라고 내게 말하는 것 같다. 다시 소리가 작아진다. 애잔함이다. 끊어질 듯 끊어지지 않는, 미세하게 떨려오는 음들이 내 마음속 깊은 상처를 스치며 슬픔이 밀려온다. 비극 영화를 본 것 같은 마음의 동요. 나도 모르게 눈시울이 붉어진다.

요즘 외롭거나 슬퍼질 때면 아르헨티나 말벡 와인과 함께 아스토르 피아졸라(Astor Piazzolla)의 '망각(Oblivion)'을 듣곤 한다. 좀 과격하게 말하면 요즘 아르헨티나, 탱고에 미쳐있다고 해도 과언이 아니다. 물론 탱고는 춤으로서가 아닌 음악·예술로서의 탱고에 심취해 있다. 탱고의 역사와 아르헨티나 관련 책은 닥치는 대로 읽어보려고 할 정도다. 사

---

3) 반도네온(bandoneon) : 아코디언 종류로 아르헨티나 탱고의 대표적 악기

실 우리는 탱고 하면 외설적이고 퇴폐적이라는 선입견을 가지기 쉽다. 탱고를 출 때 입는 복장과 춤사위에서 느껴지는 이미지가 있어서다. 하지만 여러가지 설이 있지만, 탱고의 기원은 사실 삶의 외로움과 고단함과 관련이 깊다.

 탱고는 19세기 아르헨티나의 항구도시 '라 보카(la boca)'로 모여든 가난한 이민자들의 타국에서의 힘겨움과 삶의 애환을 달래주는 음악이었다. 그들은 고향에 두고 온 가족을 그리워하며, 힘든 육체적 노동을 한 뒤 고단함을 달래려 술을 마시고 술에 취하면 채워질 수 없는 외로움에 탱고를 췄다고 한다. 처음 탱고춤을 춘 건 남자끼리였다는 설도 있다. 내 삶 깊은 곳에는 '삶의 고단함'과 '애환'이 자리하고 있다. 그래서 일지도 모르겠다. 탱고를 들으면 위로를 받는다는 느낌을 받으니 말이다.

 탱고하면 빠지면 안되는 곡이 바로 '오블리비언(Oblivion)', 우리나라 말로 번역하면 '망각'이다. 망각(忘却)은 사전적 의미로는 '잊혀짐'이다. 이 곡은 1984년에 처음 만들어진 곡으로, '리베르탱고(Libertango)'와 함께 반도네온 연주자이자 작곡가로 탱고를 예술음악의 경지로 승화시킨 인물로 불리는 '아스토르 피아졸라(Astor Piazzolla)의 대표곡'이다. 아스토르 피아졸라는 망각에 대해 이렇게 정의했다고 전해진다.

 '모든 인간의 행위에는 망각이 필요하게 마련이다. 살아 숨 쉬는 유기체의 생명에는 망각이 필요하다. 모든 것은 스쳐 지나가는 것이 아니라 내 기억 속에 묻혀 잊히는 것뿐이다. 나를 기억에 묻고 너를 그 위에 다시 묻는다'

이제 탱고 음악에 대해 맛을 봤으니, 탱고 음악을 들을 때 빠져서는 안 되는 말벡 와인에 대해서 살펴보자. 말벡이란 포도품종의 원산지는 프랑스지만, 지금은 아르헨티나의 대표 포도품종으로 꼽히고 있다. 여기에도 숨겨진 역사적 배경이 있다. 때는 1500년대로 거슬러 올라간다. 당시 말벡은 프랑스에서 그야말로 왕족과 귀족들의 사랑을 한 몸에 받았다고 한다. 프랑스 르네상스를 이끈 프랑수아(Francois) 1세를 포함한 프랑스의 왕족과 귀족들이 살던 시대에 말이다. 오르막길이 있다면 반드시 내리막길이 있는 법. 말벡에게도 수난 시대가 찾아온다. 보르도 지역 와이너리들의 견제와 유럽에서 발생한 전쟁들, 그리고 19세기 말 유럽 전역을 휩쓴 '필록세라(포도 뿌리를 병들게 하여 포도뿌리혹벌레라 불린다)' 피해, 여기에 1956년대 발생한 이상기온에 따른 '된서리' 등으로 프랑스에서 말벡은 거의 멸종될 위기에 처하게 됐다. 병충해에 이상기온이 겹친 19세기 말 당시 말벡 포도나무 75%가 썩거나, 말라 죽었다고 전해질 정도다. 이는 말벡이란 포도품종의 특정과 관련이 깊다. 말벡은 수확기가 상대적으로 늦다. 자칫 수확기에 비나 우박 등이 내리게 되면 피해가 막심해지는 위험이 늘 감수해야 하는 셈이다. 게다가 말벡은 병충해에 상대적으로 약하다는 단점도 있다. 이후 말벡은 프랑스를 떠나 미국, 칠레 등 신대륙 몇 나라를 떠돌다 아르헨티나로 유입됐고, 아르헨티나의 높은 해발고도와 안데스 산맥의 쾌적한 환경에서 무럭무럭 잘 자랐다고 한다. 마치 아르헨티나가 자신의 원래 터전인양. 오늘날 아르헨티나는 전 세계 모든 에이커 중 75% 이상의 말벡 포도를 생산한다. 아르헨티나에서 수출하는 와인의 60%가 말벡일 정도라고 한다. 현재 말벡은 아르헨티나에서 가장 많이 재배하는 품종이자, 아르헨티나를 대표하는 포도 품종이 됐다. 그럼 여기서 궁금증이 생긴다. '프랑스 말벡과 아르헨티나 말벡은 차이가 있을까?' 결론부터 말하면 차이가 있다. 와인은 흔히 하늘과 땅, 그리고 사람이 합쳐져 만들어 낸 작품이라고 말한다. 토양과 기후 등 재배조건과 생산자의 재배 철학이 다르니 맛과 향, 컬러에 차이가 있는 것은 당연하다. 일반적으로 아르헨티나에서는 중서부에 위치한 멘도사(Mendoza)가 말벡의 대표산지로 분류되며, 프랑스에서는 남부에 롯(Lot)강을 끼고 있는 까오르(Cahors) 지방이 대표산지로 꼽힌다. 아르헨티나 말벡은 프랑스 말벡과 비교해 포도 껍질이 얇다. 포도 껍질은 타닌 함유량과 연결된다. 아르헨티나 말벡으로 만든 와인이 프랑스 말벡으로 만든 와인보다 좀 더 부드럽고 과일 맛이 강하다는 평을 받는다. 하지만 컬러는 아르헨티나 말벡 와인이 프랑스 말벡 와인보다 진하다.

  말벡과 탱고는 내게 특별하다. 와인을 시작하게 된 것도 깊은 인상을 준 말벡 덕택이었고, 예술에 대해 제대로 공부하고 싶다는 열정을 품게 해준 것은 탱고였으니 말이다. 무엇보다 이들은 요즘 내 영혼을 위로해주는 중요한 매개체다.

02_ 쓰고!

　글을 잘 쓰기 위해 읽는 습관이 중요하다는 걸 깨달았다면, 이제는 '어떻게 쓸 것인가'를 고민할 차례다. 많은 사람이 글을 쓸 때 처음부터 완벽하게 쓰려고 한다. 하지만 글쓰기는 처음부터 잘 쓰는 게 중요한 게 아니다. '잘 쓴 글처럼 보이게 쓰는 방법'은 공식처럼 배울 수 있다. 그러나 정말로 글을 자유자재로 쓰고 싶다면, 결국 많이 써봐야 한다. 글쓰기에는 연습이 필요하다. 글은 생각을 꺼내는 훈련이고, 언어로 세상을 정리하는 훈련이다. 글쓰기는 수영과도 닮아 있다. 물에 대한 두려움을 없애고, 익숙해지기 위해서는 결국 물 속에 자주 들어가 봐야 한다. 수영 책만 백 권 읽어도 물에 뜨진 못하듯, 글도 마찬가지다. 쓰기 전 읽는 것, 쓰는 중 배우는 것, 쓰고나서 고치는 것. 이 모든 과정을 반복해야 실력이 는다. 그러니 완벽한 글을 쓰려는 부담감은 내려놓아도 된다. 처음에는 어설퍼도 괜찮다. 중요한 건 지금 당장 한 줄이라도 써보는 것이다. "생각은 나중에, 지금은 쓰기부터." 이게 글쓰기 훈련의 출발점이다.

2-1 자료 찾기

'자료를 찾는 것은 글쓰기의 시작이다'

글감을 떠올렸다면, 이제는 그에 맞는 자료를 찾아야 한다. 누군가를 설득하는 글이든, 개인의 경험을 풀어내는 에세이든 마찬가지다. 자료는 글의 뼈대가 된다. 글을 뒷받침하는 기반이자, 주제를 명확히 하는 나침반이다. 때로는 관심 있는 주제는 있지만 문제의식이 분명하지 않을 때도 있다. 또는 쓰고 싶은 이야기가 머릿속에 떠돌긴 하는데, 뭔가 잡힐 듯 말 듯한 느낌이 들기도 한다. 이럴 때는 자료를 모으는 과정에서 방향이 잡히기도 한다. 자료는 생각을 구체화하는 역할을 한다. 하지만 주의할 점이 있다. 주변에 있는 자료는 사실상 무한하다. 기준 없이 수집하다 보면 자료 정리에만 시간을 쏟고 정작 글쓰기는 시작조차 못 하는 경우가 생긴다. 따라서 자료 수집에는 명확한 기준이 필요하다. 아래 세 가지 원칙을 기억하자.

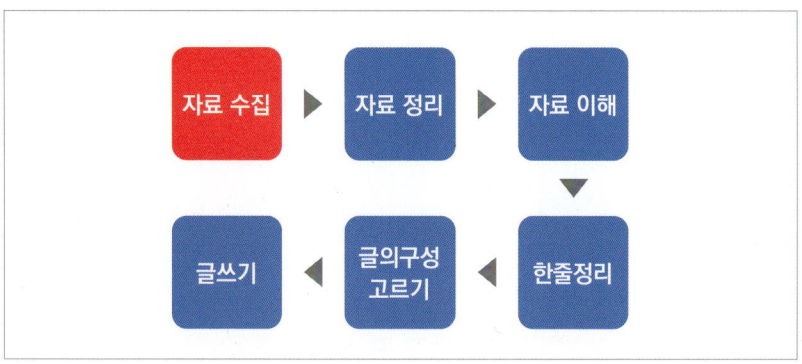

1. 사실만 다룰 것

① 사실만 다룰 것

　자료는 반드시 사실에 근거해 수집해야 한다. 이는 자료 조사에서 가장 기본이 되는 원칙이다. 얼핏 단순해 보이지만, 막상 해보면 쉽지 않다. 어떤 정보가 '사실'인지, 어떤 내용이 '주장'인지 신속히 판단할 수 있는 눈이 필요하다. 하나의 사안을 다룰 때는 가능한 한 다양한 시각에서 접근해야 한다. 설문조사, 논문, 공신력 있는 기관의 연구 보고서, 정부·지자체의 보도자료, 외신 기사, 해외 전문 자료 등 출처가 분명한 자료를 활용하자. 자료가 풍부할수록 글의 신뢰도는 높아진다. 사실에 대한 해석의 경우는 참고 자료로 활용한다. 해석을 직접 수집의 대상으로 삼는 것을 지양해야 한다. 다른이의 주장을 근거로 제시하는 것은 자칫 글의 객관성을 해칠 수 있다. 사실에 기초한 자료들을 모으면서 이야기하려는 바를 명확하게 정리한다.

② 해석은 참고만 할 것

　사실에 대한 해석은 참고 자료로만 활용한다. 특정인의 해석이나 주장 그 자체를 주요한 자료로 삼는 것은 지양해야 한다. 해석을 근거로 글을 구성하면 자칫 글이 객관성을 잃고 편향적으로 보일 수 있다. 중심은 언제나 사실이어야 한다. 자신의 해석은, 사실 위에 세워진 논리적 사고의 결과물로 만들어야 한다. 다른 사람의 의견은 참고로 삼되, 그 의견에 의존해 글을 구성하는 것은 피하자.

③ 자료 속에서 주제를 정리할 것

자료는 단순히 모으는 데서 끝나지 않는다. 모은 자료를 바탕으로, 글에서 무엇을 말할 것인지 정리해야 한다. 자료가 쌓일수록 하고 싶은 말이 선명해지는 순간이 온다. 그때 주제를 명확히 잡고, 글의 뼈대를 세우면 된다. 글쓰기는 자료 찾기에서 시작된다. 좋은 글은, 결국 좋은 자료를 잘 정리한 글이다.

2. 출처가 명확한 것만 모은다

자료의 출처는 반드시 명확해야 한다. 인용한 내용이 있다면, 그 자료의 원문을 직접 확인해야 한다. 정보를 전달하는 과정에서 내용이 왜곡되었을 가능성을 배제할 수 없기 때문이다. 특히 외국 기사나 논문을 참고할 경우, 번역 오류나 자의적 해석으로 인해 자료의 객관성이 훼손될 수 있으므로 각별히 주의해야 한다.

여기서 반문이 있을 수 있다. "출처가 애매해도 사람들이 다 쓰고 있으니 그냥 써도 되는 것 아닌가?"라는 생각 말이다. 하지만 이는 위험한 발상이다. 출처가 없거나 모호한 자료는, 겉보기에는 그럴듯 해 보일지 몰라도 실제로는 의도적으로 짜깁기된 허위 정보이거나, 부정확한 수치가 포함된 오류일 수 있다. 이러한 자료를 인용하면 글 전체가 신뢰를 잃게 된다. 객관성을 의심받는 순간, 독자는 더이상 그 글을 믿지 않는다.

다음은 실제 사례다.

> 국내 소비자들은 국산차 연비가 실제보다 부풀려져 있다는 인식을 강하게 갖고 있는 것으로 나타났다. 또 수입차를 구매한 소비자들은 연비를 가장 중요한 판단 기준으로 꼽았다. 국산차에 비해 상대적인 고가에도 불구하고 연비가 좋은 수입차 판매가 고공행진을 하는 배경에는 소비자들의 인식이 크게 작용하고 있다는 분석이다.
>
> 11일 마케팅인사이트가 2년 내 신차 구입 계획이 있는 소비자를 대상으로 한 '연비에 대한 인식' 조사 결과에 따르면, '국산차 연비는 실제보다 부풀려져 있다'고 응답한 비율이 93%에 달했다. 또 '국산차 연비는 수입차에 비해 좋지 않다'고 응답한 소비자도 70%에 육박했다.

언뜻 보면 출처가 제시된 기사처럼 보인다. 하지만 자세히 살펴보면 기초적인 정보들이 빠져 있다. 마케팅인사이트가 어떤 성격의 기관인지, 조사에 응한 표본 수가 몇 명인지, 질문 문항의 구체적인 내용, 응답 방식, 오차 범위 등이 모두 누락돼 있다. 이러한 정보 없이 제시된 수치는 신뢰하기 어렵다. 이 정도 정보로는 객관성을 검증할 수 없다. 따라서 자료를 인용할 때는 출처를 확인하는 것에서 끝나지 않고, 글 속에 그 출처를 분명히 표기해야 한다.

  출처는 글의 신뢰도를 결정짓는 중요한 요소다. 자료의 무게감은 곧 글의 무게감이 된다. 명확한 자료에서 분명한 글이 나온다.

  "글의 설득력을 높이고 싶다면, 출처부터 명확하게 하자"

3. 필요하다면 부딪혀라

인터넷만으로 세상의 모든 정보를 얻을 수 있다면 얼마나 좋을까. 하지만 현실은 그렇지 않다. 꼭 인용하고 싶은 내용인데 출처가 불분명한 경우, 내용이 어렵거나 이해가 되지 않아 추가 설명이 필요한 경우가 빈번하다.

'이럴 땐 주저하지 말고 직접 부딪혀야 한다'

먼저, 전문가를 찾아야 한다. 우리나라에는 수많은 연구기관과 협회, 단체들이 존재한다. 대부분의 기관은 공식 홈페이지에 전화번호와 이메일 등 연락처를 공개하고 있다. 궁금한 내용이 있다면, 이들 기관에 정중한 문의 메일을 보내보자. 내 경험상, 대부분 성의 있게 답변을 해준다. 예를 들어보자. 경제나 산업 관련 주제를 다룰 경우, 삼성경제연구소, LG경제연구소와 같은 민간 연구기관의 보고서가 유용하다. 또한 증권사 애널리스트나 이코노미스트가 발표하는 산업 분석 리포트도 좋은 참고자료가 된다. 이들 보고서는 특정 산업이나 글로벌 이슈에 대한 분석과 전망을 담고 있어, 자료 조사에 깊이를 더해준다. 전문가에게 연락할 때는 전화보다 이메일을 추천한다. 업무 특성상 이들은 회의, 발표, 외부 일정이 잦다. 전화는 실례가 될 수 있고, 원하는 답을 얻지 못할 수도 있다. 반면, 정성껏 작성한 이메일은 다르다. 간결하되 예의 바른 문장으로 질문을 전달하고, 내가 왜 이 정보를 찾고 있는지를 진심을 담아

설명하면 된다. 내 경험상, 그런 메일을 읽고도 아무 반응 없는 전문가는 거의 없었다. 나 역시 누군가 정성스럽게 보낸 메일을 보면, 그냥 넘기기 어려웠다. 꼭 답장을 해주고 싶어진다. 글쓰기를 위한 자료 조사에서 가장 중요한 것은 '정확한 정보'다. 찾아도 없으면, 직접 찾으러 가는 수밖에 없다. 필요하다면, 용기 내어 부딪히자. 그 과정에서 만난 사람과 정보가 당신의 글을 더 깊고 단단하게 만들어줄 것이다.

4. 녹음기와 메모장을 꺼내라

자료를 수집하는 방법 중 하나가 인터뷰다. 기자에겐 익숙한 방식이지만, 일반인에게는 다소 낯설 수 있다. 하지만 제대로만 활용한다면, 인터뷰는 어떤 글에도 깊이를 더해주는 강력한 도구가 된다.

인터뷰에서 기억해야 할 두 가지.

첫째, 녹음기(혹은 카메라)를 반드시 켜고 시작하자.

둘째, 메모장은 꼭 준비하라.

인터뷰 도중 모든 내용을 손으로 받아 적을 필요는 없다. 이미 녹음이 되고 있기 때문이다. 그보다는 인터뷰이의 표정, 어조, 감정의 변화를 관찰하는 데 집중하자.

그리고 중요한 발언이 나왔다고 판단되면, 그 시점의 녹음 시간과 핵심 키워드를 빠르게 메모한다. 이렇게만 해도 자료 정리는 훨씬 수월해진다.

예를 들어보자. 1시간짜리 인터뷰를 녹음했다면, 그걸 글로 풀어내는 데는 적게는 2~3시간, 많게는 하루 이상 걸릴 수도 있다. 무작정 처음부터 끝까지 듣고 옮기다 보면 시간은 시간대로 낭비되고, 중요한 포인트를 놓칠 위험도 크다. 그래서 인터뷰 도중 바로바로 키워드와 시간대를 메모하는 습관이 중요하다.

"30분 42초 – '인종 차별은 여전하다'"

이 정도만 적어놔도 나중에 그 부분만 빠르게 찾아 내용을 정리할 수 있다. 녹음기와 메모장은 글쓰기 현장의 필수 도구다. 글이 살아 움직이게 만들고 싶다면, 인터뷰라는 창을 열어보자. 누군가의 '목소리'는 언제나 가장 강력한 이야기의 시작점이 된다.

2-2 자료 정리

자료를 수집했다고 해서 글이 바로 써지는 것은 아니다. 글을 쓰기 전 반드시 거쳐야 하는 과정이 바로 자료 정리다. 자료를 정리하는 다섯 가지 방법을 소개한다.

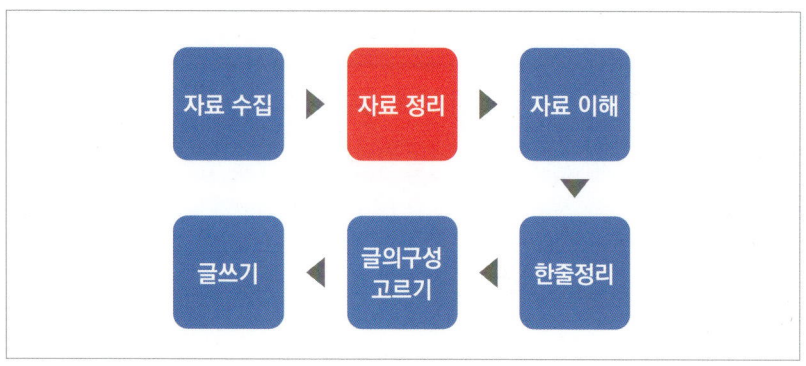

1. 중요 부분에 밑줄을 긋는다

수집한 자료는 대부분 방대하다. 모든 내용을 글에 다 담을 수는 없다. 따라서 우선 중요한 부분에 밑줄을 긋는 작업부터 시작해야 한다. 예를 들어보자. '스마트폰의 글로벌 시장 흐름'을 주제로 글을 쓰고자 한다. 관련 자료를 모으다 보면 '중저가 시장 확대', '프리미엄 스마트폰 점유율 변화', '신흥국 중심의 보급형 스마트폰 성장세' 등 다양한 정보가 쏟아질 것이다. 이 중에서 내가 말하고자 하는 핵심과 직접적으로 연관된 내용만 골라내야 한다. 그 방법이 바로 '밑줄 긋기'다. 처음엔 넓게 잡고, 중요해 보이는 부분에 폭넓게 밑줄을 긋는다. 그 다음 단계에서 중복되는 정보나 비중이 낮은 자료는 제외하고, 꼭 인용해야 할 핵심 근거 자료만 남긴다. 이 과정을 반복하다 보면, 어느 순간 글의 논리적 흐름이 자연스럽게 드러나게 된다. 자료 정리는 선택의 기술이다. 많이 모았다고 좋은 글이 되는 것은 아니다. 얼마나 잘 골라내고, 잘 다듬느냐가 관건이다. 글의 뼈대가 되는 핵심 자료는, 이렇게 '밑줄'에서 시작된다.

2. 쓰고자 하는 바를 명확히 한다

자료에 밑줄을 긋는 이유는 단순히 정보를 추리는 데 그치지 않는다. 진짜 목적은 생각의 방향을 구체화하는 것이다. 자료를 검토하다 보면 처음 세웠던 주제에서 벗어나는 순간이 생기기도 한다. 주제를 정하고 자료까지 수집했는데도 막상 글을 쓰려 하면 핵심이 흔들리는 경우가 생긴다. 대부분은 사안에 대한 이해 부족이나, 정보의 단편적 접근에서 비롯된다. 하지만 당황할 필요는 없다. 이런 흐트러짐은 글쓰기에서 흔한 일이다. 자료를 정리하면서 방향이 달라졌다면, 그 순간 다시 '내가 이 글을 통해 무엇을 말하고 싶은가?'를 묻는 것이 중요하다. 모아둔 자료를 다시 꺼내 놓고 흐름을 따라가다 보면, 새로운 핵심이 보인다. 이것이 바로 글쓰기에서 '생각이 자라는 과정'이다. 정리하자면, 자료 정리는 곧 주제 재설정의 기회다. 정보의 결을 따라가면서 방향을 잡아야 한다. 단순히 정보만 정리하는 것이 아니라, 그 안에서 생각을 정돈하고 중심을 잡는 일이 필요하다. 글은 자료가 아니라 의도와 방향으로 완성된다. 자료를 정리하면서 '무엇을 쓰고 싶은가'를 스스로 끊임없이 묻는 것, 바로 그 과정이 좋은 글쓰기의 출발점이다.

3. 가지치기를 하자

자료에 밑줄을 긋고 나면, 다시 한 번 선별의 시간이 필요하다. 바로 가지치기다. 쓰고자 하는 바에 맞춰 불필요한 정보를 덜어내는 작업이다. 이때 가장 많이 겪는 감정은 '혼란'이다. '이 자료가 정말 필요한가?'라는 질문 앞에서 망설이게 된다. 하지만 망설여지는 자료는 과감히 뺀다. 글에 가장 위험한 것은 애매한 정보다. '혹시나' 하는 마음으로 남겨 둔 정보가 글의 흐름을 어지럽힌다. 가지치기를 하고 나서 정보가 부족하다고 느껴진다면, 그때는 새로운 자료를 다시 찾으면 된다. 물론, 기준은 동일하다. 사실에 기반했고, 출처가 명확해야 한다. 정보는 많이 넣는다고 좋은 글이 되지 않는다. 주제에 맞게 선별하고 정제할수록 글은 단단해진다.

4. 반대의 견해에 관심을 기울이자

정보를 정리하고 나면, 마지막으로 여유로운 시선이 필요하다. '내가 하고 싶은 이야기'에만 매몰되면 글은 일방적이 된다. 반대의 입장, 다른 견해는 귀찮은 것이 아니라, 글의 무게를 더해주는 좋은 재료다. 내 주장에 대해 예상되는 반론이 무엇인지 미리 생각해보자. 그리고 그 반론에 대해 내가 어떤 근거로 설득할 수 있을지 정리해두자. 이 과정을 통해 글은 논리적이고 설득력 있게 완성된다. 하고 싶은 말만 잘 썼다고 해서 좋은 글이 되는 것은 아니다. 배려와 공감이 담긴 글이 진짜 좋은 글이다. 읽는 이가 이해받고 있다는 느낌을 받을 때, 비로소 글은 사람을 움직인다.

2-3 시각화하라

글을 쓸 때는 다양한 자료를 활용해야 한다. 설문조사, 통계 수치, 연구보고서, 전문가 코멘트 등은 글의 신뢰도를 높이는 핵심 도구다. 자료는 많을수록 좋고, 출처가 명확할수록 설득력이 커진다. 과거에는 이런 자료들을 대부분 글로만 설명했다. 하지만 요즘은 그림, 도표, 그래프 등 시각화 자료를 적극적으로 사용하는 추세다. 자료의 핵심을 한눈에 보여주기 위함이다. 단순히 글로 풀어낸 자료는 때로는 딱딱하고 지루할 수 있다. 하지만 같은 내용을 시각적으로 보여주면, 독자의 이해도와 관심을 동시에 끌어올릴 수 있다.

예를 들어, '스마트워치의 성장세'에 대한 기사를 보자.

"2020년 이후 글로벌 스마트워치 시장은 매년 두 자릿수 성장률을 보이며 확대되고 있다. 특히 2023년에는 전년 대비 18.7% 증가했다."

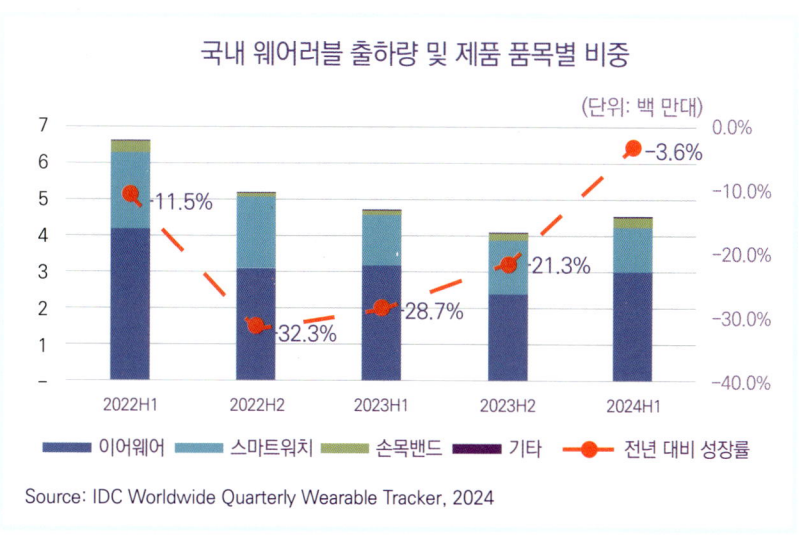

https://my.idc.com/getdoc.jsp?containerId=prAP52661524

텍스트로만 보여주는 것보다, 시계 이미지나 시장 점유율 그래프를 함께 보여주는 것이 훨씬 직관적이다.

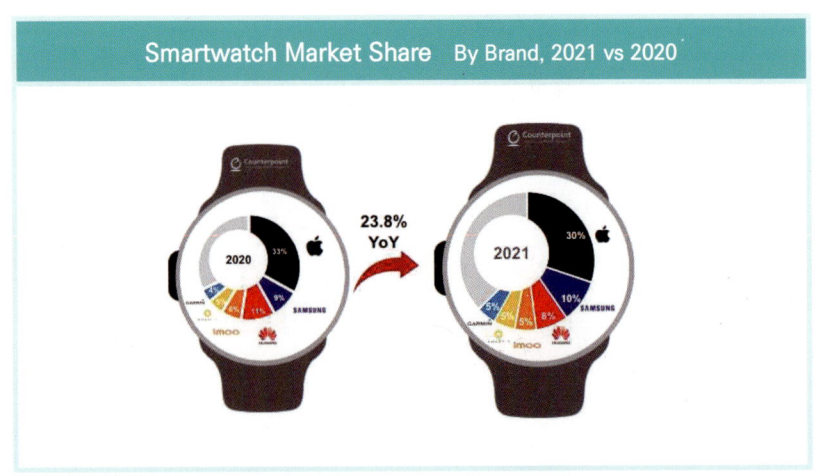

출처: 카운터포인트리서치(세계 스마트워치 점유율 −2021년)

　　독자는 숫자를 '읽는' 것이 아니라 '바로 인지'하게 된다. 좋은 글은 자료를 잘 고르는 것만큼, 어떻게 보여줄지도 중요하다. 시각화 자료는 수치의 증감이나 분포를 한눈에 파악하게 도와준다. 독자는 내용을 더 쉽게 이해하고, 더 오래 기억한다. 자료를 수집했다면, 그 자료의 성격과 전달 목적에 맞는 시각적 표현 방식을 고민하자. 그리고 시각화할 때는 두 가지를 꼭 명심해야 한다.

==첫째. 텍스트는 최소화할 것==

==둘째. 누구나 직관적으로 이해할 수 있도록 구성할 것==

독자의 시선을 사로잡고 싶다면, 시각화는 선택이 아니라 필수다.

〈글쓰기 '삼박자'〉

주제잡기 ➡ 자료수집 ➡ 이해하기

'야마'를 잡아라 — 글쓰기의 시작은 핵심 문장부터

기자들은 기사를 쓰기 전, 항상 '야마'를 잡는다. 야마는 언론계 은어로, 기사의 핵심을 뜻한다. 한 줄 요약이라고 생각하면 된다. 이 야마를 문장으로 풀어낸 것이 바로 '리드'다. 글쓰기도 마찬가지다. 쓰고 싶은 글이 있다면, 먼저 머릿속에서 핵심을 정리해야 한다. '내가 정말 말하고 싶은 것이 무엇인지', '이 글에서 무엇을 전달할 것인지'를 먼저 정의해야 글쓰기가 흔들리지 않는다. 글감은 주변에 널려 있다. 일상 속에서 떠오르는 감정, 경험, 대화 속 한마디, 길거리에서 본 풍경 하나도 훌륭한 소재가 된다. 그중 으뜸은 단연 '나의 이야기'다. 나만의 감성, 경험, 시선이 담긴 이야기는 가장 진솔한 글이 된다. 하지만 이때도 공감은 놓쳐선 안 된다. 아무리 내 이야기라 해도 '나만 좋은 글'이 되어서는 곤란하다. 독자가 공감할 수 있어야, 글은 사람의 마음을 움직일 수 있다.

자료를 모아라 — '취재'는 기자만 하는 게 아니다

주제를 잡았다면, 이제는 자료 수집 단계다. 기자에게 취재가 필수인 것처럼, 글을 쓰는 사람에게도 자료 수집은 기본이다. 자료를 찾는 방법은 다양하다. 논문, 전문 사이트, 정부나 기관이 낸 보도자료, 연구소의 리포트 등을 훑는다. 이해가 안 되거나 정보가 엇갈릴 때는 전문가에게 직접 묻는 것이 가장 정확하다. 기획 기사는 특히 사전 자료 조사에 많은 공을 들인다. 기사 한편을 쓰기 위해 A4 용지 5매 이상의 자료를 수집하고, 전문가 인터뷰만 2매 넘게 정리하는 경우도 흔하다. 일반적인 글쓰기도 마찬가지다. 간단한 에세이든, 여행기든, 리뷰든 자료 수집은 필요하다. 예를 들어 오늘 하루 있었던 일을 쓰더라도, 당시의 감정이나 대화 내용을 메모장에 남기는 것도 자료 수집이다. 여행기를 쓴다면, 들렀던 장소의 역사나 문화, 관련 에피소드를 조사 하는 것도 포함된다. 새 스마트폰을 산 후 사용기를 쓸 계획이라면, 제조사 홈페이지에서 스펙을 확인하고, 다른 사람들의 후기까지 살펴보는 것 역시 중요한 자료 조사다.

정독하라 — 자료를 '내 것'으로 만들기

　자료를 모았다고 끝이 아니다. 글을 쓰기 전에는 자료를 '이해하는 과정'이 반드시 필요하다. 읽은 자료를 마치 내가 쓴 것처럼 설명할 수 있을 정도로 숙지해야 한다. 복붙하거나 베끼는 식으로는 결코 좋은 글을 쓸 수 없다. 자료를 정독하고, 내 언어로 재구성할 수 있어야 한다. 그래야만 글이 힘을 가진다. 글쓰기는 단순한 감성 표현이 아니다. 구조화된 사고의 결과다.

　야마를 잡고, 자료를 수집하고, 그 내용을 체화하는 과정이 모여 설득력 있는 글이 완성된다. 이 '삼박자'는 기자뿐 아니라, 누구에게나 통하는 글쓰기의 기본 공식이다.

2-4 글쓰기 전 명심해야 할 7가지 조언

글을 쓰기 전, 무엇부터 시작해야 할지 막막할 수 있다. 하지만 다음 7가지를 기억한다면, 어떤 글이든 한결 수월하게 써나갈 수 있다. 이 7가지는 단순한 '규칙'이 아니라, 당신의 글을 더 명확하게, 더 설득력 있게, 더 잘 읽히게 만드는 핵심 원칙이다. 글을 쓰기 전, 잠깐이라도 떠올려보자. 글이 달라질 것이다.

#1. 정확히 이해하라

#2. 충분히 정리하라

#3. 사실과 의견은 구분하자

#4. 기교는 버려라

#5. 글은 최대한 짧고, 쉽게

#6. 어미 조사의 중복은 하수

#7. 중언부언도 하수

1. 정확히 이해하라

글은 내가 제대로 이해한 내용을 정리해 전달하는 것이다. 자료를 대충 읽고 얼버무리는 글은, 결국 말장난에 불과하다. 다른 사람에게 설명할 수 있을 만큼 정확히 이해한 뒤 글을 쓰자. "설명할 수 없으면 이해한 게 아니다."

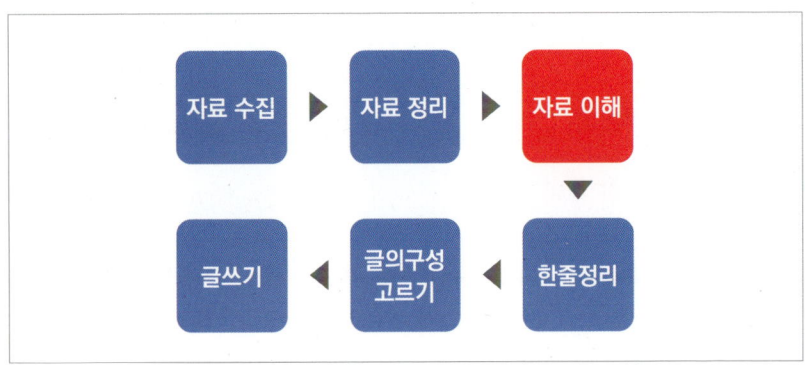

[정확하지 않은 글은 많은 이들을 피곤하게 한다]

- 기자 시절 -

기자는 하루에도 수백 통의 보도자료를 받는다. 그중에는 기자의 손을 거의 거치지 않아도 될 만큼 잘 정리된 보도자료도 있지만, 보는 순간 화면을 닫고 싶어지는 자료도 있다. 특히 정부 기관에서 보고서 형식으로 보내온 보도자료는 기가 막힌 경우가 많았다. 마치 기계적으로 쓴 듯, 의미 없는 문장과 단어들이 줄지어 있으면 내용을 파악하기조차 어렵다. 이해되지 않는 문장을 해석하느라 시간을 낭비하게 되고, 결국엔 직접 전화를 걸어 확인해야 하는 상황이 빈번하게 벌어진다.

보도자료는 단순한 문서가 아니다. 기자에게는 기사 작성의 기초 자료이며, 배포하는 입장에서는 실무자의 일을 덜어주는 도구이기도 하다. 하지만 그 글이 정확하지 않다면, 모든 관계자가 곤란해진다. 기자가 전화를 계속 걸어대면, 실무자는 하루 종일 같은 설명을 반복하며 시간을 허비한다. 기자는 기자대로 핵심을 파악하지 못해 애를 먹는다. '정확하지 않은 글' 하나로 여러 사람의 하루가 피곤해지는 것이다. 반면, 배려가 담긴 보도자료를 받으면 기자는 글쓴이의 세심함에 감동한다. 문장은 간결하고 핵심이 살아 있으며, 어려운 용어는 친절한 설명이 덧붙어 있다. 기자는 "이 글은 꼭 기사로 써야겠다"는 마음이 든다. 심지어 작성자가 누군지 확인하고, 나중에 우연히 마주치면 "보도자료 정말 잘 받았습니다"라는 감사 인사를 전하기도 한다.

고민하며 쓴 글은 단박에 드러난다. '이 문장을 쉽게 풀기 위해 얼마나 많은 시간을 들였을까' 하고 감정이입이 될 정도다. 기자인 나 역시 글을 쓰는 사람이기에 그 노력을 읽어낼 수밖에 없다.

- 홍보 시절 -

직장인이 되고, 보도자료를 쓰는 입장이 됐다. 사업부서에서는 늘 화려한 수식어를 요구한다. "혁신적", "압도적", "최초" 같은 단어로 포장해 달라는 것이다. 하지만 기자 시절을 겪은 입장에서는 뻔히 보인다. 그 모든 수식어는 결국 기사에서 걸러질 것이라는 사실을. 그럼에도 사업부서와 불필요한 언쟁은 피한다. 직장생활에서는 그조차 감정 관리의 일부다. 다만, 자료의 본질은 변하지 않는다. 정확하고 배려 깊은 글이 결국 가장 오래 살아남는다.

선무당이 사람 잡는다

글쓰기를 시작할 때 가장 먼저 해야 할 일은 '정확히 이해하는 것'이다. 스스로도 제대로 이해하지 못한 채 쓰는 글은 차라리 쓰지 않는 편이 낫다. 어설픈 이해는 때로는 전혀 맞지 않는 사례와 근거를 끌어다 쓰게 만들고, 그 결과 글의 신뢰도는 심각하게 손상된다. 한 번 떨어진 신뢰는 회복하기 어렵다. 특히 첨예하게 대립되는 주제를 다룰 때는 '정확한 이해'가 무엇보다 중요하다. 예컨대 어떤 입장을 옹호하려는 글에서, 반대 진영의 근거를 잘못 인용하거나 맥락을 무시한 예시를 제시한다면, 글쓴이 스스로의 무지를 드러내는 셈이 된다. 읽는 이로 하여금 글 전체를 신뢰할 수 없게 만든다. 자료의 품질이 아무리 뛰어나더라도, 글쓴이가 그 내용을 완전히 이해하지 못한 상태에서 글을 쓰면 결국 아무 의미 없는 글자 나열이 되고 만다. 글은 정보를 나열하는 것이 아니라, 독자를 이해시키고 설득하기 위한 수단이다. 이 목적을 잊은 글은 '글'이 아니다.

아래 두 기사를 비교해보자.

〈 A기사 〉

10월 경상수지가 89억6천만 달러 흑자를 기록하며 44개월 연속 흑자 행진을 이어갔다. 한국은행이 2일 발표한 국제수지(잠정치)를 보면 10월 경상수지 흑자는 89억6천만 달러로 나타났다. 경상수지 흑자는 2012년 3월부터 44개월째 계속되면서 최장 흑자 기록을 매달 경신하고 있다.

〈 B기사 〉

재화와 서비스 등의 해외거래 상황을 보여주는 경상수지 흑자 행진이 44개월째 이어지고 있다. 특히 수출보다 수입이 더 많이 줄어든 불황형 흑자가 지속되고 있는 모습이다. 한국은행이 2일 발표한 국제수지(잠정치)에 따르면, 10월 경상수지 흑자는 89억6천 만 달러로 집계됐다.

두 기사는 같은 자료를 바탕으로 작성됐다. 하지만 독자의 이해도는 전혀 다르다. A는 단순히 발표 내용을 요약한 수준에 그친다. 문장은 수치와 용어로 가득하다. 반면 B는 '경상수지'라는 용어를 풀어 썼고, 핵심적인 해석인 '불황형 흑자'라는 분석을 덧붙였다. 경제 용어에 익숙하지 않은 독자도 어느 정도 의미를 파악할 수 있도록 안내했다. 글은 A처럼 쓰는 것이 아니라, B처럼 써야 한다. 내가 안다고 해서 독자도 안다고 가정하는 순간, 글은 오만해진다.

글쓰기에서 가장 경계해야 할 것은 '자만'이다. 자신이 알고 있는 지식을 남에게 쉽게 설명하지 못한다면, 그것은 제대로 아는 것이 아니다. '선무당이 사람 잡는다'는 속담처럼, 어설픈 지식은 글을 해치고, 독자를 피곤하게 만든다. 정확히 이해하지 못한 글은 결국 자신도, 독자도, 모두를 곤란하게 한다. 글쓰기의 시작은 이해다. 그리고 이해한 내용을 '남의 언어'로 풀어내는 것이다. 그것이 진짜 글쓰기다.

〈기초 체력 올리기〉

일상을 취재하라

기사를 작성하는 첫 단계는 야마[4]를 잡는 것이다. 야마는 기사의 리드[5]가 된다. 야마 잡고 리드까지 뽑았으면 자료 수집에 들어간다. 취재의 단계다. 자료 수집의 방법은 다양하다. 나의 경우는 논문과 관련 사이트에 올라온 정보, 해당 기관에서 내놓은 보도자료, 연구소 등에서 발간한 보고서 등을 샅샅이 살펴 수집한다. 정보를 취합하다가 상충되거나 이해가 안 되는 부분은 해당 전문가에게 직접 물어본다. 취재 과정에 공을 들일수록 풍부하고 깊은 기사가 나온다. 기획 기사일수록 충분한 시간을 두고 궁금하거나 의심이 드는 부분은 모두 확인한다. 이런 과정을 거쳐 수집한 자료는 A4 기준으로 언제나 20장 이상이다. 관련 전문가 인터뷰만 20매 이상 나온 적도 있다.

일반인의 글쓰기도 이와 마찬가지이다. 자료 수집은 어떤 글쓰기를 하더라도 선행하는 필수조건이다. 단순히 오늘 있었던 이야기를 쓰더라도 자료 수집이 필요하다. 자료 수집이 특별한 것은 아니다. 하루 있었던 일을 메모장에 쏟아내는 작업도 자료 수집의 일환이다. 여행기를 쓴다면

---

4) 기사의 핵심을 뜻하는 은어
5) 기사의 첫 문장

하루 동안 거쳤던 공간의 의미, 공간과 얽힌 이야기 등에 대해 알아보는 것도 자료 수집에 해당한다. 새로 산 스마트폰에 관해 사용기를 쓸 때에도 홈페이지에서 스마트폰의 사양과 특징, 사용 후의 느낌 등을 다른 기기와 비교하는 것 역시 자료 수집이다. 취재가 끝났다면 수집한 자료를 정독한다. 자료를 보지 않고 설명할 수 있을 정도로 숙지해야 한다. 마치 내가 자료의 작성자인 것처럼 느껴질 때 비로소 글을 쓸 준비가 됐다고 말할 수 있다.

첫 시작은 반문이다

수집한 글을 다 이해했다고 생각한다면 그 다음은 '반문'이다. 반문을 하는 이유는 '글의 목적'을 제대로 파악했는지 확인하기 위해서다. '나는 어떤 글을 쓰고자 하는가?'를 끊임없이 물어야 한다는 것이다. 질문에 답을 하지 못한다면 글쓰기 준비가 안된 것이다. 답을 할 때까지 자료를 수집하고 이해하는 단계를 반복해야 한다. 어떤 내용을 쓸 것인가를 정한다는 것은 내 시각이 잡혀있다는 것이다. 시각이 잡혀 있다는 것은 어떤 사안에 대해 나의 통찰력이 생겼다는 것인데, 이는 사안에 대한 깊은 이해가 전제되어야 가능한 일이다. 충분한 이해 없이 자신도 모르는 이야기를 글로 쓰고자 하는 것은 굉장히 위험한 일이다. 책임질 수 없는 이야기를 하는 것만큼 위험하다. 자신의 머릿속에 정리되지 않은 내용을 글로 담아내려고 하면 글은 중구난방이 되기 십상이다. 굉장히 모호한 글을 써놓고 독자에게 알아서 이해하라고 하는 것은 횡포와 같다. 자신의 생각을 강요하는 것에 지나지 않기 때문이다.

  글을 쓴다는 것은 사유의 과정을 활자로 담는 것이다. 글을 잘 쓰기 위해서는 '생각'을 분명하게 해야 한다. 전달하고자 하는 바가 명확해야 좋은 글을 쓸 수 있다. 반문에 답할 준비가 되어있지 않다는 것은 글 쓸 준비가 안 되어 있다는 것이다. 즉, 전달하고자 하는 바가 명확하지 않다는 것이다. 명심해야 한다.

자료 정독은 '이해'를 위한 단계다

  거듭 강조한다. 수집한 자료를 내 것으로 만드는 과정은 글쓰기의 기본이다. 이는 좋은 글과 나쁜 글을 가르는 중요한 포인트이기도 하다. '이해'하고 쓴 글과 그렇지 않은 글은 독자에게 큰 차이로 다가간다. 자신의 경험을 잘 생각해 보면 된다. 어떤 사안에 대해 잘 아는 사안에 대해 친구들에게 이야기할 때 자신의 모습을 말이다. 친구의 어떤 질문에도 막힘없이 답변할 수 있다. 무엇보다 쉽게 답할 수 있다. 필요에 따라서는 적절한 비유와 예시까지 사용하며, 참고했던 자료의 굴레를 벗어나 자유자재로 내 사례까지 녹여가며 친구에게 설명하는 자신을 말이다. 마찬가지다. 완벽히 생각을 정리한 뒤에 쓴 글은 독자에게도 쉽다. 독자에게 좋은 글, 잘 쓴 글이란, 글을 읽을 때 정독하지 않아도 쓱하고 읽히는 글이다. 일상적인 글에서 한 장을 읽기 위해 몇 번을 반복해서 읽어야 하는 글은 난 좋은 글이라고 보지 않는다. 이런 경우는 번역서에서 많이 느낀다. 한 페이지를 여러 번 읽어도 다음 페이지로 넘어가기가 힘든 경우가 많다. 예전 누군가 원서를 읽었는데 너무 좋은 내용이고 가독성도 좋다고 해서 추천해준 책이 있다. 너무 궁금해 바로 샀다. 하지만 첫 몇 페이지를 넘기지 못하고 쓰레기통에 넣었다. 한 페이지 한 페이지를 넘기면서 너무 괴로웠다. 글의 내용이 전혀 이해되지 않았다. 글을 읽다가 진도가 쉽게 나가지 않는다면 자신을 탓할 필요없다. 그건 글쓴이의 문제다. 난 이 경우 둘 중 하나라고 생각한다. 〈네이처〉에나 등장할 법한 매우 전문적인 내용의 글이거나, 글쓴이가 이해하지 못한 내용의 글이거나. 물론 정독도 필요하다. 완벽한 이해를 위해서는 글을 읽으면서 고민을 해야 하기 때문이다. 좋은 글을 쓰기 위해서는 수집한 자료에 대한 이해가 선행되어야 한다. 글을 쓰기 위해서 다른 이가 쓴 글을 정독하면서 내면화하는 것. 글을 매개로 타인과 나의 지식의 화학작용이 활발히 일어날 때 글은 더욱 풍부해진다. 오해 없길 바란다. 글을 쉽게 쓰라는 것이지 자료를 수집할 때 쉬운 자료만 찾으라는 것이 아니다.

이해했거나 이해한 척 했거나

보통 글을 쓰기 위한 자료 수집을 하는 과정이 끝나면 머릿속에 희미한 무언가가 생기기 마련이다. '이대로 쓰면 될 것 같다'는 감이 온다. 난 이 순간을 "영감님이 오셨다"라고 표현한다. '영감(inspiration)'은 늘 실체를 드러내지 않는다. 온 것은 맞지만 저 멀리서 실루엣만 보이고 사라진다. 안개가 그윽해 잘 보이지 않는 불투명한 느낌이랄까. 이럴 때 글을 쓰면 글마저도 희미해진다. 희미한 글의 실체를 찾기 위해 글에도 보정 작업을 해야 한다. 마치 디지털 카메라로 찍은 사진에서 피사체를 더욱 돋보이게 그래픽 툴로 보정 작업하는 것처럼 말이다. 어려울 것 같지만 훈련이 되면 재미있는 과정이다. 방법은 간단하다. 글의 내용을 한 문장으로 요약할 때까지 반복한다. 쓰고자 하는 내용을 한 문장으로 요약할 수 있는지 수집한 자료를 토대로 스스로에게 반문하면 된다. 이 과정을 거치면 희미했던 영감님은 어느 새 뚜렷한 주제의식으로 바뀌어 있다. 그것도 명확한 한 문장으로 말이다. 이것도 주제가 되고 제목이 된다. 쓰고자 하는 글의 핵심인 것이다. 그 뒤에 할 일은 쓰고자 하는 내용에 적합한 근거와 사례를 찾는 것이다.

생각의 가지치기를 하라

이런 질문이 생기는 이들이 있을 것이다. 아는 것이 많아서 이 이야기도 쓰고 싶고 저 이야기도 쓰고 싶다고 말이다. 이 때문에 고민하는 이들이 꽤 많다. 이들에게 글쓰기는 어려운 일이다. 이들에게는 또 하나의 과정이 필요하다. 바로 '생각의 가지치기'이다. 수많은 생각들이 머릿속에서 떠다닌다면 가지치기를 해야 한다. 관리를 한 수목과 그렇지 않고 제멋대로 자라게 내버려둔 수목은 한눈에 보더라도 차이가 난다. 글도 이와 같다. 군더더기를 뺀 글이 읽기 좋다.

가지치기 단계를 살펴보면, 우선 머릿속에 떠오르는 생각들을 메모지에 적는다. 글과 관련된 것이면 무엇이든지 상관없다. 그리고 큰 덩이로 분류를 한다. 그 가운데 서로 어울리는 것과 그렇지 않은 것을 나누고,

이도저도 아닌 애매한 것은 일단 별도로 메모해 둔다. 별도로 메모해 둔 것은 나중에 분량을 늘려야 할 경우를 위해서다. 이들은 큰 그림이 그려지게 되면 적합한지 부적합한 지 판단할 수 있다. 이 과정을 반복한다. 추리고 또 추린다. 안개가 걷히고 윤곽이 분명해질 때까지 쳐낸다. 더 이상 쳐낼 가지가 없다면 스스로에게 물어라. '내가 말하고자 하는 바가 무엇인가?'라고. 질문에 답을 할 수 없다면 답을 할 수 없는 이유를 찾아야 한다. 아무리 해도 생각이 명확하지 못하다면 자신이 제대로 이해를 하지 못한 것은 아닌지 의심해야 한다.

이해를 하지 못했다는 것은 두 가지로 나눌 수 있다. 자료 조사가 부실해서 그럴 수 있다. 어설프게 아는 것을 글로 풀려고 하면 언제나 막히게 되어 있다. 혹은 자료 수집에만 몰두해서 그럴 수도 있다. 자료의 맥락을 이해하려고 하지 않고 방대한 양의 자료를 짜깁기 하려고 할 때 글쓰기는 어려움에 봉착한다. 우리가 흔히 제출용 글을 쓸 때 주로 하는 것이 바로 짜깁기다. 남의 글을 적당히 도려내서 Ctrl+C, Ctrl+V 하면 그럴듯한 글이 탄생했다고 생각할 수 있다. 하지만 그 글은 자신의 글이 아니다. 그러한 글은 독자에게도 감흥을 줄 수 없다. 쓰고자 하는 바를 명확히 하고, 그에 맞는 자료를 수집하고, 자료에 대한 이해를 마쳤다면 글쓰기의 첫걸음을 뗀 것이다. 글을 쓸 준비가 됐다는 것이 글을 당장 써도 좋다는 의미가 아님을 명심하자. 글쓰기라는 긴 터널의 입구에 섰을 뿐이다.

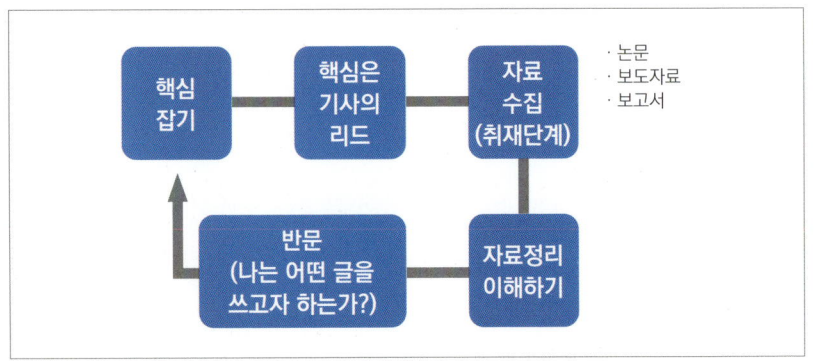

> [노트] 정확히 이해하라
>
> – 무엇을?
>   쓰고자 하는 내용에 대해 정확한 이해가 필요하다.
> – 왜?
>   무엇을 쓸 것인지 이해하지 않고 쓴 글은 논지를 벗어난다.
> – 어떻게?
>   첫 시작은 반문이다.

2. 충분히 정리하라

"글을 쓰기 전, 머릿속을 먼저 정리하라"

머릿속이 정리되지 않으면, 글도 정리되지 않는다. 무작정 글을 쓰기보다 먼저 해야 할 일은 생각의 정돈이다. 내가 무엇을 말하고 싶은지, 핵심이 무엇인지를 분명히 해야 한다. 이때 마인드맵이나 메모 정리 같은 도구를 활용하면 큰 도움이 된다. 글을 쓰기 전 10분의 정리는, 글을 쓰는 데 1시간을 줄여준다.

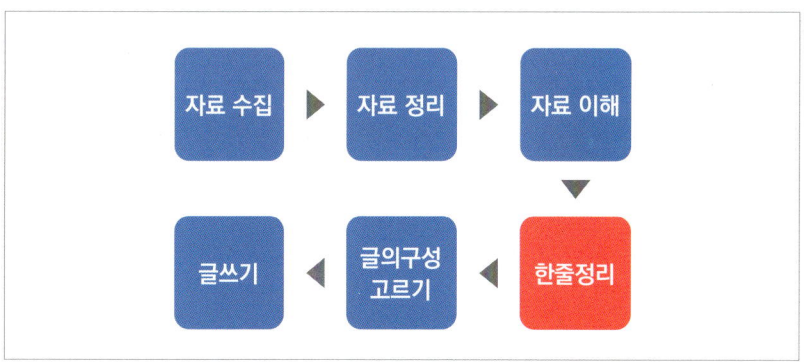

[보고가 길면 신뢰는 짧아진다]

고객이나 직장 상사에게 보고해야 할 일이 생겼을 때, 장황하게 설명하다가 상대방의 집중이 흐트러지는 경험을 해본 적 있을 것이다. 중요한 내용일수록 핵심만 간결하게 전달해야 한다. 아무리 본질적인 정보라도, 요점이 정리되어 있지 않으면 상대방은 불필요한 말로 인식한다. 그러기 위해선 머릿속 정리가 선행돼야 한다. 어떤 내용을 어떻게 전달할 것인지 미리 구상하고 구성하는 습관이 필요하다. 이 과정은 상대에게 명확하고 자신감 있게 말할 수 있는 힘이 된다.

기자의 하루는 '요약 보고'로 시작된다.

기자에게 '요약'은 생존의 기술이다. 기자는 입사 직후부터 이 훈련을 반복하게 된다. 수습기자 시절 데스크나 선배에게 '야마(핵심)'를 묻는 질문은 매일같이 이어진다. 핵심을 한 줄로 말하지 못하면 "다시 보고 해"라는 말이 날아온다. 정식 기자가 된 이후에도 마찬가지다. 매일 아침 출입처 일정, 기사 기획, 밤사이 일어난 사건 등을 한 문장으로 요약해 보고해야 한다. 주간 회의에서도 취재 기획은 반드시 한 줄로 요약된다. 보고가 길어지면, 핵심이 사라진다.

하나의 문장, 하나의 방향

글쓰기에서도 마찬가지다. 전하고 싶은 주장이 너무 많으면, 결국 하나도 전달되지 않는다. 글쓴이는 다양한 정보를 담았다고 생각하겠지만, 독자는 무엇이 중요한지 알 수 없는 글을 마주하게 된다. 모든 것이 중요하다는 말은, 아무것도 중요하지 않다는 말과 같다. 이럴 땐 소제목을 활용하자. 흐름을 시각적으로 나누고, 각각의 파트에 명확한 메시지를 담으면 글의 구조가 단단해진다.

글을 쓰기 전, 한 문장을 먼저 써보라

욕심을 버리지 못하면 문장이 늘어난다. 문장이 늘어나면 핵심이 흐려진다. 이럴 땐 자신에게 물어야 한다.

"내가 이 글에서 하고 싶은 말은 딱 한 문장으로 뭐지?"

그 한 문장이 정리되었을 때, 비로소 글을 쓸 준비가 된 것이다. 정리는 선택이 아니라, 글쓰기의 시작이다.

〈기초 체력 올리기〉

[정리 트레이닝법]

▼ 뼈대를 세워라
  ≫ 자료 정리 → 근거·사례 추림
  ≫ 짜깁기 금지, 내 언어로 재구성

▼ 두뇌를 믿어라
  ≫ 머릿속 밑그림 → 개요 쓰기
  ≫ 정리는 글쓰기의 90%

▼ 두괄식 구조로
  ≫ 주장 → 근거 → 사례
  ≫ 한 문장으로 요약되는 통찰

▼ 리드 문장 만들기
  ≫ 키워드만 남기기
  ≫ 메모 → 그룹화 → 흐름 잡기

뼈대를 세워라 — 글쓰기 준비의 두 번째 단계

글을 잘 이해했다면 이제는 뼈대를 세울 차례다. 집을 지을 때 철근으로 구조를 세우듯, 글도 단단한 구조가 있어야 흔들리지 않는다. 이때 필요한 것이 바로 자료 정리와 핵심 추출이다.

먼저 수집한 자료를 꼼꼼히 다시 살펴본다. 글의 방향이 분명해졌다면, 그에 적합한 근거와 사례를 추려야 한다. 필요한 경우, 자료를 보완하거나 새롭게 조사할 필요도 있다. 예를 들어 하나의 논문을 바탕으로 글을 쓴다고 할 때, 그 논문과 관련된 다른 연구나 기사, 비판적 분석 등을 함께 찾아보는 것이 좋다. 특히 반론이나 해당 논문이 가진 한계까지도 파악해 정리해야 글의 깊이와 신뢰도를 높일 수 있다. 이 작업은 초반의 '기초 취재'와는 다르다. 기자가 야마(핵심 주제)를 잡기 위해 1차 취재를 한다면, 글의 뼈대를 세우는 과정은 2차 정리 취재에 해당한다. 이때는 자료를 단순히 모으는 것이 아니라, 쓰고자 하는 메시지를 중심으로 재구성하는 단계다. 주의할 점은, 수집한 자료를 그대로 짜깁기하지 않는 것이다. 자료를 온전히 이해하고, 내 언어로 소화한 뒤 글로 풀어내야 한다. 그래야 뼈대 있는 글이 된다.

당신의 두뇌를 믿어라 — 정리는 생각이 하는 일이다

많은 양의 정보를 접한 뒤, 시간이 지나면 하나의 흐름이 떠오르는 경험을 해본 적이 있을 것이다. 인간의 뇌는 정보의 홍수 속에서도 스스로 정리하고 분류하는 능력을 가지고 있다. 이 과정을 돕는 것이 바로 '명상'이다. 여기서 말하는 명상은 참선이 아니다. 조용히 앉아 머릿속으로 글의 밑그림을 그리는 시간이다. 글을 쓰기 전 개요를 정리하고, 자료를 조합하며, 중심 생각을 꿰는 준비 단계다.

이때 필요한 것은 단 하나다. 자신을 믿는 것이다. 충분히 자료를 읽고 이해하는 훈련을 거치면, 어느 순간 생각이 스스로 정돈되는 경험을 하게 된다. 글쓰기란 결국 정리된 생각의 표출이기 때문이다. 만약 뇌가 아직 밑그림을 그리지 못하더라도 실망할 필요는 없다. 읽고, 이해하고, 정리하는 과정을 반복하면 된다. 이는 훈련의 문제이며, 반복을 통해 누구나 가능해진다. 사실상 글쓰기의 90%는 이 정리 과정에서 결정된다. 50분 안에 글을 써야 한다면, 40분은 정리에 쓰고 10분만 실제로 쓰는 편이 훨씬 효율적이다. 핵심이 뚜렷한 글은 결코 길지 않아도 강력하다.

글의 뼈대는 두괄식으로 — 상대를 배려하는 글쓰기

이제 펜을 들 차례다. 본격적인 글쓰기는 '뼈대 잡기'에서 시작된다. 글의 뼈대란 중심 키워드와 논리 흐름을 뜻한다. 방법은 간단하다. 먼저, 키워드가 드러나는 문장들을 나열한다. 그리고 이 문장들이 하나의 큰 흐름을 이루도록 논리적 구조를 잡는다. 예를 들어, 삼성전자의 갤럭시 S24 Ultra에 대한 제품 리뷰를 쓴다고 하자. 글의 뼈대는 다음과 같이 구성할 수 있다.

> 갤럭시 S24 Ultra의 핵심 특징을 간결히 정리한다. → 주장
> "갤럭시 S24 Ultra는 AI 기반 기능과 카메라 기술에서 새로운 기준을 제시한 스마트폰이다."
>
> 경쟁 제품과 차별화된 기능을 소개한다. → 근거
> "특히 실시간 통역, 사진 재구성, 문서 요약 등 생성형 AI 기능이 기본 탑재되어 있으며, 2억 화소 메인 카메라와 개선된 야간 촬영 성능은 아이폰 시리즈보다 뛰어나다는 평가를 받고 있다."
>
> 실제 사용 시 장점이 드러나는 사례를 제시한다. → 예시
> "출장 중 만난 외국인 고객과의 대화에서 실시간 통역 기능을 활용해 원활하게 의사소통할 수 있었고, 회의 녹음 내용을 자동으로 요약해줘 업무 효율이 크게 향상됐다."

이러한 구성은 '두괄식 글쓰기'의 전형이다. 나는 '서론-본론-결론' 방식보다, 두괄식 구조를 추천한다. 하고자 하는 말을 처음에 명확히 밝혀야 독자도 글의 방향을 예측하며 읽을 수 있기 때문이다. 이것이 바로 독자를 배려하는 글쓰기다.

첫 문장은 주제가 된다 ─ 리드 문장의 힘

기자들은 글의 첫 문장을 '리드(lead)'라고 부른다. 리드는 그 글이 담고자 하는 핵심 메시지를 한 줄로 요약한 문장이다. 이 문장이 써지지 않는다면, 아직 주제를 완전히 이해하지 못한 것이다. 또는 이해한 척하고 있는 것이다. 이럴 땐 정리 단계로 다시 돌아가야 한다. 자료 수집이 끝

나면 조용한 공간에서 다시 생각을 정리한다. 이 과정에서 하나의 문장, 즉 '리드'가 떠오를 때까지 기다린다. 떠오른 문장에 이어, 자연스럽게 근거와 사례가 줄줄이 연결되기 시작한다. 하지만 그런 '순간'이 오지 않을 수도 있다. 이때는 생각을 가지치기해야 한다. 메모장을 열고 떠오르는 내용을 모두 쓴 뒤, 핵심이 아닌 것은 지운다. 유사한 내용을 그룹화하고, 그룹별 키워드를 뽑는다. 키워드 간의 논리적 관계를 도식화하며 글의 구조를 잡는다. 그렇게 남는 단 하나의 핵심 키워드, 그것이 들어간 문장이 바로 리드 문장이다.

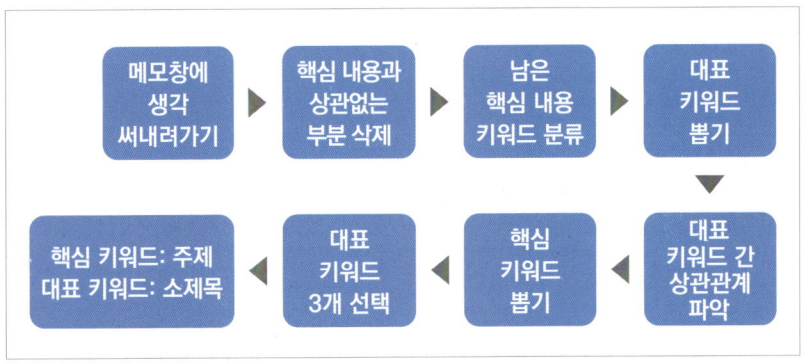

[노트] 충분히 정리하라

- 무엇을?
 글쓰기 전, 이해한 내용을 머릿속으로 구조화한다. 주제·근거·사례 등 핵심 요소를 한 줄로 정리할 수 있어야 한다.
- 왜 해야 할까?
 요약 보고 능력 향상: 기자처럼 핵심만 간결하게 전달 가능
 글의 뼈대 확립: 장황하지 않고, 명확한 글쓰기 가능
- 어떻게 할까?
 명상하듯 머릿속 정리 시간 확보
 메모장에 생각을 쏟아낸 뒤 불필요한 것 제거
 핵심 키워드 하나로 주제를 압축
 주제 → 근거 → 사례로 한 줄 요약 구조 만들기

"한 문장으로 말할 수 없다면, 아직 제대로 이해한 것이 아니다."

3. 사실과 의견은 구분하자

글의 신뢰는 '팩트'에서 시작된다. 글쓰기에는 늘 사실(fact)과 의견(opinion)이 함께 담긴다. 문제는 이 둘을 구분하지 않았을 때다. 글의 설득력은 떨어지고, 신뢰는 무너진다. 예를 들어,

(사실) "2024년 한국의 출생아 수는 20만 명 아래로 떨어졌다."
(의견) "이 현상은 국가 재정에 큰 위협이 될 수 있다."

이처럼 사실과 의견의 구분이 명확해야, 독자도 글쓴이의 주장에 귀를 기울일 수 있다.

[민감한 주제일수록 더욱 신중하게]

시사 현안처럼 찬반이 첨예하게 대립되는 주제는 더욱 조심해야 한다. '이럴 때 의견을 사실처럼 포장하면 어떤 결과가 벌어질까?'

당장 비판의 대상이 되고, 글은 비난 속에 매몰될 가능성이 높다. 글쓴이의 의도가 왜곡되거나, 정작 말하고 싶었던 본질이 묻힐 수도 있다. 의견을 적을 땐 '의견'임을 명확히 해야 한다. 그렇지 않으면, 팩트와 허구의 경계가 무너지면서 독자와의 신뢰 관계도 흔들린다.

여행기든 맛집이든, 기준은 같다

여행기라고 해서 예외는 아니다. 여행기는 경험을 중심으로 한 글이지

만, 그 안에 들어가는 정보는 사실이어야 한다. 예를 들어 "이곳은 조선 시대 왕이 자주 찾은 온천이다"라는 문장을 썼다면, 이는 반드시 확인된 사실이어야 한다. 반대로 "고요한 아침에 산책하며 마음이 정화됐다"는 문장은 개인적 의견이자 감상이므로 자유롭게 표현할 수 있다. 맛집 리뷰도 마찬가지다. "이 국물엔 아마도 한우 꼬리뼈가 들어간 것 같다"는 추정은 사실처럼 적으면 위험하다. 재료의 출처나 조리 방식은 확인된 사실만 적고, "국물에서 진한 맛이 났다", "입맛에는 잘 맞지 않았다" 같은 표현은 개인의 의견임을 드러내는 식으로 써야 한다.

구분이 명확할수록, 설득력은 높아진다

사실과 의견이 뒤섞인 글은 독자를 혼란스럽게 만든다. 반면 이 둘이 명확히 구분된 글은 독자가 글쓴이의 주장을 따라가도록 돕는다. 특히, 논쟁적인 사안일수록 자료 수집과 정확한 이해가 우선돼야 한다. 자신의 의견을 펼치기 전, 충분한 검토를 거쳐야 설득력을 높일 수 있다.

주장을 하려면, '사실에 기반한 근거'가 필요하다

글쓰기는 종종 상대방을 설득하는 과정이다. 따라서 주장을 하고 싶다면 반드시 사실에 기반한 근거와 사례가 따라야 한다. 예를 들어,

주장: "도시철도 요금 인상은 불가피하다."
근거: "지난 10년간 요금은 동결됐고, 운영 적자가 누적됐다."
사례: "서울교통공사는 작년 한 해에만 1조 원 가까운 적자를 기록

했다."

근거와 사례가 모두 사실일 때, 글은 비로소 힘을 가진다. 반대로 주관적인 판단이나 불확실한 자료를 사실처럼 인용하면, 신뢰도는 순식간에 무너진다.

좋은 글은 '팩트 위에 서는 주장'이다

사실과 의견은 따로 놓는 것이 아니라, 조화롭게 연결되어야 한다. 좋은 글 한 편에는 다음의 세 가지가 있다.

첫째, 하나의 명확한 주장

둘째, 그 주장을 뒷받침하는 객관적인 근거

셋째, 그리고 실제 사례

이 세 가지는 독자의 공감을 끌어내고, 글에 설득력을 더한다.

사실은 글의 품격을 만든다.

글을 쓰기 전에 '이건 팩트인가, 내 생각인가'를 한 번 더 점검하자. 그 작은 점검이 글 전체의 무게와 신뢰를 결정짓는다.

〈기초 체력 올리기〉

"사실과 의견, 구분할 수 있는가?"

글의 신뢰는 '사실'에 기반할 때 비로소 세워진다. 반대로, 의견을 사실처럼 섞어 쓰면 설득력을 잃는다. 아래 예제를 통해, 당신의 '글쓰기

기초 체력'을 점검해보자.

〈예제1〉 다음 중 사실에 해당하는 문장은?

> a. "나는 어제 아침에 토마토 주스를 먹었다"
> b. "많은 사람들이 아침에 토마토 주스를 먹는 것을 좋아한다"

정답: a
→ '어제 내가 무엇을 했는가'는 발생한 사건이다. 반면 b는 개인 취향이나 일반화된 추정에 불과하다. 사람마다 다르게 생각할 수 있으므로 '의견'이다.

〈예제2〉 다음 문장은 사실일까 의견일까?

> "글쓰기는 고된 노동이다"

정답: 의견
→ 고되다고 느낄 수도, 즐겁다고 여길 수도 있다. 주관적 느낌이므로 의견이다.

〈예제3〉 다음 문장들 중 사실과 의견을 구분하시오.

> ㉮ 신동진 기자가 제주도에 가서 귤을 샀다.
> ㉯ 삼성경제연구소는 올해 1인당 국민소득이 3만 달러를 넘을 것이라 내다봤다.
> ㉰ 신동진 기자의 기사에는 대한민국을 향한 애정이 가득하다.
> ㉱ 배는 위의 소화를 돕는 과일이다.

정답: ㉮, ㉯, ㉱ → 사실 / ㉰ → 의견
→ 주관적인 감정이나 해석이 개입된 표현은 의견이다. 다수의 판단과 무관하게 검증 가능한 정보는 '사실'이다.

〈예제4〉 다음 문장 중 '사실'에 해당하는 문장을 고르시오.

> a. 비는 사람을 우울하게 만든다.
> b. 어제 오후 3시에 서울에 비가 내렸다.

정답: b
→ 비가 내린 시간과 장소는 관찰 가능한 '사실'이다. 반면 a는 사람마다 다르게 느낄 수 있는 주관적인 감정이므로 '의견'이다.

〈예제5〉 다음 문장 중 '의견'에 해당하는 문장은?

> a. 고래는 포유류다.
> b. 고래는 바다에서 가장 아름다운 생물이다.

정답: b
→ 고래가 포유류라는 것은 과학적으로 증명된 사실이다. 하지만 '아름답다'는 표현은 주관적인 감정이므로 '의견'이다.

〈예제6〉 다음 중 '의견'에 해당하는 문장을 고르시오.

> a. BTS는 2013년에 데뷔했다.
> b. BTS는 세계 최고의 아티스트다.

정답: b
→ 데뷔 시점은 확인 가능한 사실이다. 그러나 '세계 최고'라는 평가는 기준과 사람에 따라 달라질 수 있으므로 의견이다.

⟨예제7⟩ 다음 문장들 중 '사실'을 모두 고르시오.

> ㉮ 지구는 태양 주위를 돈다.
> ㉯ 요즘 날씨는 너무 미친 것 같다.
> ㉰ 서울의 인구는 약 950만 명이다.
> ㉱ 수학은 어렵기 때문에 재미없다.

정답: ㉮, ㉰
→ ㉯, ㉱은 감정과 개인 취향이 포함된 의견이다.

⟨예제8⟩ 다음 문장은 사실일까, 의견일까?

> "중학생은 스마트폰을 하루 1시간 이하로만 써야 한다."

정답: 의견
→ '써야 한다'는 것은 주관적인 주장이나 가치 판단이 들어간 문장이다.

⟨예제9⟩ 다음 문장 중 사실이 아닌 문장은?

> a. 독일의 수도는 베를린이다.
> b. 독일은 유럽에서 가장 멋진 나라다.

정답: b
→ '멋지다'는 평가 기준은 사람마다 다르다. 따라서 의견이다.

〈예제10〉 다음 문장은 사실일까, 의견일까?

> "이 책은 모든 청소년이 꼭 읽어야 한다."

정답: 의견
→ '꼭 읽어야 한다'는 당위적 표현이므로 주관적 판단이 개입된 의견이다.

〈예제11〉 다음 중 의견에 해당하는 문장을 고르시오.

> a. 김연아는 2010년 벤쿠버 동계올림픽 금메달리스트다.
> b. 김연아는 한국 스포츠 역사상 가장 위대한 선수다.

정답: b
→ 금메달 수상은 기록된 사실이다. 그러나 '가장 위대하다'는 평가는 주관적이다.

〈예제12〉 다음 문장 중 사실과 의견을 각각 구분하시오.

> ㉮ 오늘 오전 10시에 지하철 2호선이 고장으로 20분간 멈췄다.
> ㉯ 지하철은 불편한 교통수단이다.

정답: ㉮ → 사실 / ㉯ → 의견

확장된 사실과 의견, 제대로 구분하자

앞서 살펴본 예제들은 아주 기초적인 수준의 테스트일 뿐이다. 실제 글을 쓸 때에는 훨씬 더 복잡하고 미묘한 구분이 필요하다. 사실과 의견을 명확히 나누지 않으면 글의 신뢰도는 물론 독자의 이해도까지 떨어지기 쉽다. 특히 객관적 사실이 필요한 문장에는 반드시 검증된 데이터를 인용해야 한다. 정부나 공신력 있는 기관이 발표한 수치, 공식 통계 등을 활용하자. 반대로 학계에서 논란이 있는 사안이라면, 단정적으로 말하기보다 논란의 쟁점을 덧붙이거나 각 입장을 병기하는 방식으로 서술하는 것이 바람직하다.

하루 기사 3건, 훈련의 시작

사실과 의견을 구분하는 가장 좋은 방법 중 하나는 '기사 읽기 훈련'이다. 뉴스 기사에는 사실을 기반으로 한 정보, 그리고 그에 대한 해석이나 전망이 적절히 섞여 있다. 이를 분석하며 독해력을 기르고, 논리적 글쓰기의 감각을 키울 수 있다.

먼저, 스트레이트 기사나 해설·전망·분석 기사를 골라 읽자. 각 문장이 '사실'인지 '의견'인지 표시해보는 연습을 해보자. 특히 신뢰가 간다고 느낀 기사 3건을 매일 골라 분석하는 것을 추천한다. 가능하다면 주변 친구들과 함께 연습하는 것도 좋다. 왜 이 문장은 사실이고, 저 문장은 의견인지에 대한 생각을 나누다 보면 더욱 깊은 이해가 생긴다. 그리고 나아가 그와 유사한 구조로 글을 직접 써보자. 처음에는 3줄 정도의 짧은 글도 충분하다. 사실만으로 구성해보기도 하고, 의견 중심으로 재구성해보기도 하며, 구성 방식에 따라 독자의 이해와 설득이 어떻게 달라지는지도 비교해보자.

하루에 기사 3건 분석해보자

▶ 뉴스기사를 활용하면 좋은 훈련이 된다.
  * 스트레이트 기사: 팩트 중심
  * 해설/전망 기사: 의견과 예측이 섞여 있음
  * 칼럼/사설: 주장이 중심, 그 안에 팩트가 어떻게 활용되는지를 주목

▶ 추천 연습
  * 기사를 읽고 사실과 의견을 구분
  * 그 이유를 친구들과 토론
  * 비슷한 구조의 글을 직접 3~4줄로 써보기
    - 전부 사실로만
    - 전부 의견으로만
    - 의견과 사실을 조합해 글의 흐름 만들어보기

어떤 글을 읽을까? 글맛으로 보는 세 가지 예

① 사실의 깊이를 느끼고 싶다면 → 경제지

경제지 기사는 주로 수치와 통계, 인터뷰 등 객관적 사실을 중심으로 구성된다. 특히 민감한 업계 기사의 경우, 의견보다 팩트를 바탕으로 구성해야 신뢰를 얻을 수 있다. 그래서 경제지 기사는 '의견 없는 설득'의 대표 사례라 할 수 있다.

② 사실과 의견의 조화를 배우고 싶다면 → 종합지

정치·사회 기사가 많은 종합지는 사실에 기반한 분석과 의견이 조화를 이루는 글을 접하기에 좋은 공간이다. 특히 정치부 기사에서는 같은 발

언을 두고도 매체 성향에 따라 전혀 다른 해석을 내놓는다. 보수 언론과 진보 언론을 함께 읽어보며 '행간의 의미'를 읽는 훈련을 해보자.

③ 의견의 밀도를 느끼고 싶다면 → 사설·칼럼

사설과 오피니언 면은 의견 중심의 글쓰기의 진수를 보여주는 공간이다. 20~30년간 글을 써온 베테랑 논설위원들의 글은 주장이 선명하면서도 설득력 있는 구성, 그리고 짧지만 임팩트 있는 문장이 특징이다. 문장을 통해 논리와 감정을 동시에 전달하는 고수들의 내공을 엿볼 수 있다. 다만, 사설은 글을 읽는 훈련이 어느 정도 된 이후에 접하는 것이 좋다. 글맛을 느끼기까지는 시간이 필요하니, 처음에는 뉴스와 해설 기사를 중심으로 연습을 이어가자.

유형	글쓰기 특징	훈련 포인트
경제지	팩트 기반, 군더더기 없음	글의 '사실 맛'을 살리고 싶을 때
종합지	사실+의견 혼합, 해석 다양	논리적 배치, 문장 흐름 훈련
사설 칼럼	주장 중심, 문장 힘 강함	내공 있는 문장력, 촌철살인 표현 훈련

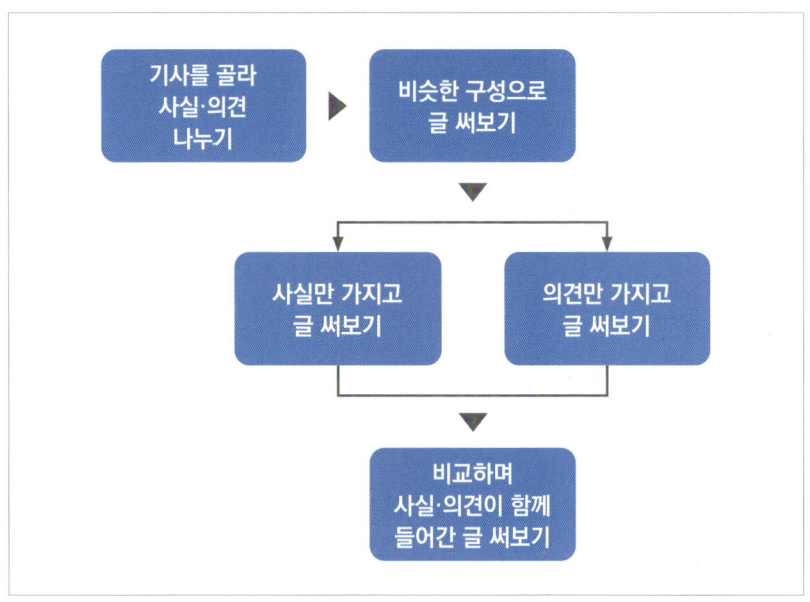

[노트] 사실과 의견, 구분하자

- 무엇을?
  글의 신뢰와 품격을 유지하려면, 사실과 의견을 정확히 구분해야 한다.
- 왜?
  사실은 글의 설득력을 높이고, 독자의 신뢰를 얻는 핵심 요소다.
- 어떻게?
  매일 뉴스기사 3건을 골라, 사실과 의견을 구분하고 토론하거나 짧은 글로 재구성해보자.

4. 기교는 버려라

어렵고 화려한 표현을 쓴다고 글이 좋아지지 않는다. 글은 누군가에게 전하는 말이다. "아는 척하는 글"보다 "솔직하게 말하는 글"이 더 큰 울림을 준다. 기교는 덜어내고, 진심은 더해보자.

갓 입사한 후배들 중에는 현란한 수식어에 집착하는 이들이 있다. 기본기보다 수사(修辭)로 필력을 보이려는 경우다. 이런 글은 감성적이고 자극적인 단어 덕분에 얼핏 보면 그럴싸해 보이지만, 막상 읽어보면 정작 전하고자 하는 메시지가 빈약한 경우가 많다.

기교는 양날의 검이다. 잘 쓰면 글을 수려하고 풍부하게 만들지만, 잘못 쓰거나 남발하면 오히려 글을 가볍고 촌스럽게 만든다. 예를들어, 여행기나 맛집 탐방에서는 현장의 느낌을 살리기 위해 어느 정도의 수식이 필요할 수 있다. 하지만 사업보고서, 업무 기안서, 기획안처럼 명확성이 중요한 글에서는 수식어는 오히려 오해를 낳을 수 있다.

만약 그럼에도 기교를 부리고 싶다면, 반드시 '세련됨'을 지켜야 한다. 촌스러우면 안 된다. 너무 많이 쓰여 식상해진 표현은 과감히 버려야 한다. 상황과 주제에 맞는, '적절한' 표현을 고르는 데 집중하자.

예제를 보자.

a. 과도한 기교의 예

> 입속에서 구름이 떠다니는 맛
> 천둥번개처럼 전율이 이는 맛
> 내 생애 처음으로 보는 절경
> 다시 태어나도 이 느낌은 잊지 못할 것 같다

언뜻 감성적인 글처럼 보일 수 있다. 하지만 이런 문장은 너무 추상적이어서 도대체 무슨 말인지 알기 어렵다. '말은 화려한데, 아무말도 하지 않는 글'이 되기 쉽다.

이렇게 바꿔보자.

b. 구체적이고 솔직한 표현

> "싱싱한 회가 나왔다. 신선함이 느껴진다. 회 한 점을 집어 입에 넣었다. 횟감 표면이 혀에 닿았다. 굉장히 부드럽다. 씹었다. 탱글탱글함이 온몸으로 퍼진다. 씹을 때마다 경쾌함이 느껴진다. 통통 튀는 느낌이랄까."

이 글은 보고-느끼고-맛보는 과정을 순서대로 묘사했다. 막연한 수사 대신 직접 보고 느낀 것을 구체적으로 표현했다. 그 결과 독자는 상상하기 쉬워지고, 글에 더 쉽게 몰입할 수 있다.

==같은 맛을 묘사한 a와 b 중에서, 독자는 b를 통해 더 생생하게 맛을 상상할 수 있다.==

화려한 기교보다 중요한 것은, 읽는 이가 느낄 수 있게 쓰는 글이다. 기교는 때로 글을 꾸미는 도구가 될 수 있다. 그러나 글의 본질은 무엇을, 왜, 어떻게 전할 것인가에 달려 있다.

수식어만 조심하면 되는 걸까?

기교는 단지 수식어의 문제가 아니다. 글의 '구성'에서도 기교가 드러난다. 우리말의 기본 문장 구조는 주어 + 목적어(또는 보어) + 서술어다. 하지만 일부 글에서는 이 기본 구조를 의도적으로 파괴한 문장을 종종 볼 수 있다.

예를 들어,

> "사라져버렸다. 내 삶의 중요한 것들이…"
> "나와 그대. 우리의 연결고리."

사실 이 말은 이렇게 써도 충분하다.

> "내 삶의 중요한 것들이 사라져버렸다."
> "나와 당신은 연결돼 있다."

하지만 앞선 예문처럼 문장을 쪼개거나 명사만 나열하는 방식은 감수성을 자극하기 위한 표현 기법이다. 문학 작품이나 광고 문구에서 자주 쓰인다. 의도적인 구성 파괴를 통해 시적 리듬을 만들고 여운을 남기려는 시도다. 이런 구성 방식은 경험이 많은 작가나 문학 전문가들이 사용할 때 효과를 낼 수 있다. 하지만 글쓰기 초심자에게는 위험하다. 글쓰기의 기본은 정확한 의미 전달이다. 글을 처음 배우는 단계에서 구성 파괴는 글의 본질을 흐릴 수 있다. 이는 마치 요리를 막 시작한 사람이 맛보다 플레이팅만 신경 쓰는 것과 같다. 재료의 궁합도 모르면서, 겉모습만 예쁘게 하려는 시도는 결국 맛없는 요리를 만들어낸다. 글도 마찬가지다.

필력은 기교가 아닌 '기본기'에서 나온다

흔히 초심자일수록 기교를 많이 써야 글이 좋아 보인다고 오해한다. 하지만 나는 단호하게 말할 수 있다. 필력이란 화려한 수식어에서 오지 않는다. 글쓰기 고수일수록 오히려 수식어에 인색하다. 정말 필요한 순간에, 딱 한 번 사용해 효과를 극대화할 줄 아는 것이다.

글쓰기에도 스티브 잡스의 철학이 필요하다.

"가장 단순한 것이 최고의 제품이다."

글쓰기 역시 단순함 속에서 완성도와 품격이 나온다. 글쓰기 내공이 높아질수록 이런 깨달음에 이르게 된다.

"짧은 글이 좋은 글이다."

"이해하기 쉬운 문장이 훌륭한 문장이다."

이 문장을, 오늘부터 당신의 글쓰기 신념으로 삼아보자.

기교는 MSG와 같다

화려한 단어를 쓴다고 해서 좋은 글이 되지는 않는다. 글을 쓰는 목적은 '전달'에 있다. 기교는 때론 글맛을 살릴 수 있지만, 기본기가 없다면 오히려 글의 본질을 해칠 수 있다. 글쓰기도 요리와 마찬가지다. 기교는 '맛을 살리는 조미료'이지 '요리 그 자체'는 아니다. MSG는 음식 맛을 확 끌어올리는 조미료다. 적절히 쓰면 감칠맛을 더하지만, 너무 많이 쓰면 재료 본연의 맛을 해친다. 기교도 마찬가지다. 글맛이 꼭 화려할 필요는 없다. 담백한 글이 오히려 마음을 더 움직인다. 초심자는 특히 '담백한 글쓰기'에 힘써야 한다. 담백한 글이란, 기교를 덜어낸 글, 진심이 있는 글이다.

[예시]

다음은 국토교통부가 배포한 보도자료다. 제목은 다음과 같다.

〈33년 국민주택기금, 국민들이 느끼는 공감지수는?〉
부제 : 수기·아이디어 공모 당선작 33편 선정

◆ 국토교통부(장관 서승환)은 지난 33년간 무주택서민의 주거안정을 위해 운용되어온 '국민주택기금'이 내년 '주택도시기금'으로 새롭게 개편됨에 따라, 수요자들의 눈높이에서 지난 성과를 점검하고, 앞으로 주택도시기금의 운용방향에 참고하기 위하여 실시('14.11.3~28)한 수기 및 아이디어 공모전에서 33편의 당선작을 발표했다.
(이하 생략)

- 국토교통부 2014년 12월 28일자 보도자료 -

문제는 제목과 내용이 전혀 연결되지 않는다는 점이다. '공감지수'라는 표현은 독자의 흥미를 끌기 위한 표현일 뿐, 내용 안에는 아무런 설명도 없다. 제목은 기자를 낚기 위한 '기교'에 불과했던 셈이다. 또한, 문장이 지나치게 길고, 불필요한 수식과 반복이 많다. "생각 없이 읽으면 무슨 소린지 잘 모를 정도"다. 이런 글은 내용보다 기교에 치중한 탓에 독자의 신뢰를 얻기 어렵다.

기교는 '기본기'를 대신할 수 없다. 좋은 글은 기본기가 튼튼한 글이다. 기본기가 약하면, 아무리 멋진 표현을 써도 '빛 좋은 개살구'일 뿐이다.

==단어에 대한 정확한 이해==

==문장 구조에 대한 감각==

==자료에 대한 충분한 소화==

이 세 가지가 글쓰기의 기본기다. 기교는 그다음이다. 글을 제대로 쓸 수 있는 힘이 생긴 뒤에야, 기교는 비로소 '효과'를 낸다.

글쓰기의 기본기란 무엇인가?

훌륭한 요리사는 칼질만 잘하는 사람이 아니다. 재료의 특성과 조합을 이해하고, 어떤 조리법이 맛을 극대화하는지를 안다. 글쓰기도 똑같다. 자료라는 재료를 이해해야 하고, 그것을 어떤 구성으로 풀어갈 것인지가 중요하다. 예쁘게 꾸미는 것은 그다음이다. 글쓰기 초심자라면 무엇보다 내용의 뼈대를 잡고, 핵심을 전달하는 것에 집중해야 한다. 기본기가 없으면서 기교만 앞세우면, 감동을 줄 수 없다. 기교가 많으면 오히려 핵심을 가린다. 글의 본질은 '메시지'다. 기교는 그 메시지를 돋보이게 해야지, 가려서는 안 된다. 기교가 너무 앞서면, 겉멋만 있고 깊이 없는 글이 된다. 독자의 마음을 움직이는 글은 결국 진정성에서 나온다.

<mark>기교가 아닌 기본기, 기술이 아닌 진심.</mark>

글쓰기를 처음 시작한다면, 이 원칙을 마음에 새기자.

〈기초 체력 올리기〉

기교는 버려라 ― 스트레이트 기사에 주목하자

글쓰기를 잘하고 싶다면 화려한 기교보다 '기본기'에 집중해야 한다. 그 출발점은 스트레이트 기사다. 기자가 언론사에 입사하면 제일 먼저 배우는 것도 바로 이 스트레이트 기사다. 스트레이트란 말 그대로 '곧은' 글이다. 사실만을 중심으로, 간결하게, 정제된 문장으로 작성해야 한다. 취재한 사실을 바탕으로 중요한 내용만 골라 3줄 이내로 요약하는 훈련. 이는 글쓰기의 핵심인 정보 선별력과 구성력을 단련하는 데 가장 효과적이다. 무엇이 중요하고, 무엇이 부차적인지, 어떤 표현이 핵심을 흐리는지 감각적으로 알게 된다.

<mark>"사실만으로도 충분하다"</mark>

스트레이트 기사의 진정한 힘은 감정을 덧입히지 않아도 독자의 마음을 울릴 수 있다는 점이다. 특히 사회면이나 사건사고 기사에서 그 진가가 드러난다. 극적인 사건일수록 기자의 감상이나 수사는 최소화된다.

있는 그대로 전하는 담백한 문장이 오히려 독자의 감정에 더 깊게 스며든다. 슬픔을 슬프다고 말하지 않아도 독자는 그 의미를 충분히 이해한다. 감정의 과잉 포장은 슬픔을 오히려 반감시킬 수 있다. 이처럼 "기교 없는 글"이 독자에게 더 깊은 인상을 남긴다.

조지 오웰, 마크 트웨인의 조언을 기억하자

> 조지 오웰:
> "다른 출판물에서 본 익숙한 비유나 상징은 쓰지 마라."
>
> 마크 트웨인:
> "글에서 '매우', '무척' 같은 말만 빼도 좋은 글이 완성된다."

이처럼 위대한 작가들조차 기교가 아니라 명료함과 절제된 언어를 글쓰기의 본질로 삼았다.

종이신문을 펼쳐라

글쓰기 연습에는 종이 신문이 제격이다. 온라인 기사보다 눈으로 직접 보고 문장 구조를 분석하기 쉽다. 특히 사회면이나 사건사고면의 기사에서 스트레이트 문장의 정수를 접할 수 있다.

기사를 읽으며 다음과 같이 연습해보자.
- 가장 핵심이 되는 한 문장은 무엇인가?
- 군더더기 없는 문장 구조는 어떤가?
- 감정을 배제하고도 어떻게 울림을 주는가?

필사할 만한 문장을 찾았다면?

기교 없는 좋은 문장을 찾았다면, 직접 필사해보자. 좋은 글은 외워지는 법이다. 쓰다 보면 자신의 언어 습관도 정제되고 단단해진다.

> [노트] 기교는 버려라
> - 무엇을?
>   과도한 수식어, 문장의 비정형 구조(문장 구석 파괴)
> - 왜?
>   글의 깊이와 전달력을 반감시키기 때문이다.
> - 어떻게?
>   스트레이트 기사를 읽고, 분석하고, 필사하라.

5. 글은 최대한 짧고, 쉽게

짧고 쉽게 써야 독자는 읽는다. 글은 짧을수록 좋고, 쉬울수록 이해된다. 긴 문장을 쓴다고 멋진 게 아니다. 가장 강력한 글쓰기 기술은 이 한 줄에 담겨 있다.

"짧게 끊고, 한 문장에 하나의 의미만 담을 것."

[독자에 대한 배려: "쉽게, 짧게, 명확하게"]

"왜 내 글은 안 읽히는 걸까?"

퇴고하다 보면 눈에 들어오는 부분이 있다. 읽다가 멈추게 되는 문장.

주어가 뭔지 헷갈린다.

서술어가 멀리 떨어져 있다.

수식어가 너무 많다.

어떤 단어가 어떤 명사를 꾸미는 건지 알 수 없다.

결국 독자는 읽기를 포기한다. 아무리 훌륭한 내용도 전달되지 않으면 무의미하다. 짧고 쉽게 쓰는 것은 독자에 대한 기본적인 배려다. 짧게 쓴다는 것은 핵심만 남기는 과정이다. 불필요한 수식, 군더더기 문장을 걷어낸 문장이 가장 강력하다. 어려운 한자어나 관료적 표현은 피하고 쉽고 자주 쓰는 단어로 바꾸고 긴 문장은 두 문장 이상으로 나누자.

〈예시1〉 국토교통부 원문 (2015.12.29 보도자료 중)

> 도시 외곽 등에 위치한 산업단지 또는 공장밀집지역 근로자의 출·퇴근 편의를 위해 산업단지와 운송사업자 간의 계약을 통하여 운행되는 형태(한정면허)의 노선버스 신설이 가능해지고, 노선버스 신설이 어려운 지역은 관할 지자체장의 판단 하에 통근버스를 운행할 수 있도록 전세버스 운행이 가능한 산업단지의 지정·고시 권한을 현재 국토부장관 분만 아니라 지자체장도 가능하도록 확대 하였다.

→ 한 문장이 98자. 핵심이 무엇인지 파악하기 어렵다.
→ 주어와 서술어 호응이 흐려지고, 정보도 과도하게 압축돼 있다.
→ 의미가 겹치는 문구('가능하게 된다', '확대하였다') 혼재돼 있다.

✔ **독자가 이해하기 쉬운 문장으로 바꾸면?**

> 앞으로 지방자치단체장도 노선버스를 신설할 수 있게 된다. 이는 산업단지와 운송사업자 간 계약을 통해 이뤄지는 형태다. 국토부는 이전까지 국토부장관만이 행사하던 권한을 지자체장까지 확대했다. 이는 도시 외곽의 산업단지 근로자들의 출퇴근 편의를 높이기 위한 조치다. 또한, 노선버스 신설이 어려운 지역에는 지자체 판단 하에 전세버스 운행도 가능해진다.

〈예시2〉 중앙부처 보도자료 中

> 본 지침은 감염병 발생 시 의료기관 내 환자 간 전파 방지를 위한 기본 원칙과 감염 예방 및 관리조치, 환자 및 보호자 대상 교육 사항 등을 포함하며, 의료기관은 이를 바탕으로 자체 여건을 고려하여 세부 실행계획을 수립하여야 한다.

→ 한 문장에 4가지 이상 의미가 포함되어 있다.
→ 주어와 서술어가 멀리 떨어져 있고, 조항이 나열식이다.

✔ **바꾼 문장**

> 이 지침은 감염병 발생 시 환자 간 전파를 막기 위한 원칙을 담고 있다. 감염 예방 조치, 관리 방안, 환자·보호자 교육 내용도 포함된다. 각 의료기관은 자체 상황에 맞는 실행계획을 따로 수립해야 한다.

〈예시3〉 지방자치단체 공고문 中

> 기초지방자치단체가 자체적으로 설정한 지역 특화사업 중 일자리 창출, 지역경제 활성화, 문화·관광 자원 개발 등과 관련된 사업에 대하여는 관계 부처의 협업을 통해 효율적인 예산 집행과 중복 투자 방지, 사업 효과 극대화를 위한 지원이 이루어질 수 있도록 관련 부서 간 긴밀한 협력 체계를 구축하고자 한다.

→ 명사 중심 문장, 나열형 구조, 핵심 메시지가 흐릿함

✔ **바꾼 문장**

> 지역 특화사업 중 일자리 창출, 경제 활성화, 관광 개발 분야는 관계 부처가 예산 낭비를 막고 성과를 높일 수 있도록 함께 지원할 계획이다. 이를 위해 부서 간 협력 체계도 새롭게 구축한다.

〈예시4〉 기관 연설문 中

> 급변하는 대내외 경제 여건 속에서 국민 체감도가 높은 정책을 통해 국가 경제 회복에 기여하고, 기업 활동을 제약하는 규제를 해소함과 동시에 지속가능한 성장 기반을 마련하기 위한 노력을 지속적으로 추진하고 있다.

→ 전형적인 정책 문장, 하나의 문장에 '정책-기여-해소-기반-노력' 등 5가지 의미

가 담김

✓ **바꾼 문장**

> 우리는 지금 불안정한 경제 상황에 놓여 있다. 정부는 국민이 체감할 수 있는 정책으로 경제 회복에 힘쓰고 있다. 동시에 불필요한 규제를 줄이고, 지속가능한 성장 기반도 함께 만들고 있다.

〈기초 체력 올리기〉

글은 짧을수록 이해된다. 짧은 글쓰기는 쉬워 보이지만 훈련이 필요한 글쓰기다. 익숙하지 않으면 문장과 문장 사이의 연결이 어색하다. 짧을수록 문장이 따로 놀지 않고 하나의 주제를 유기적으로 전달해야 한다.

다음은 실제 사례다.

> '20%의 선택약정할인'을 두고 미래창조과학부와 한국소비자원이 충돌했습니다. 논란은 지난 24일 "이동통신사의 선택약정할인 홍보 부족으로 소비자 이용이 저조하다"는 설문조사 결과를 소비자원이 발표하면서 시작됐습니다. 이에 미래부는 "선택약정 가입자가 급증하고 있다"는 통계를 내밀며 소비자원 주장을 정면으로 반박했습니다.

겉보기에는 짧은 문장이지만, 핵심을 파악하기 어렵다. 왜일까? 문장이 길고, 맥락이 복잡하게 얽혀 있어서다. 문장을 최대한 쪼개고 다시 정리해보자. 문장을 쪼개 보자.

- 미래창조과학부와 한국소비자원이 충돌했다.
- 20%의 선택약정할인을 두고 대립했다.
- 미래부는 통신사를 관할하는 부처다.

- 소비자원은 소비자의 입장을 대변하는 기관이다.
- 소비자원은 "통신사의 홍보 부족으로 소비자 이용이 저조하다"고 지적했다.
- 미래부는 "선택약정 가입자가 급증하고 있다"고 반박했다.

쪼갠 것을 다시 모아보자.

〈고친 예〉

> 통신사 관할 부처인 미래창조과학부와 소비자 편에 선 한국소비자원이 충돌했다. 단말기유통구조개선법(단통법)의 핵심인 '20% 선택약정할인' 해석을 두고서다. 소비자원은 "통신사의 홍보 부족으로 소비자 이용이 저조하다"고 지적했고, 미래부는 "선택약정 가입자가 급증하고 있다"고 반박했다.

이렇게 문장을 쪼갠 뒤에 재결합을 하는 단순한 작업만으로도 글은 훨씬 좋아진다. 또 다른 예시를 보자

> tvN '삼시세끼' 정선편에 보아가 출연한 가운데 과거 같은 소속사 이연희가 2월 MBC FM4U '푸른 밤 종현입니다'에 게스트로 출연해 가수 보아에 대해 언급한 내용이 다시금 눈길을 끈다.

이 문장도 쪼개보자.

- 보아가 '삼시세끼' 정선편에 출연했다.
- 이연희는 같은 소속사 소속다.
- 2월 '푸른 밤 종현입니다'에 이연희가 게스트로 출연했다.
- 그 방송에서 보아를 언급했다.
- 그 내용이 최근 다시 주목받고 있다.

〈고친 예〉

> 이연희는 2월 '푸른 밤 종현입니다'에 출연해 같은 소속사인 가수 보아를 언급했다. 이 발언은 최근 다시 회자되고 있다. 보아는 tvN '삼시세끼' 정선편에 출연 중이다.

짧은 문장들이 하나의 흐름을 만들고 있다. 독자의 이해는 더 쉬워지고, 흥미도 떨어지지 않는다.

짧고 강한 글, 왜 필요한가

좋은 글은 짧다. 문장이 짧아야 전달이 빠르다. 문장이 길면 독자는 지친다. 주어가 뭔지, 형용사가 어디에 붙는지, 문장을 해석하느라 진을 뺀다. 글을 읽다가 포기하는 이유 중 하나가 바로 '문장이 길어서'다.

〈문장이 긴 예시〉

> 도시 외곽 등에 위치한 산업단지 또는 공장밀집지역 근로자의 출퇴근 편의를 위해 산업단지와 운송사업자 간 계약을 통해 운행되는 형태(한정면허)의 노선버스 신설이 가능해지고, 노선버스 신설이 어려운 지역은 관할 지자체장의 판단 하에 통근버스를 운행할 수 있도록 전세버스 운행이 가능한 산업단지의 지정·고시 권한을 현재 국토부장관 뿐만 아니라 지자체장도 가능하도록 확대하였다.

〈고친 예〉

> 산업단지 내 통근 편의를 위한 노선버스를 지자체도 신설할 수 있게 됐다. 기존에는 국토부 장관만이 가능했지만, 지자체로 권한이 확대된 것이다. 노선버스 신설이 어려운 지역은 지자체가 판단해 전세버스를 운행할 수 있다.

〈짧고 강한 글 사례 #1〉

> 7분이면 족하다. 다소 느긋하게 걸어도 10분이면 끝이다. 도대체 이 짧은 도로는 어떻게 하여 세계를 지배하게 되었는가. 월스트리트의 공격 지향성은 2011년 9월 17일 '월가를 점령하라(Occupy Wall Street)'라는 자생적인 시민 저항운동을 낳았다. 그런데 이런 반(反)월스트리트 운동은 이번이 처음은 아니었다.
>
> — 주간 조선, [뉴욕 통신] 세계를 지배하는 700m 월스트리트의 힘 中

〈짧고 강한 글 사례 #2〉

> 구조조정이 진검승부라면 시작은 수읽기다. 상대의 칼끝이 어디를 노리는지 정확히 읽어야 한다. 성동격서에 넘어가는 건 하수다. 오른쪽을 겨누었지만 진짜는 왼쪽일 수 있다. 센 상대를 만나면 살을 주고 뼈를 깎을 줄도 알아야 한다. 이번 구조조정의 야전 사령관, 임종룡 금융위원장이 꼭 읽어내야 할 상대와 수는 크게 다섯이다. 한 수라도 삐끗하면 피를 흘리게 된다. 그게 노동자, 대주주, 채권단, 정부 그 누구의 피가 됐든 피값은 결국 국민의 몫이다.
>
> — [출처: 중앙일보] [이정재의 시시각각] 임종룡의 수읽기 中

이런 글은 숨 쉴 틈을 주지 않는다. 읽는 순간 끌려간다. 단문은 그만큼 강력하다.

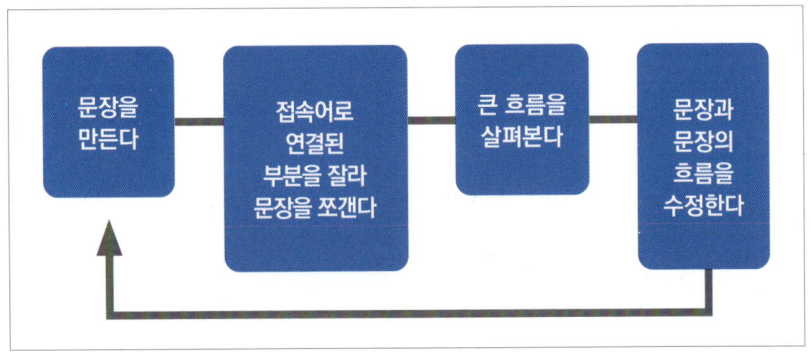

> [노트] 글은 짧고, 쉽게 써야 한다
>
> - 무엇을?
>   한 문장에 하나의 메시지만 담고 너무 긴 문장은 나눠 쓰기
> - 왜?
>   짧고 쉬운 문장은 읽히고, 기억된다 독자의 이해를 돕고, 피로감을 줄인다
> - 어떻게?
>   자주 쓰는 단어로 쉽게 바꾸기, 퇴고 때 '읽다가 멈추는 문장'을 점검하기, 어려운 문장은 '내가 말하듯이' 풀어쓰기

6. 어미, 조사의 중복은 하수

문장의 리듬을 살리는 기술

"~을 하였다. ~을 하였다. ~을 하였다."

이런 문장이 반복되면, 독자는 금세 피로감을 느낀다. 조사와 어미의 반복은 글을 건조하게 만들고, 몰입을 방해한다. 초고를 쓴 뒤, 같은 어미가 연달아 나오지는 않았는지 반드시 점검해야 한다. 특히 '했다', '하였다', '이었다' 등 동일한 어미를 반복해서 쓰는 글은 기계처럼 느껴진다. 리듬이 단조롭고, 문장이 생기를 잃는다. 다양한 어미를 활용해 문장에 리듬감을 줘야 독자의 집중을 끌 수 있다.

[습관처럼 붙는 조사, 글의 발목을 잡는다]

조사의 남용도 흔한 실수다. 특히 초심자는 '~의', '~를', '~에', '~으로' 같은 조사를 남발하기 쉽다. 글을 쓰다 보면 조사 하나만 빼도 문장이 더 깔끔해진다는 사실을 자주 경험하게 된다. 예를 들어 보자.

> 나는 K-POP 스타의 애청자이다. 나는 심사위원들의 심사평의 재치 있는 표현을 듣는 것을 좋아한다. 그 중에서도 기억에 남는 심사평이 있다.

이 문장은 중복된 조사('의', '을)와 어미('이다', '한다') 때문에 리듬이 단조롭다. 같은 조사와 어미가 반복되면서 문장이 흐릿해진다.

〈고친 예〉

> 나는 K-POP 스타를 즐겨 본다. 심사위원의 재치 있는 심사평도 하나의 재미다. 그 중 유독 기억에 남는 말이 있었다.

군더더기를 걷어내니 문장이 더 또렷해졌다. 의미 전달도 훨씬 명확해졌다.

'했다'만 반복하면, 글의 에너지가 줄어든다

조사의 문제뿐 아니라 어미의 반복도 퇴고 과정에서 꼭 점검해야 한다. '했다'만 반복되는 문장은 단조롭고 감정도 메마르게 느껴진다. 예를 들어보자.

> 그는 편지를 썼다. 편지를 부치러 우체국에 갔다. 돌아오는 길에 빵을 샀다. 그 빵을 동생에게 주었다.

〈고친 예〉

> 그는 편지를 썼다. 이내 우체국으로 향했다. 돌아오는 길엔 빵 하나를 샀고, 동생에게 내밀었다.

같은 내용을 담고 있지만 문장의 리듬이 다르다. 다양한 어미를 사용하면 글이 훨씬 더 생동감 있어진다.

글에도 '음악성'이 필요하다

조사와 어미의 중복은 결국 문장의 '음악성'을 망가뜨린다. 리듬과 호흡이 깨진 글은 독자에게 지루함을 준다. 특히 글이 길어질수록 어미와 조사 하나하나의 역할이 중요해진다.

K-POP 오디션 프로그램의 한 장면이 떠오른다. 한 참가자에게 심사위원이 이렇게 말했다.

"한 음 한 음을 아껴 쓰려는 노력이 보였습니다."

그 칭찬은 깊은 인상을 남겼다. 글쓰기에도 똑같이 적용된다.

글도 '한 자 한 자'를 아껴 써야 한다.

조사 하나, 어미 하나를 고민하며 써야 한다.

그래야 글이 살아 움직이고, 독자의 마음도 움직일 수 있다.

〈기초체력 올리기〉

글에도 '절약 정신'이 필요하다. 글을 쓸 때 가장 중요한 자세는 의식하기다. 무심코 쓰면, 실수는 반복된다. 공부할 때 '오답노트'가 중요하듯, 글쓰기에도 '오답노트'가 필요하다. 불필요한 조사나 어미, 반복되는 표현들을 모아놓고 고쳐나가는 과정이 중요하다. 맞춤법 검사기.(http://speller.cs.pusan.ac.kr/)를 통해 자주 틀리는 것이 어떤 부분인지 확인할 수 있다. 상세하게 짚어주기 때문에 글을 다 쓴 뒤에 확인하는 습관만으로도 고칠 수 있다.

〈예제1〉

> 나는 가는 길에 연예인들이 방문한다고 소문난 카페에 갔다.

〈해설〉
이 문장에는 '나는 가는', '사람이 많이' 등의 단어가 중복돼 있다.
'~는 ~는', '~이 ~이', '~서 ~서'와 같이 반복되는 것은 피하는 것이 좋다.
나는 가는 길에-〉 나는 집으로 향하던 길에
좋은 사람이 많이 모인다-〉좋은 사람이 여럿 모인다
가는 길에.....레스토랑에 갔다.-〉 향하던 길에... 레스토랑을 찾았다.

〈고친 예〉
나는 집으로 향하던 길에 좋은 사람이 여럿 모인다고 소문난 레스토랑을 찾았다.

〈문장이 길다. 쪼개보자〉
나는 집으로 향하던 길에 한 레스토랑을 찾았다. 좋은 사람이 여럿 모인다고 소문난 곳이다.

〈한 번 더 쪼개보자〉
집으로 향한다. 레스토랑이 보였다. 들어갔다. 알고보니 좋은 사람이 여럿 모인다고 소문난 곳이다.

[Point!] 문장을 나누면 의미가 또렷해지고, 군더더기가 줄어든다. 다음은 이번 책을 쓰면서 만든 오답노트다. 함께 살펴보자.

〈예제2〉

> ① 머릿속에 정리가 된 다음에 말을 해야 한다. 그렇지 않으면 오해로 인해 싸움을 한다.
> ② 이 글은 그렇게 작성이 됐다.
> ③ 글은 퇴고를 하지 않은 채 사람들에게 보여지면 발가벗겨지는 느낌이 들 겁니다.
> ④ 하루 3~4시간밖에 잠을 자지 못합니다. 그렇게 한 달을 보냈습니다. 한 달이 지나 저녁에 회사에 들어오니 병든 닭처럼 졸음과의 사투를 벌입니다.

〈해설2〉

① 머릿속에 정리가 된 다음에 말을 해야 한다. 그렇지 않으면 오해로 인해 싸움을 한다.
　→ 머릿속에 정리한 다음에 말을 해야 한다.
　→ 오해로 싸울 수 있다.
② 이 글은 그렇게 작성이 됐다.
　→ '작성이 됐다'에서 불필요하게 조사가 붙은 경우다.
　→ 이 글은 그렇게 작성됐다.
③ 글은 퇴고를 하지 않은 채 사람들에게 보여지면 발가벗겨지는 느낌이 들 것이다.
　→ 퇴고하지 않은 글을 사람들이 본다면 발가벗겨진 느낌이 들 거다.
　→ 퇴고하자. 발가벗겨진 느낌이 들고 싶지 않다면.
④ 하루 3~4시간밖에 잠을 자지 못한다. 그렇게 한 달을 보냈다. 한 달이 지나 저녁에 회사에 들어오니 병든 닭처럼 졸음과의 사투를 벌인다.
　→ 하루 3~4시간 가량 잠을 잔다. 한 달이 지났다. 저녁에 회사에 들어오면 졸음과 사투를 벌인다.
　→ '병든 닭처럼'이란 수식어는 들어냈다. '기교는 나중에'란 원칙에 준해서다.

[Point!] 조사와 어미를 줄이면 글이 훨씬 깔끔해진다.

기초체력 훈련의 핵심: 리듬을 살리자

기자의 세계에서는 어미 반복을 피하기 위해 다음과 같은 유의어를 적극 활용한다.

> '말했다', '주장했다', '했다', '지적했다', '전했다', '강조했다', '반문했다', '토로했다', '평가했다', '설명했다', '덧붙였다', '전망했다', '내다봤다' 등

이유는 단 하나. 같은 말의 반복은 독자를 지치게 만든다. 어미의 단조로움을 피한 예를 기사에서 찾아보자.

> 이주열 한국은행 총재가 최근 가계부채 급증에 대한 분석 작업이 더딘 것과 관련해 관련 팀을 강하게 질책한 것으로 확인됐다.
> 11일 한국은행 등에 따르면 이주열 총재는 최근 열린 임원회의에서 "(가계부채 TF팀이)출범한 지 몇 주나 됐는데 아무 보고가 없느냐"며 "간판을 내리든지 담당자를 바꾸라"고 임원들을 강하게 질타했다. 이 총재는 최근 가계 부채 급증 우려가 제기되자 관련 TF팀을 꾸려 전수조사를 벌여 실태 파악을 하도록 지시했다.
> 앞서 한국은행은 지난 8월과 10월 두 차례에 걸쳐 기준금리 인하를 단행했다. 한은은 지난 10월 국회 기획재정위원회 국정감사 직후 가계부채 통계를 확충하기 위해 '가계부채TF팀'을 꾸렸다. 국정 감사에서 의원들이 지적했던 가계부채 실상을 파악하기 위한 후속 조치였다.

'확인됐다', '질타했다', '지시했다', '인하했다', '꾸렸다' 등 다양한 어미를 활용해 리듬감이 살아 있고, 읽는 흐름이 매끄럽다.

'의식'과 '오답노트'가 나를 바꾼다

나만의 글쓰기 오답노트를 만들어보자. 자주 반복하는 어미, 쓸데없이 붙이는 조사, 습관적으로 쓰는 단어들을 적어두자. 퇴고할 때마다 이 목록과 비교하며 점검하자.

==글을 아낀다는 건, 독자의 시간과 집중을 아껴주는 일이다.==
==그 배려는 결국 글의 완성도를 높이고, 글쓴이의 실력을 키운다.==

[노트] 어미 조사의 중복은 하수

- 무엇을?
  조사와 어미의 반복은 글을 지루하게 만든다.
- 왜?
  리듬이 무너진 글은 독자의 집중을 흐린다.
- 어떻게?
  초고를 쓴 후 반드시 조사와 어미의 반복을 점검하자.
  다양한 문장 어미를 활용해 리듬감을 살려야 한다.

7. 중언부언도 하수

선배의 주옥 같은 취중진담. 처음 들을 때는 감동이 밀려온다. 하지만 술에 취해 반복되면 슬슬 짜증이 나기 시작한다. 그러다 어느 순간에는 선배에 대한 반감이 생긴다. 감동은 어느새 저 멀리 가버렸고 선배와의 술자리가 끝나기만을 기다리게 된다.

"한 번 말했으면 됐다. 그다음 이야기를 하자."

[반복은 강조가 아니라 지루함이다]

한 말을 반복한다고 글이 더 설득력 있어지지 않는다. 오히려 강요처럼 느껴지고, 글의 무게감은 줄어든다. 의욕이 넘치는 글일수록 이런 오류가 생긴다. 독자는 "왜 자꾸 같은 말을 하지?"라고 생각한다. 감동이던 문장도 반복되면 잔소리가 된다.

〈예제1〉

> 중요한 것은 성실성이다. 어떤 일이든 성실하게 임해야 한다. 성실하지 않으면 좋은 결과를 기대하기 어렵다. 성실성은 결국 실력을 만든다. 실력은 성실한 사람에게 따라온다.

⟨해설⟩

'성실'이라는 단어가 다섯 번이나 반복됐다. 문장의 결이 다르지 않고 같은 말만 되풀이됐다.

⟨고친 예⟩

> 중요한 것은 성실성이다. 꾸준한 반복이 실력을 만들기 때문이다. 뛰어난 사람보다 끝까지 해내는 사람이 결과를 만든다.

⟨예제2⟩

> 글쓰기를 잘하려면 자주 써야 한다. 자주 써야 실력이 는다. 글쓰기 실력을 키우는 가장 좋은 방법은 많이 쓰는 것이다. 많이 써보는 것이 글쓰기 능력을 기르는 지름길이다.

⟨해설⟩

'자주 써야 한다', '많이 써야 한다'는 말이 4번 반복됐다. 문장만 바뀌었지, 말의 본질은 같은 문장이다.

⟨고친 예⟩

> 글쓰기를 잘하고 싶다면 손을 움직여야 한다. 백 번 읽는 것보다 한 줄 쓰는 것이 낫다. 결국 글은 써야 는다.

[Point!] 중언부언을 피하는 방법
- 같은 단어의 반복을 피한다
- 앞에서 한 말을 다시 되풀이하지 않는다
- 새로운 정보나 예시를 붙여 다음 문장을 확장한다

〈예제3〉

> 우리는 공부를 열심히 해야 한다. 열심히 해야 미래가 밝다. 열심히 공부하면 원하는 대학에 갈 수 있다. 열심히 하지 않으면 실패할 수도 있다.

〈고친 예〉

> 공부는 결국 선택이다. 지금의 선택이 미래를 바꾼다. 집중할 시간과 놓아야 할 시간을 구분하는 것이 더 중요하다.

〈예제4〉

> 운동은 건강에 좋다. 꾸준히 운동하면 건강해진다. 건강을 위해서 운동은 꼭 필요하다.

〈고친 예〉

> 건강은 결국 습관에서 시작된다. 그 첫 번째가 꾸준한 운동이다.

〈예제5〉

> "AI 교육이 중요하다고들 말한다. 학교에서도 AI 교육을 해야 한다는 목소리가 높아지고 있다. AI 시대에 필요한 역량을 기르기 위해서라도 교육이 필요하다. 특히 초등학교부터 기초적인 AI 교육을 하는 것이 중요하다."

〈해설〉

반복되는 주장을 줄이고, 정책 근거와 구체적 변화를 넣어 설득력을 높일 수 있다.

〈고친 예〉

AI 시대에 필요한 역량을 키우기 위해, 초등학교 단계부터 기초적인 AI 교육이 필요하다. 최근 교육부도 2025 개정 교육과정에 'AI 활용 역량'을 필수로 반영했다.

〈예제6〉

요즘 2030세대는 부동산을 꼭 사야 한다는 생각에 갇히지 않고, 투자보다 '나답게' 살기를 중요하게 여긴다. 이들은 무리해서 집을 사기보다, 지금의 삶을 즐기려는 경향을 보인다. 이런 성향은 '욜로'나 '플렉스' 문화에서도 드러난다. 부동산 투자에 관심은 있지만, 예전 세대처럼 집을 최우선 목표로 여기지 않는 것이다.

〈고친 예〉

2030세대는 부동산을 삶의 목표로 삼기보다 '나답게 사는 삶'을 중시한다. 집을 사기 위해 무리하기보다 현재의 만족을 선택하는 경우가 많다. 욜로, 플렉스 같은 문화도 이를 뒷받침한다. 부동산은 관심 대상일 뿐, 필수 목표는 아니다.

〈예제7〉

정부는 AI 기술을 육성하기 위한 정책을 발표했다. 이번 정책의 핵심은 국내 기업의 경쟁력을 높이기 위한 지원 방안이다. 정부는 다양한 방식으로 기업을 지원할 예정이다. 이를 통해 AI 산업의 성장을 도모하고자 하는 것이다.

〈고친 예〉

정부는 AI 산업을 키우기 위해 기업 지원 정책을 발표했다. 핵심은 경쟁력 있는 기술 개발을 돕는 것이다. 연구비·인재 육성·데이터 개방 등 구체적 지원이 포함됐다. 목표는 국내 AI 생태계의 전반적 성장이다.

〈예제8〉

요즘 청년들이 공무원 시험을 준비하는 이유는 안정적인 직장을 원하기 때문이다. 대기업이나 스타트업도 있지만, 불확실한 미래에 대비하기 위해 공무원을 선택한다. 이런 선택은 경기 침체와 취업난, 그리고 불안정한 고용 환경에서 비롯된다.

〈고친 예〉

청년들은 불안정한 고용 환경 속에서 '안정'을 택해 공무원 시험에 몰리고 있다. 대기업이나 스타트업보다 확실한 미래를 선택하는 것이다. 취업난과 경기 침체가 이런 흐름을 부추긴다.

〈예제9〉

최근에 온라인 쇼핑이 증가하고 있다. 사람들이 편리함을 추구하게 되면서 온라인으로 물건을 사는 경우가 많아지고 있다. 코로나19 이후 이런 현상은 더욱 두드러지고 있다. 오프라인 매장을 찾는 사람은 점점 줄어들고 있다.

〈고친 예〉

온라인 쇼핑이 급증하고 있다. 코로나19 이후 사람들은 편리함을 택해 매장보다 앱을 이용한다. 그 결과 오프라인 방문은 줄고, 유통 구조는 빠르게 재편되고 있다.

글을 다 쓴 뒤에는 무엇을 반복했는지, 의미가 겹치는 문장이 있는지 반드시 점검하자. 중언부언은 글을 완전히 이해하지 못한 채 썼다는 자기고백이기도 하다. 고치다 보면 글도, 나도 성장한다.

자가진단 체크리스트

항목	질문	체크
1	같은 단어나 표현을 3번 이상 반복하지 않았는가?	☐
2	이전 문장과 다음 문장이 같은 뜻 되풀이하진 않은가?	☐
3	말하려는 주제를 새로운 정보나 예시로 발전시켰나?	☐
4	문장을 줄여도 의미 전달에 문제는 없나?	☐
5	강조하고 싶은 말은 비유, 사례, 질문 등으로 풀었나?	☐
6	특정 단어(예: 성실, 열심히, 공부 등)가 문단 내에서 과도하게 등장하지 않는가?	☐
7	독자가 "또 그 얘기야?"라고 느낄 만한 문장은 없는가?	☐
8	첫 문장을 읽고 마지막 문장을 읽었을 때 진행이나 확장감이 느껴지는가?	☐
9	문장을 다듬으며 정보 밀도를 높였는가, 아니면 같은 말만 나열했는가?	☐
10	같은 어미가 반복돼 리듬이 지루해지지 않았는가?	☐

※ 활용팁: 체크가 3개 이하라면: 중복 표현이 많을 수 있다. 반드시 퇴고 권장!
　　　　 체크가 7개 이상이라면: 글의 밀도와 리듬이 적절하다.

> **[노트] 중언부언 하지 않기**
> - 무엇을?
>   했던 말을 다른 말로 반복하지 않는다
> - 왜?
>   독자에게 강요처럼 느껴지고, 글이 지루해진다
> - 어떻게?
>   반복하려는 순간, 한 문장으로 정리하거나 다음 내용으로 자연스럽게 넘어간다

〈기초체력 올리기〉

글쓰기를 잘하려면 먼저 뼈대를 세우는 훈련이 필요하다. 말하자면 개요 쓰기, 즉 글의 밑그림을 그리는 작업이다. 구조가 잡혀 있으면 중언부언을 피할 수 있고, 주제도 선명해진다. 잘 짜인 밑그림 위에는 불필요한 사족이 들어설 틈이 없다. 반대로, 밑그림 없이 쓴 글은 생각나는 대로 적기 쉽고, 그럴수록 같은 말을 반복하게 된다. 처음에는 빠르게 써지는 듯하지만, 결국엔 핵심 없이 맴도는 글이 된다. 의식의 흐름대로 흘러간 문장은 연결이 느슨하고 문단 간 논리도 흐트러지기 쉽다. 주제와 어긋나는 문단이 생기고, 소제목 간 통일성도 약해진다. 글의 앞과 뒤가 전혀 다른 이야기를 하게 되는 경우도 많다. 하지만 뼈대가 잡히면 하나의 주제로 끝까지 밀고 나갈 수 있다. 불필요한 문장과 정보는 자연스럽게 걸러지고, 글은 더욱 단단해진다. 마치 철근으로 골조를 세우고 콘크리트를 부어 올린 집처럼, 글도 구조가 있어야 견고해진다. 글의 분량이 길어

질수록 같은 말을 반복하며 늘리는 유혹에 빠지기 쉽다. 하지만 이는 글쓴이가 할 말이 부족하다는 인상을 줄 수 있다. 이럴 땐 반복이 아닌, 근거와 사례를 활용해야 한다. 설문조사나 통계 같은 수치 근거도 좋고, 직접 경험한 사례나 주변에서 관찰한 구체적인 이야기도 훌륭한 재료다. 다음은 주장을 근거와 사례로 확장한 예다.

〈예제1〉

> 은행들이 가계부채 증가 위험에 대응하며 대출을 보수적으로 조정하고 있다.

〈고친 예〉

> 2025년 상반기, 주요 시중은행들은 가계대출 증가율을 1% 이하로 억제하고 있다. KB국민·신한·하나은행 등은 신규 주택담보대출의 LTV(주택담보인정비율)를 자체적으로 낮추고, 우대금리 조건을 강화하는 방식으로 대출 문턱을 높였다. 이창용 한국은행 총재는 6월 금융통화위원회에서 "가계부채의 재팽창을 막는 것이 금리정책 이상으로 중요하다"고 밝히며, 금리 인하보다 대출 규제를 우선시하는 기조를 유지하겠다는 입장을 재확인했다.

〈예제2〉

> 정부는 부동산 시장 과열을 막기 위해 주택담보대출 규제를 강화하고 있다.

〈고친 예〉

> 2025년 5월, 금융위원회는 '가계부채 총량 관리 방안 2.0'을 발표했다. 이에 따라 다주택자 대상 DSR 규제를 강화하고, 신규 주택담보대출의 분할상환과 원금상환 의무화 요건을 확대 적용하기로 했다. 금융연구원 이재현 박사는 "금리 인하 국면 속에서 대출 수요가 재급증할 조짐이 보인다"며, "소득 대비 상환 능력을 엄격히 따지는 방향으로 제도가 정비되고 있다"고 분석했다.

〈예제3〉

> 청년층의 공무원 선호는 여전히 높은 수준을 유지하고 있다.

〈고친 예〉

> 2025년 국가직 9급 공채에는 총 13만 4천여 명이 지원해 경쟁률이 40:1을 넘었다. 특히 20대 응시자 비중은 전체의 68%에 달했다. 취업포털 사람인의 설문조사에 따르면, 20대 구직자 10명 중 7명은 "공무원 시험을 준비한 경험이 있다"고 답했다. 응답 이유는 '고용 안정성'(86.3%)과 '정년 보장'(71.5%)이 가장 많았다.

자가진단 체크리스트

항목	질문	체크
1	글 쓰기 전 개요나 주제의 흐름(밑그림)을 미리 그렸나?	☐
2	글의 핵심 주장(주제문)이 한 줄로 명확히 표현됐나?	☐
3	문단마다 중심 생각이 다르고, 논리적으로 연결됐나?	☐
4	하나의 문단 안에 같은 말을 반복하고 있지 않나?	☐
5	한 문단에서 단어나 문장을 다른 표현으로 바꾸어 말하고 있지는 않나?	☐
6	주장을 반복하는 대신 근거나 사례로 내용을 확장했나?	☐
7	문장이 너무 길거나 복잡해서 이해 안되는 부분은 없나?	☐
8	글자 수는 많으나, 실제 정보량이 적은 '부풀리기' 문장은 없나?	☐
9	글 전체의 길이에 비해 비슷한 말이나 구조가 계속 반복되고 있진 않나?	☐
10	문장을 고쳤을 때, 더 나은 글이 될 문장은 없나?	☐

※ 활용팁
체크가 7개 이상: 글의 뼈대가 잘 잡혔고, 중언부언 피한 탄탄한 글
체크가 5개 이하: 개요와 퇴고를 한 번 더 점검 필요
체크가 3개 이하: 반드시 글의 개요부터 다시 점검 요망. 주제에 맞는 근거·사례 보강 필요.

2-5 글쓰기 실전

어떤 메시지를 전할지 결정했다면, 이제 글쓰기를 시작할 차례다. 모든 글은 '세 줄'에서 시작된다.

1. 무엇을 말하고 싶은가?

글의 핵심 주제이자, 독자에게 전하고자 하는 메시지다. 한 문장으로 명확히 표현해보자.

2. 왜 이 이야기를 쓰는가?

글을 쓰는 목적과 배경을 스스로 정리해야 한다. 설득, 공감, 정보 전달 중 무엇이 목표인가?

3. 어떻게 풀어갈 것인가?

어떤 흐름으로 이야기를 구성할지 계획한다. 에피소드 중심인지, 논리 전개 중심인지도 이때 정한다.

이 '세 줄'은 글의 기초 뼈대다. 단단한 뼈대를 잡으면 길을 잃지 않고, 처음 의도를 끝까지 유지할 수 있다. 글이 길어져도, 이 세 줄이 중심을 잡아준다.

2-5-1 글쓰기 틀 '3GO'

['틀'이란 일정하게 형성된 격식이나 형식. '3GO'란 '모든 글은 3줄로 통한다'는 의미]

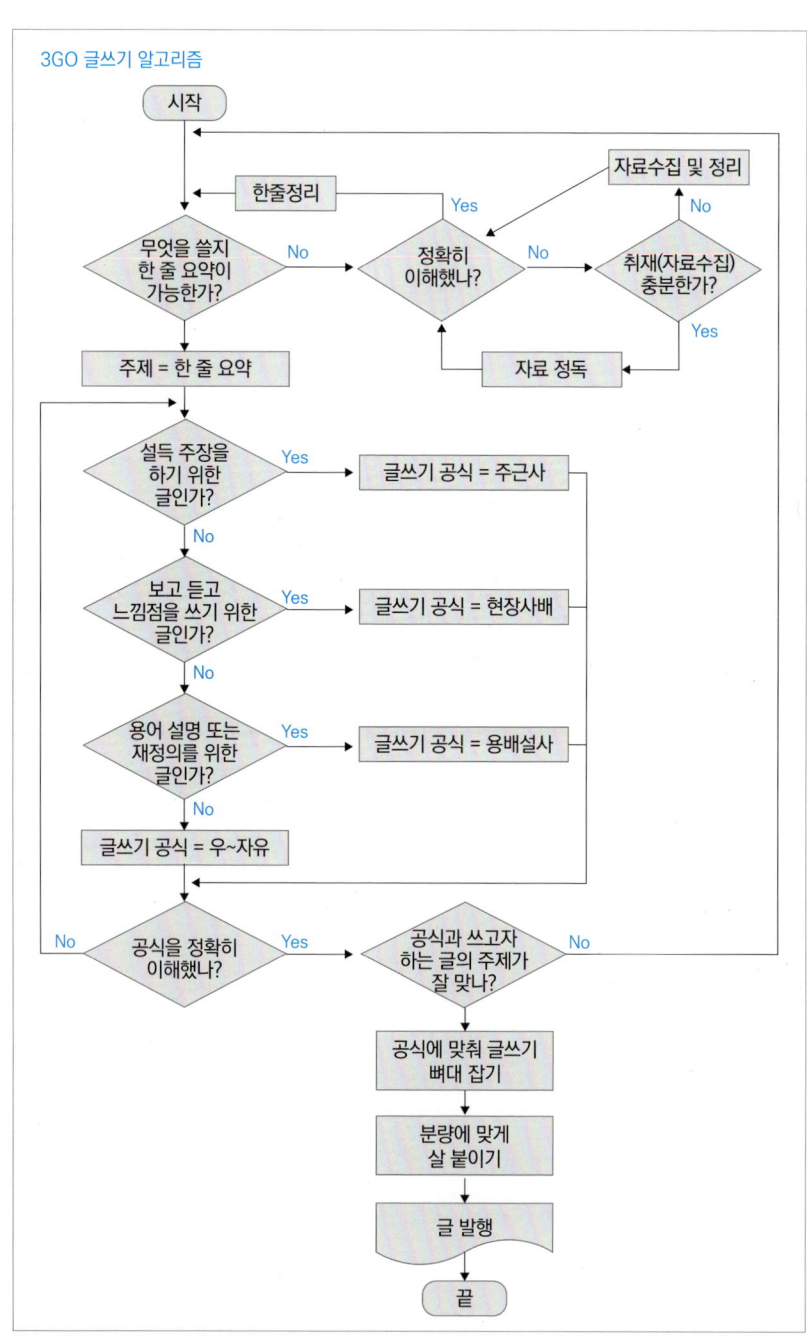

[모든 글에는 틀이 있다 — 3GO 글쓰기의 시작]

모든 예술에는 형식이 있다. 음악은 악곡마다 고유한 구조가 있고, 그림에는 구도가 있으며, 영화는 기승전결의 시나리오를 따른다. 글쓰기도 다르지 않다. 글은 언어로 그리는 예술이며, 그 안에는 반드시 형식과 구조가 존재한다. 기자들은 이 구조를 '글쓰기의 틀'이라 부른다. 이는 곧 글의 뼈대다. 화가가 도화지에 밑그림을 먼저 그리듯, 글도 밑그림이 있어야 완성도를 높일 수 있다. 밑그림이 명확하면, 글은 흐트러지지 않고 주제를 일관되게 전달할 수 있다.

'글쓰기의 기본 공식 = 3GO'

글은 길어질수록 엉망이 될 확률이 높다. 문단 사이의 연결이 어색해지고, 소제목 간 흐름이 끊긴다. 앞에서 했던 이야기와 뒤에서 전개되는 내용이 서로 어긋나기도 한다. 이럴 때 가장 효과적인 훈련 방식이 바로 '3GO 글쓰기'다. 3GO(쓰리고)란 글쓰기의 기초 뼈대를 '3줄'로 먼저 세우는 훈련법이다.

[3GO 글쓰기의 세 줄 공식]

1GO. 주장: 내가 말하고자 하는 핵심 메시지
→ 무엇을 말할 것인가?
2GO. 근거: 왜 이 이야기를 하는가
→ 이 주장이 왜 중요한가? 왜 믿을 수 있는가?
3GO. 전개 방향 (사례): 어떻게 이 이야기를 펼쳐나갈 것인가
→ 사례를 중심으로, 또는 비교·대조, 분석, 인용 등 다양한 방식으로 주장을 구체화한다.
※ 여기서 '사례'는 전개 방식 중 대표적이고 직관적인 예시이므로, '전개 방향'을 '사례'로도 부르기로 한다. 하지만 경우에 따라 다양한 전개 방식이 존재함을 기억하자.

예시로 보는 3GO

(주장)
일기 쓰기는 사고력을 키우는 최고의 글쓰기 훈련이다.
(근거)
일기는 하루를 정리하고 자기 생각을 글로 표현하는 반복 훈련이기 때문이다.
(사례)
교육청이 초등학생 일기 쓰기 프로젝트를 도입한 이후, 글쓰기 능력이 눈에 띄게 향상된 사례가 보고됐다.

이 세 줄이 완성되면, 글의 중심이 흔들리지 않는다. 글의 방향이 분명해지고, 중언부언하거나 주제를 놓치는 일이 줄어든다. 처음엔 글을 쓰기 전에 반드시 3줄부터 적어보는 습관을 들이자. 글쓰기 실력이 쌓이

면, 머릿속으로도 자연스럽게 3GO 틀을 세우고 바로 써 내려갈 수 있게 된다. 하지만 그 전까지는 철저하게 이 틀을 반복해서 연습하는 것이 가장 빠른 성장의 지름길이다.

> [글쓰기 팁]
> 글은 '일단 길게 쓰고 나중에 줄이는 것'이 아니다. 핵심 뼈대 3줄을 먼저 적고, 그 위에 근거와 사례, 설명을 덧붙이자. 이 틀이 잡히면, 어떤 글이든 처음부터 끝까지 하나의 중심을 유지할 수 있다.

\# 3GO 훈련1 - 핵심 키워드(주장)를 찾아라

어떤 사안에 대해 문제의식이 생겼다면, 이제 글을 쓸 준비를 시작해야 한다.

가장 먼저 해야 할 일은 자료 수집이다. 찬반이 갈리는 주제라면 더욱 꼼꼼하게 공부해야 한다. 피상적인 양비론을 피하고, 자신만의 시각을 세우는 데 집중하자. 예상되는 반론까지 검토하며, 완전히 이해했다고 확신이 설 때까지 자료를 분석해야 한다.

다음은 사유의 시간, 즉 명상 단계다. 글을 쓰기 전에 '나는 이 글에서 어떤 이야기를 하고 싶은가?' 스스로에게 끊임없이 물어야 한다. 명상은 마음속의 생각을 한 문장으로 정리하는 작업이다. 문장이 바로 떠오르지 않는다면, 핵심 키워드를 먼저 찾자. 그 키워드를 중심으로 문장을 구성해보자.

3GO는 글의 뼈대다. 그 중에서도 주장은 가장 중요한 기둥이다. 주장이 명확하지 않으면, 다음 단계인 근거나 사례로 나아갈 수 없다. 머릿속 문제의식이 단 한 줄로 뽑히지 않는다면, 아직 글을 쓸 준비가 되지 않은 것이다. 망설이지 말고 다시 돌아가자. 자료를 다시 학습하자. 그리고 조용히 메모장 앞에 앉아, 나의 문제의식을 한 줄로 명쾌하게 적어보자. 그 한 줄이 적히는 순간, 글쓰기는 이미 절반이 완성된 것이다.

3GO 주장 도출 워크시트

STEP 1. 문제의식 정리

지금 내가 고민하는 주제는 무엇인가? 어떤 일이나 현상에서 불편함, 의문, 의욕을 느꼈나?

> 예: 왜 우리는 스마트폰 없이 못 견디게 되었을까?
> 예: 학교 공부만으로는 왜 부족하다고 느껴질까?
> 예: 환경을 위해 텀블러를 쓰지만, 플라스틱은 왜 여전히 넘쳐날까?

☞ 내 주제(문제의식):

STEP 2. 핵심 키워드 수집

이 문제를 떠올릴 때 어떤 단어나 개념이 가장 먼저 떠오르나? 5개 정도 적어보자. (명사·형용사·동사 모두 가능)

예: 중독, 편리함, 의존, 기술, 자율성

☞ 나의 핵심 키워드들:

STEP 3. 핵심 주장 문장 만들기 (1GO)

위 키워드 중 가장 강하게 끌리는 것을 중심으로, 하나의 주장을 만들어보자. "내가 말하고 싶은 건 이것이다!"라는 느낌으로 써보자.

> 예: 스마트폰은 우리 삶을 편리하게 했지만, 동시에 자율성을 빼앗고 있다.
> 예: 자기주도 학습이 없는 공부는 오래가지 않는다.
> 예: 친환경 실천은 개인의 노력만으로는 한계가 있다.

☞ 내 주장 문장:

STEP 4. 왜 이 말을 하려는가? (2GO: 근거 방향)

위 주장을 왜 하고 싶은가요? 그 이유를 써보자. 사회적 맥락, 개인적 경험, 통계, 변화 등 근거의 방향을 정리한다.

> 예: 점점 더 짧아지는 집중시간 / 자주 확인하는 SNS 습관
> 예: 교실에서 수동적으로 공부하던 아이가 자율학습에 눈뜨자 성적이 올랐다
> 예: 환경캠페인은 많은데, 대형 기업은 여전히 플라스틱 포장재를 쓴다

☞ 내가 이 말을 하는 이유 (근거 방향):

STEP 5. 어떻게 전개할 것인가? (3GO: 사례·방식)

주장을 뒷받침하기 위해 어떤 방식으로 글을 풀어갈지 결정해보자.

사용할 전개 방식 체크 ✔️

☐ 구체적 사례 제시
☐ 통계·리서치 활용
☐ 스토리텔링 (개인 경험, 주변 이야기)
☐ 비교·대조 분석
☐ 전문가 인터뷰 또는 인용
☐ 역사적 맥락 또는 이슈 분석

☞ 내가 선택한 전개 방식:

완성된 3GO 뼈대 (쓰기 전 마무리 점검)

주장(1GO):

근거(2GO):

전개 방향(3GO):

3GO 훈련2 - 적확한 근거를 찾아라

자료 수집 단계에서 우리는 수많은 데이터와 정보를 마주하게 된다. 이제 중요한 것은 '무엇을 쓸 것인가'가 아니라, '어떤 근거를 선택할 것인가'다. 주장을 가장 잘 뒷받침할 수 있는 '최적의 근거'를 고르자. 수치가 뚜렷하고, 모두가 신뢰할 수 있는 자료여야 한다. 설문조사라면 표본의 대표성이 중요하고, 연구 보고서라면 공신력 있는 기관의 것이어야 한다. 가장 좋은 자료는 정치적·이념적으로 중립적이며, 누구에게도 논란이 되지 않을 '팩트'다. 근거의 신뢰도는 곧 글의 설득력이다.

\# 3GO 훈련3 - 사례를 발굴하라

매일 뉴스에선 수많은 이야기들이 터져 나온다. 우리 주변에도 흥미로운 사례는 넘친다. 문제는 '어떤 사례'를 쓸 것인가다. 사례는 최근 것이 좋고, 가능하다면 _내가 직접 겪은 이야기_면 더 좋다. 듣기만 한 이야기, 확인할 수 없는 경험은 되도록 피하자. 직접 경험하지 않은 이야기를 글로 풀다 보면 과장되기 쉽고, 소설처럼 느껴질 위험이 있다. 사례는 반드시 사실에 기반해야 한다. 공감을 얻는 글은, 진짜 이야기에서 시작된다. 독자는 허구와 진실을 생각보다 쉽게 구분한다.

3줄로 요약하는 훈련을 꾸준히 한다면, 글의 뼈대를 세우는 일은 생각보다 어렵지 않다. 다음 단계에서는 이 뼈대 위에 근거와 사례를 정교하게 얹는 연습이 필요하다. 예시를 통해 확인해보자.

> [노트] 3줄 쓰기≠3문장
>
> 3GO에서 말하는 '3줄'은 단순히 문장 수를 뜻하지 않는다. 여기서 '줄'은 의미 단위, 즉 논리적으로 끊어지는 단락을 말한다. 때로는 2~3개의 문장이 하나의 단락을 이룰 수 있다. 이렇게 단락이 3개 모이면, 하나의 주제를 가진 글의 '기본 골격'이 완성된다. 이 골격이 흔들리지 않으려면, 각 단락 간 통일성과 연결성을 유지하는 것이 중요하다. '3줄 쓰기'는 '3개의 문장'이 아니라 '3개의 논리적 흐름'을 뜻한다. 각 줄(단락)은 주장, 근거, 사례로 구성되며, 하나의 문장이 아닌 짧은 문단이 될 수 있다.

3GO 글쓰기 구조 학습 요약

전체 구조 흐름

o 사건 소개

- 현재 벌어진 사건 또는 논란 제시
- 독자의 흥미를 유도하고 문제의식 환기

o Step 1. 배경 정리

- 주요 사실 요약
- 관계자 입장 정리 (예: 노조 vs 사측)
- 핵심 갈등 구조 또는 숫자 중심 정보 제공

o Step 2. 시각 확장

- 단일 사건을 구조적·산업적 관점에서 확장 해석
- 업계 흐름, 역사적 맥락, 경제·정책적 맥락 부여
- "이건 단순한 일이 아니다"는 문제 제기

o Step 3. 3GO 작성

- 두 가지 방식 중 선택
  ▶ 비판형: 주장 – 근거 – 사례
  ▶ 설명형: 사실 – 반응 – 해석

3GO 유형별 구성 방식

① [비판형 3GO]

1GO (주장): 문제의 본질 또는 글쓴이의 입장

2GO (근거): 구조적/논리적 설명

3GO (사례): 실제 사건이나 수치를 근거로 드는 구체적 사례

(예시) 프랜차이즈 업계는 불황 타개책으로 직영점 대신 가맹점 구조로 전환 중이다. 가맹점 구조는 비용 부담 없이 로열티 수익만 챙길 수 있는 구조다. 한국피자헛은 직영점을 가맹점으로 전환하며 대규모 해고 사태를 초래했다.

② [설명형 3GO]

1단락: 팩트 요약 (무슨 일이 있었는가)

2단락: 이해관계자 입장 (누가 어떻게 반응했는가)

3단락: 구조적 해석 (왜 이런 일이 벌어졌는가)

(예시) 한국피자헛은 모든 직영점을 가맹점으로 전환하면서 수천 명의 직원이 해고됐다. 노조는 "일방적 조치"라며 반발했고, 사측은 "합의된 전환"이라 주장했다. 업계는 이를 비용 리스크를 줄이기 위한 '로열티 중심 구조 전환'으로 해석하고 있다.

활용 Tip

유형	언제 사용하면 좋은가
비판형 3GO	주장과 입장을 명확히 드러내고 싶을 때, 독자 설득 목적일 때
설명형 3GO	독자가 맥락을 잘 모를 때, 배경정리, 정보제공이 중요할 때

실전 적용 조언

o 핵심 문장은 3줄에 담을 수 있어야 한다:

→ 1. 뭐가 일어났나, 2. 누가 뭐라고 하나, 3. 왜 중요한가

o 정보를 정리하는 데 그치지 않고 관점을 제시하자.

"주장–근거–사례"는 뼈대일 뿐, 상황에 따라 유연하게 전개하자.

3GO 실전 - 예시1 : 한국피자헛 직영점 전환 논란

최근 한국피자헛이 대규모 해고 논란에 휩싸였다. 직영점을 전면 가맹점으로 전환하면서 기존 직원들이 대거 일자리를 잃게 됐기 때문이다. 이 사안에 대해 글을 쓴다면 어떻게 접근할 수 있을까?

Step 1. 배경 정리

노조는 회사 측의 직영점 폐쇄와 전환 결정에 강하게 반발하고 있다. 반면 한국피자헛 측은 "경영 효율화를 위한 결정이며, 노조와의 합의도 있었다"는 입장을 밝히고 있다.

핵심 배경은 다음과 같다:

한국피자헛은 모든 직영점을 가맹점으로 전환하겠다고 밝혔다. 이에 따라 수천 명의 기존 직원이 일자리를 잃게 됐다. 노조는 '사측의 일방적 조치'라며 반발하고 있고, 사측은 '합의된 전환'이라는 입장을 고수하고 있다.

Step 2. 관점 잡기 – 시각의 확장

이 사건을 단순히 한 기업의 구조조정 이슈로만 볼 것인가? 좀 더 큰 시야로 본다면, 이는 프랜차이즈 업계의 구조 변화 혹은 불황기에 반복되는 로열티 중심 경영 전략의 일환으로 볼 수 있다. 실제로 한국피자헛은 지난해 기준 연매출이 1,142억 원으로 2004년의 절반 이하로 줄었고, 7억 원의 영업손실까지 기록했다. 업계 1위였던 위상도 도미노피자·

미스터피자에 밀려 3위로 떨어졌다.

Step 3. 3GO 작성 예시

[비판형 3GO]

> **1GO (주장)**
> 프랜차이즈 업계는 불황 타개책으로 직영점을 줄이고 가맹점 중심 구조로 빠르게 전환 중이다.
>
> **2GO (근거)**
> 직영점은 인건비, 운영비, 마케팅 등 기업의 직접 책임이 뒤따르지만, 가맹점 구조로 전환하면 로열티 수익만으로 운영이 가능하다. 리스크를 가맹점주에게 떠넘기고 브랜드 수익만 취하는 구조다.
>
> **3GO (사례)**
> 한국피자헛은 최근 모든 직영점을 가맹점으로 전환하며, 기존 직원들을 해고하는 조치를 취했다. 지난해 매출 부진과 영업손실에 따른 '무책임한 로열티 전환'이라는 비판이 거세다.

3줄에 독자의 이해를 돕기 위해 살을 좀 붙이면 다음과 같다.

> (주장) 프랜차이즈업계에 가맹점 논란이 일고 있다. 불황이 장기화 되면서 직영점을 없애고 가맹점을 통한 수익창출을 꾀하고 있다는 것이다.
> (근거) 업계에 따르면, 직영점의 경우 제품개발과 마케팅 등 다양한 법적 책임과 비용이 들어가게 된다. 하지만 가맹점 전환을 하게 되면, 더 높은 로열티를 받을 뿐 아니라, 법적 책임에 따른 부담도 줄일 수 있다. 계약을 통해 라이선스 임대료를 받아 챙기는, 일종의 로열티 장사가 가능해진다는 것이다.

(사례) 경영난을 겪고 있는 한국피자헛은 최근 직영점을 가맹점으로 100% 전환하기로 했다. 매출 부진에 따른 것이다. 2004년 연매출 3000억 원을 웃돌았던 피자헛은 지난해 매출이 1142억 원까지 급락했다. 특히 지난해에는 7억 원의 영업손실을 기록했다. 국내 피자 업계 위상도 1위에서 도미노피자와 미스터피자에 이은 3위로 밀려났다.

[설명형 3GO]

3GO는 꼭 '주장–근거–사례'로만 쓸 필요는 없다. 사실 관계를 정리 해주는 '설명형 3GO' 방식도 충분히 효과적이다. 이번 예시는 바로 그런 구조다. 주장을 드러내기보다 있는 현상을 요약하고, 맥락을 정리하는 데 초점을 둔다.

설명형 3GO는 어떤 글쓰기에 적합한가?

* 주장을 제시하기 전, 배경을 정리하고 싶을 때
  → "내 의견은 뒤에 밝힐 테니, 먼저 무슨 일이 있었는지 살펴보자."

* 독자가 배경지식이 없을 때
  → 처음부터 주장으로 들어가면 낯선 독자는 혼란스러울 수 있다. 설명형은 인지 부담을 낮춰준다.

* 객관성과 정보 정리가 중요한 글쓰기일 때
  → 뉴스기사, 보고서, 시사 독후감, 정보형 글에 유용하다.

- 핵심 정리: 설명형 3GO는 이런 유형이다
  ✔ 정보 전달 중심의 글 구조
  ✔ 사건 흐름과 맥락을 먼저 보여주는 구성
  ✔ 기자 지망생, 보고서 작성자, 학생 글쓰기 훈련 등에 적합

⟨3단 구성 예시⟩

구분	구성	설명
1단락	사실 제시 (무슨 일이 있었는가)	한국피자헛이 어떤 조치를 했는지 '팩트' 중심으로 전달
2단락	입장 소개 (각 주체의 반응)	노조와 사측이 어떤 입장을 갖고 있는지 정리
3단락	맥락 분석 (왜 이런 일이 벌어졌는가)	업계 시각을 통해 이 사건의 배경과 의미 해석

여기서 핵심 키워드는 "수천 명의 피자헛 직원이 직장을 잃었다."다. 사건의 중심은 이 문장 하나로 요약된다. 이를 둘러싼 노조·사측의 입장, 업계의 해석이 뒤따른다. 이런 배경 지식을 가지고 세줄을 만들면 이렇게 된다. 이는 해당 내용에 대한 설명을 담은 것이다. 설명 역시도 3줄로 풀어줄 수 있다. 독자가 궁금해할 것 같은 순서대로 글을 나열해 주면 된다.

1단락: 한국피자헛은 직영점 100% 가맹점 전환을 발표했고, 이 과정에서 수천 명의 직원이 일자리를 잃었다.
2단락: 노동조합은 "사측이 일방적으로 퇴사를 종용했다"며 반발하고 있고, 사측은 "노사 간 합의된 전환"이라며 문제 없다는 입장이다.
3단락: 업계는 이번 사안을 한국피자헛의 경영난 타개책으로 해석하고 있다. '직영점 철수 → 리스크 이전 → 로열티 장사' 구조로의 전환이라는 분석이 나온다.

* 3GO는 '형식'이 아닌 '틀'이다. 주장-근거-사례 구조를 유연하게 활

용하자. 설명형이든 비판형이든, 글의 중심은 '맥락을 잡아주는 3줄'이다. 그 안에 문제의식, 정보, 시각이 담기면 된다. 사건을 '정리만' 하는 것이 아닌, 관점을 담는 연습까지 확장하자. 정보형 글도 구조적으로 풀면 하나의 '좋은 글쓰기 훈련'이 된다.

3GO 실전 - 예시2 : SK텔레콤 데이터 유출 논란

Step 1. 배경 정리

2025년 4월 18일, SK텔레콤은 내부 시스템에서 이상 징후와 해킹 정황을 최초로 인지했고, 다음 날인 4월 19일 밤, 유심 관련 정보 일부가 외부로 유출된 사실을 내부적으로 확정했다. 어 4월 20일 오후 4시 46분경, 한국인터넷진흥원(KISA)에 관련 침해 사실을 신고했다. 정부가 이후 조사한 결과, 외부 해커가 SK텔레콤 시스템에 악성코드(BPFDoor 등)를 심어두고 장기간 침투해 있었던 것으로 드러났으며, 이에 따라 총 2,696만여 건, 약 9.82GB에 달하는 유심 관련 정보가 외부로 유출된 것으로 확인됐다. 이 정보는 이용자의 신원 인증 및 금융 접근과 연결될 수 있는 중요한 데이터다. 하지만 SK텔레콤은 신고 이후에도 피해 고객에게 직접적인 문자 통지를 하지 않고, T월드 공지사항, 유심 보호 서비스 가입 문자 등 간접적 방식만으로 유출 사실을 알렸다. 이에 대해 개인정보보호위원회는 5월 초, "유출 가능성이 있는 모든 이용자에게 법정 사항을 갖춘 직접 통지를 하라"고 의결하며 후속 조치를 요구했다. 정부는 민관합동조사단을 구성해 정밀 분석을 진행했고, 7월 말 SK텔레콤의 보안관리 체계와 대응 방식에 구조적 문제가 있었음을 지적하며, 총 6가지 긴급 조치 명령을 내렸다.

이 사건은 기술적 유출 자체보다도 대응 과정의 방식과 시기, 그리고 고객에 대한 알림 절차가 핵심 쟁점으로 부상했다는 점에서 주목되는 기사다.

Step 2. 시각의 확장

"기술 유출이 아닌 신뢰 유출의 문제로 봐야 한다"

이번 사건은 단순한 보안사고가 아니라, 국민 생활 기반 인프라 기업의 위기 대응 체계 전반에 대한 구조적 신뢰 문제를 드러낸다.

정보보안 인식과 '책임 시점'에 대한 논란

SK텔레콤은 2025년 4월 18일 해킹 정황을 최초 인지하고, 다음 날인 4월 19일 밤 유심 정보 일부가 유출됐음을 내부적으로 확인했으며, 4월 20일 오후에 KISA에 침해 사실을 신고했다. 법적으로 '24시간 이내 신고' 의무가 적용되는 기준 시점이 언제인가를 두고 "인지 시점 기준이냐, 유출 확정 시점 기준이냐"는 논란이 있었지만, 이 해석 공백 자체가 보안 사고 대응에 있어 대기업의 책임 기준이 모호하다는 인식을 낳았다.

고객 통지 방식과 '소극적 대응' 비판

SK텔레콤은 KISA 신고 이후에도 유출 피해 고객에게 직접적인 문자 통지 없이, 자사 홈페이지 공지 및 유심 보호 서비스 가입 안내 문자 등 간접적 방식을 택했다. 이에 대해 개인정보보호위원회는 5월 초 "법정 사항을 갖춘 직접 통지를 모든 유출 가능 고객에게 하라"는 명령을 내렸다. 기업의 기본적인 정보주체 통지 의무를 소홀히 했다는 비판은 이때부터 본격화됐다.

정부와 기업의 시각 차 — '축소 대응' 인식 심화

민관합동조사단은 "사실상 유심 전체가 유출된 셈"이라 판단한 반면, SK텔레콤은 "IMEI는 유출되지 않았으며 복제폰 우려는 낮다"는 점을 강조했다. 이는 기술적 사실에 대한 차이일 수 있지만, 결과적으로 사태를 축소하려는 듯한 태도로 비춰졌고, 기업 대응에 대한 신뢰 하락을 가속화했다.

'정보 유출'이 아니라 '신뢰 유출'

SK텔레콤은 국민 실생활에 밀접한 정보를 보유·관리하는 대표 통신사다. 이런 기업이 유출 사실을 즉시 명확하게 알리지 않고, 피해자 중심 보호조치보다 '절차 중심 대응'에 머물렀다는 점은 결국 국민의 알 권리와 신뢰를 저버린 결과로 이어졌다. 정보보안 기술의 문제를 넘어서, 기업의 태도와 대응 원칙이 근본적인 신뢰 붕괴를 유발한 것이다.

Step 3. 3GO 작성 예시

[비판형 3GO]

> **1GO (주장)**
> SK텔레콤은 이번 유심 정보 유출 사태에 대해 사전 보안 대응과 사후 책임 모두에서 안이한 태도로 일관하며, 국민 신뢰를 심각하게 훼손했다.

2GO (근거)
SK텔레콤은 유출 사실을 인지한 이후에도, 직접적인 문자 통지를 하지 않고 공지로 대체했다. 정부가 나서서 "법정사항을 갖춘 직접 통지"를 요구해야만 조치가 이뤄졌다. 또한 유출 경로에 대한 정부 조사 결과와 상반되는 입장을 내며, 사태를 축소 하려는 듯한 태도를 보였다. 이는 단순 기술 문제가 아니라 책임 회피와 신뢰 저하로 직결된다.

3GO (사례)
2025년 SK텔레콤 유심 유출 사건은 약 2,696만여 건의 유심 정보가 외부로 유출된 초대형 보안 사고였다. 이용자 보호를 위한 즉각 대응도 부족했고, 유출 정보의 민감성과 파급력에 비해 기업의 대외 설명은 기술적 한계만 강조한 수준이었다. 결과적으로 국민은 '기술 유출'보다 '신뢰 유출'에 더 깊이 상처받았다.

[설명형 3GO]

1단락 (무슨 일이 있었는가?)
2025년 4월, SK텔레콤은 내부 시스템에서 해킹 정황을 인지했고, 이후 2,696만여 건의 유심 정보가 유출된 사실을 확인했다. KISA에는 4월 20일에 신고했으나, 피해 고객에게는 문자 통지 없이 간접적 안내만 제공했다.

2단락 (각 주체의 입장은?)
정부는 "사실상 유심 전체가 유출된 셈"이라며 사태의 심각성을 강조했으나, SK텔레콤은 "IMEI 등 주요 정보는 유출되지 않아 복제폰 피해는 없다"는 입장을 밝혔다. 개인정보보호위원회는 "직접 통지를 하라"는 명령을 내렸고, 민관합동조사단은 6가지 시정 조치를 부과했다.

3단락 (왜 이 사건이 중요한가?)
통신사는 국민의 신원 정보와 금융 접속 키를 관리하는 필수 인프라 기업이다. 이번 사건은 보안 기술의 문제를 넘어, 정보보호에 대한 대기업의 책임 태도와 사회적 신뢰 구조에 질문을 던진 사건으로 평가된다.

구분	구조적 핵심
Step 1	유심 정보 대량 유출, KISA 신고, 정부 시정조치
Step 2	핵심 쟁점은 보안 기술이 아니라 기업의 태도
Step 3 비판형	"신뢰를 유출한 기업의 대응, 정당한가?"
Step 3 설명형	"정보 요약을 통해 사건 흐름과 맥락 이해"

※ 핵심 문장 3줄 요약 연습

2025년 4월, SK텔레콤은 유심 정보 2,696만여 건이 해킹을 통해 유출된 사실을 확인했고, KISA에 이를 신고했으나 피해 고객에게 직접 통지하지 않아 비판을 받았다. 정부는 "유심 전체가 유출된 셈"이라며 사태의 심각성을 강조했지만, SK텔레콤은 복제폰 우려는 낮다며 기술적 해명에 주력했다. 이번 사건은 단순한 보안 사고가 아니라, 정보 보호에 대한 기업의 책임 인식과 국민 신뢰를 무너뜨린 구조적 문제로 확장되며 논란이 커졌다.

→ 사건만 요약하지 말고, "왜 중요한가"를 덧붙여라.
→ 산업 구조, 정책 변화, 제도적 맹점까지 시각을 넓혀라.

3GO 실전 - 예시3: 오픈AI 실시간 음성 인터페이스

Step 1. 배경 정리

2024년 5월, 오픈AI는 새로운 플래그십 모델인 'GPT-4o'(Omni)를 공개하며, 음성·이미지·텍스트를 실시간으로 이해하고 응답하는 기능을 선보였다. 이른바 'AI 비서'의 실시간화가 시작된 셈이다. GPT-4o는 사람처럼 끊지 않고 말하고, 실시간으로 감정을 표현하며 대화할 수 있다. 이 기술은 기존 AI 비서(시리, 알렉사 등)와 차별화된 사람-기계 인터페이스의 전환점으로 평가받는다.

Step 2. 시각의 확장

이번 발표는 단순히 기술 성능이 향상된 것이 아니다. 인간의 감정, 음성, 시각을 이해하는 '실시간 멀티모달 AI'의 등장은 인간-기계 관계의 본질을 바꾸는 계기가 될 수 있다. 특히 GPT-4o는 "진짜 대화가 가능한 AI", 즉 정보 전달을 넘어서 감정 반응과 대화 맥락의 즉각적 이해까지 시도한 최초의 상용 모델이다. 이는 앞으로 교육, 의료, 돌봄, 상담 등 인간 중심 영역까지 AI가 본격 진입할 가능성을 보여준다. 문제는 이 기술이 어떤 데이터로 감정과 맥락을 학습하고 판단하는가, 그리고 윤리적 경계는 어디까지인가다.

Step 3. 3GO 작성 예시

[비판형 3GO]

1GO (주장)
실시간 대화형 AI의 등장은 기술 진보인 동시에, 인간 소통과 정체성의 경계에 질문을 던지는 전환점이다.

2GO (근거)
GPT-4o는 단순한 음성 입출력이 아니라, 사람의 말투, 감정, 맥락까지 실시간으로 분석하고 반응한다. 이제 '어떤 정보를 주느냐'보다 '어떻게 느끼는가'를 이해하는 것이 AI의 경쟁력이 됐다. 하지만 그만큼 감정 데이터의 수집과 해석 권한, 윤리적 판단 기준은 모호해지고 있다.

3GO (사례)
오픈AI는 GPT-4o를 통해 감정 표현이 가능한 음성 인터페이스를 공개했으며, 데모에서는 실시간 감정 반응, 농담, 창작까지 수행하는 AI를 시연했다. 이 기술은 유용함과 동시에, 인간 대화를 흉내 내는 '감정 알고리즘'이 진짜 관계를 대체할 수 있느냐는 윤리적 논란을 불러일으켰다.

[설명형 3GO]

1단락
2024년 5월, 오픈AI는 멀티모달 모델 GPT-4o를 공개하며, 실시간 대화, 음성 감정 인식, 이미지 기반 응답이 가능한 AI 인터페이스를 선보였다.

2단락
기존의 단방향 AI와 달리, GPT-4o는 사람의 감정과 말투를 실시간 분석해 대화 흐름을 조절하는 능력을 보여줬고, 교육·헬스케어·고객상담 등 다양한 산업에 즉시 활용될 수 있는 가능성을 시사했다.

3단락
하지만 이러한 '실시간 감정형 AI'의 도입은 새로운 윤리적 논쟁도 불러왔다. 감정 데이터의 수집 방식, 사용자의 정서적 의존 가능성, 인간 정체성 모방의 문제 등이 새로운 과제로 제기되고 있다.

구분	구조적 핵심
Step 1	오픈AI는 2024년 5월 GPT-4o를 공개하며, 실시간 대화·감정 인식·멀티모달 처리 AI를 시연함. 기존 챗GPT의 한계를 넘어서는 '진짜 대화형 AI'의 등장을 예고함.
Step 2	기술적 진보를 넘어, 인간 감정과 정체성을 모방하는 'AI 소통 패러다임 전환'이 시작됨. 이로 인해 교육·의료·돌봄 영역까지 AI가 진입할 수 있다는 기대와 윤리적 경계 불안이 동시에 대두됨.
Step 3 비판형	GPT-4o는 인간 감정을 실시간 분석하고 반응하는 '감정 알고리즘' 기반 AI다. 이는 기술 진보인 동시에, 감정 데이터 수집과 관계 대체 문제 등 신뢰·윤리의 경계를 시험하는 위험을 동반한다.
Step 3 설명형	GPT-4o는 음성, 시각, 감정을 동시에 처리하는 실시간 멀티모달 AI로, 다양한 산업 적용 가능성이 열렸지만, 그만큼 감정 모방 기술에 대한 사회적 수용성과 윤리적 기준도 새롭게 논의되고 있다.

※ 핵심 문장 3줄 요약 연습

오픈AI는 2024년 5월 GPT-4o를 공개하며, 사람처럼 말하고 반응하는 실시간 감정형 AI 인터페이스를 선보였다. 이 기술은 단순한 챗봇을 넘어 인간의 감정과 맥락을 읽고 대화하는 '인간형 AI'의 시작점이라는 평가를 받았다. 그러나 감정 데이터 수집과 정서적 의존 문제 등 기술 발전에 따른 윤리적 쟁점도 본격화되고 있다.

〈기초체력 올리기〉

◆ 표를 글로 푸는 글쓰기 훈련

Step 1: 글쓰기 원칙 요약

표나 그래프를 글로 바꿀 때, 다음 네 가지 원칙을 기억하자.

> 1. 모든 수치를 옮기지 않는다.
>   → 가장 변화가 크거나, 눈에 띄는 지점만 선택한다.
> 2. 핵심 흐름과 특징 중심으로 쓴다.
>   → 시간 흐름 속의 증가/감소/전환점을 잡는다.
> 3. 수치는 '주장'이 아니라 '근거'다.
>   → 독자가 궁금해할 내용을 설명하기 위해 숫자를 도구로 쓴다.
> 4. 숫자는 '말처럼' 풀어준다.
>   → "16.6%에서 5.4%로 줄었다"를 "10가구 중 1.6가구 → 20가구 중 1가구로 줄었다"로 이미지화하면 전달력이 높아진다.

예시1 : 주거 실태조사 사례

1. 주거수준

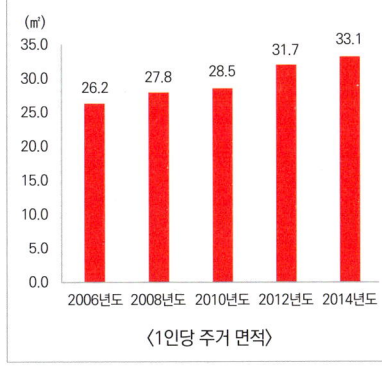
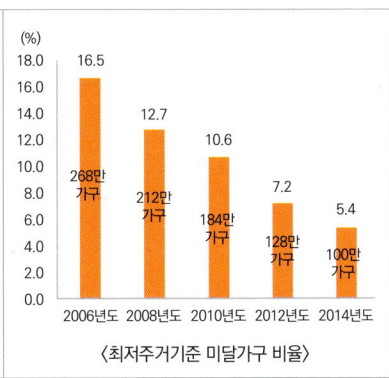

〈1인당 주거 면적〉　　〈최저주거기준 미달가구 비율〉

Step 2. 눈에 보이는 대로 먼저 읽어보기 (기초 관찰)

먼저 눈에 보이는 대로 읽어보자.

1인당 주거면적이 2006년 이후 매년 증가했다. 2010년 들어 큰 폭 늘어난 것도 눈에 띈다. 1인당 주거면적은 2014년 33.1㎡로 나타났다. 2012년 31.7㎡에서 1.4㎡ 증가했다. 매년 주거의 양적 수준이 향상됐음을 알 수 있다.

최저주거기준 미달가구 비율도 살펴보면. 전체 가구의 최저주거기준 미달 가구 비율이 2014년 5.4%로 나타났다. 100만 가구로 집계됐다. 2012년 전체 가구의 7.2%인 128만 가구에서 감소했다. 주거의 질적 수준도 향상됐다고 해석할 수 있다.

전체 흐름을 보면, 전체 가구의 최저주기기준 미달 가구 비율은 2006년 16.6%에서 매년 감소한 것으로 나타났다.

그래프에 담긴 의미를 이해하기

1인당 주거면적은 2006년 이후 매년 증가.
특히 2010년 이후 증가폭이 더 커짐.
2012년 31.7㎡ → 2014년 33.1㎡ (1.4㎡ 증가)
☞ 양적 주거 수준의 꾸준한 향상

최저주거기준 미달 가구: 2006년 16.6% → 2012년 7.2% → 2014년 5.4%(128만 가구 → 100만 가구)
☞ 질적 수준도 함께 개선

[요약 정리 팁]

구분	설명 방식
양적 변화	단순 수치 나열이 아닌 "넓어졌다", "쾌적해졌다"는 표현으로 전달
질적 변화	비율과 가구 수 모두 병행 제시 → 독자에게 체감 정보 제공
숫자 해석	"1.4㎡ 늘었다" → "더 넓은 공간에서 산다"로 의미 해석
표현 주의	"5.4%로 감소"보다 "100만 가구가 여전히 기준 미달 상태"도 함께 언급 가능

Step 3. 해석을 붙여 글로 바꿔보기

2014년 주거실태조사, '양과 질' 모두 좋아졌다. 2014년 주거실태조사에 따르면, 우리 국민의 주거 수준이 해마다 개선되고 있는 것으로 나타났다. 특히 '얼마나 넓게 사는 가'와 '기준에 못 미치는 집에서 사는가'라는 두 가지 측면 모두에서 긍정적인 흐름이 이어지고 있다. 먼저 1인당 주거면적은 2006년 이후 매년 증가세를 보였고, 2010년 이후에는 그 증가폭이 더욱 뚜렷해졌다. 2014년 기준 주거면적은 1인당 33.1㎡로, 2년 전보다 약 1.4㎡ 넓어졌다. 이는 양적 수준의 꾸준한 향상을 보여주는 대목이다. 질적인 측면에서도 진전이 있었다. 최저주거기준 미달 가구 비율은 2006년 16.6%에서 2014년 5.4%로 줄어들었고, 가구 수로 보면 128만 가구에서 100만 가구로 감소했다. 좁고 기준에 못 미치는 집에 사는 가구의 비율이 해마다 줄어들고 있는 셈이다. 이러한 변화는 단순한 수치의 문제가 아니다. 주거의 '양과 질'이 동시에 개선되고 있다는 점에서, 국가의 주거정책이 일정한 성과를 내고 있음을 보여주는 중요한 신호로 해석할 수 있다.

[마무리 정리 팁]

포인트	글로 풀기 전략
숫자는 흐름에 녹인다	"몇 %"보다는 "매년 줄고 있다", "절반 가까이 줄었다" 등
그래프에서 튀는 구간을 중심으로	"2010년부터 증가폭이 커졌다", "2006년 대비 3분의 1 수준"
해석을 붙인다	"주거의 양적 개선", "정책 성과로 해석 가능"
정리 문장으로 마무리	"양과 질 모두 나아지고 있다", "정책 방향의 일관성 확인"

예시2 : 주택 점유 형태 변화 사례

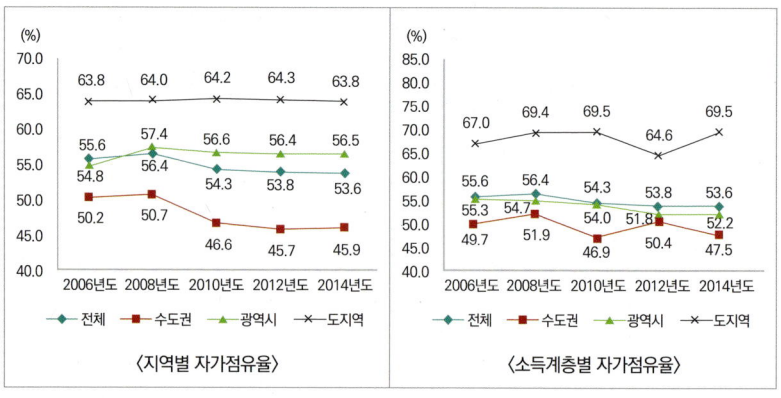

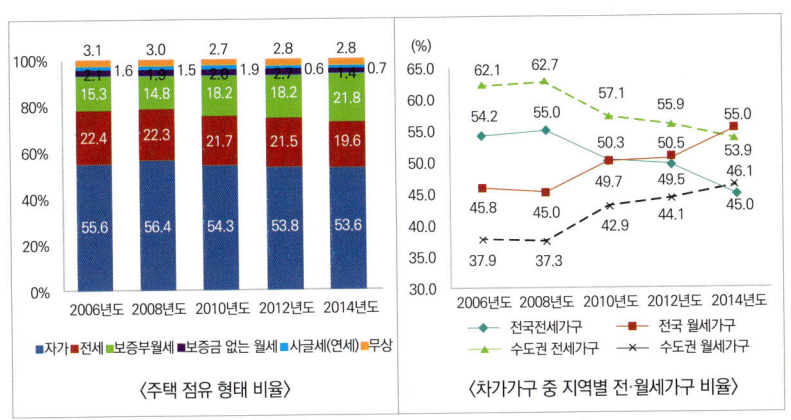

〈주택 점유 형태 비율〉　　〈차가가구 중 지역별 전·월세가구 비율〉

눈에 보이는 대로 먼저 읽어보기 (기초 관찰)

먼저, 좌측 상단의 〈지역별 자가 점유율〉을 살펴보면. 빨간색으로 표시된 수도권이 눈에 띈다. 2008년에 50.7%에 달했던 자가점유율이 2010년도에는 46.6%로 2년 만에 4.1%포인트 떨어졌다. 이것이 전체 자가점유율에 영향을 미쳤다. 여기서 주목해야 할 부분은 2008년도에서 2010년도로 넘어오면서 수도권의 자가 점유율이 뚝 떨어졌다는 점이다. 이부분을 추가적으로 확인해 알려주는 것이 좋다.

우측 상단의 소득계층별 자가점유율을 살펴보면. 여기서도 눈에 띄는 게 저소득층 자가점유율과 고소득층 자가점유율 그래프가 눈에 들어온다. 고소득층 자가점유율이 2010년까지 오름세를 보이다가 하락세로 반전됐고, 2012년 다시 상승세로 돌아섰다. 반면, 저소득층은 2008년 이후 하락하다 2010년 반등, 그러다 2012년 다시 하락세로 접어들었다. 그야말로 저소득층은 출렁출렁 요동치고 있다.

그래프만 가지고 해석을 해본다면, 고소득층이 집을 팔 때 저소득층은 집을 샀고, 저소득층이 집을 팔 때 고소득층이 집을 샀다고 해석 할 여지가 있다. 글로 옮길 때에는 이에 대해 추가적인 확인이 필요하다.

좌측 하단에 위치한 주택점유형태 비율을 살펴보면. 특별히 눈에 띄는 것은 없다. 굳이 꼽으라고 한다면 전세 비중이 줄었고, 그 자리를 반전세(보증부월세)가 차지하고 있는 것을 확인할 수 있다. 특별히 언급할 정도는 아니다.

마지막으로 우측 하단에 있는 〈차가가구 중 지역별 전·월세 가구 비율〉을 살펴보면. '차가(借家)'란 남의 집을 빌려서 드는 것을 말한다. 자가의 반대말이다.

그래프에서도 명확하게 드러난다. 전세 비율은 2008년도 이후 급격히 감소하고 있고, 월세가구 비율은 가파르게 증가하고 있다. 전국적으로 살펴보면 2010년과 2012년 사이에 월세 가구 비율이 전세 가구 비율을 넘어섰다. 아울러 수도권에는 아직 전세 가구 비율이 월세가구 비율을 넘지는 못했다는 것도 알 수 있다.

> **그래프에 담긴 의미를 이해하기**
>
> 〈지역별 자가 점유율〉(좌측 상단)
> 수도권(빨간선)은 2008년 50.7%에서 2010년 46.6%로 4.1%p 하락.
> ☞ 전체 자가 점유율 하락의 원인이 수도권에 집중됨을 시사.

〈소득계층별 자가 점유율〉(우측 상단)
고소득층: 2010년까지 상승하다 2012년 하락, 이후 다시 상승 전환.
저소득층: 2008년 하락 → 2010년 반등 → 2012년 다시 하락.
☞ 저소득층 그래프는 출렁이는 곡선 형태로 변화가 크고 불안정함.

〈주택점유형태 비율〉(좌측 하단)
전세 비중이 줄어들고, 보증부 월세(반전세)가 그 자리를 점점 차지.
☞ 전체 비율상 큰 변화는 없지만 전세의 후퇴와 월세화 흐름이 감지됨.

〈차가가구 중 지역별 전·월세 가구 비율〉(우측 하단)
전국 기준으로 2010~2012년 사이 월세 비율이 전세 비율을 넘어섬. 수도권은 아직도 전세 비율이 월세보다 높은 상태.
☞ 전세 감소, 월세 증가라는 구조적 흐름이 뚜렷이 나타남.

해석을 붙여 글로 바꿔보기

2012년 기준 주거실태조사 결과를 보면, 우리나라의 주택 점유 방식이 지역·소득별로 확연히 달라지고 있는 모습이 나타난다.
먼저 수도권 자가점유율에 주목해볼 필요가 있다. 2008년 50.7%였던 수도권 자가점유율은 2010년 46.6%로 4.1%p 급락했다. 이는 전국 평균에도 영향을 미쳤으며, 자가 보유 비율이 수도권 중심으로 떨어지고 있음을 보여준다. 집값이 급등했던 시기, 수도권 내 무주택자가 늘어나며 생긴 현상으로 볼 수 있다.
소득계층별 점유율 변화에서는 저소득층과 고소득층의 흐름이 엇갈렸다. 고소득층은 2010년까지 자가점유율이 상승했으나, 2012년엔 하락세로 전환됐다. 반면 저소득층은 출렁이는 곡선을 그리며 불안정한 양상을 보였다. 이 흐름을 단순히 맞물린다고 해석하기보다는, 소득에 따른 내 집 마련의 불균형 구조를 반영한 결과로 볼 수 있다. 집을 사고파는 주체가 소득 수준에 따라 빠르게 달라지고 있다는 해석도 가능하다.

주택 점유 형태 비율은 상대적으로 변화폭이 크지 않지만, 전세가 줄고 보증부 월세(반전세)가 늘어난 점이 눈에 띈다. 이는 전세 시장이 월세 시장으로 점차 대체되고 있음을 보여주는 신호일 수 있다.

마지막으로 차가가구(전·월세 거주자)의 비율을 보면, 전국적으로 2010년에서 2012년 사이 월세가 전세를 추월했다. 비록 수도권에서는 여전히 전세 비율이 더 높지만, '전세에서 월세로'의 구조 전환은 분명한 흐름으로 읽힌다.

[마무리 정리 팁]

구분	설명 방식
눈에 띄는 변화	수도권 자가 점유율 하락이 전체 수치에 큰 영향
상호 비교	소득계층별 흐름 차이 강조 → 계층 간 주택 소유 격차 드러냄
강조할 지점 선택	변화가 적은 항목(점유 형태 비율)은 과감히 비중 축소
통계의 언어화	"50.7% → 46.6%" → "수도권 중심 자가 보유 하락"식으로 의미 전달

[이미지를 글로 풀기 전략]

모든 수치를 다 쓰지 않는다.
→ 그래프 속 '흐름'과 '극적인 변화'만 골라낸다.

문장 안에 해석을 넣는다.
→ 단순히 "OO% 감소"가 아니라 "무주택자가 늘어난 신호"처럼 맥락을 넣어 준다.

그래프는 글의 '소재'이지, 글 그 자체가 아니다.
→ 독자가 숫자를 '이해'하고 '느낄' 수 있게, 해석과 연결된 문장으로 마무리 한다.

예시3 : 주거 이동과 보유의식 사례

마지막으로 '주거 이동과 보유의식'에 관한 그래프다.

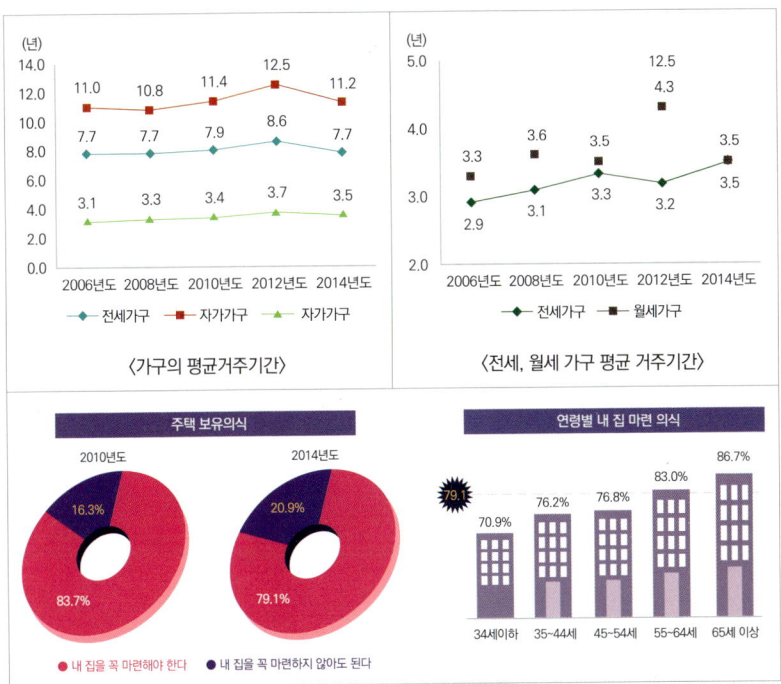

좌측 상단에 있는 〈가구의 평균 거주 기간〉 표를 살펴보면. 평균 거주 기간이 전체적으로 감소세다. 특히, 내집을 가진 사람들의 평균 거주 기

간이 2012년부터 감소세로 전환됐다. 그래도 집을 사면 11년가량은 거주하는 것을 알 수 있다.

　반면 차가 가구, 집을 빌려서 거주하고 있는 사람들의 거주 기간은 소폭 감소했지만, 주목할 만큼은 아니다. 집을 빌리면 보통 3~4년을 살고 이동한다.

　그럼 여기서 생각해볼 문제가 있다. 요즘 집을 사야하나 말아야 하나 고민하는 분들이 많은데, 이 표를 가지고 해석을 해본다면.

　통계치에서 보여주듯 11년 이상, 다시 말해 평생 살집이라면 빚내서 집을 사는 것을 고려해도 좋다. 하지만 투기가 목적이라면 심각하게 고민해봐야 한다.

　3~4년 후에 다른 지역으로 이동해야 하는 상황이라면 전세나 월세가 낫다. 통계를 가지고 해석을 넣어 응용한 문장이다.

　우측 상단의 그래프는 〈전세, 월세 가구 평균 거주 기간〉에 대한 것이다. 앞서 본 차가 가구 그래프를 좀 더 상세하게 나타낸 것이다. 3~4년이라는 큰 틀에서 벗어나지 않아서 크게 주목할 만한 그래프는 아닌 것으로 판단된다. 패스!

　좌측 하단에 있는 〈주택 보유의식〉 그래프를 살펴보면. 내 집 마련에 대한 시민들의 의식 변화를 보여준다. 2010년도에는 내 집을 꼭 사야한다는 의식이 83.7%였는데, 지난해에는 79.1%로 4.6%포인트 감소한 것을 확인할 수 있다.

　반대로 말하면 "집을 사지 않아도 된다"고 생각하는 이들이 늘고 있다는 것이다. 이런 의식 조사는 향후 우리나라의 집값 전망을 예측할 때 주요한 변수로 작용된다.

마지막으로 우측 하단에 위치한 〈연령별 내 집 마련 의식〉을 살펴보면, 집을 사겠다는 게 전체 응답자의 79.1%다. 그런데 55세 이상은 집을 사겠다가 압도적으로 많지만, 나이가 어려질수록 집을 사야 한다는 의식이 떨어지고 있음을 알 수 있다. 향후 집에 대한 매매수요를 짐작할 수 있는 중요한 통계로 활용할 수 있다.

눈에 보이는 대로 먼저 읽어보기 (기초 관찰)

항목	관찰 내용 요약
가구의 평균 거주 기간	전체적으로 평균 거주 기간은 감소 추세. 자가 가구는 2012년부터 감소세로 돌아섬. 자가 가구는 여전히 평균 11년 이상 거주. 차가 가구는 3~4년 사이로 큰 변화 없음.
전세·월세 평균 거주 기간	차가 가구의 세부 내용. 여전히 평균 3~4년 정도로 큰 변화 없음. 의미 있는 새 흐름은 보이지 않음.
주택 보유 의식	"집은 꼭 사야 한다"는 응답 2010년 83.7% → 2022년 79.1%로 4.6%p 감소. '집을 안 사도 된다'는 인식 증가.
연령별 내 집 마련 의식	고령층일수록 '집을 사야 한다'는 응답이 높고, 연령이 낮을수록 낮아짐. 젊은 층의 주택 매입 의지가 상대적으로 낮음.

해석을 붙여 글로 바꿔보기

"사는 집이냐, 빌리는 집이냐"…거주 기간과 주택 보유 인식에서 드러난 변화

주택을 '사는 것'과 '사는 곳' 사이에서 고민하는 사람들이 많다. 2022년 주거실태조사에 담긴 자료를 보면, 이 같은 고민을 뒷받침할만한 몇 가지 흐름이 나타난다.

먼저 가구당 평균 거주 기간을 보면 전체적으로 짧아지는 경향이 두드러진다. 특히 자가 가구는 2012년을 기점으로 평균 거주 기간이 감소세로 전환됐다. 그럼에도 불구하고 자가 가구는 평균 11년 이상 한 집에서 거주하는 것으로 나타나, 장기 거주를 전제로 한다면 집을 사는 것이 여전히 유의미한 선택일 수 있음을 보여준다.

반면 차가 가구, 즉 집을 빌려 사는 가구는 3~4년 주기로 거주지를 옮기는 흐름이 유지되고 있다. 이러한 통계는 3~4년 안에 이동이 예정돼 있다면, 굳이 집을 사지 않고 전·월세로 거주하는 것도 현실적인 판단이라는 점을 뒷받침한다.

또한 주택 보유에 대한 국민 의식 변화도 흥미롭다. 2010년에는 응답자의 83.7%가 "집은 꼭 사야 한다"고 답했지만, 2022년에는 이 비율이 79.1%로 하락했다. 점차 '꼭 집을 살 필요는 없다'는 생각이 늘어나고 있는 것이다. 이 흐름은 연령대별 통계에서도 확인된다. 55세 이상에서는 여전히 '집은 반드시 사야 한다'는 응답이 압도적이지만, 젊은 층일수록 내 집 마련에 대한 의지가 약화되는 경향이 나타났다. 이는 향후 주택 구매 수요의 변화, 특히 젊은 세대의 '비소유·비정착' 경향이 확산될 가능성을 보여주는 중요한 시사점이다.

[마무리 정리 팁]

포인트	글로 풀기 전략
변화가 있는 그래프에 집중	전체 평균보다는 자가/차가의 방향성과 차이를 중심으로 설명
수치는 "주장"이 아니라 "근거"	11년, 3~4년을 나열하지 않고, "장기 거주" 또는 "이동 중심 거주"라는 흐름으로 풀어냄

인식 변화는 맥락을 붙여야 한다	단순 퍼센트보다 '왜, 누구에게' 변화가 있는지를 질문으로 연결
연령대 그래프는 미래 예측과 연결	연령별 내 집 마련 의식은 향후 주택 수요의 변화로 해석 가능

이처럼 3GO 글쓰기의 기본 틀만 익혀두면, '멍하니 앉아 뭘 써야 할지 몰라 허비하는 시간'은 줄어든다. 3줄의 뼈대를 세우고, 그 위에 근거나 사례를 하나씩 얹어 나가다 보면 글의 방향도 분명해지고, 분량도 자연스럽게 따라온다. 이제부터는 우리가 일상생활에서 자주 마주하는 글쓰기 상황을 네 가지 범주로 나누어 본격적인 연습에 들어간다.

설득하는 글쓰기
보고 듣고 느낀 것을 표현하는 글쓰기
어려운 용어를 풀어주는 글쓰기
이해한 것을 요약해 전달하는 글쓰기

각 글쓰기 상황에 맞게 3GO의 틀을 적용해 주제를 효과적으로 드러내는 법, 핵심을 정확히 짚는 법, 나만의 관점을 설득력 있게 전개하는 법을 하나씩 익혀보자.

이제, 글쓰기를 시작할 시간이다.

2-5-2 설득하는 글의 공식 - '주근사'

〈도입: 왜 우리는 설득하려 하는가?〉

우리가 쓰는 글의 상당수는 누군가를 설득하기 위한 글이다. 친구에게는 자신의 의견을, 선생님에게는 자신의 선택을, 독자에게는 세상의 방향을 설득한다. 기자도 마찬가지다. 기사는 단순한 정보 나열이 아니라, 세상을 향한 비판과 제안의 문장화다. 기자는 글을 통해 "이건 바뀌어야 한다"는 주장을 펼치고, 독자가 공감하고 함께 행동에 나서도록 이끈다. 그러기 위해 글에는 '당위'가 필요하고, 그 당위를 구성하는 요소가 바로 주근사다.

〈핵심 개념: 주·근·사란 무엇인가?〉

> **설득하는 글의 공식**
> **주근사[주장 + 근거 + 사례]**

설득하는 글에는 세 가지 요소가 반드시 필요하다.
하나라도 빠지면 글의 힘은 약해진다.

① **주장(主張):**

내가 하고 싶은 말의 핵심 메시지. 한 줄로 요약 가능한 명확한 중심문장으로 흔들리지 않는 중심축이 되어야 한다.

→ "학교폭력 가해자의 전학은 피해자의 동의가 우선이다."

② 근거(根據):

주장을 뒷받침하는 사실·수치·논리. 왜 그런 주장을 하는지 설명하는 부분으로 정부 발표, 통계, 학술연구처럼 객관적·신뢰할 수 있는 출처일수록 설득력이 올라간다.

→ "2023년 서울교육청 조사에 따르면, 피해 학생의 72%가 가해자가 같은 학교에 남아 있을 경우 '불안으로 등교를 꺼렸다'고 응답했다."

③ 사례(事例):

실제 일어난 일 또는 구체적인 이야기. 독자의 공감과 이해를 돕는 장치로 복잡한 주장을 생활 속 장면으로 쉽게 풀어줄 수 있다.

→ "지난해 대구의 한 중학생이 가해자와 같은 반에 배정된 후, 결국 자퇴를 선택한 사건이 있었다."

〈정리: 왜 '주근사'인가?〉

'주장'이 글의 방향을 제시하고,

'근거'가 그 주장에 논리적 무게를 더하고,

'사례'가 감정적 공감과 몰입을 만든다.

이 세 가지가 어우러질 때, 독자는 이해하고, 납득하고, 움직인다.

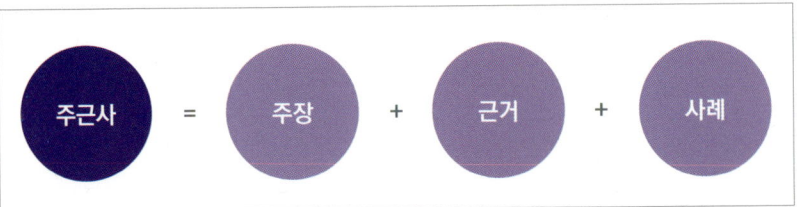

설득하는 글의 공식

[요약 — 설득하는 글쓰기의 구조]

구성	역할	예시
주장	하고 싶은 말	"학교폭력 가해자는 피해자 동의 없이는 전학할 수 없어야 한다."
근거	왜 그렇게 생각하는지	"서울교육청 조사에 따르면 피해자의 72%가 가해자와의 재학을 두려워한다."
사례	실제로 있었던 일	"대구의 한 중학생은 가해자와 같은 반이 되어 자퇴했다."

이처럼 주장과 근거와 사례는 글에서 어우러져 하나의 틀을 만들게 된다. 그것이 바로 지금부터 말하려는 설득하는 글의 3GO 핵심공식인 '주근사'다.

'주근사의 1+1+1법칙'

: 군더더기 없는 글쓰기를 위한 단 하나의 원칙

왜 딱 하나씩만 필요한가?

> '주근사' – 주장 + 근거 + 사례

이 조합은 설득의 기본 뼈대다. 하지만 글을 쓰다 보면 질문이 생긴다.
"근거를 두 개 쓰면 더 설득력 있지 않을까?"
"사례를 세 개쯤 붙이면 더 풍성하지 않을까?"
이에 대한 대답은 "NO"다. 글의 본질은 '전달'이지 '나열'이 아니기 때문이다.

[기본 원칙: 1+1+1]

요소	권장 수	이유
주장	1개	중심 메시지는 하나여야 힘이 생긴다.
근거	1개	가장 강력한 하나면 충분하다. 많으면 흐려진다.
사례	1개	가장 생생한 하나로 공감시키면 족하다.

그렇다면 왜 1개씩만 쓰는 게 좋을까?

① 군더더기가 되기 때문이다

근거가 많다고 좋은 글이 되는 것이 아니다. 오히려 핵심을 흐리고 독자에게 지루함을 준다. 이미 납득한 독자에게 계속 설득을 반복하는 것은 강요처럼 느껴진다.

② 혼란을 부를 수 있다

특히 어려운 주제를 다룰 때, 여러 개의 근거는 혼란의 씨앗이 된다. 하나라도 이해되지 않으면, 전체 주장의 신뢰도가 무너질 수 있다.

③ 글의 맥이 끊긴다

'주장 → 근거 → 사례'의 흐름은 한 번에 몰입시키는 구조다. 근거와 사례를 나열하면 글이 산만해지고 리듬감이 사라진다.

한 접시를 깔끔하게 구성하듯, 글도 1+1+1로 담백하게 구성해야 독자는 끝까지 읽고, 기억하고, 납득할 수 있다.

주장, 근거, 사례는 각각 가장 적합한 하나만 선택한다. 분량을 늘리고 싶다면, 근거를 늘리기보다 그 하나를 더 구체적으로 서술하라. 사례를 추가하려 할 때는, 반드시 재미있거나 감정적 울림이 있는 경우만 고려하라. "더 많이"가 아니라, "더 명확하게"가 설득 글쓰기의 핵심이다.

글쓰기의 핵심은 '양'이 아니라 '맥'이다. 주근사의 1+1+1 구조만 지켜도, 당신의 글은 이미 설득력을 갖는다.

'완벽한 근거와 사례를 찾아라'
: 많을 필요 없다, 딱 하나면 된다.

> [핵심 메시지]
> 주장을 제대로 살리는 글은, 많은 근거보다 '정확한 한 방'에 달려 있다.

왜 여러 개보다 하나가 더 강력할까?

많은 사람들은 글을 쓸 때 근거와 사례를 많이 써야 설득력 있다고 착각한다. 하지만 진짜 설득력은 '가장 정확한 것' 하나에서 나온다. 어설픈 근거 셋보다, 하나의 명확한 데이터가 독자의 고개를 끄덕이게 만든다.

철근과 콘크리트의 비유로 기억하자

집을 튼튼하게 짓기 위해 철근을 많이 쓰면 좋을 것 같지만, 실제로는 과도한 철근이 콘크리트를 깨뜨린다. 너무 많으면 부서진다. 오히려 적정 비율의 조화가 가장 강한 구조다. 글도 마찬가지다.

- 근거가 많으면, 글은 휘지 못하고 부러진다.
- 독자의 사고 흐름이 무거워지고, 읽는 재미를 잃는다.

[글쓰기 실전 전략]

잘못된 방식	좋은 방식
"주장을 이렇게도, 저렇게도 설명할 수 있어요!"	"이 한 문장으로 모든 것이 설명됩니다."
"이 사례도 있고, 저 사례도 있어요."	"이 사례 하나면 충분하죠."

- 수치를 가져오더라도 신뢰도 높은 기관에서 나온 것을 사용하자
- 사례를 제시할 때는 실제적이고 공감 가능한 장면을 활용하자

'2가지 주장을 해야 한다면?'

: 하나의 글에 주장은 하나가 원칙이지만, 예외가 있다면 이렇게!

[기본 원칙]

글쓰기의 가장 중요한 원칙은 하나의 글 = 하나의 주장이다. 주장이 많아질수록 글의 중심이 흐려지고, 독자의 이해도 떨어진다. 하지만 불가피하게 2개의 주장을 해야 하는 상황이 있다면?

> 가장 바람직한 구조: 병렬 구조
> [(주장① + 근거① + 사례①) + (주장② + 근거② + 사례②)]

두 개의 주장을 완전히 분리해서 각각 설명한다. 각각 완결된 구조로 써야 글이 깔끔하게 읽힌다. '단락'을 나눠 쓰는 것이 기본 전략이다.

피해야 할 구조 예시1.

> [(주장1 + 주장2) + 근거1 + 사례1 + 근거2 + 사례2]

주장이 겹쳐져 혼란스럽고, 어떤 근거가 어떤 주장에 해당하는지 불분명하다. 글의 주축이 약해지고, 독자의 집중이 흐트러질 수 있다.

피해야 할 구조 예시2.

> [주장 + (근거1 + 근거2) + (사례1 + 사례2) + 주장]

주장에 대한 설명 없이 근거와 사례만 나열되면, 독자는 방향을 잃는다. 다시 말해, 지도 없는 여행처럼 목적지가 흐려진다.

[정리하면]

원칙	이유
주장은 하나로	중심이 분명해져 글의 설득력이 높아진다
불가피할 때는 병렬로	설명을 하나씩 완결 구조로 써야 한다
혼합형 구조는 피하라	독자에게 혼란과 피로를 줄 수 있다

[주장 가지치기 훈련]
* 한 문장에 하고 싶은 말이 두 개 이상이라면, 반드시 선택
  ☞ "이 글에서 꼭 전달해야 할 하나는 무엇인가?"
* 쓰기 전에 마인드맵이나 메모로 주장 간 우선순위를 정하자.

[기억할 문장]
"하나의 글에는 하나의 심장만 있어야 한다."
– 두 개의 박동은 독자의 집중을 방해한다.

주근사 예제1. 가계대출 축소와 서민 금융 불안

배경 지식

2025년 현재, 한국의 가계부채 총액은 1,900조 원을 돌파하며 경제의 뇌관으로 지목되고 있다. 글로벌 금리 인상기 이후 대출금리는 여전히 높은 수준을 유지하고 있고, 경기침체 우려까지 겹치며 부채 상환 부담이 커지고 있는 상황이다. 이에 따라 금융당국은 가계부채총량 관리를 올해 핵심 정책으로 삼고 있으며, 은행권에도 강도 높은 대출 자제령이 내려진 상태다. 특히 DSR(총부채원리금상환비율) 규제는 점점 강화되고 있으며, 실수요자까지 대출 제한에 걸리는 부작용이 속출하고 있다. 은행 입장에서도 리스크 회피를 위한 선제적 대출 축소에 들어간 상태다. 국민·신한·하나·우리·농협 등 5대 시중 은행은 2025년 가계대출 증가 목표치를 전년 대비 절반 이하로 조정했고, 일부 은행은 아예 가계

대출 창구를 일부 폐쇄하는 방안도 검토 중이다. 이러한 흐름 속에서 가장 큰 타격을 입는 것은 신용이 낮은 서민과 청년, 실수요자들이다. 실제로 "집을 사기도, 빌리기도 어려운 이중고"에 시달리는 시민들의 호소가 이어지고 있으며, 금융 불평등 문제가 다시 수면 위로 떠오르고 있다.

이런 내용을 가지고 글을 쓰고자 한다.

1GO. 주장

2025년, 시중은행들이 가계부채 리스크를 줄이기 위해 대출을 더욱 조이면서, 서민과 저신용자들의 금융 접근성이 크게 악화될 우려가 커지고 있다.

2GO. 근거

금융감독당국의 부채 총량 관리 기조에 따라, 국민·신한·하나·우리·농협 등 5대 시중은행은 2025년 가계대출 증가율을 전년 대비 절반 수준인 3~4%로 제한하겠다고 발표했다. 특히 DSR(총부채원리금상환비율) 적용이 강화되며 실수요자도 대출 문턱에서 좌절하는 사례가 늘고 있다.

3GO. 사례

실제로 경기도 고양시에 거주하는 30대 맞벌이 부부는 생애 첫 주택 마련을 위한 전세자금 대출을 신청했으나, DSR 규제로 인해 필요한 대출액의 70%밖에 승인받지 못해 계약을 포기했다. 해당 부부는 "소득이 적지 않아도 대출이 안 되는 구조"라며 불만을 토로했다. 이처럼 실수요자조차 대출 한도에서 소외되는 현실이 곳곳에서 나타나고 있다.

2025년, 시중은행들이 가계부채 리스크를 줄이기 위해 대출을 더욱 조이면서, 서민과 저신용자들의 금융 접근성이 크게 악화될 우려가 커지고 있다.

국민·신한·하나·우리·농협 등 5대 시중은행은 올해 가계대출 증가율을 3~4% 수준으로 제한하겠다고 밝혔고, 정부의 총부채원리금상환 비율(DSR) 규제까지 강화되며 대출 여건은 더 까다로워졌다. 대출 여력은 줄고 금리는 여전히 높은 상황이다.

실제로 경기도 고양시에 사는 30대 맞벌이 부부는 생애 첫 주택 마련을 위한 전세자금 대출을 신청했지만, 규제에 걸려 필요한 금액을 다 받지 못해 결국 계약을 포기했다. 소득도 있고 신용등급도 나쁘지 않았지만, 제도의 벽에 가로막힌 셈이다. 이런 현실은 단순한 '빚 억제' 차원을 넘어, 실수요자와 서민의 생활 안정성마저 위협할 수 있음을 보여준다.

[요약 정리]

구성	내용
주장	은행권의 대출 축소로 서민 금융 불안이 가중되고 있다
근거	2025년 5대 시중은행 가계대출 증가율 목표치 3~4%로 하향
사례	30대 부부가 규제로 전세자금 대출 일부 승인받고 계약 포기

주근사 예제2. 식음료 기업의 영업이익과 가격인상

배경 지식

2020년대 중반, 고물가와 경기 침체 속에서도 국내 식음료업계의 실적은 역설적인 '호황'을 맞고 있다. 주요 기업들은 "원재료와 물류비 상승"을 이유로 가격을 수차례 인상해 왔지만, 정작 국제 원자재 가격은 하락세를 보이거나 안정세에 접어든 지 오래다. 2023~2024년 사이, 농심은 라면 가격을 평균 13% 인상했고, 오리온은 과자류 가격을 최대 15%까지 올렸다. 하이트진로와 롯데칠성 등 주류업계도 출고가 인상을 단행했다. 그러나 이들 기업은 모두 영업이익이 전년 대비 두 자릿수 이상 증가했으며, 특히 롯데제과는 2024년 기준 영업이익이 30% 넘게 상승하며 시장의 우려를 키웠다. 전문가들은 "가격 전가를 통해 수익을 확보하는 구조가 고착되면, 소비자의 물가 체감은 개선되지 않을 수 있다"며 "정당한 원가 인상인지, 수익 극대화를 위한 포장인지 검증이 필요하다"고 지적하고 있다.

이런 내용을 가지고 글을 쓰고자 한다.

1GO. 주장

국내 식음료업계가 높은 영업이익을 유지하면서도 반복적인 가격 인상을 강행하고 있어, 소비자들로부터 '이익만 챙기려 한다'는 비판을 받고 있다.

2GO. 근거

2023~2024년 기준, 농심·오리온·롯데제과·하이트진로 등 주요 식음료 기업의 영업이익률은 두 자릿수 증가를 기록했다. 반면 같은 기간 동안 주요 원자재 가격(소맥, 대두, 설탕, 유가)은 하락하거나 안정세를 유지했다. 판매량이 큰 폭으로 증가하지 않았음에도 기업 수익은 급등했으며, 이러한 상황에서 잇따른 가격 인상이 이어졌다.

3GO. 사례

2024년, 오리온은 과자 가격을 최대 15% 인상했으며, 하이트진로는 소주 출고가를 7.9% 인상했다. 그 결과 오리온의 영업이익은 전년 대비 22% 증가했고, 롯데제과는 영업이익 31%, 순이익 280% 증가라는 기록적인 실적을 달성했다. 이는 단순 원가 상승 이상의 가격 전략이 작용했음을 보여준다.

> 국내 식음료업계가 높은 영업이익을 유지하면서도 반복적인 가격 인상을 강행하고 있어, 소비자들로부터 '이익만 챙기려 한다'는 비판을 받고 있다.
> 2023~2024년 기준, 농심·오리온·롯데제과·하이트진로 등 주요 식음료 기업의 영업이익률은 두 자릿수 증가를 기록했다. 반면 같은 기간 동안 주요 원자재 가격(소맥, 대두, 설탕, 유가)은 하락하거나 안정세를 유지했다. 판매량이 큰 폭으로 증가하지 않았음에도 기업 수익은 급등했으며, 이러한 상황에서 잇따른 가격 인상이 이어졌다.
> 2024년, 오리온은 과자 가격을 최대 15% 인상했으며, 하이트진로는 소주 출고가를 7.9% 인상했다. 그 결과 오리온의 영업이익은 전년 대비 22% 증가했고, 롯데제과는 영업이익 31%, 순이익 280% 증가라는 기록적인 실적을 달성했다. 이는 단순 원가 상승 이상의 가격 전략이 작용했음을 보여준다.

[요약 3줄 정리 연습]

- 식음료기업들이 수년째 고수익을 유지하면서도 가격 인상을 지속하고 있다.
- 판매량은 정체됐지만, 영업이익은 원가보다 더 빠르게 증가했다.
- 소비자들은 '원가 탓'이라는 설명보다 기업의 수익 극대화 전략에 의심을 품고 있다.

주근사 예제3. AI 챗봇과 은행 점포 축소

배경 지식

2024년부터 주요 시중은행들은 AI 챗봇과 자동화 시스템을 도입하며 전국 영업점 수를 대폭 축소하고 있다. 은행연합회에 따르면 2020년 6천여 개에 달하던 영업점 수는 2024년 기준 4천 개 이하로 감소했다. 은행들은 "디지털 전환"을 이유로 내세우며 비대면 서비스 강화를 강조하지만, 특히 고령층·저소득층 고객의 금융접근성이 저해되고 있다는 우려가 커지고 있다. 스마트폰 사용이 어려운 노인, ATM 사용이 익숙하지 않은 고객들은 기본적인 계좌 개설, 상담조차 어려워진 상황에 직면하고 있다.

1GO. 주장

AI 챗봇 도입과 디지털 전환을 이유로 은행들이 오프라인 점포를 줄이면서, 금융 소외 계층이 더 큰 불편과 불이익에 직면하고 있다.

2GO. 근거

2024년 기준, 국내 시중은행의 영업점 수는 4천 개 이하로 줄었고, 같은 기간 AI 챗봇 상담 건수는 2배 이상 증가했다. 하지만 한국금융소비자원 조사에 따르면 60세 이상 응답자의 48%가 '디지털 금융 서비스 이용이 어렵다'고 답변했다. 금융 서비스의 효율성은 높아졌지만, 이용자의 체감 만족도는 계층 간 차이를 벌리고 있는 상황이다.

3GO. 사례

2024년 KB국민은행은 서울 도심 3개 지점의 운영을 종료하며 AI 챗봇 '리브봇'과 자동화 점포로 대체한다고 발표했다. 이로 인해 인근 지역 노인회관과 복지센터에서는 "은행 가려면 버스를 타고 두 정거장을 가야 한다"는 민원이 급증했다. 금융 서비스를 받기 위한 이동·대기 시간이 늘어나면서, 노령층의 금융 사각지대가 현실화되고 있다.

AI 챗봇 도입과 디지털 전환을 이유로 은행들이 오프라인 점포를 줄이면서, 금융 소외 계층이 더 큰 불편과 불이익에 직면하고 있다.

2024년 기준, 국내 시중은행의 영업점 수는 4천 개 이하로 줄었고, 같은 기간 AI 챗봇 상담 건수는 2배 이상 증가했다. 하지만 한국금융소비자원 조사에 따르면 60세 이상 응답자의 48%가 '디지털 금융 서비스 이용이 어렵다'고 답변했다. 금융 서비스의 효율성은 높아졌지만, 이용자의 체감 만족도는 계층 간 차이를 벌리고 있는 상황이다.

2024년 KB국민은행은 서울 도심 3개 지점의 운영을 종료하며 AI 챗봇 '리브봇'과 자동화 점포로 대체한다고 발표했다. 이로 인해 인근 지역 노인회관과 복지센터에서는 "은행 가려면 버스를 타고 두 정거장을 가야 한다"는 민원이 급증했다. 금융 서비스를 받기 위한 이동·대기 시간이 늘어나면서, 노령층의 금융 사각지대가 현실화되고 있다.

[요약 3줄 정리 연습]

- 은행권의 디지털 혁신이 고령층과 금융 취약계층에게 오히려 불편을 초래하고 있다.

- 점포는 사라졌고 챗봇은 늘었지만, 모든 세대가 이를 편리하게 이용하지는 못한다.

- 효율성 중심의 디지털 전환은 사회적 포용이라는 금융 본연의 역할을 저해할 수 있다.

주근사 예제4. 확장편 : 대출 규제와 고금리

주근사의 경우, 전달효과를 극대화하기 위해 사례를 먼저 앞에 제시하기도 한다. 공감을 얻은 뒤에 그에 따른 주장을 하고 근거를 제시하는 기법이다. 여기에 추가로 독자가 궁금해할 것에 대한 이야기(예상되는 반론에 대한 원천봉쇄)를 풀어준 뒤에 사례를 더해주기도 한다.

[주장+근거+사례+예상되는 반론에 대한 원천봉쇄+사례]

위의 공식을 토대로 확장해보자.

배경 지식

최근 금융권에서는 대출 심사가 더욱 강화되며, 중신용자 및 자영업자들이 은행 대출에서 탈락하는 사례가 늘고 있다. 이로 인해 고금리의 비은행권 대출로 내몰리는 상황이 벌어지고 있으며, 2024년 1분기 기준 전체 가계대출이 1223조 7000억 원에 달하며 사상 최대치를 기록했다. 이는 국민 1인당 약 2408만 원의 빚을 지고 있다는 의미다.

이런 내용을 가지고 글을 쓰고자 한다.

1GO. 주장

시중은행들이 대출 심사를 강화하면서 서민들이 '고금리' 비은행권으로 내몰리고 있다.

2GO. 근거

2024년 1분기 전체 대출은 은행권 대출은 줄었지만, 비은행권 대출이 20조 원 이상 급증하며 전체 가계부채는 역대 최고치인 1223조 7000억 원에 도달했다. 이는 금융 접근성이 낮은 서민들이 더 높은 이자율을 감수하고 비은행권으로 이동하고 있다는 현실을 보여준다.

3GO. 사례

직장인 신동진(가명) 씨는 신용등급 3등급으로 최근 은행 대출을 거절당했다. "예전에는 재산을 증명하면 가능했는데, 요즘은 신용등급만으로 딱 판단하더라고요."

+ 예상되는 반론에 대한 원천봉쇄

일각에선 "기존 대출을 잘 상환하고 있으면 추가 대출엔 문제가 없지 않나?"는 시선도 있다. 하지만 실제론 기존에 원금과 이자를 성실히 상환하고 있던 이들조차, 추가 대출을 막는 심사 강화로 인해 자금 운용에 큰 어려움을 겪고 있다.

+ 사례

(한 시장상인) "은행에서 심사하는 것도 까다롭고, 서류 준비하는 것도 많고, 그러다 보니까 은행에서 대출받기가 진짜 힘든 것 같아요."

시중은행들이 대출 심사를 강화하면서 서민들이 '고금리' 비은행권으로 내몰리고 있다.

2024년 1분기 전체 대출은 은행권 대출은 줄었지만, 비은행권 대출이 20조 원 이상 급증하며 전체 가계부채는 역대 최고치인 1223조 7000억 원에 도달했다. 이는 금융 접근성이 낮은 서민들이 더 높은 이자율을 감수하고 비은행권으로 이동하고 있다는 현실을 보여준다.

직장인 신동진(가명) 씨는 신용등급 3등급으로 최근 은행 대출을 거절당했다. "예전에는 재산을 증명하면 가능했는데, 요즘은 신용 등급만으로 딱 판단하더라고요."

일각에선 "기존 대출을 잘 상환하고 있으면 추가 대출엔 문제가 없지 않나?"는 시선도 있다. 하지만 실제론 기존에 원금과 이자를 성실히 상환하고 있던 이들조차, 추가 대출을 막는 심사 강화로 인해 자금 운용에 큰 어려움을 겪고 있다. 한 시장상인은 "은행에서 심사하는 것도 까다롭고, 서류 준비하는 것도 많고, 그러다 보니까 은행에서 대출받기가 진짜 힘든 것 같아요."라고 토로했다.

핵심 요약 (요약 3줄 정리)

- 시중은행의 대출 심사 강화로 중신용자들이 밀려나고 있다.
- 비은행권 고금리 대출 의존이 늘며 가계부채가 사상 최대치를 기록했다.
- 기존 대출자들도 추가 대출이 어려워 서민 금융 접근성 위기가 커지고 있다.

주근사 예제5. 확장편 : 불황이 바꾼 소비 방식

> [대주장+(소주장+근거+사례)+(소주장+근거+사례)]

 2개의 (주장+근거+사례)를 병렬로 연결할 때에는 주의해야 할 게 있다. 바로 2개의 소제목을 대표할 하나의 대주장을 만드는 것이다. 서로 연관이 없는 것이라면 단순 병렬식으로 나열하면 되지만, 2개의 구조가 하나로 묶을 수 있는 경우라면 대주장을 한 줄 만들어주는 것이 좋다. 이런 글은 블로그나 네이티브 애드 등의 글을 고민하는 이들에게 도움이 된다. 단순 정보일 경우 하나만 보면 무의미해 보이지만, 재미난 것들을 모아서 묶어 놓으면 독자에게 꽤 유용한 정보가 된다.

위의 공식을 토대로 확장해보자.
배경 지식
 불황일 때 여성들이 가라앉은 기분을 띄우기 위해 미니스커트를 입는다는 이른바 '미니스커트 효과' 대신에 요즘에는 '미니백 효과'가 나타나고 있다. 기존 작은 가방보다 더 작은 그야말로 '미니 사이즈' 핸드백이 인기를 끌고 있는 것이다. 이는 자기를 위한 '가치 소비'를 포기하지 않는 여성들이 상대적으로는 적은 금액으로 자신의 개성을 표출하려는 욕구에서 출발했다는 분석이다. 실제 같은 디자인이라도 미니백은 라지 사이즈나 스몰 사이즈 백보다 최대 50%가량 저렴하다. 업체들도 이 같은 트렌드에 발맞춰 전에 없던 미니 사이즈 백들을 잇달아 출시하고 있다. 신세계인터내셔날에 따르면 럭셔리 브랜드 셀린느 마르니 등에서 '미니백' 국내 판매가 지난해에 비해 많게는 두 배 이상 늘어났다. 셀린느의 '트리오백'은 지난해보다 국내 수입량을 180% 늘렸음에도 불구하고 전 색상·사이즈가 매진됐다. 비싼 돈을 들여 장거리 여행을 떠나는 대신 집이나 집 앞 공원 등에서 여름휴가를 즐기려는 이른바 '홈 바캉스'가 인기를 끌고 있는 것이다. 온라인 쇼핑몰 G마켓이 최근 한 달간 여름 휴가상품 매출을 분석한 결과 팝업텐트 사이드테이블 파라솔 야전침대 등 베란다 캠핑용품 판매가 크게 늘었다. '팝업 텐트'는 매출이 전년 대비 146% 급증했다. 좁은 공간에서 캠핑 기분을 낼 수 있는 미니 사이드테이블, 파라솔, 야전침대, 돗자리 판매도 각각 177%, 56%, 35%, 10%로 크게 늘었다. G마켓 관계자는 "집 안 거실에 특별한 장치 없이 가볍게 펴놓는 것만으로도 아이들에게 캠핑 분위기를 선사할 수 있어 인기"라고 말했다.

이런 내용을 가지고 글을 쓰고자 한다.
우선 두 개의 (주장+근거+사례)를 나눠보자.
소(小)주장1
요즘에는 '미니백 효과'가 나타나고 있다.
근거1
상대적으로는 적은 금액으로 자신의 개성을 표출하려는 이들이 늘고 있다. 같은 디자인이라도 미니백은 라지 사이즈나 스몰 사이즈 백보다 최대 50%가량 저렴해 가격적인 매력이 크다.

사례1

신세계인터내셔날에 따르면 럭셔리 브랜드 셀린느 마르니 등에서 '미니백' 국내 판매가 지난해에 비해 많게는 두 배 이상 늘어났다. 셀린느의 '트리오백'은 지난해보다 국내 수입량을 180% 늘렸음에도 불구하고 전 색상·사이즈가 매진됐다.

소(小)주장2

비싼 돈을 들여 장거리 여행을 떠나는 대신 집이나 집 앞 공원 등에서 여름휴가를 즐기려는 이른바 '홈 바캉스'가 인기를 끌고 있다.

근거2

'팝업 텐트'는 매출이 전년 대비 146% 급증했다. 좁은 공간에서 캠핑 기분을 낼 수 있는 미니 사이드테이블, 파라솔, 야전침대, 돗자리 판매도 각각 177%, 56%, 35%, 10%로 크게 늘었다.

사례2

G마켓 관계자는 "집 안 거실에 특별한 장치 없이 가볍게 펴놓는 것만으로도 아이들에게 캠핑 분위기를 선사할 수 있어 인기"라고 말했다.

여기까지 분석했다면 이제 소주장1과 소주장2를 모두를 포함할 수 있는 대주장을 고민해야 한다. 미니백 효과와 홈 바캉스의 교집합을 찾아야 하는 것이다. 왜 이들이 인기를 끌고 있는 것일까? 바로 '불황에 따른 소비 방식의 변화'다. 이것이 대주장이 된다.

대(大)주장

최근 소비 패턴이 변화하고 있다. 불황이 장기화한데 따른 것이다. 이는 왜 일까? 과거에는 경기가 좋지 않을 때 무조건 소비를 줄였다면, 이제는 자신을 위한 최소한의 소비는 유지하면도 소비 방식을 바꾸는 쪽으로 진화하고 있는 것이다.

정리하면,

대(大)주장

불황이 길어지면서 소비 패턴이 변하고 있다. 과거에는 경기가 나빠지면 소비를 줄이는 것이 일반적이었지만, 요즘은 '작지만 확실한 만족'을 주는 소비로 방향을 바꾸는 모습이 뚜렷하다. 자신을 위한 '가치소비'를 놓치지 않으면서도 작게, 가깝게, 현실적으로 소비하려는 경향이 나타나고 있다.

소(小)주장 1. '미니백 효과' - 작아져도 포기하지 않는 스타일

(근거①) 작고 저렴한 미니백은 기존 라지·스몰백에 비해 최대 50% 저렴하다. 적은 금액으로도 자신의 개성을 표현할 수 있어 '나를 위한 소비'로 인기를 끌고 있다.

(사례①) 신세계인터내셔날에 따르면, 셀린느·마르니 등 럭셔리 브랜드의 미니백 판매량은 전년 대비 두 배 이상 증가했다. 셀린느의 '트리오백'은 수입량을 180% 늘렸음에도 전 색상·사이즈가 매진됐다. → 값비싼 명품이 아니라 '작고 저렴한 명품'이 선택받고 있는 셈이다.

소(小)주장 2. '홈 바캉스 열풍' – 여행도 집에서 작고 가볍게

(근거②) 장거리 여행 대신 집 안이나 가까운 공원에서 즐기는 캠핑 용품이 인기다. 팝업 텐트, 미니 테이블, 파라솔, 야전침대 등이 전년 대비 50~170% 이상 매출 상승을 기록했다.

(사례②) G마켓은 최근 '홈 바캉스용 상품'의 급성장을 발표했다. 특히 팝업 텐트는 146% 증가, 돗자리·파라솔 등도 두 자릿수 이상 증가했다. G마켓 관계자: "거실에 가볍게 펼쳐놓기만 해도 아이들과 캠핑 분위기를 낼 수 있어 인기가 많다."

불황 시대의 소비 공식: 작게, 가볍게, 나답게

불황이 길어지면서 소비 패턴도 달라지고 있다. 과거처럼 지갑을 닫는 것이 아니라, 작고 가볍게, 그러나 확실한 만족을 주는 방식으로 변화하고 있는 것이다. 특히 요즘 소비자들은 자신을 위한 최소한의 '가치 소비'를 포기하지 않으면서도, 현실적인 가격과 공간 안에서 만족을 추구하는 경향을 보이고 있다.

'미니백 효과' — 작아졌지만 포기할 수 없는 나만의 개성

최근 여성 소비자들 사이에서 유행하고 있는 건 '미니스커트'가 아니라 '미니백'이다. 이는 단순한 유행이 아니라, 불황 속에서도 작은 사치로 자신을 표현하려는 소비자의 선택이다. 같은 디자인이라도 미니백은 라지백보다 최대 50% 저렴하다. 적은 금액으로도 개성을 표현할 수 있는 소비의 대안이 되고 있는 것이다. 신세계인터내셔날에 따르면 셀린느, 마르니 등의 미니백은 판매량이 전년 대비 두 배 이상 늘었다. 셀린느 '트리오백'은 수입량을 180%까지 늘렸지만 전 색상·사이즈가 모두 매진됐다. 값비싼 명품이 아니라 '작고 실속 있는 명품'이 선택받고 있는 것이다.

'홈 바캉스' — 휴가도 집에서, 캠핑도 베란다에서

여름휴가마저도 '작고 가볍게' 즐기는 시대다. 비싼 숙박비와 교통비 대신, 집 안에서 가성비 있는 캠핑 분위기를 연출하는 '홈 바캉스'가 인기를 끌고 있다. 이는 좁은 공간에서도 충분히 여가를 즐기고자 하는 소비 심리가 반영된 결과다. 팝업텐트는 전년 대비 146% 매출 증가, 미니 테이블(177%), 파라솔(56%), 야전침대(35%), 돗자리(10%) 등도 판매량이 크게 증가했다. G마켓 관계자는 "거실에 가볍게 펼쳐놓기만 해도 아이들과 캠핑 분위기를 낼 수 있다며 인기를 실감하고 있다"고 밝혔다.

정리 요약 (요약 3줄 정리)

- 불황기 소비자는 단순 절약보다 '현실적 만족'을 추구하는 방향으로 변하고 있다.
- 미니백과 홈 바캉스는 그 대표적인 예시로, 작지만 자신을 위한 소비로 읽힌다.
- 오늘날의 소비는 더 이상 '무조건 줄이는 것'이 아니라, 현명하게 바꾸는 방식으로 진화하고 있다.

2-5-3 보고 듣고 느낀 것을 글로 쓰기 - '현장사배'

글을 쓰는 목적은 다양하다. 누군가를 설득하기 위해 쓰기도 하고, 지금 이 순간의 감정과 생각을 기록하기 위해 쓰기도 한다. 요즘 글쓰기에서 중요한 키워드 중 하나는 '공감'이다. 독자의 공감을 이끌어내는 글이 더 오래 기억에 남는다. 이 지점에서 '3GO 공식'은 일반인들에게도 실용적인 글쓰기 틀이 될 수 있다.

그중 '현장사배'는 특히 일기, 수필, 제품 리뷰, 여행기, 보고서, 에세이 등에서 유용하게 쓸 수 있는 구조다. 보고 듣고 느낀 것을 자연스럽게 전달하는 데 효과적인 틀이기도 하다.

핵심은 '현장사배'만 기억하면 된다는 것이다. '현장사배'란 [현장묘사 → 사건 개요 → 배경 분석]의 순서로 글을 구성하는 방식이다. 먼저, 현장 묘사는 말 그대로 현장의 분위기와 느낌을 생생하게 그려내는 것이다. 모든 글은 시작이 중요하다. '영화 5분의 법칙'처럼, 글도 처음 몇 줄 안에 독자의 시선을 붙잡아야 한다. 요즘 SNS에서는 '5초의 법칙'이라는 말도 있다. 영상 시작 5초 안에 시선을 잡지 못하면, 그 콘텐츠는 순식간에 타임라인 속으로 사라진다. 글도 마찬가지다. 첫 문장과 두 번째 문장에서 독자의 눈길을 끌지 못하면, 더는 읽히지 않는다. 그렇기에 도입부에서는 독자의 호기심을 자극해야 한다. 가장 좋은 방법 중 하나가 '현장의 생생함'을 보여주는 것이다. 실제 상황을 그리듯 시작하면, 독자는 마치 그 자리에 있는 듯한 몰입을 하게 된다.

독자의 시선을 잡았다면, 이제 글의 중심 내용을 전달할 차례다. 바로 사건 개요다. 앞서 묘사한 현장에서 무슨 일이 벌어졌는지를 간결하고 명확하게 설명해야 한다. 독자는 이미 현장의 분위기를 접한 만큼, 그 현상에 대한 궁금증이 생겼을 것이다. 그 궁금증을 풀어주는 것이 사건 개요다. 다만 이때 주의할 점이 있다. 불필요하게 길어져서는 안 된다. '사건 개요'는 글의 뼈대 역할을 하기에 핵심 문장만으로 구성해야 한다. 내용을 풍부하게 만드는 건 나중의 일이다. 처음에는 뼈대를 간결하게 세우는 것이 중요하다.

이제 마지막으로 독자는 이렇게 묻게 된다.
"그 사건은 왜 벌어졌을까?"

이 질문에 답하는 단계가 배경 분석이다. 사건이 벌어진 배경과 원인을 설명하면서, 글의 완결성을 높여준다. 여기서 중요한 점을 다시 짚자. '현장 묘사 → 사건 개요 → 배경 분석'의 순서는 글의 구성 순서가 아니라 기획 순서와 관련 있다.

실제로 글을 준비할 때는 다음 순서를 따르는 것이 효과적이다:

> '보고 듣고 느낀 것을 글로 쓰기'의 공식
> 현장사배
> [현장묘사→사건개요→배경분석]

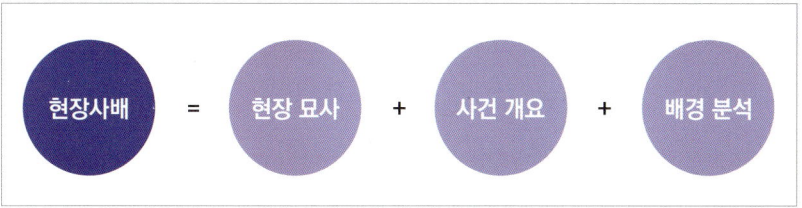

'보고 듣고 느낀 것을 쓰기'의 공식

가. 현장묘사

'현장사배' 공식에서 가장 핵심적인 요소는 바로 현장 묘사다. 글 전체의 분위기를 살리는 것도, 독자의 몰입을 이끄는 것도 바로 이 생생한 현장감에서 비롯된다.

현장 묘사에는 여러 방법이 있다. 가장 기본적인 방식은 글쓴이의 현재 위치를 중심으로 시선의 흐름에 따라 장면을 그려나가는 것이다. 또는 시간의 흐름, 사건의 전개 순서에 맞춰 정리하는 방법도 있다. 좀 더 고급 단계로는 의식의 흐름을 따라 서술하는 방법도 있다. 이 방식은 독자가 글쓴이의 내면에 깊이 공감할 수 있어야 하므로 상당한 필력(문장력과 구성력)을 요구한다. 어떤 방식이든 독자와의 교감이 가장 중요하다. 단순히 현장을 묘사하는 것이 아니라, 그 장면을 통해 독자와 공감할 수 있는 '대상'을 잘 선택하는 것이 핵심이다. 이 현장 묘사만으로도 글의 의도나 메시지가 드러난다면 더할 나위 없이 좋다. 물론 의도적으로 반전을 꾀하는 고급 기법도 있지만, 이 글에서는 다루지 않는다. 이런 장치는 글쓰기의 기본기가 충분히 다져진 후에야 효과를 낼 수 있다.

기교는 언제나 '기본기' 위에서만 의미가 있다. 가장 무난한 현장묘사 방식은 시간의 흐름에 따라 하루 동안의 주요 사건을 정리하는 방식이다. 예를 들어, 오전에는 어떤 일이 있었고, 오후엔 어떤 상황이 벌어졌으며, 그로 인해 어떤 감정이 생겼는지를 시간순으로 구성하는 방식이다. 예를 들어 하루 동안 있었던 일들을 시간 순으로 기록하며 하나의 주제를 형성하는 방식이다. 다만 이 방식은 익숙한 만큼 독자에게 강한 인상을 남기기 어렵다. 자칫하면 지루한 글이 될 수 있다.

그래서 내가 추천하는 방식은 시선의 흐름을 따라가거나, 의식의 흐름을 섬세하게 묘사하는 방식이다. 요즘의 콘텐츠 소비 환경에서는 1인칭 시점의 몰입감이 특히 강력하게 작용한다. 예능, 브이로그, 리얼리티 콘텐츠에서도 '내가 보고 듣는 것을 독자도 함께 체험하는 구조'가 주목받는다. 예를 들어, 유튜브의 1인칭 POV 인터뷰 영상처럼, 카메라가 바로 눈앞에 있는 듯한 느낌을 주는 장면 구성은 시청자(혹은 독자)를 스토리의 한복판으로 데려온다.

글에서도 이 방식은 유효하다. 중요한 것은 '독자를 놀라게 하라'는 것이 아니라, '독자를 데려가라'는 것이다. 글쓴이가 본 것, 느낀 것을 독자도 함께 경험하게 만드는 것, 그것이 바로 좋은 현장 묘사다.

오해하지 말자: 묘사는 수식어가 아니다

'현장 묘사'라고 해서 과도한 수식어를 남발하라는 뜻이 아니다. 오히려 불필요한 수식은 독자의 몰입을 방해한다. 겉보기엔 화려하지만, 독자의 공감을 끌어내지 못하는 문장은 읽히지 않는다. 좋은 묘사란, 꼭 필요한 수식어를 적절하게 배치해 장면을 설득력 있게 구성하는 것이다. 그리고 독자가 장면에 몰입한 순간, 글의 주제나 메시지를 자연스럽게 받아들이게 된다. 소설에서는 이를 '복선'이라 부른다. 글에서도 주제 의식을 드러낼 수 있는 상징적 장면이나 대상을 현장 묘사 속에 심어두는 것이 좋다. 지금 우리가 쓰려는 것은 '현장 묘사'다. 여기서 가장 중요한 단어는 '현장'이다. 독자는 글을 읽는 관찰자가 아니라, 글쓴이와 함께 그 장소에 있는 동행자가 되어야 한다.

"당신이 본 장면을 나도 본다."

이 감정이 전달될 때, 비로소 글은 독자의 마음에 닿는다. 문장력이 부족하다고 두려워할 필요는 없다. 내가 직접 보고 듣고 느낀 것을 '어떤 장면을, 어떤 순서로 보여줄까'에 집중하면 된다. 이 고민이 충분히 이뤄지면, 독자는 자연스럽게 글의 흐름에 동참하게 된다.

> 엘리베이터 문이 열리자, 낡은 배달 가방을 맨 소년이 얼굴을 들지 못한 채 내려섰다.
> 새벽 2시, 서울 강남의 한 오피스텔 복도는 어둡고 조용했다.
> "죄송합니다... 잠깐 길을 헤맸어요."
> 그의 손엔 얼어붙은 듯한 아이스크림 케이크가 들려 있었다.
> 케이크 상자에 적힌 '생일 축하합니다'란 문구가 기묘하게 공허하게 느껴졌다.
> 나는 그에게서 배달을 받고도 한참 동안 문을 닫지 못했다.
> 그 아이는 이미 다음 주문을 향해 복도 끝으로 사라지고 있었다.

이 글은 현장 묘사의 교과서 같은 예시다. 엘리베이터 문이 열리는 장면에서부터 케이크의 문구, 소년이 떠나는 뒷모습까지 한 장면 안에 메시지와 감정, 사회적 맥락까지 담겨 있다. 현장의 일부만 묘사했을 뿐인데도, 독자는 이미 많은 것을 느끼게 된다.

[노트]
- 현장 묘사는 '생생함' 이상의 기능을 한다. 독자를 글의 현장으로 데려오는 장치다.
- 과도한 수식보다 선택과 배열이 중요하다. 어떤 장면을 먼저 보여줄 것인가? 어떤 디테일을 살릴 것인가?
- 독자는 관찰자이기보다 동행자여야 한다. 내가 보고 느낀 것을 독자도 함께 체험할 수 있어야 한다.

예제1 - 사진 한 장으로부터 시작하는 현장묘사

이런 사진 한 장이 있다고 하자. 묘사를 해보자.

〈TIP〉
사진 한 장에서 시작하는 글쓰기는 쉽지 않다.
서사가 부족한 만큼, 시선의 흐름이나 의식의 흐름에 따라 장면을 구성하는 것이 효과적이다.
무엇보다 중요한 것은 무작정 묘사하지 않는 것.
하나의 주제를 먼저 설정하고, 그 주제를 가장 잘 전달할 수 있는 대상을 중심으로 현장을 풀어가야 한다.
모든 글에는 하나의 메시지가 있어야 한다.

직접 한 번 써보자.

〈풀이 예시〉

2015년 7월 10일 밤 9시, 서울 상계동. 한 아파트 거실. 테이블 위가 뒤엉켜 있다. 검은색 노트북에는 회사 로고가 찍힌 스티커가 너덧 장, 덕지덕지 붙어 있다. 누가 봐도 현직 기자의 작업 공간이다. 노트북 화면은 꺼져 있고, 키보드는 잠들어 있다. 아직 로그인이 되지 않은 걸 보니, 방금 막, 시작하려던 참이었나 보다. 노트북 옆 마우스 패드 위엔 A4용지 뭉치가 걸쳐져 있다. 맨 위엔 '목차'라는 제목이 보인다.

'1장, 글쓰기의 문을 열며'
'2장, 구조를 아는 것이 힘이다'

단순한 업무가 아니라, 무언가를 오래 준비한 사람의 손길이 느껴진다. 책을 쓰고 있다. 그 옆 파란 플라스틱 바구니에는 귤이 수북이 쌓여 있다. 밤을 새울 채비다. 하나의 문장을 꺼내기 위해 혼자만의 전투를 시작하려는 순간일지도.

예시는 시선의 흐름에 따라 글쓴이가 자유롭게 해석한 구성이다. 단순히 눈에 보이는 대상을 나열한 것이 아니라, 관찰된 사물에 의미를 부여하고 유추를 곁들여 글의 맥락을 확장시켰다. 시선이 머무는 곳마다 그 이유와 상황을 짚어주는 방식이다. 마치 셜록 홈즈가 작은 단서에서부터 사건의 전체 퍼즐을 그려내듯이, 현장의 디테일이 글의 서사를 이끄는 실마리가 된다.

현장 묘사를 시작할 땐 보통 날짜, 시간, 장소를 먼저 제시하는 것을 추천한다. 르포 기사의 전형적인 방식이기도 한데, 이 방식은 독자를 글쓴이의 눈앞으로 데려오는 역할을 한다.

"언제, 어디에서 있었던 일인가?"

이 질문에 답해주는 첫 문장이, 독자에게 시간과 공간을 건너는 입구가 된다. 그 순간, 글쓴이의 시선은 곧 독자의 시선이 되고, 독자는 글의 현장으로 함께 시간 여행을 떠나게 되는 것이다.

글을 풀어헤쳐보자.

〈해설〉
"2025년 7월 10일 밤 9시, 서울 상계동. 한 아파트 거실."
☞ 르포 기사의 전형적인 오프닝이다. 시공간을 분명히 제시해 독자의 '마음의 카메라'를 같은 자리에 위치시킨다. 글쓴이의 현재 위치로 독자를 '시간여행'시킨 것이다.

> "테이블 위가 뒤엉켜 있다. / 검은색 노트북에는…"
> ☞ 선의 흐름을 따라 이동하며, 각 물건이 전달하는 '기호'를 읽어낸다. 트북과 스티커는 직업 정체성을 드러낸다.
>   *"아직 로그인이 되지 않았다"* 는 디테일은 지금 막 글을 쓰려는 결심을 보여주는 상징 장치다.
>
> "목차, 1장, 글쓰기의 문을 열며…"
> ☞ 글쓰기 책이라는 단서가 명확히 드러난다. A4용지를 통해 서사의 흐름이 시작되고, '다시 쓰고 있다'는 추정은 글쓴이의 내면적 상태까지 포착한다.
>
> "파란 바구니에 수북한 귤"
> ☞ 이건 그냥 과일이 아니다. 작업의 의지, 밤샘의 다짐이다. 귤이 많다는 사실 하나로 독자는 이 글이 얼마나 절실한지 느낄 수 있다.

이미지가 아닌 글로 현장을 전달하는 작업인 만큼, 시선의 이동은 세밀하고 논리적이어야 한다. 묘사는 단순한 나열이 아니라, 독자가 그 장면을 눈앞에 떠올릴 수 있도록 구체적이고 공감 가능한 방식으로 이뤄져야 한다. 또한 시선이 옮겨가는 과정에는 자연스러운 이유, 즉 서사의 흐름상 당위성이 필요하다. 그래야 독자는 글을 읽으며 몰입이 깨지지 않고 끝까지 따라갈 수 있다. 현장묘사를 단지 풍경의 설명이나 배경 장식처럼 사용하는 것에 그친다면, 독자는 글의 흐름에 의문을 품게 된다. "왜 이 장면을 보여주는 거지?"라는 의문 말이다. 그래서 시선이 머무는 대상에 대해선 적절한 해석이나 의미 부여가 반드시 병행돼야 한다. 이런 장치는 독자로 하여금 단순한 묘사를 넘어, 글의 핵심 메시지와 사건 개요를 자연스럽게 이해할 수 있도록 돕는 연결 고리가 된다.

이 글의 핵심 메시지는 단순하다.

'기록은 싸움이다.'

지금 이 사진 속 인물은 어떤 거창한 성과를 내는 것이 아니라, "지금 다시 시작하려는 사람의 결심"을 보여준다. 글은 관찰로 시작되지만, 주제 없는 묘사는 공허하다. 기억하자.

"하나의 사진, 하나의 주제"

묘사는 표현이 아니라 의미의 구성이다.

Tip: 이렇게 써보자

구성	내용
1. 시점	언제의 장면인가? (날짜와 시간 명시)
2. 장소	적으로 어딘가? (공간 정보)
3. 시선의 흐름	무엇을 먼저 보고, 그 다음엔 무엇을 보는가?
4. 의미화	대상에 어떤 의미를 부여할 것인가?
5. 메시지	이 장면을 통해 말하고 싶은 주제는 무엇인가?

글은 많이 보는 것도 중요하다.

〈예시문1〉

> 2025년 7월 25일 오전, 전남 여수시 돌산읍 돌산공원. 공원 내 케이블카 승강장에서 바다를 향해 출발했다. 국내 최초 해상 케이블카답게, 하늘을 가로지르며 바다 위를 건너는 풍경은 특별했다. 발 아래 펼쳐진 여수 앞바다는 잔잔하고 투명했다. 국동항에 정박해 있던 40여 척의 어선 중 몇몇이 천천히 출항하자, 바다 위로 하얀 포말이 길게 뒤따랐다. 멀리 종화동 해양공원에선 낚싯대를 드리운 강태공들이 조용히 아침 바다를 지켜보고 있었고, 방파제 끝에 우뚝 솟은 빨간 등대는 마치 바다를 향해 손을 뻗은 듯 선명하게 떠올랐다. 그 등대는, 1666년 여수 전라좌수영에서 3년 6개월 만에 탈출한 네덜란드인 하멜의 흔적을 기리는 하멜 등대였다. 그 옆으로는 유려한 곡선을 그리는 '거북선대교'가 수면 위로 매끄럽게 뻗어 있었다. 케이블카의 유리창 너머로 보이는 풍경은, 단순한 관광이 아니라 시간의 결을 따라 내려오는 역사와 바다의 숨결을 함께 실어 나르고 있었다.

〈포인트 해설〉

구분	설명
시간·공간 정보로 시작	"2025년 7월 25일 오전, 전남 여수시…" → 현장 몰입 시작
시선의 흐름	케이블카 탑승 → 하늘에서 내려다본 바다 → 멀리 보이는 사람들 → 방파제와 등대 → 거북선대교
감각적 디테일	"하얀 포말", "빨간 등대", "유리창 너머" 등으로 시각적 몰입 유도
의미 부여	하멜, 거북선대교의 역사적 맥락을 '배경설명'에 살짝 얹음
현대적 문장 리듬	짧고 리듬감 있는 문장 분할로 독자의 몰입 유지

이 글은 현장묘사의 정석을 보여주는 사례다. 첫 문장에서 구체적인 일시와 장소를 제시함으로써 독자를 글쓴이의 시간과 공간 속으로 초대한다. "지난 25일 오전 전남 여수시 돌산읍 돌산공원"이라는 문구는, 그 자체로 시공간적 몰입을 유도하는 입구다. 이후의 묘사는 글쓴이가 케이블카를 타고 이동하면서 바라본 장면들을 시선의 흐름에 따라 자연스럽게 전개한다. 하늘에서 굽어본 바다의 잔잔함, 출항하는 어선의 흔적처럼 길게 이어진 포말, 낚시대를 드리운 강태공들의 정적, 그리고 방파제 끝에 불쑥 솟은 빨간 등대까지—모든 장면은 연결된 시선 안에서 차례차례 펼쳐진다.

이 글이 특히 돋보이는 지점은, 정적인 풍경에 움직임을 부여한다는 점이다. 단순히 바다를 묘사하는 데 그치지 않고, "출항", "드리우고 있었다", "솟아 있었다"처럼 동적인 표현을 통해 생동감을 불어넣는다. 이는 독자로 하여금 단순한 설명을 읽는 것이 아니라, 글쓴이의 시선을 따라 현장을 함께 걷고 있는 듯한 느낌을 갖게 한다. 또한 마지막 문장에서 등대와 하멜 기념관, 거북선 대교로 이어지는 역사적 맥락까지 자연스럽게 언급하며, 풍경에 의미를 덧입힌다. 이는 단순한 장면 묘사를 넘어, 현장에 깃든 이야기와 정서를 함께 전달하는 데 성공한 것이다. 결과적으로 이 글은 시선의 이동 + 감각적 묘사 + 역사적 맥락이라는 세 가지 요소가 잘 조화를 이룬, 현장묘사의 교과서적인 구성이라 할 수 있다.

〈예시문2〉

2025년 6월 초, 제주 서귀포 해안의 새벽. 바닷바람이 갓 깨어난 파도를 두드리며 돌담길에 부딪힌다. 바위틈 사이로 엉킨 갈 조류들은 풍랑을 흉내 내듯 흔들렸고, 해변가 작은 꽃밭에는 짙은 바다 냄새가 스며든다. 검은 방수 자켓을 입은 다큐멘터리 촬영팀이 카메라 삼각대를 펼치고, 셔터를 누르는 순간 바다의 숨결이 화면에 나타났다.

〈포인트 해설〉

구분	설명
공간정보로 시작	첫 문장에서 **구체적인 시간**(2025년 6월 초), **장소**(제주 서귀포 해안), **시간대**(새벽)를 명확히 제시해, 독자를 글쓴이의 시공간으로 초대한다. 이는 현장묘사의 기본 출발점으로 매우 적절하다.
감각적 언어 활용	"바닷바람", "두드리며", "흉내 내듯 흔들렸고", "짙은 바다 냄새" 등의 표현은 **청각**(두드리며), **시각**(흔들렸고), **후각**(냄새가 스며든다) 등 복합 감각을 자극하는 묘사로 독자의 몰입감을 높인다.
시선의 흐름을 따라 구성	해안(자연) → 바위틈(세부) → 꽃밭(냄새) → 사람(촬영팀) → 화면(결과) 순으로 **시선의 이동이 유기적으로 연결**된다. '시선의 이동+해석'이라는 현장묘사의 정석이 잘 반영돼 있다.
관찰에 해석을 더함	단순히 "촬영팀이 카메라를 설치했다"가 아니라 **"바다의 숨결이 화면에 나타났다"**는 표현을 통해 **관찰을 넘어선 의미 부여**를 시도하고 있다. 이는 현장묘사의 완성도를 높여주는 장치다.

주제 암시	짧은 묘사지만, '새벽 바다의 생명감'과 '그것을 기록하는 인간의 시도'라는 **자연과 인간의 조우**가 암시된다. 독자는 이 글의 뒷부분에서 자연을 기록하는 다큐멘터리 제작기, 또는 환경의 변화에 대한 성찰로 이어질 것이라 짐작할 수 있다.

이 글은 정확한 시점과 공간을 제시하며 시작하는 전형적인 현장묘사의 구조를 따르고 있다. "2025년 6월 초, 제주 서귀포 해안의 새벽"이라는 문장은 독자를 글쓴이의 시공간 속으로 자연스럽게 끌어들인다. 독자는 이 문장을 읽는 순간, 새벽의 제주 해안에 함께 서있는 듯한 몰입감을 느끼게 된다. 이어지는 문장에서는 감각을 깨우는 구체적인 묘사가 펼쳐진다. "바닷바람이 갓 깨어난 파도를 두드리며 돌담길에 부딪힌다"는 표현은 단순히 파도가 친다는 설명을 넘어, 의인화된 시선으로 바다의 생동감을 전하고 있다. 파도가 단순히 움직이는 것이 아니라, "갓 깨어난" 존재처럼 묘사되며 현장의 새벽 분위기를 생생하게 살려낸다. 또한, "바위틈 사이로 엉킨 갈조류들", "짙은 바다 냄새가 스며든 꽃밭" 등의 표현은 시각적 이미지와 후각까지 아우르며 복합 감각 묘사를 시도한다. 이러한 표현은 독자가 단지 풍경을 '보는' 것이 아니라, 느끼고, 냄새 맡고, 함께 호흡하도록 만드는 장치다. 마지막에는 사람과 장비, 즉 다큐멘터리 촬영팀이 등장하면서 시선이 자연스럽게 풍경에서 인간으로 옮겨간다. "카메라 삼각대를 펼치고, 셔터를 누르는 순간, 바다의 숨결이 화면에 나타났다"는 문장은 단순한 기록 행위를 넘어, 자연과 인간이 만나는 상징적 순간으로 승화된다.

이 글의 가장 큰 장점은 단순한 나열이 아닌 의미 있는 시선의 흐름이다. 해안의 파도에서 시작해, 갈조류와 꽃밭을 지나, 마지막엔 셔터를 누르는 사람의 손끝으로 시선을 이끄는 구성은 독자의 몰입을 끊기지 않도록 유도한다. 결과적으로 이 글은 단순한 풍경 묘사를 넘어서 현장의 감각, 사람의 행위, 자연의 호흡을 조화롭게 엮어 낸 뛰어난 현장묘사 예시라 할 수 있다.

〈예시문3〉

> "2025년 7월 어느 날 오후, 서울 종로3가 보도 위. 무더위에도 사람들은 길을 메우고 있었다. 지하철역 입구 앞에선 노점상이 미역국 국물을 팔고 있었고, 떡볶이 냄새가 길가를 감쌌다. 택시 미터기 소리가 끊임없이 울렸고, 쓰레기통 옆엔 재활용 플라스틱 병이 몇 개 흩어져 있었다. 그중 한 할머니가 노점 좌판 앞에 서서 떡볶이를 젓고 있었고, 손끝의 흔들림은 하루의 고된 노동을 보여주고 있었다."

〈포인트 해설〉

구분	설명
시공간 명시로 시작	"2025년 7월 어느 날 오후, 서울 종로3가 보도 위"는 시기(2025년 7월), 시간대(오후), 장소(서울 종로3가)를 첫 문장에서 제시하며 독자를 정확한 현장으로 이끈다. 시공간 정보를 선명하게 전달해 몰입감을 높인다.
일상적 배경 속 밀도 있는 분위기 전달	"무더위에도 사람들은 길을 메우고 있었다"는 단순한 풍경을 넘어서 계절감과 도시의 활력을 동시에 보여준다. 더위 속에서도 분주하게 살아가는 도시인의 모습이 자연스럽게 드러난다.

구체적 장면 묘사로 현장감 강화	"노점상이 미역국 국물을 팔고 있었다", "떡볶이 냄새가 길가를 감쌌다" 등의 문장은 시각과 후각을 동시에 자극하며, 종로 거리의 정서를 생생하게 재현한다. 독자가 실제 거리를 걷는 듯한 현장성을 부여한다.
청각 요소로 도시의 리듬감 형성	"택시 미터기 소리가 끊임없이 울렸다"는 도시의 빠른 움직임과 교통의 흐름을 청각적으로 보여준다. 이처럼 다양한 감각 요소를 활용하면 공간이 더 입체적으로 그려진다.
사소한 디테일로 사실성 부여	"재활용 플라스틱 병이 몇 개 흩어져 있었다"는 도시의 이면, 즉 정돈되지 않은 현실을 살짝 드러낸다. 지나칠 수 있는 디테일을 담아냄으로써 현장의 사실성과 설득력을 높인다.
인물 중심 시점으로 전환	"그중 한 할머니가 떡볶이를 젓고 있었다"는 구체적인 인물 등장으로 시선이 좁혀지며, 독자는 사건의 중심에 가까워진다. 인물은 곧 '상징'이 된다.
행동에 의미 부여 — 주제 암시	"손끝의 흔들림은 하루의 고된 노동을 보여주고 있었다"는 관찰에 해석을 더한 문장이다. 단순한 동작에 삶의 무게를 담아 독자가 감정적으로 반응하게 만든다. 이 짧은 묘사 속에서 '노동', '도시의 삶', '버팀' 같은 주제가 함축된다.

이 글은 "2025년 7월 어느 날 오후, 서울 종로3가 보도 위"라는 문장으로 시작된다. 이는 시간(2025년 7월 오후)과 공간(종로3가 보도위)을 명확히 제시하며 독자를 특정 시공간으로 안내하는 효과적인 도입이다. 현장묘사의 기본이 되는 '르포적 시작'을 충실히 따랐다고 볼 수 있다. 그 다음 이어지는 문장들에서는 시선의 흐름과 감각의 전환이 자연스럽게 전개된다.

"무더위에도 사람들은 길을 메우고 있었다"
→ 배경 분위기(더위), 사람의 움직임

"지하철역 입구 앞에선 노점상이 미역국 국물을 팔고 있었고"
→ 시선이 지하철 입구 노점으로 이동

"떡볶이 냄새가 길가를 감쌌다"
→ 후각 자극을 동원한 감각적 묘사

"택시 미터기 소리가 끊임없이 울렸고"
→ 청각 묘사 추가

"쓰레기통 옆엔 재활용 플라스틱 병이 몇 개 흩어져 있었다"
→ 세부 장면 포착

이후 클로즈업 장면처럼, 사람(할머니)의 구체적 행동과 정서적 뉘앙스로 시선이 수렴된다.

"그중 한 할머니가 노점 좌판 앞에 서서 떡볶이를 젓고 있었고, 손끝의 흔들림은 하루의 고된 노동을 보여주고 있었다."

이 문장은 단순한 행동 묘사를 넘어 '해석'과 '감정 이입'을 담은 문장이다. 이처럼 시선이 머무는 곳에 의미를 부여하고, 독자에게 인물의 감정과 하루의 무게를 함께 느끼게 하는 것이 바로 현장묘사의 핵심이다.

- 시간과 장소 제시로 도입을 안정적으로 시작
- 시각, 후각, 청각 등 다양한 감각의 활용으로 현장감 강화
- 시선의 흐름이 '길 전체 → 특정 노점 → 특정 인물'로 점점 좁혀지는 구조
- 단순 묘사에서 해석으로 자연스럽게 이어짐 (떡볶이를 젓는 손 → 노동의 고단함)

결과적으로 이 글은 현장사배 구조에서 '현장묘사'의 역할을 충실히 수행한 우수한 사례라 할 수 있다. 이제 여기에 사건개요와 배경설명이 이어지면, 독자에게는 하나의 완결된 메시지로 읽히게 될 것이다.

〈예시문4〉

> 반바지와 반팔 차림에 슬리퍼를 신은 젊은이들이 경북 안동시 안동역으로 쉼없이 들고 나간다. 플랫폼과 대합실이 20대 배낭을 멘 여행자들로 꽉 찼다. 지난 7월25일, 안동역은 '청춘역'이었다. 매년 여름과 겨울 안동역을 오가는 사람들의 대다수는 젊은이들이다. 이날 안동역 직원들은 기차에서 쏟아져 나오는 젊은이들을 맞느라 분주했다. 안동역 구내에는 내일러들이 배낭과 가방을 넣어둘 수 있는 물품보관함이 마련되어 있었다. 적게는 수십개에서 많게는 백여개가 보관된다고 했다. 역무실 바로 옆에는 열차를 개조해 만든 내일러 전용 무료 숙박시설인 '퇴계학당'이 있었다. 역 건물의 한쪽 방은 카페처럼 만들어 영화와 음악을 감상할 수 있도록 했다.
>
> [한겨레(2015.08.21.) 지역경제 살리는 열차 난민 '내일러'를 아십니까 中]

〈포인트 해설〉

구분	설명
구체적 인물 + 동작으로 시작	"반바지와 반팔 차림에 슬리퍼를 신은 젊은이들이… 쉼 없이 들고 나간다."는 문장은 시각적으로 뚜렷한 인물군과 활발한 움직임으로 시작해 독자의 시선을 끈다. 의상과 행동 묘사를 통해 계절(여름)과 분위기(자유로움)를 함께 전달한다.
공간적 밀도 표현	"플랫폼과 대합실이… 꽉 찼다."는 표현을 통해 장소의 붐빔과 활기를 강하게 인상 지운다. '배낭을 멘 20대 여행자들'이라는 구체적 대상 설정은 독자가 장면을 머릿속에 쉽게 그릴 수 있게 한다.
시간과 장소를 명확히 제시	"7월 25일, 안동역은 '청춘역'이었다."는 문장은 날짜와 장소를 명확히 알려주는 동시에, 상징적인 문장 구성('청춘역')으로 주제성을 부여한다. 이는 르포형 기사나 수필에서 자주 활용되는 문장 구조다.
반복성과 일상성의 강조	"매년 여름과 겨울… 대부분은 젊은이들이다."는 반복성을 언급함으로써 특정 시기의 문화 현상임을 설명한다. 독자는 이 글이 단발성 뉴스가 아닌 지속적 관찰에 기반함을 알 수 있다.
직원의 반응과 역 내부 묘사	"직원들은 분주했다", "물품보관함", "퇴계학당", "카페처럼 만든 방" 등은 여행자 중심으로 구성된 공간의 디테일을 보여준다. 인물 묘사에서 장소 묘사로의 시선 전환이 자연스럽다.
감각의 다양성 활용	'배낭과 가방', '숙박시설', '영화와 음악' 등의 표현은 시각 외에도 청각, 후각(카페 분위기 유추 가능) 등 감각적 요소를 암시해 몰입감을 높인다.

문화적 코드 삽입	'내일러', '퇴계학당', '영화·음악 감상 공간' 등은 단순한 여행이 아니라 청년 문화, 철도 정책, 지역 재생 등 글의 배경 맥락을 강화하는 키워드로 작용한다. 주제 암시 효과가 크다.

인물+동작으로 시작해 장면을 단단히 잡아준다

"반바지와 반팔 차림에 슬리퍼를 신은 젊은이들이…"라는 문장은 글의 첫 문장부터 뚜렷한 이미지와 활기를 전달한다. 단순히 장소를 설명하는 것이 아니라, 시선을 끌 수 있는 대상(젊은이들)을 중심으로 장면이 시작되었기 때문에 독자가 바로 몰입할 수 있다. 이처럼 생동감 있는 인물 묘사는 현장감을 높여주는 핵심이다.

공간의 밀도를 시각적으로 채워준다

"플랫폼과 대합실이 20대 배낭을 멘 여행자들로 꽉 찼다."라는 표현은 공간이 얼마나 붐비는지, 어떤 분위기인지를 단번에 보여준다. 독자는 안동역이 '지금 이 순간' 어떤 풍경인지 머릿속으로 바로 떠올릴 수 있다. 숫자가 아닌 이미지로 밀도를 표현한 점이 강점이다.

날짜와 장소를 명확히 찍어준다

"7월 25일, 안동역은 '청춘역'이었다."라는 문장은 시간과 장소 정보를 정확하게 전달하면서도, '청춘역'이라는 상징어를 통해 글의 주제를 암시한다. 르포나 현장형 글에서는 이렇게 시공간 정보와 주제어를 연결하는 방식이 효과적이다.

인물에서 배경, 다시 문화로 흐름을 확장한다

내일러 전용 보관함, 열차 개조 숙박시설, 영화와 음악을 즐길 수 있는 방 등은 단순한 '역'의 기능을 넘어서, 여행자와 청년을 위한 공간이 어떻게 꾸며졌는지를 보여준다. 관찰을 통해 드러난 사실을 나열하는 데 그치지 않고, 그 배경에 깔린 문화적 맥락까지 함께 전개한다는 점이 돋보인다.

감각보다 구조와 분위기를 중심으로 묘사한다

이 글은 냄새나 소리 같은 감각적 요소를 직접적으로 묘사하진 않았지만, 배낭·보관함·숙소·카페 공간 등 구조적 디테일을 통해 청춘 여행의 분위기를 간접적으로 전달한다. '젊음', '자유로움', '떠남'이라는 키워드는 감각 묘사 없이도 충분히 읽힌다.

단순한 현장 기록이 아니라, '청춘 여행자'라는 주제 의식에 '여름철 지역역의 역할'이라는 배경, '공간의 변화'라는 사회적 의미까지 묘사에 녹여낸다는 점에서 현장사배의 좋은 사례라고 할 수 있다. 현장을 묘사할 때는 단순히 '봤다'를 적는 것이 아니라, 그 장면이 왜 의미 있는지를 독자가 함께 느낄 수 있도록 구성해야 한다.

〈예시문5〉

> NLL(북방한계선)을 넘어 남하한 북한 경비정에서 날아온 85㎜ 포탄이 조타실에 명중할 때 상영관도 배처럼 흔들렸다. 고속정만 한 공간을 가득 메운 관객은 다 같이 2002년 6월 29일의 참수리 357호에 승선한 것 같았다. 화염이 치솟았고 귀가 먹먹해졌다. 관객은 몸을 웅크렸다. 스크린 속 피가 흥건해진 갑판으로 뜨거운 탄피가 쏟아졌다.
> [조선일보 2015.06.25. 관객 대부분 20·30대… 영화 끝나자 "너도 울었니? 中]

〈포인트 해설〉

구분	설명
감각과 공간을 결합한 개시	"NLL을 넘어 남하한 북한 경비정에서 날아온 85㎜ 포탄이 조타실에 명중할 때 상영관도 배처럼 흔들렸다."라는 문장은 스크린과 관객 공간을 하나로 겹쳐낸다. 실제 전투 장면과 관객의 물리적 반응(상영관의 흔들림)이 동시에 제시되며, 글쓴이와 독자의 위치가 자동으로 '영화 속 배'로 이동하게 된다.
집단적 몰입을 묘사함	"고속정만 한 공간을 가득 메운 관객은 다 같이 참수리 357호에 승선한 것 같았다."라는 문장은 단순한 현장 묘사를 넘어서 '감정의 공명'을 드러낸다. 독자는 영화를 본 것이 아니라, 영화 속에 '같이 들어갔다'는 인상을 받게 된다.
청각적 긴장감을 극대화함	"귀가 먹먹해졌다", "스크린 속 피가 흥건해진 갑판", "탄피가 쏟아졌다" 등은 전투의 공포를 시각과 청각을 통해 이끌어낸다. 특히 '귀가 먹먹하다'는 표현은 단순히 폭발음을 묘사한 것이 아니라, 극한 상황 속의 감각 둔화를 생생하게 재현한다.

신체 반응의 묘사로 감정을 이끈다	"관객은 몸을 웅크렸다."라는 문장은 묘사의 마지막 지점에서 독자에게 신체적 공감을 유도한다. 관찰자가 아닌 '참여자'로 몰입하게 만드는 장치다. 감정이 아니라 '몸'을 묘사함으로써 현장감이 더욱 생생해진다.
주제와 메시지를 복선처럼 드러냄	"스크린 속 피가 흥건해진 갑판", "뜨거운 탄피" 등은 이 영화가 단순한 전쟁 액션이 아니라 '기억의 재현'임을 시사한다. 감정 이입을 위한 구체적 묘사이자, 2002년 연평해전이라는 역사적 사건을 '현재의 감정'으로 끌어들이는 장치다.

 이 글은 단순히 영화를 본 장면을 전달하는 데 그치지 않는다. 독자가 마치 영화 〈연평해전〉의 한 장면을 직접 체험하고 있는 듯한 몰입감을 느끼게 만든다. 그 비결은 바로 감각적이고 입체적인 현장묘사다. 글쓴이는 "상영관도 배처럼 흔들렸다", "귀가 먹먹해졌다", "몸을 웅크렸다" 같은 표현을 통해 관객의 신체적 반응까지 세밀하게 포착하고 있다. 시각(화염, 피), 청각(포탄, 미터기), 촉각(탄피, 진동)이 복합적으로 활용되면서, 영화 속 긴장감이 글을 통해 독자에게 전달된다. 또한 이 글은 단순한 관찰을 넘어 해석이 담긴 묘사다. "관객은 다 같이 참수리 357호에 승선한 것 같았다"는 문장은 현장을 사실적으로 그려내는 동시에, 관객의 감정과 집단적 공감을 짚어낸다. 단순히 영화를 보는 장면이 아니라, 영화를 통해 '기억과 추모'라는 메시지를 체험하는 인간 군상을 그려냈다. 이처럼 뛰어난 문장력은 단순한 정보 전달을 넘어 시간과 공간, 감정과 메시지를 압축하여 하나의 장면으로 만들어낸다. 마치 한 편의 전쟁 다큐멘터리를 읽는 것 같은 생생함이 느껴지는 이유다.

〈예시문6〉

> 재판 날이다. 법정에는 원고측 방청인들이 많다. 맨 앞줄에는 수심 가득한 얼굴의 중년 부인과 여대생이 앉아 있다. 한눈에 봐도 닮은 모녀다. 원고의 처와 딸이다. 그 옆에는 정장 차림 회사원들이 앉아 있다. 원고가 부장으로 있는 홍보부 직원들이다. 성희롱 피해자인 여대생이 증인석에 앉았다. 원고 변호사가 '아르바이트 대학생'이라고 불렀던 인턴사원이다. 피고(회사)측 변호사는 이미 제출된 진술서에 있는 내용만 형식적으로 물어본다. 해고무효확인 소송을 당한 회사측 변호사인데 너무 열의가 없는 게 묘하다. 여대생도 죄인처럼 고개를 푹 숙이고 기어들어가는 목소리로 '예'만 반복하고 있다.
> [한겨레 2015.08.21. '성희롱 부장', 변호사 멱살 잡고 법정 바닥을 구르다 中]

〈포인트 해설〉

구분	설명
시간과 장소의 명확한 제시	"재판 날이다."라는 짧고 단호한 문장으로 시작하며 독자를 곧장 법정이라는 공간으로 데려간다. 독자는 현재 시간과 공간을 바로 인식할 수 있다.
시선의 흐름에 따른 구조	방청석 → 증인석 → 피고 측 변호사 순으로 시선이 이동하며 글이 전개된다. 자연스럽고 몰입도 높은 구조다.
관찰 대상의 세밀한 묘사	"수심 가득한 얼굴", "정장 차림 회사원들", "고개를 푹 숙인 여대생" 등 인물의 표정, 복장, 행동이 구체적으로 묘사돼 상황이 생생하게 전달된다.
감정과 분위기 암시	단순한 묘사를 넘어 "죄인처럼", "기어들어가는 목소리", "열의가 없는 게 묘하다" 등의 표현을 통해 심리적 긴장과 사회적 부조리를 함께 전달한다.
주제 의식의 암시	성희롱 사건이라는 민감한 주제를 배경으로, 권력관계와 구조적 침묵을 독자가 유추할 수 있도록 설계돼 있다. 독자가 이 글을 통해 문제의식까지 도달할 수 있게 유도한다.

이 글은 법정이라는 폐쇄적 공간에서 벌어지는 긴장감 넘치는 재판현장을 사실적이고 조밀하게 묘사하고 있다. 글의 도입부는 "재판 날이다"라는 단호한 문장으로 시작되며, 시간과 장소의 제시를 통해 독자를 곧장 법정 안으로 끌어들인다. 이어지는 문장은 시선의 흐름을 따라 방청석 → 증인석 → 피고 측 변호사 순으로 구성돼 있으며, 인물의 표정, 태도, 복장, 심리 상태까지 포착하고 있어 읽는 이로 하여금 장면을 눈앞에서 보듯 생생하게 느끼게 만든다. 예를 들어, "수심 가득한 얼굴의 중년 부인과 여대생", "정장 차림 회사원들" 등의 묘사는 인물의 관계와 상황을 명확히 드러낸다. 또한 관찰에 머물지 않고 의미 해석을 덧붙이는 점이 돋보인다. "여대생도 죄인처럼 고개를 푹 숙이고"라는 표현은 단순한 행동 묘사가 아니라, 재판의 분위기와 권력 구조, 심리적 억압을 함께 전달한다. 피고측 변호사의 무성의한 태도에 대해서도 "묘하다"는 짧은 문장 하나로 의문과 비판적 시선을 암시하고 있다. 이처럼 이 글은 법정이라는 폐쇄적이면서도 감정이 응축된 공간을 현장감 있게 묘사하고, 사회적 맥락을 드러내는 해석을 더함으로써, 단순한 상황 설명을 넘어 주제 의식을 암시하는 르포적 글쓰기의 좋은 예가 된다.

나. 사건 개요

'현장사배' 글쓰기에서 가장 중요한 것은 무엇일까. 바로 중심이다. 글의 뼈대이자 등뼈, 바로 사건 개요다. 이 장에서는 글의 메시지를 어떻게 중심에 세울 것인지, 그리고 그 메시지를 어떻게 독자에게 설득력 있게 전달할 것인지에 대해 이야기해보고자 한다. 글을 쓴다는 건 결국, '무엇을 말하고 싶은가'에 대한 질문을 스스로에게 끊임없이 던지는 일이다. 그런데 생각보다 많은 글들이 그 질문에 명확하게 답하지 못한다. 흥미로운 소재를 붙잡았음에도, 어디로 가고 있는지 모른 채 길을 잃는 경우가 많다. 이야기를 하면서도 정작 '왜' 이 이야기를 하는지를 잊고 마는 것이다. 그래서 나는 묻는다.

"당신의 글은 어떤 메시지를 전달하고 싶은가요?"

이 질문에 한 줄로 답할 수 있어야 비로소 글의 방향이 잡힌다. 그것이 바로 사건 개요다. 사건 개요란 말 그대로, 글에서 다루는 사건이나 주제의 핵심 내용을 간결하게 요약한 것이다. 하지만 단순한 줄거리 요약은 아니다. 글을 통해 독자에게 던지고자 하는 하나의 메시지가 담겨 있어야 한다. 이 메시지가 있어야 글에 중심이 생기고, 독자는 이야기의 핵심을 놓치지 않고 따라올 수 있다.

예를 하나 들어보자. 다음은 어느 작가가 SNS에 남긴 글의 일부다.

> 세상에서 가장 무서운 괴물은 '시간'이라는 말이 있더군요. 제가 사진과 글쓰기의 매력에 빠지는 이유 중 하나는 무서운 괴물인 '크로노스'를 사진을 찍고 글을 쓰는 시간에는 '카이로스'로 붙잡는 기분이 들기 때문입니다. 세상에 없던 새로운 '결과물'인 사진 한 장과 글 한 편이 완성되었을 때 오직 나의 '카이로스'를 꽉 붙잡은 기분이거든요. 기록하지 않았다면, 무형의 크로노스가 나에게 실소를 날리며 흘러가고 있지 않을까. 이렇게 다시 32분 간의 시간 동안 이 글을 적음으로 나만의 카이로스합니다. 오늘도 막연히 흘러가는 크로노스를 극복하여, 더 많은 카이로스를 붙잡고 승리하는 날 되시기를....!
>
> [브런치 작가 박도순님의 글中]

"세상에서 가장 무서운 괴물은 '시간'이라는 말이 있더군요. 사진과 글쓰기의 매력은 이 괴물 같은 '크로노스'를 붙잡아 '카이로스'로 바꾸는 일 같아요. 사진 한 장, 글 한 편이 세상에 없던 결과물이 되었을 때, 저는 시간을 내가 붙잡고 있다는 기분이 듭니다."

이 문장 속에서 우리는 메시지를 읽을 수 있다. 바로, "시간은 공평하게 흐르지만, 그것을 특별하게 만드는 건 우리 자신이다." 이 한 줄이 사건 개요가 된다. 그리고 이 문장을 중심으로 글을 짜 나갈 수 있다. 왜 그렇게 느꼈는지, 언제 그런 생각을 하게 됐는지, 어떤 경험을 통해 그것을 확신하게 됐는지를 배경으로 설명하면 된다. 그리고 마지막엔 그 메시지를 떠올리게 만든 한 장면, 한 순간을 생생하게 그려주면 된다. 그것이 바로 현장묘사다.

사건 개요는 글의 척추다

많은 사람들이 글을 쓸 때, 재미있는 이야기나 인상적인 사건에 집중

한다. 그 자체로 나쁘지는 않다. 하지만 아무리 흥미로운 이야기라도, 그것이 왜 중요한지를 설명하지 않으면, 글은 흩어지고 만다. 독자는 질문하게 된다.

"그래서, 이게 왜 중요한 건가요?"

이 질문에 답하지 못하면 글은 남지 않는다. 그래서 사건 개요가 필요하다. 그것은 독자에게 보내는 방향표이자, 글쓴이 스스로에게 던지는 나침반이다. 요리로 비유하자면, 사건 개요는 레시피다. 현장 묘사는 플레이팅이다. 아무리 보기 좋은 음식이라도 맛이 없으면 다시 먹고 싶지 않다. 반대로 맛이 훌륭한 요리는 조금 투박해 보여도 끝까지 먹게 된다. 글도 마찬가지다. 보기 좋게 시작하되, 중심은 탄탄하게 세워야 한다.

메시지를 쓰는 연습

메시지는 반드시 거창할 필요는 없다. 다만, '내가 왜 이 글을 쓰는가'에 대한 최소한의 성찰이 담겨 있어야 한다. 다음은 간단한 예시다.

현장: 평일 점심시간, 카페에 앉아 글을 쓰는 나
느낀 점: 이렇게 글을 쓰는 이 시간이 나에게 특별하게 느껴진다
메시지: "누구에게나 시간은 공평하게 주어진다. 하지만 이 시간을 특별하게 만드는 건 우리 자신이다."

이 한 줄의 메시지를 바탕으로 글을 구성해보자.

배경설명: 요즘 시간에 쫓기듯 살아가는 일상에 대한 고민
현장묘사: 카페 한쪽 창가에 앉아 글을 쓰는 풍경
사건개요: "시간은 흘러가는 것이 아니라, 내가 붙잡는 것이다"라는 메시지로 정리

이렇게 글의 중심을 세워나가야 한다. 한 줄의 메시지를 뽑아내는 훈련이 쌓이면, 어떤 글을 쓰든 중심이 흔들리지 않는다.

정리하자면, 사건 개요는 메시지다. 글의 중심이다. 그 한 줄을 정리해보는 것, 그것이 바로 좋은 글쓰기를 향한 첫걸음이다.

'시간을 어떻게 대하고 있는가'에 대한 물음에 어떤 답을 하겠는가. 직접 작성해 보자.

난 이렇게 정리했다.

주제: "시간을 어떻게 대하고 있는가"

배경설명: 시간을 다시 생각하게 된 계기

사실 나도 한동안은 시간을 무기처럼 여겼다. 일이 몰리면, 시간이 모자랐고 하고 싶은 게 있을 땐, 시간이 부족했다. 그럴 땐 늘 이렇게 말하곤 했다.

"아, 시간이 없어서 못했어."

그 말이 습관처럼 입에 붙었다. 시간 탓을 하는 건 언제나 쉽고 익숙했다. 하지만 어느 날, 아주 사소한 장면 하나가 내 생각을 바꾸기 시작했다.

한밤중, 거실 식탁 앞. 초등학교 6학년인 아들이 무릎을 꿇고 앉아 무언가에 몰두하고 있었다. 그 시간은 평일 밤 10시 30분. 이미 졸릴 법도 한데, 그는 눈을 반짝이며 자신의 책상 대신 식탁 위에서 무엇인가를 그리고, 자르고, 붙이고 있었다. 다음 날 제출할 과학 실험 보고서를 만든다는 이유였다. 나는 물었다.

"피곤하지 않아?"

아들은 고개를 들지도 않고 이렇게 말했다.
"근데 이건 내가 진짜 하고 싶어서 하는 거야."
그 순간, 무언가가 머리를 때렸다. 이 아이는 지금 시간을 쓰는게 아니라 시간을 '자기 것으로' 만들고 있는 것이다. 억지로 끌려가는 것이 아니라, 기꺼이 몰입하고 있었다.

누구나에게 똑같이 주어진 이 밤 10시 30분이라는 시간, 나는 '지쳤다'며 스마트폰을 만지작거렸고, 그 아이는 '재밌다'며 과학 보고서를 쓰고 있었다. 같은 시간, 완전히 다른 경험. 나는 그날 밤, 처음으로 이렇게 생각하게 됐다.

> '시간은 흐르는 것이 아니라, 내가 선택하고, 의미를 부여하는 것이다.'

현장묘사: 시간을 붙잡는 순간

> 그날 밤 거실은 조용했다. 불은 꺼져 있었고, 식탁 위 스탠드 조명 하나만 켜져 있었다. 노란빛이 종이 위에 번졌고, 그 위로 아이의 손 그림자가 바삐 움직이고 있었다. 테이프가 '찍' 소리를 내며 뜯기는가 하면, 사인펜이 스윽 소리를 내며 표제를 그려냈다. 스탠드 불빛 아래 있는 건 종이 몇 장이 아니라, 이 아이의 '집중하는 시간' 그 자체였다. 나는 조용히 식탁 끝에 앉아 그 모습을 지켜봤다. 그 순간 깨달았다. 시간은 그렇게, 누군가에겐 지루한 하루의 연장이지만, 누군가에겐 몰입의 세계로 들어가는 입구가 될 수 있다는 것을. 무엇을 하느냐보다, 어떻게 시간을 대하고 있느냐가 중요한 이유를 그날 처음으로 온몸으로 실감했다.

사건개요 정리

> 누구에게나 시간은 공평하게 주어진다. 하지만 이 시간을 특별하게 만드는 것은 우리 자신이다.

이 한 줄이 바로 '사건개요'가 된다. 글쓰기를 할 때, 특히 현장사배(현장+사건+배경) 구조를 적용하려면 반드시 이 한 줄의 메시지를 먼저 세워야 한다. 어떤 주제든 결국 핵심은 '무엇을 말하고 싶은가'에 달려 있기 때문이다. 독자에게 무엇을 남기고 싶은지, 어떤 울림을 전하고 싶은지를 한 문장으로 요약해야 한다.

그다음 단계는 '왜 나는 이 메시지를 말하고자 했는가'를 설명하는 것이다. 여기서 필요한 것이 바로 '배경설명'이다. 나의 경험, 생각, 질문, 혹은 어떤 깨달음이 이 메시지로 이어졌는지를 차분히 풀어줘야 한다. 글쓴이의 사유가 쌓인 내면의 풍경을 보여주는 과정이다.

그리고 마지막으로, 그 메시지를 가장 생생하게 전달할 수 있는 장면 하나를 현장묘사로 보여줘야 한다. 말로 설명하는 것보다, 눈앞에 떠오르는 장면 하나가 더 강력할 때가 많다. 독자가 머릿속으로 그려볼 수 있는 구체적인 이미지, 실제 공간과 인물, 움직임이 살아있는 '한 컷'의 순간을 꺼내야 한다.

요약하자면, ① 사건개요(한 줄 메시지), ② 그 메시지를 낳은 배경 설명, ③ 그 메시지를 보여주는 현장묘사 이 세 가지가 유기적으로 연결되어야 비로소 글에 밀도가 생긴다. 무작정 사건을 나열하거나, 일어난 일만 기계적으로 쓰는 것은 글이 아니다.

메시지가 없는 나열은 독자의 마음에 닿지 않는다. 그래서 묻자. "당신은 왜 이 글을 쓰는가?" 그 질문에 한 줄로 답할 수 있다면, 이미 절반은 성공한 셈이다.

실전 예제1. 시간과의 사투 속, 커피 한 잔 숨 고르기

이제 현장묘사 훈련을 직접 해보자.

사건개요는 다음과 같다.

> "시간은 누구에게나 공평하게 주어진다. 하지만 이 시간을 특별하게 만드는 것은 우리 자신이다."

이 메시지를 전달하기 위해 나는 지친 일상 속에서 커피 한 잔을 마시며 숨을 고른 순간을 꺼내보기로 했다. 누구나 한 번쯤 겪는, 바쁜 하루 속의 짧은 멈춤. 그 찰나의 여운에 시간을 바라보는 태도를 녹여본다.

현장묘사

> 출근하자마자 머리가 지끈거렸다. 어제 마무리하지 못한 업무와 오늘 올라온 보고서 요청이 뒤엉켜 머릿속이 복잡했다. 상사의 메신저는 오전 8시 30분부터 쉬지 않고 울렸고, 메일함엔 '긴급' 표시가 붙은 제목들이 줄지어 들어와 있었다. 마음이 답답했다. 여유라는 말은 이제 사치가 됐다. 더는 모니터를 바라볼 수 없어 조용히 자리를 박차고 나왔다. 사무실을 나서니 아직 이른 시간이었다. 건물 1층 구석에 있는 작은 카페가 눈에 들어왔다. 막 오픈한 참인지, 매장 안은 조용했고 바리스타 혼자 커피 기계를 닦고 있었다. 자동문을 밀고 들어가 여느 때처럼 아메리카노를 주문했다. 손에 컵이 닿는 순간, 뜨거운 기운이 손끝을 타고 올라와, 멈춰 있던 지친 마음 한켠을 서서히 데우기 시작했다.
> 한 모금. 카페인이 몸속을 파고들었다. 지쳐있던 세포들이 저마다 소리친다.
>
> "정신 차려. 오늘도 일은 쌓였어."
> "계획서 마감은 오후야."

> 그렇게 커피를 마시다 문득 이런 생각이 들었다.
>
> '이게 내가 바라던 삶이었나. 하루하루 이렇게 버티는 게 정상이긴 한 걸까.'
>
> 짧은 숨 고르기였다. 하지만 그 한 잔의 커피가 내게 말을 걸었다. 쌓여 있던 피로가 단숨에 사라지진 않았지만, 마음이 잠시 정리됐다. 커피를 다 마시고 컵을 내려놓자, 다시 컴퓨터 앞에 앉을 용기가 생겼다. 발걸음은 여전히 무겁지만, 그래도 다시 돌아간다. 다시 시간을 버텨내기 위해. 그리고 그 하루가 조금 더 나은 내일로 이어지기를 바라면서.

이 글은 시간에 쫓기는 현실 속에서도 잠깐 멈추는 '자기만의 호흡'을 통해 삶을 다시 붙잡는 경험을 담았다. 직장인의 분주한 하루, 번아웃과 회의감 속에서 발견한 작지만 진한 순간의 감정은 '시간을 어떻게 대하느냐'에 대한 묵직한 메시지로 이어진다. '시간은 공평하다'는 말은 자주 쓰이지만, 그 시간에 어떤 감정을 담을지는 각자의 몫이다. 아침 커피 한 잔의 온기처럼, 사소한 일상도 감정과 시선이 담기면 특별해진다.

여기에 사건개요를 추가해보자.

> 출근하자마자 머리가 지끈거렸다.
>
> 어제 마무리하지 못한 업무와 오늘 올라온 보고서 요청이 뒤엉켜 머릿속이 복잡했다. 상사의 메신저는 오전 8시 30분부터 쉬지 않고 울렸고, 메일함엔 '긴급' 표시가 붙은 제목들이 줄지어 들어와 있었다. 마음이 답답했다. 여유라는 말은 이제 사치가 됐다. 더는 모니터를 바라볼 수 없어 조용히 자리를 박차고 나왔다.

사무실을 나서니 아직 이른 시간이었다. 건물 1층 구석에 있는 작은 카페가 눈에 들어왔다. 막 오픈한 참인지, 매장 안은 조용했고 바리스타 혼자 커피 기계를 닦고 있었다. 자동문을 밀고 들어가 여느 때처럼 아메리카노를 주문했다. 손에 컵이 닿는 순간, 뜨거운 기운이 손끝을 타고 올라와, 멈춰 있던 지친 마음 한 켠을 서서히 데우기 시작했다.

한 모금.

카페인이 몸속을 파고들었다. 지쳐있던 세포들이 저마다 소리친다.

"정신 차려. 오늘도 일은 쌓였어."
"계획서 마감은 오후야."

그렇게 커피를 마시다 문득 이런 생각이 들었다.

'이게 내가 바라던 삶이었나. 하루하루 이렇게 버티는 게 정상이긴 한 걸까.'

짧은 숨 고르기였다. 하지만 그 한 잔의 커피가 내게 말을 걸었다. 쌓여 있던 피로가 단숨에 사라지진 않았지만, 마음이 잠시 정리됐다.

커피를 다 마시고 컵을 내려놓자, 다시 컴퓨터 앞에 앉을 용기가 생겼다.

발걸음은 여전히 무겁지만, 그래도 다시 돌아간다.

다시 시간을 버텨내기 위해.
그리고 그 하루가 조금 더 나은 내일로 이어지기를 바라면서.

(+ 사건 개요 추가)

시간은 누구에게나 공평하게 주어진다. 하지만 그 시간을 어떻게 보내는지, 어떤 마음으로 채우는지는 결국 각자의 선택이다. 어떤 이는 시간을 견디며 버티고, 어떤 이는 의미를 만들어가며 살아간다. 나는 오늘도 시간을 버티고 있지만, 그 안에서 작게나마 나만의 의미를 찾고 싶다.

여기에 인생의 통찰을 추가해보면

커피 한 잔으로 버텨내는 하루

출근하자마자 머리가 지끈거렸다. 어제 마무리하지 못한 업무와 오늘 올라온 보고서 요청이 뒤엉켜 머릿속이 복잡했다. 상사의 메신저는 오전 8시 30분부터 쉬지 않고 울렸고, 메일함엔 '긴급' 표시가 붙은 제목들이 줄지어 들어와 있었다. 마음이 답답했다.

여유라는 말은 이제 사치가 됐다. 더는 모니터를 바라볼 수 없어 조용히 자리를 박차고 나왔다. 사무실을 나서니 아직 이른 시간이었다. 건물 1층 구석에 있는 작은 카페가 눈에 들어왔다. 막 오픈한 참인지, 매장 안은 조용했고 바리스타 혼자 커피 기계를 닦고 있었다. 자동문을 밀고 들어가 여느 때처럼 아메리카노를 주문했다. 손에 컵이 닿는 순간, 뜨거운 기운이 손끝을 타고 올라와, 멈춰 있던 지친 마음 한켠을 서서히 데우기 시작했다.

한 모금. 카페인이 몸속을 파고들었다. 지쳐있던 세포들이 저마다 소리친다.

"정신 차려. 오늘도 일은 쌓였어."
"계획서 마감은 오후야."

그렇게 커피를 마시다 문득 이런 생각이 들었다.

'이게 내가 바라던 삶이었나. 하루하루 이렇게 버티는 게 정상이긴 한 걸까.'

짧은 숨 고르기였다. 하지만 그 한 잔의 커피가 내게 말을 걸었다. 쌓여 있던 피로가 단숨에 사라지진 않았지만, 마음이 잠시 정리됐다. 커피를 다 마시고 컵을 내려놓자, 다시 컴퓨터 앞에 앉을 용기가 생겼다. 발걸음은 여전히 무겁지만, 그래도 다시 돌아간다. 다시 시간을 버텨내기 위해. 그리고 그 하루가 조금 더 나은 내일로 이어지기를 바라면서.

시간은 누구에게나 공평하게 주어진다. 하지만 그 시간을 어떻게 보내는지, 어떤 마음으로 채우는지는 결국 각자의 선택이다. 어떤 이는 시간을 견디며 버티고, 어떤 이는 의미를 만들어가며 살아간다. 나는 오늘도 시간을 버티고 있지만, 그 안에서 작게나마 나만의 의미를 찾고 싶다.

(+ 통찰 추가)
시간은 보이지 않지만, 가장 강력한 무게를 가진다. 매일 쌓이는 업무와 끝나지 않는 메시지 속에서 우리는 하루를 살아낸다. 하지만 단 몇 분의 여백, 단 한 잔의 커피가 삶의 속도를 잠시 멈추게 하고, 내 마음의 방향을 다시 조율하게 한다. 시간은 통제할 수 없다. 그러나 그 시간을 어떻게 받아들일지는 우리의 몫이다. 피곤한 하루였지만, 그 하루를 온전히 살아낸 나에게 따뜻한 커피 한 잔만큼은 위로가 되어도 괜찮다.

〈포인트 해설〉

구분	역할	예시
현장 묘사	독자를 현재 시점의 구체적인 장면에 끌어들여 몰입감을 높임. 감각 묘사와 내면 혼란을 드러내어 감정 이입 유도	"출근하자마자 머리가 지끈거렸다… 더는 모니터를 바라볼 수 없어 조용히 자리를 박차고 나왔다."
감정의 전환	반복되는 일상 속 피로와 무력감을 자각하게 하며, 성찰로 연결되는 감정의 중심축 형성	"한 모금. 카페인이 몸속을 파고들었다. 지쳐있던 세포들이 저마다 소리친다."

사건 개요	글의 철학적 주제를 명확하게 전달. 단순한 일상을 통해 독자에게 삶의 태도에 대한 메시지를 건넴	"시간은 누구에게나 공평하게 주어진다. 하지만 그 시간을 어떻게 보내는지… 결국 각자의 선택이다."
통찰 정리	글을 독자의 삶으로 확장. 사소한 장면을 인생의 의미로 끌어 올려 마무리 감동을 형성	"단 한 잔의 커피가 삶의 속도를 잠시 멈추게 하고… 내 마음의 방향을 다시 조율하게 한다."

순서를 조금 바꿔서 글을 구성했다. 도입부에서는 현장묘사를 활용해 독자의 몰입을 유도했고, 그 다음에는 내가 전하고 싶은 핵심 메시지, 즉 사건개요를 제시했다. 이 과정에서 꼭 '3GO'처럼 세 줄 안에 내용을 담아야 한다는 강박은 가질 필요 없다. 짧은 글쓰기를 연습할 땐 줄 수를 제한하는 게 도움이 되지만, 지금처럼 훈련을 위한 단계에서는 형식보다는 구성과 흐름에 더 집중하는 것이 좋다.

이제 다음으로는 '배경설명'이 이어질 차례다. 글쓴이가 왜 그런 메시지를 전하고 싶었는지, 어떤 경험과 감정이 있었는지를 풀어주는 부분이다. 글에 진정성을 부여하고 독자와 공감대를 형성하는 데 중요한 역할을 한다. 예를 들어, 내가 '시간에 쫓기는 삶'을 이야기하고 싶었던 이유는 최근 겪은 변화 때문이다. 새로운 부서에 발령받은 뒤, 낯선 환경에 적응해야 한다는 부담이 컸고, 회사 전반의 구조조정 흐름 속에서 나도 무언가를 해내야 한다는 압박이 계속됐다. 이런 현실적인 상황들이 나를 점점 지치게 했고, 결국 어느 날 아침, 작은 카페에서 커피 한 잔을 마시던 순간 문득 '시간'이라는 주제에 대해 다시 생각하게 된 것이다.

　배경설명에 대해서는 다음 장에서 더 깊이 다룰 예정이다. 그러니 이 장에서는 '사건개요'가 어떤 방식으로 중심 메시지를 드러내는지에 집중하며 읽어보면 좋겠다.

실전 예제2. 아들의 노래, 아빠의 눈물

이번 예제에서는 '대견함'이라는 감정을 중심으로 사건개요를 직접 만들어본다. 그 전에 배경부터 간단히 정리해보자.

> 지난주 금요일에도 밤을 새우고 아침에 퇴근했다. 아내는 1년여 만에 친구들과의 모임이 있었다. 집 근처 역에서 아내를 배웅하고, 같은 길목에 있는 어린이집에 아들을 데려다주었다. 그러나 아들은 떨어지기 싫다는 듯 울음을 터뜨렸다. 밤샘 끝에 곧 쓰러질 듯한 몸이라 미안한 마음을 뒤로하고, 아들을 맡기고 서둘러 집으로 향했다. 눕자마자 깊은 잠에 빠졌고, 눈을 떴을 때는 이미 오후 세 시였다. 허겁지겁 뛰어나가 아들을 데리러 갔다. 어린이집 앞에서 마주한 아들의 얼굴은 환했다. 노래를 흥얼거리며 내 손을 잡는다.
>
> "바람 불어도 괜찮아요, 씩씩하니까 괜찮아요, 나는 나는 나는 나는 괜찮아요."
>
> 세 살배기 아들의 노래는 단순한 동요이지만, 그 속에 담긴 힘은 어른의 마음을 울린다. 온종일 부모만을 기다렸을 아이, 그 마음을 알기에 나는 밤샘 뒤에도 직접 데리러 간다. 아들에게는 셔틀버스 대신 아빠와 함께 집으로 가는 길이 하나의 축제다. 달콤한 젤리와 주스가 기다리고, 웃음이 터진다. 그 웃음을 바라보는 나는 비로소 하루의 피로를 잊는다.
>
> 아들은 자라나고, 나는 그 곁에서 세월의 무상함을 배운다. 그러나 지금 이 순간만큼은, 젤리를 꼭 쥔 아이의 작은 손과 환한 웃음 속에서 모든 것이 충분하다.

밤샘 근무를 마친 아빠가 3살배기 아들을 어린이집에 데려다주고, 잠시 눈을 붙인 뒤 다시 데리러 간다. 아이를 다시 만난 순간, 아들은 밝게 웃으며 '괜찮아요'라는 노래를 부른다. 그 모습을 보며 아빠는 말없이 미소 짓는다. 작고 여린 몸으로도 하루를 꿋꿋하게 버텨낸 아들의 모습에 문득 '대견하다'는 감정을 느낀다.

자, 이 감정을 담아 한 줄로 핵심을 정리해보자. 이 문장이 바로 사건 개요가 된다.

사건개요

> "아이는 아직 작지만, 마음은 이미 세상을 건너는 법을 배우고 있었다. 나는 말 없이 고개를 끄덕였다. 참, 대견하다."

'어린이집에서 반나절을 보내야 하는 아들의 마음, 그리고 이를 바라보는 아빠의 심정'에 대한 이야기를 하고자 한다. 사실 부모가 되어보지 않으면 쉽게 이해할 수 없는 것이 바로 부성애다.

이 한 문장 속에는 세 가지 메시지가 담겨 있다.

아이의 모습 요약

"아이는 아직 작지만"이라는 표현으로 독자에게 상황을 단번에 알려준다. 신체적으로는 작지만, 감정적으로는 성숙해가는 모습.

성장의 상징

"마음은 벌써 세상을 건너는 법을 배우고 있었다"는 문장은 단순히 어린이집 하루를 견뎌낸 것이 아니라, 그 하루 속에서 자신을 다스리고 이겨낸 아이의 성장을 표현한 것이다.

아빠의 감정 정리

"나는 말없이 고개를 끄덕였다. 참, 대견하다."

이 짧은 문장은 감정의 파동이 잠잠히 가라앉는 지점을 보여준다. 설명하지 않아도 느껴지는 '부성애'와 '감동'이 이 한마디에 압축돼있다.

그렇다면, 배경설명을 보고, 사건개요를 직접 작성해보자. 글에는 정답은 없다. 배경지식을 보고 적어보면 된다. 자신의 경험을 녹여도 되고, 상상해서 적어도 된다. 훈련이니 허구가 가미된다고 비난 할 사람은 없다.

Tip. 사건개요 예시문

기본형 (담담한 설명)
"아이는 아직 작지만, 혼자서도 세상을 견디는 법을 배우고 있었다. 나는 말없이 고개를 끄덕였다. 참, 대견하다."

감정 강조형 (감정선이 조금 더 드러나는 문체)
"세 살짜리 아이가 부르는 노래 속에, 작은 어른의 마음이 담겨 있었다. 나는 눈시울을 삼켰다. 대견해서, 고마워서."

비유형 (시적이고 문학적인 표현)
"세상이라는 강을 아이는 벌써 노 저어 건너고 있었다. 그 작고 여린 손이, 나보다 강했다."

리듬 강조형 (반복과 리듬으로 감정을 강조)
"괜찮다고, 괜찮다고. 아이는 노래한다. 울음도 참아내고, 기다림도 견뎌낸다. 나는 그 노래 앞에 고개를 숙인다."

부성애 중심형 (아빠의 내면 중심 서술)
"그 작은 몸으로도 세상을 살아내는 너를 보며, 아빠는 오늘도 배운다. 삶을, 견디는 법을."

그럼 이제, 여기에 인생의 통찰을 추가해보자.

> 부모가 되기 전에는 몰랐다. 아이들도 '버틴다'는 것을. 세 살배기 아이에게도 하루는 길고 낯설며, 그 안에서 울고 웃고 자란다는 것을. 나는 그날 깨달았다. 대견함은 '성취'에만 있는 것이 아니라, '참아낸 하루'에도 있다는 것을. 아들도 그렇게 하루를 견뎌냈다. 그리고 나는 아들에게 배웠다. 삶이란, 매일을 견디는 연습이라는 것을.

본인의 감성으로 인생의 통찰을 작성해보자.

다음은 배경설명을 토대로 현장묘사 + 사건개요 + 인생의 통찰을 더해 만들어진 문장이다.

출근보다 더 빠른 새벽, 야근을 마치고 퇴근했다. 잠도 부족하고, 정신은 몽롱했다. 아내는 1년 만에 친구들과 모임이 있는 날이라, 내가 아들을 어린이집에 데려다주기로 했다. 집 근처 역에서 아내를 배웅하고, 아들과 함께 어린이집으로 향했다. 아들은 평소와 다르게 발걸음이 무거워 보였다. 등원하려고 신발을 벗는 순간, 울음을 터뜨렸다.

"가지 마… 아빠 가지 마…"

밤샘 근무로 녹초가 된 나는, 아들을 떼어놓고 돌아설 수밖에 없었다. 그 눈물이 하루 종일 마음에 걸렸다. 집에 돌아와 쓰러지듯 잠들었다가, 정신을 차리고 보니 벌써 오후 3시. 세수도 하지 못한 채, 허겁지겁 아들을 데리러 나갔다.

어린이집 문 앞. 문이 열리자 아들은 함박웃음을 지으며 뛰어나왔다. 다행히 잘 지낸 것 같아 안도했다. 그런데 그 순간, 아들이 입을 열었다.

"바람 불어도 괜찮아요~ 씩씩하니까 괜찮아요~ 나는 나는 나는 나는 괜찮아요~"

어린이집에서 배웠다는 그 노래. 하지만 나에겐 단순한 동요가 아니었다. '괜찮아요'라는 그 한마디. 그건 아이가 스스로를 달래며 하루를 버틴 증거 같았다. 엄마도 아빠도 없이, 낯선 공간에서 낯선 사람들과 어울리며 지낸 그 반나절. 작은 몸 하나로 버텨낸 그 시간이 고스란히 담겨 있었다. 아이는 아직 작지만, 마음은 이미 세상을 건너는 법을 배우고 있었다. 나는 말없이 고개를 끄덕였다.

'참, 대견하다'

> 부모가 되기 전에는 몰랐다. 아이들도 '버틴다'는 것을. 세 살배기 아이에게도 하루는 길고 낯설며, 그 안에서 울고 웃고 자란다는 것을. 나는 그날 깨달았다. 대견함은 '성취'에만 있는 것이 아니라, '참아낸 하루'에도 있다는 것을. 아들도 그렇게 하루를 견뎌냈다. 그리고 나는 아들에게 배웠다. 삶이란, 매일을 견디는 연습이라는 것을.

〈포인트 해설〉

구분	역할	예시
현장묘사	감정 몰입 유도	아들의 등원 장면, 울음, 아빠의 피로, 노래 부르는 순간
사건개요	메시지 압축	"아이는 아직 작지만…"
통찰	경험의 확장	"대견함은 성취에만 있는 게 아니다…"

'사건개요에 대한 감이 조금씩 잡히는가?'

현장묘사와 사건개요가 어떻게 맞물려 시너지를 내는지, 또 현장묘사를 통해 사건개요가 얼마나 설득력 있게 빛날 수 있는지를 이해했다면 충분하다. 이 글도, 반복해서 읽다 보면 언젠가는 시시하게 느껴질 것이다. 그때라면 이 책을 덮어도 좋다. 이미 당신의 글쓰기 내공이 나를 넘어선 것이기 때문이다. 이번 글에서도 배경설명은 꼭 필요하다.

배경설명을 쓴다면 어떤 내용이 들어가야 할까?

아내는 오랜만에 친구들과의 약속이 있는 날이었다. 평소엔 아내가 아들의 등하원을 책임졌지만, 오늘만큼은 내가 맡기로 했다. 마침 나는 밤샘 근무를 마치고 돌아온 길이었다. 온몸이 천근만근이었지만, 아들과 함께 보내는 아침은 오랜만이라 피곤함을 잠시 접어두기로 했다.

집 근처 역에서 아내를 배웅하고, 아들과 둘이서 어린이집으로 향했다. 평소보다 말수가 적었던 아들은 어린이집 현관 앞에서 신발을 벗는 순간 울음을 터뜨렸다. "가지 마…"라는 말에, 그 한마디에 아이가 느낀 외로움과 낯섦이 고스란히 묻어 있었다.

나는 미안한 마음을 품은 채, 아이를 교실에 맡기고 집으로 돌아왔다. 그리고는 쓰러지듯 잠들었다. 오후 3시, 눈을 떠보니 어느새 아이를 데리러 갈 시간이었다. 세수도 하지 못한 채, 허둥지둥 집을 나섰다.

어린이집 문 앞. 활짝 웃으며 달려오는 아들과 마주했다.

그리고 그 순간, 아들이 노래를 부르기 시작했다. "바람 불어도 괜찮아요~"라는 노랫말이 귓가에 울렸다.

단순한 동요일 뿐인데, 이상하게 그 말이 오래 맴돌았다. 아이는 아직 어리지만, 매일같이 낯선 사람들과 낯선 공간을 견디며 자신만의 방식으로 세상을 익히고 있었다. 아빠가 다시 데리러 오는 그 길은 단지 '하루의 끝'이 아니라, 아이가 무사히 하루를 살아냈다는 증표이자, 부모와 아이가 서로를 확인하는 짧지만 깊은 의식 같았다.

조금만 고민해보라. 아들이 어린이집에 가야 하는 이유, 그리고 아빠가 굳이 직접 데리러 가는 이유 등 이런 맥락을 풀어주는 것만으로도 독자에게 훨씬 더 친절한 글이 될 수 있다.

내 삶에서 일어나고 있는 이야기를 찾아 직접 작성해보길 바란다.

다. 배경 분석

배경 분석은 글의 '백미'다. 현장묘사가 독자의 몰입을 끌어냈다면, 배경 분석은 독자의 궁금증을 해소하고, 공감을 완성시키는 단계다. 사건 개요만으로는 충분하지 않다. 독자는 '왜 그런 일이 벌어졌는지', '그 순간 뒤에 어떤 맥락이 있었는지'를 알고 싶어 한다. 이 궁금증을 풀어주는 것이 바로 배경 분석이다. 때로는 향후 벌어질 일에 여운을 남기는 것도 좋다. 소설이나 영화의 엔딩이 항상 단정되지 않듯, 글의 끝에도 해석의 여지를 남길 수 있다. 독자 스스로 감정과 경험을 덧붙여 '자기만의 결말'을 그리게 해주는 것이다. 그것은 독자에 대한 배려이자, 글의 여백이다. 물론, 이를 두고 무책임한 서술이라 비판할 수도 있다. 하지만 논술문이나 학술서를 쓰는 것이 아니라면, 반드시 결론을 내려야 할 의무는 없다. 상상의 여지를 주는 글쓰기, 그것 또한 감정의 완성을 도와주는 방식이다. 다만, 배경 분석이 '기술'에 집착해서는 안 된다.

배경 분석의 본질은 사건개요의 당위성을 입증하는 데 있다. 아무리 감동적인 사례라도, 그 상황에 대한 충분한 설명이 없다면 독자는 의심하기 시작한다. '정말 그랬을까?'라는 한마디 의심은, 글 전체를 허구처럼 보이게 만든다. 현장묘사가 아무리 훌륭하고 사건개요가 잘 짜였더라도, 배경 분석이 부실하면 독자의 공감은 멈춘다. 독자의 신뢰를 설득하려면, 왜 그런 일이 벌어졌는지 충분히 설명해줘야 한다.

글쓰기 구성 순서와 작성 순서, 그 차이를 기억하자

독자가 읽는 순서, 감정의 흐름을 따라간다.

작가가 글을 설계하는 순서, 논리의 뼈대를 세우는 방식이다. 이 둘을 혼동해서는 안 된다. 멋진 현장묘사도, 설득력 있는 배경이 뒷받침되지 않으면 그저 '감정 과잉'으로 보일 수 있다. 반대로 배경설명만 길어지면 '설명글'에 머무를 수 있다. 그래서 이 세 가지, 사건 개요, 배경설명, 현장묘사는 서로 조화를 이뤄야 한다.

이제 본격적으로 실전 예제를 살펴보자. 각 예시는 하나의 주제에 대한 구성 예일 뿐, 정답은 아니다. 당신이 느낀 문제의식이 다르다면, 그에 맞춰 글을 써도 좋다. 거듭 강조하지만 글쓰기엔 정답이 없다. 다만, 논리와 감정의 균형은 필요하다. 그 균형을 잡는 첫걸음이 바로 '사건개요 → 배경설명 → 현장묘사'의 글쓰기 순서다.

예시1. 청소년들이 요리에 빠져들고 있다

(사건개요) 요즘 청소년들이 요리에 빠져들고 있다. 단순한 취미를 넘어, 요리사를 꿈꾸거나 자신의 레시피 콘텐츠를 직접 만들어보려는 학생들도 늘고 있다.
(배경설명) 최근 MZ세대와 알파세대를 중심으로 '요리=자기표현'이라는 인식이 확산되고 있다. 유튜브, 인스타그램, 틱톡 등에서 유명 셰프 크리에이터들이 레시피 공유는 물론, '쿡방 챌린지'와 '3분 요리쇼' 등을 통해 대중과 소통하는 모습이 주목받고 있다. AI 기반 레시피 앱이나 스마트 주방기기 등을 활용한 '테크쿡' 콘텐츠도 유행하면서 요리가 더 이상 어려운 기술이 아닌 '일상 속 재미있는 놀이'로 다가오고 있다. 교육부가 초·중등 자유학기제와 진로탐색 프로그램에 '푸드테크'와 '창업형 쿠킹' 같은 수업을 도입하면서, 학생들의 관심이 더욱 폭넓게 확산되고 있는 것도 한 원인이다.
(현장묘사) 2025년 5월, 서울 마포구에 위치한 한 '청소년 푸드랩 센터'를 찾았다. 이곳은 요리와 디지털 콘텐츠를 융합한 실습형 진로체험 공간이다. 이날은 'AI 레시피로 만드는 나만의 도시락'이라는 주제로 실습이 열렸고, 사전 신청한 중·고생 30여 명이 몰렸다. 학생들은 태블릿으로 AI 추천 레시피를 선택한 뒤, 조리대를 따라 조리 순서를 실행했다. "이건 감바스 느낌인데 내 스타일로 변형했어요"라고 말하는 학생, "이 레시피 영상 찍어서 업로드하려고요"라며 촬영 장비까지 챙겨온 학생도 있었다. 참여자 대부분은 요리가 처음이었지만, AI가 알려주는 단계별 가이드와 디지털 조리기구 덕분에 자신감을 보였다. 센터 관계자는 "지난달 체험 이후 정규 수업 문의가 세 배 이상 늘었다"며, "요리는 이제 단순한 기술이 아니라 자기 콘텐츠로 만드는 시대"라고 말했다.

〈포인트 해설〉

구분	역할	예시문장
사건개요	글의 방향 제시	"콘텐츠 제작과 진로로서 요리에 빠진 청소년들"로 확장
배경설명	독자의 이해 기반 마련	유튜브 셰프 콘텐츠, AI 레시피 앱, 자유학기제 수업 트렌드 반영
현장묘사	생생한 장면 제공 및 공감 유도	푸드랩 체험 공간, AI 레시피 기반 실습, 직접 촬영·제작하는 모습 등

완성한 글 1.

요즘 청소년들이 요리에 빠져들고 있다. 단순한 취미로 시작했지만, 이제는 요리사를 꿈꾸거나 자신만의 레시피 콘텐츠를 만들어보려는 학생들도 적지 않다. '요리'가 단지 먹을 것을 만드는 행위를 넘어, 하나의 진로이자 표현 수단이 된 것이다.

최근 MZ세대와 알파세대를 중심으로 '요리=자기표현'이라는 인식이 빠르게 확산되고 있다. 유튜브와 인스타그램, 틱톡 등에는 레시피를 공유하고 직접 요리 과정을 콘텐츠로 풀어내는 '셰프 크리에이터'들이 넘쳐난다. 이들의 '쿡방 챌린지', '3분 요리쇼' 같은 짧은 영상은 청소년들의 도전욕을 자극하고, 요리 자체를 놀이처럼 느끼게 만든다.

여기에 AI 기반 레시피 앱이나 스마트 주방기기처럼 기술을 접목한 '테크쿡' 콘텐츠도 등장하면서, 요리는 더 이상 어려운 전문 기술이 아니다. 누구나 쉽게 도전하고, 나만의 개성을 담아내는 새로운 창작물이 된 것이다.

교육 현장도 이 흐름에 발맞춰 변화하고 있다. 교육부는 자유학기제와 진로체험 과정에 '푸드테크' 수업과 '창업형 쿠킹' 콘텐츠를 도입하며, 요리를 단지 기능 교육이 아닌 진로탐색의 한 방식으로 정착시키고 있다.

이런 흐름을 확인하기 위해 지난 2025년 5월, 서울 마포구의 한 '청소년 푸드랩 센터'를 찾았다. 이곳은 요리와 디지털 콘텐츠 제작을 융합한 실습형 진로체험 공간으로, 이날도 'AI 레시피로 만드는 나만의 도시락'이라는 주제로 특별 실습이 열렸다.

사전 신청으로 모인 중·고생 30여 명은 태블릿을 통해 AI가 추천하는 메뉴를 선택하고, 조리대에서 재료 손질과 조리 과정을 따라갔다. 한 학생은 "이건 감바스 느낌인데 제 스타일로 조금 바꿔봤어요"라며 뿌듯해했고, 또 다른 학생은 "영상 촬영해서 틱톡에 올릴 거예요"라며 촬영 장비를 꺼내 들었다. 대부분 요리가 처음이라는 학생들이었지만, AI 가이드와 디지털 조리기구 덕분에 능숙하게 요리를 이어갔다.

센터 관계자는 "지난달 체험 이후 정규 수업 문의가 세 배 이상 늘었다"며 "이제 요리는 단순한 기술이 아니라, 콘텐츠이고 진로이자 자기표현"이라고 강조했다. 요리는 더 이상 식당 안에서만 이루어지는 일이 아니다. 청소년들의 손끝에서, 스튜디오가 아닌 주방 한켠에서, 짧은 영상 속에서 오늘도 새로운 레시피와 진로의 가능성이 조리되고 있다.

완성한 글 2.

❸ 현장묘사 ▶ ❶ 사건 개요 ▶ ❷ 배경설명

2025년 5월, 서울 마포구에 위치한 '청소년 푸드랩 센터'를 찾았다. 이곳은 요리와 디지털 콘텐츠 제작을 융합한 실습형 진로체험 공간이다. 이날은 'AI 레시피로 만드는 나만의 도시락'이라는 주제로 특별 수업이 열렸고, 사전 신청으로 모인 중·고생 30여 명이 실습실을 가득 메웠다.

학생들은 태블릿을 통해 AI가 추천한 레시피를 골라 조리 순서를 확인하고, 조리대 앞에 서서 직접 요리를 시작했다. "이건 감바스 느낌인데 제 스타일로 바꿨어요"라고 말하는 학생, "영상 촬영해서 틱톡에 올릴 거예요"라며 촬영 장비를 챙겨온 학생도 있었다. 대부분 요리가 처음이라는 말과 달리, 그들의 손놀림은 익숙했고 표정엔 자신감이 넘쳤다. 센터 관계자는 "지난달 체험 이후 정규 수업 문의가 세 배 이상 늘었다"며 "요리는 이제 단순한 기술이 아니라, 자기 콘텐츠로 만드는 시대"라고 설명했다.

요즘 청소년들이 요리에 빠져들고 있다. 단순한 취미를 넘어, 요리사를 꿈꾸거나 자신만의 레시피 콘텐츠를 제작해보려는 학생들이 늘고 있다. 요리는 지금, 새로운 진로이자 자기표현의 매개가 되고 있다. 그 배경에는 변화된 미디어 환경과 교육 제도의 흐름이 있다. 최근 MZ세대와 알파세대를 중심으로 '요리=자기표현'이라는 인식이 확산되며, 유튜브·틱톡·인스타그램에서 활동하는 셰프 크리에이터들의 영향력이 커졌다. 짧은 쿡방 영상, 챌린지 형식의 요리 콘텐츠가 대중적 유행으로 자리잡았고, AI 기반 레시피 앱이나 스마트 조리기구를 활용한 '테크쿡' 흐름도 등장했다.

이러한 흐름은 교육 현장에도 영향을 주었다. 교육부는 초·중등 자유학기제와 진로탐색 프로그램에 '푸드테크'와 '창업형 쿠킹'을 도입하며, 요리를 단지 기능 교육이 아닌 진로 탐색의 일환으로 확장했다. 요리는 이제 누구나 접근할 수 있는 개방형 진로이며, 디지털 세대에게는 또 하나의 창작 활동이 된 셈이다.

이제 당신의 삶 속, 일상에서 마주하는 장면들을 떠올려 보자. 그 안에서 하나의 주제를 정하고, 글쓰기를 직접 시작해보자. 가장 먼저 자신이 말하고 싶은 바를 사건개요로 정리하고, 그 주제를 떠올리게 된 배경과 이유는 배경설명에 담아보자. 그리고 실제 경험이나 기억을 토대로, 그때의 분위기와 감정, 풍경 등을 현장묘사로 생생하게 풀어내면 된다. 혹시 주제가 쉽게 떠오르지 않는다면, 상상력의 스위치를 켜보자. 현실이 아니어도 괜찮다. 상상이 곧 글의 출발점이 될 수 있다.

예시2. 비 오는 날, 편의점 우산을 쓰며 생각한 것

(현장묘사) 며칠 전, 갑자기 쏟아진 비에 우산 없이 퇴근길을 걷고 있었다. 마침 편의점 앞에서 '우산 공유함'이라는 스티커가 붙은 통이 눈에 들어왔다. 안에는 반쯤 젖은 우산들이 가지런히 꽂혀 있었다. 순간 망설였지만, 나는 그중 하나를 꺼내 들었다. 누군가 비를 막기 위해 썼던 흔적이 남아 있던 우산. 그 우산을 들고 나는 천천히 빗속을 걸었다. 신기하게도 마음이 이상하게 따뜻했다. 빌린 우산이었지만, 누군가가 내게 자리를 내어준 듯한 느낌. 그리고 문득, 다음에 맑은 날이면 나도 하나의 우산을 이 통에 다시 넣고 가야겠다는 생각이 들었다.

(배경설명) 예전에는 물건을 직접 사는 것이 당연했다. 우산이 없으면 하나를 샀고, 이동이 필요하면 차를 구입했다. 그러나 지금은 다르다. 편의점에서 우산을 빌리고, 앱 하나로 자전거나 킥보드를 대여하는 시대다. '공유 경제'라는 말이 더 이상 낯설지 않게 된 것이다. 이는 단지 돈을 아끼기 위해서만은 아니다. 필요할 때만 쓰고, 다시 놓아두는 편리함이 삶의 방식 자체를 바꾸고 있는 것이다. 나는 이 변화가 세상을 더 '가볍고 유연하게' 만들고 있다고 느낀다.

(사건개요) 요즘 사람들은 무언가를 '빌리는 것'에 익숙해지고 있다. 특히 공유 우산이나 전동 킥보드처럼, '소유'보다는 '접근'에 가치를 두는 방식이 일상 곳곳에 스며들고 있다.

〈포인트 해설〉

구분	역할	예시문장
현장묘사	독자의 몰입을 유도하고 구체적 경험을 통해 주제를 암시한다	"며칠 전, 갑자기 쏟아진 비에 우산 없이 퇴근길을 걷고 있었다.… 나는 천천히 빗속을 걸었다."
사건개요	글 전체의 중심 주장을 요약한다	"요즘 사람들은 무언가를 '빌리는 것'에 익숙해지고 있다."

배경 설명	주제가 등장하게 된 사회적·개인적 맥락을 설명하고 글의 당위성을 강화한다	"예전에는 물건을 직접 사는 것이 당연했다. … 삶의 방식 자체를 바꾸고 있는 것이다."

현장묘사

글의 도입부는 '갑작스러운 비'와 '편의점 우산'이라는 구체적인 상황을 묘사한다. '반쯤 젖은 우산', '누군가의 흔적' 같은 감각적 표현은 독자에게 공감을 이끌어낸다. 특히 "다음에 맑은 날이면 나도 우산을 놓고 가야겠다"는 문장은 주제에 대한 암시이자 감성적 여운을 남긴다.

사건개요

짧지만 명확하게 중심 주장을 드러낸다: "소유보다 접근, 공유의 일상화." 이 문장이 이후 '공유 경제', '삶의 방식 변화' 같은 배경설명과 자연스럽게 연결된다.

배경설명

최근의 공유문화 확산, 앱 기반 대여 서비스 증가 등을 통해 논리적 설득력을 강화한다. '가볍고 유연한 삶'이라는 표현은 이 글의 메시지를 함축한 핵심 문장으로 작용한다.

구분	체크포인트
주제	공유경제가 일상에 스며든 변화
메시지	소유하지 않아도 충분히 따뜻할 수 있다
글의 흐름	체험 → 주장 → 맥락 설명 → 감성 여운
활용 대상	자기성찰형 에세이, 진로·사회 변화 관련 자유주제 글쓰기 등

완성한 글 1.

요즘 사람들은 무언가를 '빌리는 것'에 익숙해지고 있다. 특히 공유 우산이나 전동 킥보드처럼, '소유'보다는 '접근'에 가치를 두는 방식이 일상 곳곳에 스며들고 있다.

예전에는 물건을 직접 사는 것이 당연했다. 우산이 없으면 하나를 샀고, 이동이 필요하면 차를 구입했다. 그러나 지금은 다르다. 편의점에서 우산을 빌리고, 앱 하나로 자전거나 킥보드를 대여하는 시대다. '공유 경제'라는 말이 더 이상 낯설지 않다. 이는 단지 돈을 아끼기 위한 선택이 아니다. 필요할 때만 쓰고 다시 놓아두는 편리함이, '소유' 중심이었던 삶의 방식을 조금씩 바꾸고 있는 것이다. 나에게도 이런 변화는 '가볍고 유연한 삶'이라는 말로 다가왔다.

며칠 전, 갑자기 쏟아진 비에 우산 없이 퇴근길을 걷고 있었다. 비를 맞으며 걷다 편의점 앞에 멈춰 섰는데, 그곳에 '우산 공유함'이라는 스티커가 붙은 플라스틱 통이 눈에 들어왔다. 안에는 반쯤 젖은 우산들이 가지런히 꽂혀 있었다. 한동안 망설이다가 나는 결국 그중 하나를 꺼냈다. 누군가 비를 피하기 위해 썼던 흔적이 남아 있는, 익숙하면서도 낯선 감촉의 우산이었다.

나는 그 우산을 들고 조용히 빗속을 걸었다. 어쩐지 마음이 이상하게 따뜻했다. 내 것이 아닌 우산이었지만, 누군가 자리를 내어준 듯한 감정이 들었다.

그리고 문득 생각했다. 다음에 날씨가 맑아진 날, 나도 이 통에 우산 하나를 다시 넣고 가야겠다고. 어쩌면 지금 이 사회는 그렇게, 서로의 여백을 메우는 방식으로 연결되고 있는지도 모르겠다.

완성한 글 2.

며칠 전, 갑자기 쏟아진 비에 우산 없이 퇴근길을 걷고 있었다. 우산도 없이 걷는 길은 의외로 고요했고, 빗방울은 생각보다 서늘했다. 그때 편의점 앞에 놓인 투명한 플라스틱 통 하나가 눈에 들어왔다.

'우산 공유함'이라는 작은 문구. 안에는 반쯤 젖은 우산들이 가지런히 꽂혀 있었다. 순간 망설였다. 사용된 우산, 익숙하지 않은 물건. 하지만 결국 나는 그중 하나를 꺼내 들었다.

누군가 비를 피하기 위해 썼던 흔적이 남아 있는, 익숙하면서도 낯선 감촉의 우산이었다. 그 우산을 들고 나는 조용히 빗속을 걸었다.

어쩐지 마음이 이상하게 따뜻했다. 내 것이 아닌 우산이었지만, 누군가 자리를 내어준 듯한 감정. 그리고 문득 생각했다. 다음에 날이 맑아지면, 나도 여기에 우산 하나를 넣고 가야겠다고. 요즘 사람들은 무언가를 '빌리는 것'에 익숙해지고 있다. 공유우산, 전동 킥보드, 공유 자전거처럼 '소유'가 아닌 '접근' 중심

의 소비가 일상 속에 스며들고 있다. 내 것이 아니어도 괜찮다는 생각이 점점 자연스러워지는 것이다.

예전에는 필요한 물건은 반드시 사야 한다고 생각했다. 하지만 지금은 다르다. 잠깐 쓸 것이라면 굳이 소유할 필요가 없다는 인식이 확산되고 있다. '공유 경제'는 단순한 비용 절감 이상의 의미를 지닌다. 필요할 때만 쓰고, 다시 놓아두는 편리함이 삶의 태도마저 변화시키고 있는 것이다.

그 변화는 '가볍게 살기'라는 감각으로 이어진다. 내 것이 아니어도 괜찮고, 누군가의 것이 일시적으로 나의 것이 될 수 있는 사회. 어쩌면 우리는 지금, 관계와 물건을 모두 조금은 가볍고 유연하게 나누는 법을 배우고 있는 중인지도 모른다.

예시3. 보험설계사의 설 자리, 어디로 가고 있나?

(현장묘사) 보험설계사 신동진(46, 가명) 씨는 최근 고객과의 상담에서 자주 당황한다. "온라인 보험보다 왜 보험료가 더 비싸냐"는 질문을 듣는 건 이제 일상이 됐다. 과거처럼 사후 관리의 중요성을 강조해도, 소비자들은 대부분 '비용'을 먼저 생각한다. 최근엔 웃돈 대신 고가 사은품이나 한 달 보험료를 요구하는 고객도 늘었다. 그럴 때마다 신씨는 사업의 지속 가능성을 의심하게 된다.

(사건개요) 요즘은 보험 설계사도 '경쟁력 확보'가 어려운 시대다. 고객은 더 저렴하고 빠른 온라인 채널을 선택하고, 설계사 중심의 대면 영업은 점점 설 자리가 줄어들고 있다.

(배경설명) 보험업계 통계는 이를 명확히 보여준다. 2023년 3분기 기준 전속 설계사 수는 약 183,367명으로 집계됐는데, 이는 같은 해 전년 대비 감소 추세를 보인다. 이는 단지 수요 감소 때문만은 아니다. 방카슈랑스, 온라인 보험, 홈쇼핑 보험 등 다양한 판매 경로가 확산되며 대면 중심 판매 구조가 빠르게 재편되고 있다. 더욱이 보험사들이 조직 효율성을 위해 부실 영업소를 통폐합하고, 디지털 기반 채널 강화에 힘을 쏟으면서 설계사의 역할 자체가 축소되고 있다. 한편, 글로벌 시장에서도 한국의 보험 시장은 디지털 전환의 흐름에 따라, 기관으로부터 온라인·앱 기반 보험 판매 채널이 12.3% 이상의 연평균 성장률을 보이고 있다는 보고도 있다.

〈포인트 해설〉

구분	역할	예시문장 요약
현장묘사	설계사의 심리와 현장 느낌을 생생하게 전달	상담 중 고객 불만과 설계사의 고민 묘사
사건개요	글의 핵심 메시지 제시	고객이 온라인을 선택하며 설계사 역할 약화
배경설명	변화의 원인과 통계로 설득력 부여	전속 설계사 수 감소 통계, 온라인 채널 성장 등

현장묘사

글의 도입은 설계사의 구체적인 상담 장면으로 시작한다. 고객의 불만과 설계사의 무력감을 사실적으로 담아내며, '비용만 따지는 고객', '고가 사은품을 요구하는 현실' 같은 생생한 디테일은 독자에게 몰입감을 준다. "이 일을 언제까지 해야 할까"라는 문장은 글 전반의 문제의식과, 감정적 여운을 남기며 공감의 기반을 마련한다.

사건개요

간결하게 중심 문제를 제시한다. "요즘은 보험 설계사도 '경쟁력 확보'가 어려운 시대다." 이는 고객의 소비 패턴 변화와 맞물려 설계사 중심 영업 방식이 쇠퇴하고 있다는 사실을 요약한다. 사건개요는 감정적인 도입과 통계적 배경설명을 이어주는 징검다리 역할을 한다.

배경설명

보험업계의 최신 통계와 구조 변화가 풍부하게 제시된다. '전속 설계사 수 감소', '방카슈랑스·온라인 채널 확산', '보험사의 조직 통폐합' 등 다양한 요인이 명확하게 정리되며 설득력을 더한다. 특히 "요즘은 대면 영업보다 디지털 채널이 우선된다"는 메시지를 중심으로, 사회적 흐름과 기술 변화까지 포괄해 설명함으로써 글의 메시지를 입체적으로 완성한다.

구분	체크포인트
주제	전통적인 보험 설계사의 역할이 위축되는 현실

메시지	기술 변화와 소비자 인식 변화 속에서 사람의 가치는 어떻게 지켜질 수 있을까
글의 흐름	구체 사례(상담 장면) → 문제 제기(설계사 위기) → 산업 배경 설명(구조 변화) → 여운
활용 대상	직업 탐색 글쓰기, 디지털 전환 관련 이슈 에세이, 사회 변화에 대한 문제제기 글 등

완성한 글 1.

보험설계사들의 설 자리가 점점 줄어들고 있다. 소비자들은 온라인과 홈쇼핑을 통한 보험가입에 익숙해졌고, 설계사 기반의 대면 영업은 설득력이 떨어진다는 인식이 커지고 있다. 단순한 변화가 아닌, 설계사라는 직업군의 존립을 위협하는 구조적 전환이 시작된 것이다.

보험업계는 최근 10년 사이 큰 지각변동을 겪고 있다. 온라인 가입 채널이 확장되고, 모바일 플랫폼이 정착되면서 과거처럼 '누군가의 설명을 듣고 가입하는' 시대는 저물고 있다. 생명보험 협회 자료에 따르면, 2024년 기준 국내 생명보험사 전속 설계사는 12만 명 선으로 줄었고, 이는 10년 전보다 20% 가까이 감소한 수치다. 보험사들 또한 효율성을 이유로 부실 영업소를 통폐합하고 있으며, 디지털 전환을 가속화하는 중이다. 변화의 중심에는 소비자들의 인식 전환이 있다. "설계사를 통하면 보험료가 더 비싸다"는 생각이 굳어지고, 그 차액만큼 혜택을 요구하는 이들도 많아졌다. 이 모든 흐름은 결국, 설계사라는 '사람의 가치'를 의심하게 만드는 사회 분위기와도 맞닿아 있다.

신동진(46) 씨는 17년 차 보험설계사다. 하지만 요즘은 입에서 한숨이 먼저 나온다. "요즘 누가 설계사 통해 가입하냐"는 말을 들을 때마다 스스로가 필요 없는 존재처럼 느껴진다. 얼마 전에는 한 고객이 "그럼 보험료 차액만큼 상품권을 달라"는 요구까지 해왔다. 예전엔 따뜻한 말 한마디와 지속적인 관리가 신뢰를 쌓는 무기였지만, 지금은 그것조차 "불필요한 비용"으로 여겨진다. 신 씨는 하루에도 몇 번씩 생각한다. "과연 이 일을 언제까지 할 수 있을까?"라고. 요즘 그에겐 설계보다, 버티는 일이 더 어려운 일이 됐다.

완성한 글 2.

신동진(46) 씨는 보험설계사로 일한 지 17년 차다. 그러나 요즘 그는 하루에도 몇 번씩 이 일을 그만둘까 고민한다. 고객들로부터 "온라인으로 가입하면 더 싼데, 굳이 왜 설계사를 통해야 하죠?"라는 말을 들을 때마다 마음 한구석이 허물어지는 기분이다. 최근엔 한 고객이 "차액만큼 고가 사은품을 달라"거나 "한
달 치 보험료를 대신 내달라"는 요구까지 했다. 과거에는 '설계사'라는 직업에 대한 신뢰가 무기였다면, 이제는 '설계사'라는 존재 자체가 불필요하다는 시선을 견뎌야 한다.
보험설계사들의 입지가 점점 좁아지고 있다. 온라인, 모바일, 홈쇼핑 등 비대면 채널의 확산으로 전속 설계사 중심의 영업 구조가 흔들리고 있으며, 설계사라는 직업의 존립 기반 자체가 위협 받고 있는 것이다.

> 생명보험협회에 따르면 2024년 기준 국내 생보사 전속 설계사는 12만 명 수준으로, 2012년 대비 약 20% 가까이 감소했다. 이는 단순한 숫자의 문제가 아니다. 방카슈랑스, 디지털 보험 플랫폼, 인공지능 기반 보험 추천 시스템 등 보험 유통 채널이 빠르게 다각화되면서, 설계사를 통해 가입하는 방식은 '비효율적'으로 여겨지고 있다. 여기에 보험사들은 조직 효율화를 이유로 부실 영업소를 통폐합하고 있고, 고객들 역시 정보 접근성이 높아지며 상담보다는 '직접 검색'을 선호하고 있다. 결국 설계사는 단순히 줄어드는 직업이 아니라, 디지털 전환 앞에서 인간이 어떤 가치를 가질 수 있는지 묻는 상징적인 존재가 되어가고 있다.

현장사배 — 확장편

이번에는 응용편이다. '현장사배'의 기본 틀에 더해, 예상되는 반론을 사전에 차단하는 구성을 추가해 보았다. 분량에 제한이 없다면 글은 얼마든지 확장될 수 있다. 뼈대를 세운 뒤, 그 위에 내용을 계속 덧붙여 나갈 수 있다는 것—이것이 글쓰기의 매력이기도 하다.

물론, 여기서 소개하는 구성은 어디까지나 '군더더기 없는 글'을 쓰기 위한 가이드라인일 뿐이다. 기본기를 충분히 익히고 나면, 여러 공식들을 서로 유기적으로 결합해 자신만의 새로운 구조를 만들어 낼 수 있다. 글쓰기도 결국에는 '자기만의 공식'을 찾아가는 과정이다. 그 공식이 처음에는 남의 것일지라도, 써보고 익히다 보면 어느 순간 나만의 도구가 되어 있을 것이다.

이제 그 즐거운 실험을 시작해보자.

> **(현장묘사)** 글의 시작부에서 실제 상황을 생생하게 전달해 독자를 감정적으로 붙잡는다. 즉각적인 사례나 경험을 통해 글의 신뢰성 확보 및 몰입감 형성한다.
> **(사건개요)** 글 전체를 관통하는 핵심 메시지를 명료하게 제시한다. 기대되는 의문이나 사례 중심의 흐름을 하나의 간결한 주장으로 잡아준다.
> **(배경설명)** 왜 이런 현상이 벌어졌는지를 논리적으로 설명하며, 사건개요의 당위성과 정당성을 확립한다. 맥락과 통계, 사회적 구조 변화 등을 통해 글의 설득력을 보강해준다.
> **(기대되는 반론 제시)** 독자 혹은 비판적인 입장에서 제기될 수 있는 반대 의견을 미리 소개하고, 핵심에 대비책을 기록해 논리적 완결성을 강화한다. 예상되는 의문이나 비판에 대응하며 글의 신뢰성과 설득력을 증가시켜준다.
> **(반론 봉쇄/재반박)** 제시된 반론에 대해 논리적으로 재반박 또는 해결 방안을 제시해 중심 주장을 굳건히 한다. 반론에도 불구하고 내가 제시한 주장에 여전히 일리가 있음을 보여주며 내 논리를 강화해준다.

〈포인트 해설〉

구분	예시문장 요약
현장묘사	구체적 경험을 통해 감정 이입과 몰입 유도
사건개요	글의 핵심 메시지를 간결하게 선언
배경설명	사회적, 제도적, 통계적 맥락을 통해 이유와 당위성 확보
예상 반론 제시	독자의 의문이나 반대 시선을 미리 반영하며 구조적 준비태세를 마련
반론 봉쇄 (재반박)	반론에 대한 논리적 대응을 통해 주장의 설득력을 강화

예시4. [현장묘사→사건개요→배경설명→반론 [대응]

이 글을 읽고 함께 분석 해보자.

> 지난달 23일 오후, 전남 화순 아산초등학교 5학년 교실. 면적은 66㎡로 다른 학교 교실과 다르지 않았지만, 책걸상은 단 다섯 개. 학생도 다섯 명뿐이었다. 사회 시간, 학생들은 조용히 선생님 말씀을 듣기보다 반원형 책상 위로 고개를 맞대고 끊임없이 이야기 꽃을 피웠다. 교실 앞 대형 모니터에는 수산리 고분벽화가 띄워져 있었고, 학생들은 이에 대한 질문과 답을 꼬리에 꼬리를 물고 이어갔다. 전날 온라인으로 수업 내용을 미리 학습한 뒤, 등교 후에는 토론 중심으로 수업이 진행된다고 했다. 아이들의 얼굴엔 시골 작은 학교라고는 믿기지 않을 만큼 활력이 넘쳤다. 이곳, 아산초등학교는 전교생이 39명뿐인 '작은 학교'다. 하지만 이 작은 학교가 만들어낸 수업 방식은 결코 작지 않다. 2013년부터 '거꾸로 수업'과 '브릿지 수업'을 도입하며, 전통적인 강의 중심 수업에서 벗어나 새로운 교육 모델을 실천하고 있다. 아산초는 교사 1인당 학생 수가 4명이 채 되지 않아, 맞춤형 지도가 가능하다는 장점을 가진 반면, 예습 여건이 부족한 학부모 환경, 사교육의 부재, 언어 장벽 등 교육 소외 환경의 단점도 안고 있었다. 이를 극복하기 위해 김경미 교장은 전교생에게 태블릿을 지급하고, 온라인 예습 기반의 거꾸로 수업을 정착시켰다. 또 도시 학교 및 직업인을 연결한 '브릿지 수업'으로 진로 체험의 장벽도 허물었다. 물론 "과연 이런 수업이 효과가 있느냐"는 의문도 있었다. 그러나 한국교육학술정보원이 아산초 학생의 미래핵심역량을 측정한 결과, 자기관리, 의사소통, 창의력이 모두 눈에 띄게 향상되었고, 교육부가 선정한 100대 교육과정 우수학교로 뽑히기까지 했다. 무엇보다 중요한 건, 아이들의 눈빛이 바뀌었다는 것이다.

이 글의 구조는 단순하면서도 핵심 메시지는 분명하다. "전교생 39명밖에 안 되는 산골의 작은 학교에서도 IT 기기를 활용한 수업이 가능하며, 효과적으로 운영되고 있다"는 것이다. 다시 말해, 교육 여건이 열악한 시골 학교도 디지털 기술을 통해 충분히 혁신적이고 활기찬 수업을 만들 수 있다는 가능성을 보여주려는 글이다.

사건개요

> 전교생 39명인 전남 화순 아산초등학교는 '산골짜기 작은 학교'의 장점은 살리고 단점은 보완하는 '거꾸로수업'과 '브릿지(원격 화상)수업'을 2013년부터 진행하고 있다.

여기까지 읽으면 신기하기도 하지만, 독자로서 의문이 든다. '39명 밖에 안되는데 그냥 아이들 놓고 가르치는게 더 효율적 아니야'라고. 이 질문에 답은 '거꾸로수업'과 '브릿지수업'에 대한 정의를 이해하면 알 수 있다. 아산초의 특수성과 상관관계가 깊다. 위의 예시문을 토대로 리라이팅 작업을 한 결과다.

배경설명

> 아산초등학교는 학생 수가 극히 적은 '초미니 학교'다. 교사 1인당 학생 수가 4명이 채 되지 않기에 1:1 맞춤형 지도가 가능하다는 장점이 있지만, 동시에 학습 분위기 조성이나 자기주도학습 문화 형성에는 한계가 있었다.
> 더구나 학부모 대부분은 생업에 바쁘고, 일부는 다문화 가정으로 한글에 익숙하지 않아 자녀의 숙제나 준비물을 챙겨주기 어려운 상황이었다. 자연히 학생들은 수업 준비나 발표에 소극적이었고, 방과 후 학습이나 사교육 지원도 거의 불가능했다. 이처럼 여러 겹의 불리한 조건 속에서, "시골이니까 어쩔 수 없다"는 자조적인 분위기가 학교 안팎에 자리 잡고 있었다. 그러나 2013년 김경미 교장이 부임한 뒤, 아산초는 이 한계를 기회로 전환하기 시작한다.
> 김 교장은 기존의 주입식 수업이 아니라, 학생 중심의 학습 모델을 도입하기로 결심한다. 그 결과 탄생한 것이 바로 '거꾸로 수업'과 '브릿지 수업'이다.

> 이 수업 방식은 학생이 집에서 동영상 강의나 자료를 미리 보고 온 뒤, 학교에서는 교사와 함께 토론하거나 문제를 해결하는 참여형 수업이다. 또 외부와 연결된 원격 수업을 통해 대도시 학교나 다양한 직업군의 전문가와 소통할 수 있도록 해, 교육적 소외감을 줄이고 세상과 연결되는 통로를 마련했다.

그렇다면 독자는 또 다른 질문을 던질 수 있다. "과연 이 방식이 진짜 효과가 있는 걸까?", "그저 보여주기식으로 끝나는 건 아닐까?"라는 의심이다. 이러한 의문에 대해서도 아산초는 분명한 성과로 답하고 있다.

예상되는 추가 질문에 대한 원천봉쇄

> 한국교육학술정보원(KERIS)이 측정한 바에 따르면, 아산초 학생들의 미래핵심역량 점수(5점 만점)는 불과 7개월 만에 괄목할만한 상승을 보였다. 예를 들어 자기관리능력은 3.52점에서 4.52점으로, 의사소통능력은 3.43점에서 4.73점으로, 창의력은 3.65점에서 4.23점으로 크게 향상됐다. 이는 단순히 교사나 학교의 자평이 아니라, 외부 기관의 객관적 수치로 확인된 변화다.
> 뿐만 아니라, 교육부가 선정한 '100대 교육과정 우수학교'로도 이름을 올리며 실질적 교육 혁신 사례로 인정받았다. 무엇보다 중요한 변화는 수치 너머에 있었다. 학생들이 점차 자신감을 회복했고, 수업에 대한 기대와 참여도가 눈에 띄게 높아졌다는 것이다.

완성한 글

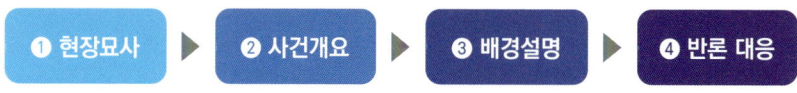

"다섯 개의 책상, 다섯 명의 질문"

지난달 23일 오후, 전남 화순 아산초등학교 5학년 교실. 면적은 66㎡로 여느 교실과 다르지 않았지만, 풍경은 확연히 달랐다. 책상 다섯 개, 사물함도 다섯 개, 학생 역시 다섯 명. 사회 수업 시간, 반원형으로 붙여 앉은 아이들은 조용히 선생님의 설명을 듣기보다 서로의 질문에 답하며 왁자지껄 토론을 이어갔다. 모니터에 띄워진 '수산리 고분벽화' 그림 앞에서, 아이들은 "왜 하늘을 이렇게 그렸을까?", "이게 왕을 그린 걸까?" 묻고, 스스로 답하며 꼬리를 물었다. 수업은 정해진 교과서의 흐름이 아니라, 아이들의 호기심이 이끄는 방향으로 흘러갔다. 이 작은 학교는 어떻게 이렇게 달라졌을까? 전교생 39명뿐인 전남 화순 아산초등학교는 2013년부터 '거꾸로 수업'과 '브릿지 수업(원격 화상 수업)'을 도입하며 교육 방식을 완전히 바꾸었다. 이 작은 시골 학교가 IT 기반 수업 혁신의 대표 사례가 된 것이다.

왜 이런 수업이 필요했을까?

이 학교는 교사 1인당 학생 수가 4명이 채 안 되는 소규모 학교다. 개별 맞춤형 수업이 가능한 장점이 있었지만, 현실은 녹록지 않았다. 생업에 바쁜 부모들, 특히 한국어가 서툰 다문화 가정의 학부모들은 자녀의 학습을 돕기 어려웠고, 아이들 역시 공부 습관이 부족해 수업 참여도 낮았다. '시골이라 어쩔 수 없다'는 체념이 교사와 학부모 사이에 퍼져 있던 시기였다.

김경미 교장이 부임한 2013년 9월, 변화가 시작됐다. 삼성과 교육부의 지원으로 태블릿PC를 전교생에게 보급했고, 학생들은 집에서 온라인 강의로 예습한 뒤, 수업 시간에는 교사와 함께 토론과 활동 중심 수업을 진행했다. 서울·광주 등 대도시 학교와 연결한 '브릿지 수업'은 다양한 직업 멘토링과 진로탐색의 기회도 제공했다.

이게 과연 효과가 있을까? '보여주기' 아닌가?

누군가는 묻는다.

"태블릿PC 쓰는 것만으로 정말 교육이 바뀌었을까?"
"시골학교니까 그냥 교사가 직접 챙기면 되는 거 아냐?"

그러나 수치는 말한다. 한국교육학술정보원(KERIS)이 2023년 아산초 학생들의 핵심역량을 분석한 결과, 3월 기준 자기관리능력 3.52점, 의사소통능력 3.43점, 창의력 3.65점(5점 만점)이 불과 7개월 만에 각각 4.52점, 4.73점, 4.23점으로 상승했다. 교육부가 선정한 '100대 교육과정 우수학교'에도 이름을 올렸다. 무엇보다, 아이들이 수업을 '기다리는 아이'로 바뀌었다는 사실이 가장 큰 변화다. 태블릿을 쥔 산골 아이들의 눈빛은, 더 이상 세상을 몰라 두려워하는 것이 아니라, 세상과 연결된다는 사실에 두근거리는 빛이었다.

〈포인트 해설〉

구분	내용 요약
현장묘사	시골 작은 학교에서 이뤄지는 토론 수업 장면 묘사. '책상 5개, 학생 5명'이라는 시각적 이미지와 아이들의 활발한 토론 장면이 인상적.
사건개요	아산초가 '거꾸로 수업'과 '브릿지 수업'을 도입해 교육 혁신을 실천 중이라는 핵심 사실 전달.
배경설명	이런 수업이 필요했는지에 대한 사회적·환경적 맥락 설명. 학부모 여건, 지역 한계, 사교육 부재 등을 이유로 둠.
반론대응	"이런 실험이 과연 효과가 있나?"에 대한 질문에 구체적인 성과 데이터와 외부 인정 사례로 원천 봉쇄. 교육적 효과를 수치와 감정적 변화(아이들의 눈빛)로 강조.

구분	체크포인트
주제	소외된 지역에서도 혁신적 수업이 가능하다는 증명
메시지	환경보다 중요한 것은 '의지와 설계'다
글의 흐름	생생한 현장 → 교육 실험 개요 → 지역적 맥락 → 반론 대응 및 성과
활용 대상	정책 분석 글쓰기, 교육 사례 수업, 사회 변화 에세이, 발표용 자료 등

2-5-4 용어 풀어쓰기 - '용배설사'

용어를 풀어써야 할 때가 있다. 이를 '개념 정의'라고 부르기도 한다. 중요한 건 '어떻게 내용을 풀어낼 것인가'다. 이때 유용한 공식이 바로 '용배설사'다. '용배설사'는 '용어 설명 → 배경설명 → 최신 사례'의 줄임말이다. 논문이나 학술지에 연구 내용을 정리할 때, 또는 블로그나 SNS에서 신조어나 시사용어를 풀어 쓸 때 유용한 글쓰기 공식이다.

'용어 풀어쓰기'의 공식

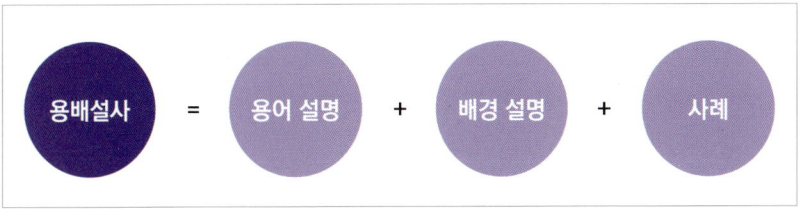

어떤 글을 쓰든 가장 먼저 해야 할 일은 핵심 메시지를 분명히 하는 것이다. 용어 설명의 경우, 바로 그 단어 자체가 중심 메시지가 된다. 예를 들어 '하우스푸어'라는 단어를 설명한다면, 먼저 그 의미를 정확히 짚어야 한다.

① 용어 설명

> '하우스푸어'란, '비싼 집에 사는 가난한 사람들'을 뜻한다. 최근 서울과 수도권을 중심으로 무리하게 대출을 받아 집을 산 뒤, 이자와 원리금 상환 부담에 짓눌려 생활이 어려운 이들을 일컫는 말이다.

여기까지가 기본적인 용어 설명이다. 그런데 다음과 같은 질문이 자연스럽게 생긴다.

"왜 이들은 하우스푸어가 되었을까?"

이 질문에 대한 설명이 바로 배경설명이다.

② 배경설명

배경설명은 말하자면 '이 조미료가 왜 만들어졌는가'에 대한 이야기다. 독자에게 새로운 개념이나 용어를 소개할 때, 추상적인 언어로만 설명하면 오히려 더 혼란스러울 수 있다. 이 개념이 등장한 배경과 필요성을 함께 전달해야 이해가 쉬워진다.

> '하우스푸어'가 된 이들은 집값이 계속 오를 것이라는 확신을 가졌기 때문이다. 설사 대출을 많이 받았더라도, 집값이 오르면 매도 후 대출금을 상환할 수 있고, 운이 좋으면 시세 차익으로 목돈까지 쥘 수 있을 거라 기대했던 것이다.

이처럼 용어가 생겨난 맥락을 간단하고 명확하게 전달하는 것이 중요하다. 장황하게 설명할 필요는 없다. 독자는 1차 궁금증이 해결되면, 2차 정보는 스스로 찾아보게 되어 있다. 짧고 쉽게, 핵심만 설명하는 것이 핵심이다.

③ 최신 사례

 마지막으로 사례를 한두 줄 곁들여 주면 이해도가 훨씬 높아진다. 가능하다면 가장 최근의 사례를 들자. 그래야 개념이 지금 어떻게 쓰이고 있는지, 의미가 변하거나 확장된 부분은 없는지를 자연스럽게 보여 줄 수 있다.

> 최근 정부는 1%대 주택담보대출, 부동산 금융규제 완화 등 '부동산 살리기' 정책에 집중했다. 일시적으로는 시장이 살아나는 듯했지만, 현재는 다시 주춤세다. 특히 금리 인상 기조가 지속되면서, 무리하게 빚을 내 집을 산 하우스푸어들이 또다시 금융위험에 직면할 수 있다는 경고가 나오고 있다.

 이처럼 구체적인 사례는 용어의 사용법을 보여주는 셈이다. 조미료 설명에 비유하자면, "어떤 요리에, 얼마나 넣는지"에 해당한다. 구체적일수록 좋고, 앞으로의 전망이나 사회적 파장까지 언급해주면 더 깊이 있는 글이 된다.

통합 예시본

> '하우스푸어'란, '비싼 집에 사는 가난한 사람들'을 뜻한다.
> 최근 서울과 수도권을 중심으로 무리하게 대출을 받아 집을 산 뒤, 대출이자와 빚 부담에 시달리는 사람들을 일컫는다.
> 이들이 무리해서 집을 산 이유는, 앞으로 집값이 오를 것이라는 확신이 있었기 때문이다. 대출을 많이 받아도 집값이 오르면 팔아서 갚으면 된다고 생각했고, 시세차익까지 기대하며 더 큰 빚을 감수한 경우도 많았다.
> 최근 정부는 1%대 주택담보대출과 금융규제 완화로 부동산 시장 부양에 나섰다. 하지만 현재 시장은 다시 냉각되고 있으며, 금리 인상 기조와 함께 하우스푸어의 금융 리스크가 커질 수 있다는 우려가 제기되고 있다.

예시1 – '파이어족'

1단계: 이번에는 '파이어족(FIRE族)'란 용어에 대해 풀어쓰기를 해보자.

예시문을 함께 살펴보면서 직접 관심있는 용어를 선정하고, 관련 정보를 찾아보고, 이와 관련해 직접 써보자.

① 용어 설명

> '파이어족(FIRE族)'은 '경제적 자립(Financial Independence)'과 '조기 은퇴(Retire Early)'의 앞글자를 딴 신조어로, 빠르게 돈을 모아 가능한 한 이른 시기에 은퇴하겠다는 사람들을 뜻한다. 단순히 부자가 되는 것을 목표로 하기보다는, 소비를 최소화하고 자산을 극대화해 자유로운 삶을 추구하는 것이 특징이다.

② 배경설명

> '파이어족'이 주목받게 된 배경에는 기존의 '열심히 일해서 노후를 준비하는' 삶의 방식에 대한 회의가 있다. 장시간 노동, 불안정한 고용, 불투명한 연금 전망 속에서 많은 사람들이 "늙어서 행복하게 살 수 있을까?"라는 질문을 품게 되었고, 이에 따라 젊을 때부터 소비를 줄이고 재테크에 집중해 '노동에서의 탈출'을 앞당기자는 흐름이 나타난 것이다. 특히 미국 실리콘밸리와 밀레니얼 세대를 중심으로 확산되며, 한국에서도 30대 직장인을 중심으로 확산되고 있다.

③ 최신 사례

2025년 기준, 국내 금융 앱과 온라인 커뮤니티에서는 '파이어족'을 위한 절약 챌린지, ETF 분산 투자법, 생활비 줄이기 팁 등의 콘텐츠가 활발하게 공유되고 있다. 한 설문조사에 따르면, 2030세대 직장인 10명 중 4명 이상이 'FIRE족 라이프스타일에 관심이 있다'고 응답했다. 특히 MZ세대는 은퇴 이후 삶보다는, 지금 이 순간의 '노동 강도' 자체를 줄이기 위한 수단으로 파이어족을 해석하고 있어, '반(半)은퇴', '미니 파이어' 같은 새로운 변형도 등장하고 있다.

통합 예시문단

'파이어족(FIRE族)'은 '경제적 자립(Financial Independence)'과 '조기 은퇴(Retire Early)'의 앞글자를 딴 신조어로, 빠르게 자산을 모아 이른 나이에 은퇴하고 경제적 자유를 누리는 사람들을 말한다.
이들이 파이어족을 추구하게 된 배경에는 기존 방식에 대한 회의가 있다. 장시간 노동과 불확실한 미래 속에서, '일찍 은퇴하고, 하고 싶은 일을 하자'는 가치관이 확산된 것이다.
특히 실리콘밸리와 MZ세대를 중심으로 절약과 투자를 통한 자산 증식 전략이 유행처럼 번지고 있다. 최근에는 '반은퇴', '미니파이어' 같은 개념이 새롭게 등장하고 있으며, 직장인 커뮤니티와 유튜브에서도 파이어족의 삶과 전략을 다룬 콘텐츠가 활발히 소비되고 있다.

2단계: 내가 관심 있는 용어 고르기

이제 아래 키워드 중에서 관심 있는 시사용어나 신조어를 하나 골라보자.

스몸비. 퇴준생, 주 4일제, 오운완, 디지털 디톡스, 이코노미 클래스 증후군, 키테크족, 엔데믹, SNS 탈출러

◆ 내가 고른 용어는?

☞ _____

3단계: 정보 찾아보기

아래 3가지 질문을 중심으로 자료를 찾아보자. 간단한 뉴스 기사, 블로그, 백과사전, 유튜브도 괜찮다.

질문	내용 정리
이 용어는 무슨 뜻인가?	
이 말이 생겨난 배경은?	
이 말과 관련된 최신 사례는?	

4단계: '용배설사' 공식으로 직접 써보기

아래 빈칸에 맞춰 한 단락씩 작성해보자.

① 용어 설명

(예: "스몸비는 스마트폰을 보며 길을 걷는 사람을 뜻하는 말이다.")

☞ _____
_____
_____
_____
_____
_____

② 배경설명

(예: "이 말은 스마트폰 의존도가 높아지면서 보행 중에도 스마트폰을 사용하는 사람들이 늘어나자 생겨났다.")

☞ _____
_____
_____
_____
_____
_____

③ 최신 사례

(예: "최근 서울시는 횡단보도 앞바닥에 LED 경고등을 설치하며 스몸비 사고 예방에 나섰다.")

☞
_____
_____
_____
_____
_____
_____
_____
_____

[작성할 때 Tip]
문장은 짧고 쉽게
1단락씩만 써도 OK
사례는 '내가 본 뉴스'나 '주변에서 본 일상'도 좋다.

예시2 - '스몸비'

1단계: 이번에는 '스몸비'란 용어에 대해 풀어쓰기를 해보자.

예시문을 함께 살펴보면서 직접 관심있는 용어를 선정하고, 관련 정보를 찾아보고, 이와 관련해 직접 써보자.

① 용어 설명

'스몸비'는 스마트폰(Smartphone)과 좀비(Zombie)를 합친 말이다. 길을 걸으면서 스마트폰에만 집중하는 사람을 이렇게 부른다. 앞을 안 보고 걷는 모습이 마치 좀비 같다고 해서 생긴 신조어다.

② 배경설명

요즘은 길에서도 스마트폰을 손에서 놓지 않는 사람들이 많아졌다. SNS를 보거나 게임을 하느라 주변을 보지 않고 걷는 일이 늘고 있다. 이런 행동 때문에 보행 중 사고가 증가하면서 사회적으로도 문제가 됐다.

③ 최신 사례

서울시는 스몸비 사고를 막기 위해 횡단보도 바닥에 LED 불빛 신호등을 설치했다. 위에서 신호등을 못 봐도 바닥을 보고 걷는 사람들에게 신호가 보이도록 한 것이다. 또한 스몸비 방지 캠페인도 전국 곳곳에서 진행 중이다.

단계	내용 요약
용어 설명	스마트폰 보며 걷는 사람 = 스몸비
배경설명	스마트폰에 빠져 길에서 사고 위험 증가
최신 사례	바닥 신호등 설치, 캠페인 진행 등 예방 노력 확대

통합 예시문단

'스몸비'는 스마트폰(Smartphone)과 좀비(Zombie)를 합친 말이다. 길을 걸으면서 스마트폰 화면에만 몰두한 채 앞을 보지 않고 걷는 사람을 빗대어 부르는 신조어다. 고개를 숙이고 화면만 응시하는 모습이 마치 좀비와 닮았다는 데서 비롯됐다.

요즘 거리를 나서면 스마트폰을 손에서 놓지 못한 채 걷는 사람들을 쉽게 볼 수 있다. SNS를 확인하거나 게임에 집중하느라 주변 상황을 살피지 못하는 경우가 많다. 이로 인한 보행 중 사고도 늘어나면서 사회적 문제로 대두됐다.

서울시는 이러한 '스몸비 사고'를 줄이기 위해 횡단보도 바닥에 LED 신호등을 설치했다. 위쪽 신호등을 놓치더라도 바닥을 보고 걷는 이들이 신호를 확인할 수 있도록 한 조치다. 더불어 전국 곳곳에서 스몸비 방지 캠페인도 펼쳐지고 있다.

2단계: 내가 관심 있는 용어 고르기

이제 여러분이 관심 있는 시사용어나 신조어를 하나 골라봅시다.

- 탕진잼: 작게 쓰는 소비의 즐거움
- 오운완: 오늘 운동 완료!
- 갓생: 성실하게 계획적인 인생 살기
- 퇴준생: 퇴사를 준비하는 사람들

◈ 내가 고른 용어는?

_____

3단계: 정보 찾아보기

아래 3가지 질문을 중심으로 자료를 찾아보자. 간단한 뉴스 기사, 블로그, 백과사전, 유튜브도 괜찮다.

질문	내용 정리
이 용어는 무슨 뜻인가?	
이 말이 생겨난 배경은?	
이 말과 관련된 최신 사례는?	

4단계: '용배설사' 공식으로 직접 써보기

아래 빈칸에 맞춰 한 단락씩 작성해보자.

① 용어 설명

(예: "스몸비는 스마트폰을 보며 길을 걷는 사람을 뜻하는 말이다.")

② 배경설명

(예: "이 말은 스마트폰 의존도가 높아지면서 보행 중에도 스마트폰을 사용하는 사람들이 늘어나자 생겨났다.")

③ 최신 사례

(예: "최근 서울시는 횡단보도 앞바닥에 LED 경고등을 설치하며 스몸비 사고 예방에 나섰다.")

예시3 - '미스터리 쇼퍼'

이번에는 흥미로운 용어 하나를 소개하려고 한다. 바로 '미스터리 쇼핑(mystery shopping)'이라는 말이다. 다소 낯선 표현처럼 보일 수 있지만, 관련 업계에서는 자주 사용되는 전문 용어다.

> '미스터리 쇼핑'이라는 단어만 들으면 백화점이나 대형마트 등 유통업계에서 쓰일 것 같은 느낌이 든다. 하지만 실제로는 감독기관, 시민단체, 정부 등에서 감시·평가 목적으로 사용하는 말이다.
> 쉽게 말해 '현대판 암행어사' 개념이다. 조사원이나 감독 직원이 일반 고객인 척 해당 매장이나 기관을 방문해 서비스 수준이나 직원의 응대 태도 등을 점검한다. 이렇게 평가 업무를 수행하는 사람을 '미스터리 쇼퍼'라고 부른다.
> 이쯤 되면 '미스터리 쇼핑'이라는 이름이 왜 붙었는지 감이 올 것이다. 실제로 쇼핑하려는 목적은 없는데 쇼핑을 하는 척하니 '미스터리'할 수밖에 없다. 제법 절묘하게 지어진 이름이라는 생각이 든다.

미스터리 쇼퍼와 관련한 정보를 찾아보고, 이와 관련해 직접 써보자.

① 용어 설명

> '미스터리 쇼핑(mystery shopping)'은 조사원이나 감독 직원이 일반 고객으로 가장해 해당 업체나 매장의 서비스 수준을 평가하는 제도다. '암행평가'라고도 하며, 이 평가를 수행하는 사람을 '미스터리 쇼퍼(mystery shopper)'라고 부른다.

② 배경설명

배경설명에서는 '미스터리 쇼핑'이라는 제도가 왜 생겨났고, 어떤 필요에 의해 활용되기 시작했는지 알려주는 것이 중요하다. 단순히 개념을 나열하기보다는, 도입 배경과 점검 대상이 무엇인지를 구체적으로 설명해줘야 독자의 이해도가 높아진다. 조사 과정에서 더 풍부한 정보나 사례를 찾았다면 함께 정리해도 좋다. 다만, 이 용어는 새롭게 정의하는 것이 아니라 기존 개념을 쉽게 풀어 쓰는 것이기 때문에 글을 쓸 때는 주관적 해석이나 검증되지 않은 정보는 최대한 배제하고 객관적이고 신뢰할 수 있는 내용 중심으로 작성하는 것이 기본 원칙이다.

> 미스터리 쇼핑은 미국의 은행지점이나 소매상점에서 직원의 부정행위를 막기 위해 몰래 관찰하던 것에서 시작되었다. 1970년대 미국에서는 내부 감시용으로 활용됐고, 한국에서는 1990년대 초부터 유통업체나 외식업체의 서비스 점검 수단으로 도입되었다. 2009년부터는 금융권 전반으로 확대됐다. 금융감독원 소속 조사원이 고객으로 가장해 은행 지점을 방문한 뒤, 상담 과정에서 금융상품 설명이 제대로 이뤄지는지, 투자성향에 맞는 상품을 권유하는지, 허위 설명이나 수익률 부풀리기가 있었는지 등을 점검한다. 특히 펀드, 변액보험, 파생상품 등 일반인이 이해하기 어려운 상품이 주요 조사 대상이다. 불완전 판매가 3회 이상 적발되면 영구적으로 판매 자격이 박탈되는 '3진 아웃제'도 적용되고 있다.

※ 용어를 재정의하는 것이 아니라, 기존 정의를 쉽게 풀어주는 것이 목적임을 잊지 말자. 따라서 주관적 해석은 피하고, 객관적인 정보 전달에 집중하는 것이 중요하다.

③ 최신 사례

미스터리 쇼핑은 시간이 지나면서 활용 분야와 방식이 점점 다양해지고 있다. 예전에는 주로 금융권이나 유통업체에서 내부 서비스 점검용으로 활용되었지만, 요즘은 관광, 공공기관, 식음료 프랜차이즈 등 일반 소비자 접점이 많은 분야로 확대되고 있다. 평가 대상도 단순한 '응대 태도'에서 나아가, 가격, 위생, 설명 정확성, 규정 준수 여부 등으로 세분화되고 있다. 그만큼 미스터리 쇼핑은 단순한 '감시'가 아니라, 서비스 품질을 진단하고 개선하는 도구로 기능하고 있다. 이제는 실제 활용되고 있는 최신 사례들을 통해 미스터리 쇼핑이 오늘날 어떤 모습으로 쓰이고 있는지 살펴보자.

과거에는 백화점과 프랜차이즈 매장에서 미스터리 쇼퍼를 적극 활용했지만, 최근 롯데·신세계·현대백화점 등 주요 백화점 3사 모두 미스터리 쇼핑 도입을 크게 축소하거나 중단한 상태다. 그대신 직원 교육, 고객 설문조사, VIP 좌담회 등 다른 방식으로 서비스 품질을 관리하고 있다.

문화체육관광부는 호텔 등급 평가 기준에 '암행 평가(미스터리 쇼퍼 방식)'를 포함시키기로 확정했다. 4~5성급 호텔 등급을 평가할 때, 실제 고객처럼 숙박하며 서비스 전반을 확인하는 구조다. 이는 평가 신뢰도를 높이기 위한 조치다.

최근에는 일반인도 참여할 수 있는 '체험 알바' 형태의 미스터리 쇼핑도 많아졌다. 예를 들어, 카페나 음식점에서 실제로 주문하고 음료 제공 속도, 응대 태도, 매장 청결 등을 평가한다. 건당 사례비를 지급하거나, 구매비를 일부 지원하는 방식으로 진행되며 '꿀잼 알바'로 불리기도 한다.

위의 내용을 정리해보면,

최근 미스터리 쇼핑은 전통적인 금융권 중심에서 벗어나 다양한 분야로 넓어지고 있다. 유통업계에서는 롯데·신세계·현대백화점 등 주요 백화점이 미스터리 쇼핑을 크게 줄이고, 대신 교육, 설문, 좌담회 중심으로 서비스 품질 관리를 전환하고 있다.

한편 문화체육관광부는 호텔 등급 심사에 미스터리 쇼퍼 기반의 암행 평가 방식을 도입하기로 했다.
또한 카페 프랜차이즈, 식음료 매장 등에서 일반인도 참여 가능한 평가 공고를 통해 미스터리 쇼핑을 진행하며, 참여자에게는 사례비를 지급하고 '꿀잼 알바'로도 입소문이 나고 있다.

용배설사의 구조로 미스터리 쇼핑에 대해 완성한 글이다.

'미스터리 쇼핑(Mystery Shopping)'은 조사원이나 감독 직원이 일반 고객으로 가장해, 특정 업체나 기관의 서비스 수준을 평가하는 제도다. 이런 평가를 수행하는 사람을 '미스터리 쇼퍼(Mystery Shopper)'라고 부르며, '암행평가'라는 말로 바꿔 부르기도 한다. 쇼핑을 하는 것처럼 보이지만 실제 목적은 '관찰과 평가'에 있기 때문에 '미스터리'라는 이름이 붙었다.
미스터리 쇼핑은 미국에서 은행 직원이나 소매점 직원의 부정행위를 막기 위해 몰래 관찰하던 것에서 시작됐다. 1970년대에는 주로 내부 감시용으로 사용되었고, 한국에서는 1990년대 초부터 유통업체와 외식업체의 서비스 점검 도구로 도입됐다. 2009년부터는 국내 금융권 전반으로 확산됐다.
금융감독원 소속 조사원이 고객으로 위장해 은행 지점을 방문하고, 금융상품 설명이 정확한지, 투자 성향을 고려했는지, 수익률을 부풀리는 행위가 있었는지 등을 점검한다. 점검 대상은 보통 펀드, 변액보험, 파생상품 등 소비자가 이해하기 어려운 고위험 상품이다. 불완전 판매가 3회 이상 적발되면 해당 기관은 해당 상품을 아예 못 팔게 되는 '3진 아웃제'가 적용된다.
이처럼 미스터리 쇼핑은 단순한 감시가 아니라, 소비자 보호와 서비스 개선을 위한 제도적 장치로 활용되고 있다.
최근에는 활용 분야가 금융권을 넘어 관광, 식음료, 공공서비스까지 확대되고 있다. 예전에는 백화점·프랜차이즈 중심으로 많이 활용되었지만, 현재는 롯데·신세계·현대백화점 모두 미스터리 쇼핑 운영을 줄이고 대신 직원 교육, 고객 설문, VIP 좌담회 등의 방식으로 서비스 품질을 점검하고 있다.

반면, 문화체육관광부는 호텔 등급 평가에 '암행평가 방식'을 공식 반영하기로 했다. 4~5성급 호텔에 실제 투숙한 후 서비스와 위생, 직원 응대 등을 체크하는 방식이다.
또한 일반인을 대상으로 한 미스터리 쇼핑도 늘고 있다. 예를 들어, 카페나 음식점에서 주문부터 응대, 청결, 대기 시간 등을 평가한 뒤 사례비나 구매비를 받는 체험형 알바가 인기다.
이른바 '꿀잼 알바'로 불리며, 다양한 리테일 브랜드에서 진행중이다.
'미스터리 쇼핑'은 이름만 보면 생소할 수 있지만, 알고 보면 서비스 품질을 진단하고 개선하는 데 꼭 필요한 장치다. 과거에는 감시 중심이었다면, 지금은 소비자 경험을 더 정교하게 확인하고, 현장의 문제를 실시간으로 파악하는 똑똑한 도구가 되고 있다. 앞으로도 서비스 산업이 발전할수록 미스터리 쇼핑의 쓰임새는 더 넓어질 것으로 전망된다.

예시3 - 확장편 '해외 직구' 용어 정리, 어떻게 쓸까?

이번에는 확장편이다. 요즘 '해외 직구(해외 직접구매)'가 활발해지고 있다. 그만큼 사람들의 관심도 높아졌다는 뜻이다. 블로그나 쇼핑몰 후기는 물론, 홈페이지·보도자료·학술서·논문 등에서도 '해외직구'라는 용어가 자주 등장한다. 이럴 때 필요한 것이 바로 '정확하고 깔끔한 용어 정리'다. 해외 직구가 뭔지, 왜 중요해졌는지, 최근에는 어떻게 활용되고 있는지를 독자가 쉽게 이해할 수 있도록 정리해야 한다.

그렇다면 해외 직구를 어떻게 설명하면 좋을까? 이럴 때 활용할 수 있는 글쓰기 공식이 바로 '용배설사', 즉 '용어 설명 → 배경설명 → 최신 사례'다. 이제 '해외 직구'와 관련한 정보를 찾아보고, 이 공식에 맞춰 직접 써보자.

① 용어 설명

'해외 직구(해외 직접구매)'란, 국내 소비자가 해외 온라인 쇼핑몰에서 상품을 직접 구매하는 것을 말한다. 중간 유통업체를 거치지 않고 소비자가 직접 결제하고 배송을 받는 방식이다. 영어로는 'Direct Purchase from Overseas' 또는 'Overseas Direct Purchase'라고 표현하며, 줄여서 '직구'라고 부른다.

② 배경설명

과거에는 외국 제품을 사려면 수입업체나 백화점을 통해 간접적으로 구매해야 했다. 하지만 2000년대 중반 이후 해외 온라인 쇼핑몰이 대중화되고, 국제 배송 서비스가 쉬워지면서 개인이 직접 해외 사이트에서 물건을 사는 '해외 직구' 문화가 확산되기 시작했다.

또한 달러 환율 변동, 국내 가격 대비 저렴한 해외 제품, 희귀상품 구매 수요 등이 직구를 부추겼다. 특히 스마트폰, 유아용품, 의류, 명품, 건강보조식품 등은 국내보다 30~50% 이상 저렴한 경우도 많다.

정부도 2014년부터는 '개인통관고유부호' 제도와 간소화된 통관 시스템을 도입하면서 해외 직구 절차가 더 쉬워졌고, 소비자 보호 제도도 꾸준히 개선되고 있다.

③ 최신 사례

최근에는 아마존, 이베이, 쿠팡 해외배송, 알리익스프레스 등 플랫폼 다양화와 함께 해외 직구 전용 배송 대행 업체(배대지)나 통합 구매대행 서비스도 늘어났다.

2024년 기준, 해외 직구 규모는 약 6조 2천억 원에 달했으며, 20대와 30대가 전체의 65% 이상을 차지한다는 통계도 있다.

특히 명품 브랜드의 국내 가격 인상 이후, 해외 직구를 통해 더 저렴하게 구매하는 '명품 직구족'이 증가하고 있다.

또한 최근에는 '역직구' 시장도 주목받고 있다. 이는 해외 소비자가 한국 상품을 직접 구매하는 구조로, K-뷰티, K-식품 등이 중심이 되어 'K-직구 시대'라는 말까지 생겼다.

이제 '용배설사' 공식에 맞춰 해외 직구 관련 글을 한 번 써보자!

- **용어 설명**: 해외 직구가 뭔지 한 줄로 말해보자
- **배경설명**: 왜 이런 구매 방식이 생겨났는지 생각해보자
- **최신 사례**: 최근 직접 직구했거나 주변 사례가 있다면 써보자

〈기초 체력 올리기〉

해외 직구, 똑똑한 소비인가 위험한 선택인가

최근 '해외 직구'란 말이 더 이상 낯설지 않다. 아마존, 알리익스프레스 등 해외 쇼핑몰에서 직접 물건을 사는 이들이 빠르게 늘고 있다. 해외 직구는 저렴한 가격과 다양한 상품 선택이라는 장점 덕분에 하나의 소비 트렌드로 자리잡았다. 하지만 동시에 배송 지연, 환불 불가, 세금 문제 등 복잡한 요소도 많아 이제는 해외 직구를 무조건 좋은 선택이라 단정할 수 없다.

'해외 직구(해외 직접구매)'는 소비자가 해외 온라인 쇼핑몰에서 직접 상품을 결제하고 배송받는 구매 방식이다. 과거에는 수입 업체나 대형 유통망을 통해서만 외국 상품을 구할 수 있었지만, 최근에는 통관 절차가 간편해지고 환율 정보를 쉽게 확인할 수 있게 되면서 개인이 직접 외국 쇼핑몰에서 물건을 구입하는 시대가 열린 것이다. 이러한 변화의 배경에는 소비자의 정보력 향상, SNS를 통한 후기 공유, 가격 비교 앱과 배송 대행 플랫폼의 발달이 있다. 예를 들어, 같은 브랜드의 운동화가 국내보다 40% 이상 저렴하게 직구되는 사례도 많다. 실제로 통계청에 따르면 2024년 해외 직구 거래액은 약 6조 2천억 원에 달하며, 이 중 2030세대가 전체 이용자의 65%를 차지했다. 그러나 해외 직구에는 위험요소도 적지 않다. 해외 판매자의 신뢰도를 파악하기 어렵고, 제품 하자가 생겼을 때 환불이나 A/S가 불가능한 경우도 있다. 특히 전자제품이나 건강식품의 경우, 국가마다 안전 기준이 달라 소비자 피해 사례도 꾸준히 발생하고 있다.

해외 직구는 글로벌 소비 시대의 상징적인 변화다. 소비자가 능동적으로 가격과 품질을 비교해 더 나은 선택을 할 수 있다는 점에서 긍정적이다. 하지만 동시에 정보 부족이나 제도적 허점으로 인한 피해를 예방하기 위한 제도 정비도 필요하다.

앞으로는 단순히 "싸니까 산다"는 소비를 넘어, 내가 무엇을 왜 사는지, 어떤 책임이 따르는지를 함께 고려하는 스마트한 소비문화가 자리 잡아야 한다. 해외 직구는 선택의 자유이자, 책임의 영역이다.

⟨3GO 분석⟩

① 주장 GO — 무엇을 말하고 있는가?

"해외 직구는 소비자에게 더 많은 선택권과 가격 혜택을 주는 긍정적인 소비 방식이지만, 동시에 정보 부족이나 제도 미비로 인한 위험도 존재하므로, '스마트한 소비' 관점에서 접근해야 한다"는 것이 핵심 주장이다.
→ 즉, 무조건 좋다 vs 나쁘다의 이분법이 아니라, 장점과 단점을 함께 고려하고, 책임 있는 소비를 해야 한다는 균형 잡힌 시각을 전달하고 있음.

② 근거 GO — 왜 그렇게 생각하는가?

주장의 논리적 타당성을 확보하기 위한 구체적인 사례와 배경 정보가 근거로 제시됐다.
㉠ 정의 및 배경설명
- 해외 직구란 무엇인지 정의함
- 과거와 현재의 구매 방식 변화 설명
- 통관 절차 간소화, 정보 접근성 향상 등 제도적 배경 소개

㉡ 수치와 데이터
- 2024년 해외 직구 거래액 6조 2천억 원
- 이용자 중 2030세대가 65% 이상 차지
  → 신뢰 가능한 통계로 현실성을 확보

③ 사례 GO — 어떻게 풀어내고 있는가?

㉠ 운동화 등 특정 품목의 가격 비교 사례
㉡ 배송 지연, 환불 거부, A/S 미비 등의 피해 유형 언급
→ 주장에 대한 정보적 근거 + 구체적 사례 + 수치적 신뢰성의 3박자를 갖춘 구성

④ 통찰력 GO — 나만의 인사이트

> 해외 직구는 글로벌 소비 시대의 상징적인 변화다. 소비자가 능동적으로 가격과 품질을 비교해 더 나은 선택을 할 수 있다는 점에서 긍정적이다.
> 하지만 동시에 정보 부족이나 제도적 허점으로 인한 피해를 예방하기 위한 제도 정비도 필요하다.
> 앞으로는 단순히 "싸니까 산다"는 소비를 넘어, 내가 무엇을 왜 사는지, 어떤 책임이 따르는지를 함께 고려하는 스마트한 소비문화가 자리 잡아야 한다.
> 해외 직구는 선택의 자유이자, 책임의 영역이다.

이 글은 ① 서론 → ② 본론 → ③ 결론의 전통적인 논술 구조를 따르고 있다. 서론에서는 문제 제기와 관심 유도, 본론에서는 핵심개념 설명과 구체적 근거 제시, 결론에서는 논지 정리와 제안이라는 글쓰기의 흐름이 잘 드러난다. 특히 주목할 점은, 본론의 내부 구성이 자연스럽게 '용배설사' 공식(용어 설명 → 배경설명 → 사례 제시)이 녹아있다는 점이다.

단계	내용 요약
서론	해외 직구가 확산되고 있으며, 장점과 동시에 우려되는 점도 있다는 문제 제기
본론	용어 정의 → 도입 배경 → 장점 (가격, 선택권, 소비자 자율성) → 단점 (정보 부족, 피해 사례)
결론	균형 잡힌 소비 문화로 나아가기 위한 제언 (자율성과 책임의 동시 강조)

즉, '해외 직구'라는 용어를 정의하고(용어 설명), 그 현상이 나타난 시대적·제도적 배경을 설명한 뒤(배경설명), 구체적인 통계와 실제 사례로 독자의 이해를 돕고 있다(사례 제시). 이처럼 논술 구조와 글쓰기 공식이

유기적으로 결합되어 있어 논리적 설득력과 정보 전달력을 동시에 갖춘 좋은 글의 예라고 볼 수 있다.

[노트]
- 주제 명확: 단순 정보 나열이 아니라 논점(이득인가 위험인가?)을 중심으로 서술
- 자료 활용: 수치와 사례를 통해 근거 강화
- 균형 시각: 찬반 중 하나에 치우치지 않고, '책임 있는 소비'라는 제3의 대안을 제시
- 3GO 모델에 충실: 주장·근거·구조가 명확하게 분리되면서도 유기적으로 연결

2-5-5 이해한 것을 요약하기 - '우~ 자유'

드디어 대단원의 마지막이다.

우~ 자유!

이번 장만 잘 체득하면, 당신도 글쓰기 스트레스로부터 해방될 수 있다. '우~ 자유'라는 표현에서 느껴지듯, 이제는 자유롭게 써도 된다. 단, 글의 중요도에 따라 우선순위만 잘 정해주면 된다.

핵심은 이것이다. 이해한 내용을 바탕으로, 전달하고자 하는 메시지의 중요도를 판단하고 우선순위대로 써 내려가면 된다. 이 구조 속에 우리가 배운 '주근사' 구성도 액자처럼 자연스럽게 들어갈 수 있다. 사실 이런 구성은 앞서 여러 차례 응용편과 확장편에서 이미 다뤘다. 그러니 이제 두려워하지 마시길! 전달할 메시지의 우선순위를 정하는 일은, 글쓰는 이의 고유한 권한이자 권위다. 당신이 '무엇을 왜 말하고 싶은지'만 명확히 안다면, 그 글에 대해 누구도 시비를 걸 수 없다. 글의 방향은 글 쓰는 이, 즉 내가 정하는 것이다.

하지만 주의할 점도 있다. '우~ 자유'를 제대로 구사하려면, 탄탄한 기본기가 전제되어야 한다. 그래서 이 공식은 책의 마지막에 등장하는 것이다. 자유롭게 쓰려면, 전달하고자 하는 메시지를 정확히 파악하고, 촌철살인의 한 문장으로 압축할 줄 아는 힘이 필요하다. 그 능력이 있어야만 비로소 '우~ 자유'를 자유자재로 펼칠 수 있다.

명심하자. 내용에 대한 깊은 이해 없이는 자유로운 글쓰기는 불가능하다. 그렇지 않으면 글은 산으로 간다. 빈약한 논리는 독자에게 무시당할 수 있다.

'우~자유' 공식 정리

> '이해한 것을 요약하기'의 공식
> 우~자유
> [내용의 중요 우선순위를 정하고 자유롭게 써 내려가기]

'이해한 것을 요약하기'의 공식

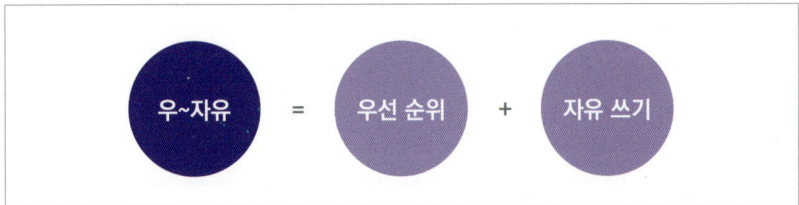

'자유롭게 쓴다'는 말에 오해가 있어선 안 된다. 글의 주제는 하나여야 하며, 글 전체는 그 주제를 중심으로 유기적으로 구성되어야 한다.

- ☑ 전달할 내용을 명확히 파악하라.
- ☑ 그 내용을 적되, 중요도를 기준으로 분류하라.
- ☑ 우선순위를 정하라.
- ☑ 우선순위에 따라 자유롭게 써 내려가라.

예시1. 직접 써보는 '우~자유' 요약 연습

다음 글을 읽고, 이해한 내용을 바탕으로 직접 재작성해보자.

글쓰기를 잘하는 가장 확실한 방법은, '이해한 것을 내 말로 바꿔 쓰는 것'이다.

> 지난해 해외 직구 금액, 통계 이후 처음으로 감소했다. 관세청이 발표한 '전자상거래물품 통관 현황' 자료에 따르면, 2023년 해외 직접 구매(직구) 물품의 수입액은 15억 2,342만 8,000달러로 집계됐다. 이는 전년 대비 1.4% 감소한 수치로, 해외 직구 통계가 시작된 2006년 이후 처음으로 감소세를 기록한 것이다.
> 하지만 건수 기준으로 보면 상황이 조금 다르다. 같은 해 직구 수입 건수는 1,586만 3,000건으로, 전년 대비 2.1% 증가했다. 다만 2011년 이후 연평균 40%에 달하던 폭발적인 성장세와 비교하면, 이번 증가율은 확연히 둔화된 양상이다. 직구 시장의 이런 변화는 세 가지 주요 요인에서 비롯된 것으로 분석된다.
> 첫째는 미국산 제품에 대한 수요 감소다. 이는 원·달러 환율 상승과 직접적인 관련이 있다. 2023년 평균 환율은 전년 대비 7.4% 상승한 1,131원을 기록했다. 환율이 오르면, 해외 제품의 가격 경쟁력이 낮아지고 국내 정식 수입 제품이 오히려 더 저렴해지는 경우도 생긴다. 이로 인해, '해외 직구가 더 싸다'는 인식이 약해졌다.
> 둘째는 국내 할인 행사 확대다. 정부가 추진한 K-세일데이, 코리아 블랙프라이데이 등 소비 진작 정책이 본격적으로 시행되면서 소비자들은 해외보다 국내 구매를 선택하는 경우가 많아졌다. 실제로 '직구보다 국내 구매가 더 싸다'는 인식이 퍼지기 시작했다.
> 셋째는 소비자 불만 증가다. 한국소비자원에 따르면, 2023년 해외 구매 관련 소비자 불만 상담은 5,613건으로 집계됐다. 이는 2014년(2,781건) 대비 2배 이상 늘어난 수치다. 불만 유형은 배송 지연·오배송·분실(30%), 취소·환불 지연 또는 거부(22.6%), 제품 하자 및 A/S 불량(15.7%) 순이었다.
> 이처럼 다양한 요인이 복합적으로 작용하면서, 직구 시장은 지금까지의 고성장에서 조정 국면으로 접어든 모습이다. 앞으로는 단순한 가격 경쟁력 외에도, 배송 신뢰도, 고객 응대, 환불 처리 시스템 등 서비스 품질 전반이 직구 선택의 기준이 될 가능성이 커지고 있다.

글이 이해가 안된다면, 지금 당장 관련 내용을 인터넷에서 찾아보자. 완벽하게 이해할 수 있을 때까지 해야 한다. 완벽하게 이해했다면, 이제 뼈대를 잡아보자. 우선 가장 먼저 쓰고자 하는 내용을 한 줄로 만들어라. 주제를 정하란 이야기다. 그리고 나서 그 주제를 뒷받침할 수 있는 이야기들을 나열한다. 본인이 생각했던 중요도의 우선순위에 따라서다.

자 이제 '지난해 해외 직구 금액 첫 감소'라는 글을 쓰고자 한다. 사실을 전달하기 위함이다.

직접 작성해보자

이제 같이 작성해보자.

먼저, 글의 주제 한 줄을 정하자.

→ 주제: 2023년 해외 직구, 사상 첫 감소

다음으로, 내용을 중요도 순서로 나열해보자.

뼈대 예시

> ① 주제 제시
>   → 2023년 해외 직구 금액, 통계 이래 첫 감소
> ② 현황 설명
>   → 수입액 1.4% 감소
>   → 수입 건수 2.1% 증가 (하지만 증가세 둔화)
> ③ 원인 분석
>   → 환율 상승 → 미국산 수요 감소
>   → 국내 할인행사 확산 → 국내 소비 전환
>   → 소비자 불만 증가 (배송·환불·A/S 문제)
> ④ 통찰 및 전망
>   → 가격만으로는 경쟁 어려움
>   → 앞으로는 배송 신뢰, 고객 서비스, 품질이 핵심 경쟁력

이제 이 뼈대를 토대로, 직접 한 편의 글로 써보자. **'주제 + 우선순위'** 에 따라 자연스럽게 써 내려가면 된다. 글의 흐름이 유기적으로 이어지는지, 주제와 벗어나지 않았는지 확인해보자.

> [TIP]
> 글이 어렵다면, 관련 키워드를 직접 검색해서 이해를 더해도 좋다. 완전히 이해하지 못한 상태에서 글을 쓰면, 글도 독자도 산으로 간다. "이해한 만큼만 쓴다"는 원칙을 기억하자.

이렇게 된다. 이를 글로 풀어주면.

> 2023년 해외 직구 금액이 통계 작성 이래 처음으로 감소했다.
> 수입 건수는 소폭 증가했지만, 과거의 급성장 흐름에 비하면 증가세가 크게 둔화됐다.
> 감소 원인은 환율 상승, 국내 할인 행사 확대, 소비자 불만 증가 등 세 가지로 요약된다.
> 해외 직구 시장은 가격 경쟁력만으로는 더 이상 성장하기 어렵고, 앞으로는 배송 신뢰도와 고객 서비스가 핵심 경쟁력이 될 것이다.

뼈대에 살을 붙여보자

글쓰기는 '생각나는 대로 쓰고 지우는 것'이 아니다. 글은 처음부터 뼈대를 잡고, 그 위에 살을 붙여야 한다. 이 순서를 반드시 기억하자. 막연하게 키보드를 두드리며 문장을 이어가다 보면, 논리 없이 늘어지거나 핵심이 흐려지는 글이 나오기 쉽다. 쓰고 나서 불필요한 문장을 지우는 방식은 비효율적이고 비전략적이다. 그런 습관이 있다면, 지금부터는 반드시 고쳐야 한다.

글쓰기는 설계다.

먼저 글의 주제를 한 줄로 정리하고, 그 주제를 뒷받침할 핵심 내용들을 우선순위에 따라 정리해보자. 그렇게 만든 뼈대 위에, 구체적인 사례와 설명을 살처럼 붙여나가는 것이 바로 효과적인 글쓰기 방식이다. 분량을 맞추는 것도 이 과정에서 자연스럽게 해결된다. 처음부터 몇 줄을 써야겠다는 생각으로 글을 시작하면, 핵심도 없는 군더더기 문장이 쌓이기 마련이다. 하지만 뼈대가 단단하면, 분량은 살을 붙이며 내용을 풍부하게 확장하는 방식으로 조절할 수 있다.

해외 직구 처음으로 꺾였다…2023년 첫 감소 기록

2023년 해외 직접구매(직구) 시장이 처음으로 뒷걸음질쳤다. 관세청이 발표한 '전자상거래물품 통관 현황'에 따르면, 2023년 해외 직구 수입액은 15억 2,342만 8,000달러로, 전년 대비 1.4% 감소했다. 2006년 통계 작성 이래 처음으로 금액 기준 감소세를 기록한 것이다. 수입 건수 기준으로는 1,586만 3,000건으로 전년 대비 2.1% 증가했지만, 2011년 이후 연평균 40% 이상을 유지하던 급성장세와 비교하면, 성장 둔화가 뚜렷하다. 숫자는 늘었지만, 속도는 확실히 줄어들고 있는 셈이다. 직구 시장이 주춤한 이유로는 세 가지 요인이 꼽힌다. 먼저 환율 영향이다. 2023년 원·달러 평균 환율은 1,131원으로 전년 대비 7.4% 상승했다. 달러 강세가 이어지면서, 해외에서 물건을 사는 것이 오히려 국내에서 사는 것보다 비싸지는 현상이 나타났다. 특히 미국산 제품의 가격 메리트가 줄어들면서, 주력 직구 품목들의 매력이 희석됐다. 두 번째는 국내 소비 대체 효과다. 정부가 추진한 K-세일데이, 코리아 블랙프라이데이 등 대규모 프로모션이 활발히 진행되면서 소비자들이 굳이 해외에서 구매할 이유가 줄어들었다. "직구보다 국내 구매가 더 싸다"는 인식이 실제로도 자주 확인되며 국내 소비 전환이 일어났다는 분석이다. 마지막으로는 소비자 불만의 증가다. 한국소비자원에 따르면, 2023년 해외 구매 관련 상담은 5,613건에 달했다. 이는 2014년(2,781건)의 두 배 이상 증가한 수치다. 불만 유형도 다양했다.

> 배송 지연·오배송·분실(30%), 환불 지연 또는 거부(22.6%), 제품 하자 및 A/S 불량(15.7%) 등 직구의 고질적인 불편 요소들이 여전히 개선되지 않고 있음을 보여준다. 이처럼 환율, 국내 대체 소비, 서비스 불만이 복합적으로 작용하면서 해외
> 직구 시장은 '무조건 성장'이라는 공식에서 벗어나고 있다. 앞으로의 직구 시장은 단순한 가격 경쟁력을 넘어 배송 신뢰도, 고객 응대, 품질 관리 같은 '서비스 전반의 완성도'가 핵심 경쟁력이 될 것으로 보인다. 저렴하다는 이유만으로 선택받던 시대는 저물고 있다. 이제는 "믿고 살 수 있는가"가 관건이 되는 시점이다.

비교해서 살펴보길 권한다. 뼈대와 기본틀, 그리고 살을 붙인 최종본까지. 여기서 더 살을 붙일 수도 있다. 분량 제한이 없다면.

> [노트]
> - 뼈대는 생각을 정리하고 주제를 놓치지 않게 도와준다.
> - 기본틀은 문단 흐름을 잡아준다.
> - 살붙이기는 글쓰기 실력과 전달력의 핵심이다. 분량 제한이 없다면, 각 단락에 데이터, 예시, 통계, 인용을 추가해 더욱 풍부하게 만들 수 있다.

예시2. 관세청, 해외직구불 불법물품 AI로 차단

다음 글을 읽고, 이해한 내용을 바탕으로 직접 재작성해보자. 글쓰기를 잘하는 가장 확실한 방법은, '이해한 것을 내 말로 바꿔 쓰는 것'이다.

> ### 관세청, 해외직구 불법물품 인공지능으로 차단한다
> (관세청 보도자료, 2025.5.27. 배포)
>
> 관세청은 5월 27일(화) 인천공항세관 특송물류센터에서 "특송물품 및 국제우편 분야 인공지능(AI) 위험관리시스템" 개발 착수보고회를 개최하고 해외직구, 특송물품을 통한 불법 물품 반입 차단을 위한 인공지능(AI) 기술 개발을 시작한다고 밝혔다.
> '24년 한해 해외직구를 통한 수입은 총 1억 8천만 건으로, '22년 대비 88% 급증하였으며, 특송물품·국제우편을 통한 마약류 등 불법 물품의 반입도 증가*하는 추세다. 이에 대응하여 특송 물품과 국제우편에 대한 정밀한 위험관리의 중요성도 점점 커지고 있다.
> * 2024년 국제우편 및 특송화물을 통한 마약류 적발건수는 655건으로, 전년 대비 25.6% 증가
> 무역규모 증가, 전자상거래 급증, 사회안전에 대한 관심도 증가 등 환경 변화에 대응하여 인력한계를 극복하고 위험관리를 고도화 하기 위해 첨단기술의 활용이 절대적으로 필요한 시점이다.
> 관세청은 2021년부터 순차적으로 일반 수입, 화물, 여행자, 개인 수입 분야에 인공지능(AI) 기술을 활용한 위험관리시스템을 개발하여 실제 업무에 활용하고 있으며, '2024년 정부혁신 왕중왕전'에서 '빅데이터·인공지능(AI)활용 디지털 관세행정 본격 수행' 사례로 행정안전부 장관상(동상)을 수상하기도 했다.

이해하기

먼저 자료의 핵심을 정확하게 파악한다. 처음 글을 읽으면 어렵게 느껴질 수 있다. 정보가 많고 낯선 용어도 있어서 막막하게 느껴질 수 있

다. 그럴 때는 전체 흐름을 빠르게 읽은 다음, 핵심 키워드만 따로 뽑아 정리해보는 게 좋다. 예를 들어, 관세청 보도자료라면 다음과 같이 정리할 수 있다.

- 해외직구가 많이 늘어남 (1억 8천만 건, 88% 증가)
- 마약 등 불법물품 적발도 증가 (655건, 25.6%↑)
- 기존 통관 방식은 검사 인력이 부족하고 비효율적
- 그래서 AI로 위험 물품만 골라내는 시스템 개발
- 2026년부터 본격 도입 예정

이 정도만 정리해도 글의 전체 구조를 파악할 수 있다.

주제 정하기

글의 중심이 되는 한 문장을 만든다. 글을 쓰기 전에 내가 무엇을 말하려는지 정확히 정해야 한다. 이걸 '주제 한 줄'이라고 부른다. 주제는 글 전체의 방향을 잡아주는 나침반 같은 것이다.

예시주제: "관세청, AI로 해외직구 통관 강화…불법물품 차단 나선다"
※ 주의할 점: 글은 자유롭게 써도 되지만, 주제는 하나여야 한다. 여러 이야기를 마구 섞으면 글이 산으로 간다.

우선순위 정하기

중요하다고 생각하는 내용을 순서대로 정리한다 글에 들어갈 내용은 많지만, 어떤 걸 먼저 이야기할지는 글쓴이가 판단해야 한다. 정보를 나열하는 게 아니라, '내가 보기에 중요한 순서'를 정하는 것이다. 예를 들어 이렇게 구성할 수 있다.

> 우선순위 뼈대
> ① 해외직구 급증 + 불법물품 증가
> ② 기존 검사 방식의 한계 (인력 부족, 전수 검사)
> ③ AI 위험관리 시스템 개발 착수
> ④ 기대 효과 (통관 속도 개선, 민원 감소, 신뢰 상승)

이처럼 구성하면 독자가 이해하기 쉬운 흐름이 만들어진다.

살 붙이기

뼈대에 문장과 설명을 더해 글로 완성한다. 이제는 자유롭게 문장을 써 내려가도 된다. 다만, 정한 주제와 우선순위를 중심으로 내용이 잘 이어지도록 신경 써야 한다.

> 관세청이 해외직구 통관에 인공지능(AI) 기술을 본격 도입한다.
> 최근 해외직구 수입량은 1억 8천만 건으로, 2년 전보다 88% 증가했고 마약 적발 건수도 655건으로 전년보다 25.6% 늘었다.
> 하지만 지금까지는 사람이 모든 물품을 전수 검사해왔기 때문에 검사 효율도 떨어지고, 인력 부담도 컸다.
> 그래서 관세청은 거래 정보와 과거 위반 이력을 AI가 분석해서 위험한 물품만 선별해 검사하는 시스템을 개발하고 있다.
> 2026년부터는 이 시스템이 본격적으로 적용될 예정이다. 이를 통해 통관 속도는 빨라지고, 소비자 민원도 줄어들 것으로 기대된다.

이처럼 뼈대만 잡아두면, 나만의 방식으로 문장을 붙여 글을 완성할 수 있다. 글을 길게 써도 되고, 짧게 요약해도 된다. 중요한 건 주제를 유지하면서 글의 흐름을 놓치지 않는 것이다.

〈포인트 해설〉

단계	할 일	예시
이해하기	핵심 내용 파악	해외직구 증가, AI 도입 이유, 기대 효과
주제 정하기	글의 중심 문장 만들기	"관세청, AI로 통관 강화"
뼈대 우선순위	내용 순서 정리	(1) 현황 → (2) 문제점 → (3) 해결방안 → (4) 기대효과
살 붙이기	문장으로 완성	자유롭게 글쓰기(주제 중심, 흐름 유지)

뼈대 잡기

주제 한 줄

→ 관세청, 해외직구 통관에 AI 시스템 본격 도입…불법 반입 차단 강화

꼭 기억하자. 《우~자유》는 단순히 '마음대로 쓰라'는 말이 아니다. 정확한 이해 + 우선순위 판단이 되어 있어야 비로소 자유롭게, 그리고 잘 쓸 수 있다. 이 글쓰기 방식에 익숙해지면 기사, 블로그, 리포트, 자기소개서까지 어떤 글이든 "내 말로 풀어 쓰는 글쓰기"가 가능해진다.

글쓰기와 덜어내기

글의 깊이는 길이에서 나오지 않는다

"분량, 줄여야 하나요?"

예전에 글쓰기에 관한 질문을 받은 적이 있다.

"쪽수나 분량 제한이 있는 글이 있어요. 그런데 하고 싶은 말이 너무 많아서 전부 다 쓰면 분량을 넘깁니다. 이럴 때 내용을 빼는 게 나을까요? 아니면 하고 싶은 말은 다 넣되, 설명을 줄이고 그냥 넘어가는 게 나을까요? 내용을 빼도 글의 큰 틀에는 문제가 없지만, 조금 가벼워질 것 같아 고민입니다."

그 질문을 들으니 수험생 시절이 떠올랐다. 나는 한 친구가 참 부러웠다. 아는 게 많았고, 글도 잘 썼다. 주 1회 열리는 논술 스터디에서 그는 항상 주목받았다. 제시어가 무엇이든 거침없이 써 내려갔고, 우리 스터디에서 정한 1000자 제한을 훌쩍 넘긴 1500~2000자짜리 글을 매번 내놓았다. 심지어 "담고 싶은 걸 다 못 담았다"며 늘 아쉬워했다.

하지만 지금 생각해보면... 이제는 안다. 그 친구가 아무리 많은 지식을 담고 있어도, '덜어내기'에 실패한 글은 결국 좋은 글이 아니다. 글은 쉽고 명료해야 한다. 글이란 건 많은 이야기를 '쏟아내는 것'이 아니다. 분명하고 또렷하게, 명료하게 전달하는 것이 핵심이다.

반대로 요즘의 나는 묻곤 한다.

"왜 글을 쓰려고 하나요?"

대부분은 읽히기 위해서다. 즉, 내 생각이나 가치관을 '남에게' 전하기 위해서라는 것이다.

"그런데 독자에 대한 배려 없이, 내가 하고 싶은 말만 마구 쏟아 낸다면?"

그 글은 나만의 독백일 뿐이다. 그런 글은, 설득도 공감도 불가능하다.

글에 정해진 규정이 있다면, 반드시 지켜야 한다. 그 규정에는 다 이유가 있다. 특히 평가를 받는 글이라면, 심사위원이 수많은 글을 읽는다는 사실을 잊지 말자. 그들은 '쉽게 읽히고 명확한 글'을 선호할 수밖에 없다. 분량은 곧 배려다.

글의 구성은 탄탄해야 한다. 짧은 글이라도, 구성이 엉성하면 감점 대상이다. 주장만 있고 근거가 없거나, 근거만 늘어놓고 중심 생각이 없거나, 주제와 무관한 사례만 주르륵 이어지는 글은 모두 설득력을 잃는다. 이런 글의 공통점은 '사족'이다.

◆ 사족(蛇足): 뱀을 다 그리고 나서 없던 발을 그려넣는 것. 쓸데없는 군짓으로 오히려 망치는 것을 의미한다.

퇴고를 하다 보면, 문득 깨닫게 된다. 내가 쏟아낸 문장들 중에는, 굳이 없어도 될 말이 참 많다는 걸. 그래서 글쓰기엔 '자기 성찰'이 필요하다. 내가 자꾸 주장만 반복하고 있진 않은지, 근거가 약하진 않은지, 주제와 관계없는 이야기를 길게 풀고 있진

않은지… 이런 질문을 스스로에게 던져봐야 한다. 덜어내고, 덜어내다 보면 결국 알게 된다. '무엇을 써야 할지'가 아니라, '무엇을 덜어내야 할지, 쓰지 말아야 할지'를 아는 것이 고수다. 퇴고를 하다 보면 알게 된다. 내가 쏟아낸 글자 중에 불필요한 것이 참 많다는 것을… 사족 제거를 하다보면 자기 성찰이 시작된다.

글의 깊이는 구조에서 나온다. 길게 쓴다고, 깊이가 생기지 않는다. 글의 깊이는 문장과 문장 간의 유기적 연결에서 만들어진다. 문장 다음에 근거 없이 주장만 이어지면, 글은 설득력을 잃는다. 반대로, 주장 다음에 적확한 근거와 사례가 이어지면 글은 명료해지고, 설득력이 생긴다. 심지어 나와 다른 생각을 가진 독자조차도 "그래, 일리는 있네"라고 느끼게 만든다.

그게 바로 좋은 글이다.

[노트]

하고 싶은 말을 다 쓰는 것보다, 해야 할 말만 정확하게 전달하는 글이 더 깊다. 글의 분량은 나의 욕심이 아니라 독자의 시간을 기준으로 정해야 한다. 덜어내기는 '쓰기의 마지막'이 아니라, '진짜 쓰기의 시작'이다.

2-6 나를 기록해보자

: 영감을 기록하는 글쓰기

글은 기록을 위한 도구다. 기사는 현재에 발견한 문제점을 세상에 알리기 위해, 후대에 기록으로 전하기 위해 쓴다. 여행을 하면서 깨달은 순간을 시간이 흘러서도 느끼고 싶어 글로 남기기도 한다. 아이를 키우면서 느낀 특별한 감동을 자녀가 성장한 후에도 간직하고 싶어 기록하기도 한다. 이처럼 글은 경험과 깨달음의 산물이다. 그 속에 우리의 인생과 가치관이 담겨 있다. 하나의 주제는 그 이야기를 관통한다. 그 이야기가 진솔할 때 다른 이의 마음에도 울림으로 이어진다. 필력이 좋다면 그 울림은 더 커질 수 있다.

나에게 있어 글은 '영감(inspiration)'을 기록하는 도구로 사용된다. 온라인으로 발행하는 글쓰기 매체를 시작한 것도 이 때문이다.[6] 실제로 요즘 '영감'님은 나를 자주 방문한다. 영감님이 찾아오면 하던 일을 바로 멈추고 메모장을 펴고 펜을 든다. 펜이 없으면 스마트폰 메모장을 실행해 미친 듯이 타이핑한다. 그리고 영감님이 주신 느낌과 그 느낌을 얻은 사례를 함께 적는다. 영감이 사라지기 전에 휘갈긴다. 급할 때는 단어들만 나열하기도 한다. 찰나의 순간에 왔다가 방심하는 사이 사라지는 영감을 잡기 위해서다. 어떠한 목적에서든 인간은 '글'과 떼려야 뗄 수 없는 관계다. 이왕 쓰는 거 잘 쓰면 더 좋지 않겠나.

---

[6] 저자는 카카오의 '브런치'에서 〈살아간다는 것〉, 〈광화문덕〉이라는 글타래로 글을 연재 중이다.

당신에게 글쓰기란?

"영감을 기록하고, 복잡한 생각들을 쏟아내라, 그런 이야기가 마음을 울린다"

[글쓰기 질문] "당신에게 글쓰기란 무엇인가요?"

> 지금 떠오르는 감정이나 순간을 글로 남겨보세요.
> 단 한 문장이라도 좋습니다.

03_ 퇴고!

아무리 좋은 글도, 처음부터 완벽할 수는 없다. 달필이라 불리는 이들도 초고 앞에서는 고개를 숙인다. 세계적인 작가들조차 "내 초고는 끔찍했다"고 말할 정도다. 하물며 우리 같은 평범한 사람은 어떨까? 초고는 '나의 생각'을 꺼내 놓은 초안일 뿐이다. 이제 해야 할 일은 하나, 읽는 사람의 눈으로 다시 쓰는 것. 그것이 바로 '퇴고'다. 글의 완성은 쓰는 것이 아니라, 고치는 데서 시작된다.

3-1 퇴고는 많이 할수록 고수

생각을 글자 형태로 충분히 쏟아냈다면, 이제 그 글을 글답게 다듬을 시간이다. 최소 열 번. 두세 시간 간격을 두고 다시 읽어라. 큰 흐름부터, 세부적인 내용까지 논리의 일관성을 검토하라.

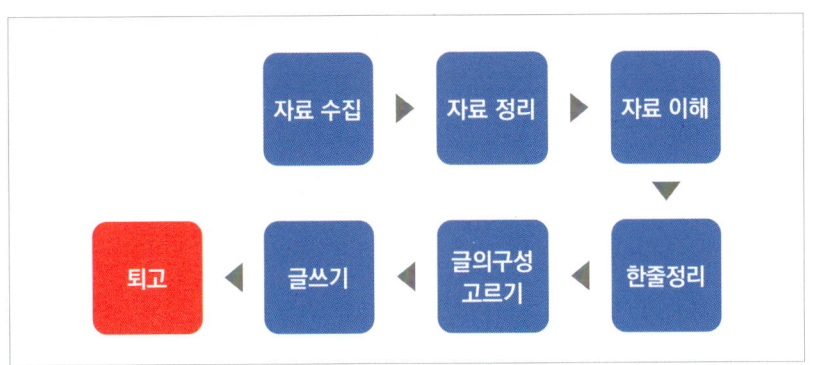

[퇴고는 글을 글답게 만드는 마지막 과정이다]

글은 퇴고를 거듭할수록 확실히 좋아진다. 뛰어난 작가일수록 퇴고에 더 많은 시간을 쓴다. 글을 반복해서 읽고, 주장의 근거와 사례를 보강하고, 표현을 더 명확하게 바꾸고, 구성을 더 짜임새 있게 다듬는다. 고수는 한 번에 고치지 않는다. 시간 간격을 두고, 반복해서 고친다. 약 20년간 글을 써오며 터득한 나만의 퇴고법이 있다. 글을 다 쓴 직후엔 퇴고하지 않는다. 오전에 한 번, 오후에 한 번. 반나절쯤 지난 뒤 다시 읽으면, 그 글은 전혀 다른 글처럼 보인다.

"내가 이런 문장을 썼나?"

낯설고, 부끄럽고, 아득하다. 바로 그때, 진짜 퇴고가 시작된다. 퇴고는 오탈자를 잡는 작업이 아니다. 오탈자 확인은 퇴고 '다음'에 해야 할 일이다. 퇴고란, 글의 그릇을 다시 빚는 일이다. 전달하고자 하는 의미를 가장 잘 담을 수 있는 구조로 바꾸는 것. 표현을 고치고, 문단을 옮기고, 불필요한 문장은 걷어낸다. 그렇게 글의 본질에 더 가까워진다. 물론 현실은 녹록지 않다. 마감에 쫓겨 퇴고 없이 기사를 보낸 적도 있다. 그럴 때면 얼굴이 화끈거린다. 마치 발가벗겨진 채 세상에 놓인 기분. 그래서 나는 말한다.

"퇴고는 글의 부족함을 가리는 마지막 방패이자, 글을 글답게 만드는 가장 인간적인 과정이다"라고.

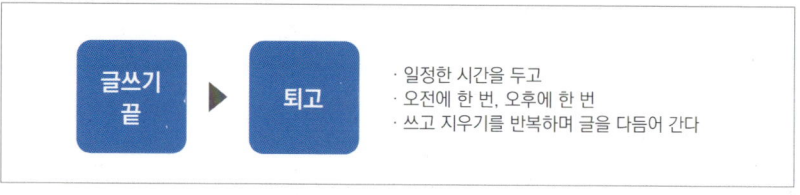

〈기초 체력 올리기〉

　퇴고는 글쓰기의 마지막이 아니라, 글쓰기의 절정이다. 잘 쓴 글은 반드시 잘 다듬어진 글이다. 다음은 퇴고할 때 꼭 점검해야 할 다섯가지 원칙이다.

퇴고할 때 5단계

큰 흐름을 본다 > 제목과 본문의 유기성 확인 > 단락과 단락 사이의 매끄러움 점검 > 문장간 흐름, 단어의 정확성

① 큰 흐름을 본다
전체 글의 구성에 오류가 없는지 살핀다. 글의 방향은 타당한가? 주제 전개가 자연스러운가?

② 제목과 본문의 유기성 확인
제목이 본문 내용과 잘 맞물리는가?
주장을 뒷받침하는 근거와 사례가 설득력 있게 연결돼 있는지를 점검한다.

③ 단락과 단락 사이의 매끄러움 점검
문단 간 논리적 연결이 자연스러운가? 갑작스럽게 분위기나 흐름이 튀지는 않는가?

④ 문장 간 흐름, 단어의 적확성
문장과 문장 사이의 리듬은 자연스러운가?
모호한 단어는 없는가? 애매한 표현은 사전을 찾아서 고친다.

⑤ 사족 삭제 및 논리 점검
군더더기 표현은 과감히 삭제한다.
논리적 비약이 있는 부분은 보완해야 한다.

퇴고를 해보면, 글의 순서만 바꿔도 완성도가 확 달라지는 경험을 하게 된다. 어휘 선택, 맞춤법, 띄어쓰기, 문장부호 하나하나가 글의 전달력을 높여준다. 어려운 용어를 쉽게 풀어 쓰는 것도 중요한 능력이다. 혼자만의 눈으로는 보이지 않는 것도 있다. 이럴 땐 제3자의 피드백을 구

하는 것도 효과적이다. 단, 맞춤법이나 띄어쓰기보다는 글의 흐름과 구조 위주로 평가를 부탁하자. 어문 규정은 인터넷의 도움을 받으면 된다.

퇴고의 3가지 전략

정확하고 올바른 퇴고를 위해서는 아래 세 가지를 따르자.

① 빠진 부분 보완

설명이 부족한 곳, 연결이 매끄럽지 않은 문장을 찾아 보완한다.

② 불필요한 부분 삭제

중복된 표현, 군더더기 문장은 과감히 삭제한다. 글의 숨통을 트이게 만든다.

③ 순서 재배치 및 구조 전환

문장의 순서를 바꾸거나 구성을 재정렬해 전개 방식에 드라마를 더한다.

> [노트] 퇴고는 많이 할수록 고수
> - 무엇을
>   끔찍한 초고가 되지 않도록 다듬는다.
> - 왜?
>   글은 다듬을수록 좋아진다.
> - 어떻게
>   5가지 퇴고 법칙을 따르며 반복해서 고친다.

맞춤법 검사도 '퇴고'의 일부다

"글은 좋은데 오탈자가 자꾸 거슬려요"

브런치에 글을 올릴 때 받은 댓글이다. 정성 들여 쓴 글이라도, 오탈자 하나로 몰입이 깨지고, 신뢰도는 떨어진다. 사실관계가 정확하더라도 맞춤법 실수는 '대충 쓴 글'처럼 보이게 만든다. 맞춤법 검사는 글을 다 쓴 후, 마지막에 하는 것이 좋다. 쓰는 도중마다 맞춤법을 확인하면 흐름이 끊기고, 오히려 비효율적이다. 글의 분량이 많거나 마감이 촉박할 경우 시간을 감안한 스케줄링이 필요하다.

추천 맞춤법 검사 도구

부산대 맞춤법 검사기
http://speller.cs.pusan.ac.kr/

국립국어원
http://www.korean.go.kr

가나다 전화 (국립국어원 상담)
☎ 1599-9979 (평일 오전 9시 ~ 오후 6시)

이렇게 퇴고의 기본기를 반복적으로 훈련하면 글쓰기 실력은 자연스럽게 단단해진다.

"글을 쓰는 일은 결국, 고치는 일이다."

너무 잘쓰려고 하지 마세요

글은 애쓴다고 잘 써지는 게 아닙니다. 물 흐르듯, 술술 읽히는 글. 그게 바로 '좋은 글'입니다.

"글이 안 써져요."

많이 듣는 말입니다. 그럴 땐 묻습니다.

"어떤 이야기를 쓰고 싶으세요?"
"음... 잘 모르겠어요."
"그럼, 오늘 드신 것에 대해 이야기해볼까요?"
"에이, 그건 너무 쉬운 주제 아닌가요?"

잠시 침묵이 흐릅니다. 글이란 결국 대화입니다. 글은 무조건 어려울 필요 없습니다. 내 마음속 이야기를 글자라는 도구로 적는 것, 그게 글쓰기입니다.

글은 쉬워야 합니다 저는 그렇게 믿습니다. 어떤 분들은 글이 어려워야, 무언가 깊은 뜻이 있어야 '좋은 글'이라고 생각합니다. 하지만 글의 목적이 뭘까요? 이해시키고, 설득하고, 공감받는 것. 그러려면 쉬워야 합니다. 쓱 읽었을 때, 쓱 이해가 돼야 합니다. 물론, 문학처럼 단어 하나하나를 음미하며 읽는 글도 있습니다. 그건 그것대로 아름답고 깊은 의미가 있죠. 하지만 일반적인 글쓰기에서는 '쉬운 글'이 '좋은 글'입니다.

잘 쓰려고 애쓰지 마세요. 너무 잘 쓰려다 보면 평소에 쓰지도 않는 화려한 수식어가 잔뜩 들어갑니다. 그러면 문장은 늘어지고, 마음은 멀어집니다. 현란한 글보다, 담백한 글이 마음을 울립니다. 이해하기 쉬운 글, 솔직한 글이 가장 강한 힘을 가집니다.

> 글쓰기 고민이 있다면, 일단 쓰세요. 그리고 고쳐보세요. 쓰고, 고치고, 다시 쓰고... 그 과정을 반복하는 사이, 어느새 당신의 글쓰기 내공은 깊어져 있을 겁니다.
>
> "준비되셨나요?"
>
> 어깨에 들어간 힘을 빼고, 지금 머릿속에 떠오른 생각을 그대로 써 내려가 보세요. 그리고 꼭 기억하세요. 글이 엉망이 되는 이유의 99%는 잘 쓰려고 기를 쓰다가 벌어지는 일입니다.

3-2 필사(筆寫)

　기자 초년병 시절, 주말이면 어김없이 기자실로 출근했다. 텅 빈 사무실에서 지난 한 주간의 신문을 정독했다. 보도된 기사들을 나란히 놓고 어떤 기사가 더 잘 썼는지, 왜 그렇게 느껴졌는지 비교했다.

　같은 보도자료가 매체마다 어떻게 다르게 쓰였는지 살폈고, 1매짜리 짧은 기사부터 3매, 5매에 이르는 긴 기사까지 문장 구성의 전략과 흐름을 분석하며 읽었다. 그렇게 스크랩한 기사 중 특히 인상적인 세 편 정도를 골라 베껴 썼다. 읽고, 쓰고, 다시 읽고, 또 썼다. 단순히 손으로 옮겨 적는 데 그치지 않았다. 문장과 문장 사이의 연결, 단어 선택, 문장 리듬까지 하나하나 곱씹으며 음미하듯 따라 썼다.

3-2-1 '글쓰기 내공 높이기'

: 필사는 최고의 훈련이다

3GO의 기본 공식을 익혔다면, 이제부터는 '훈련'이다. 그 시작은 단연, 필사(筆寫) 다.

'기자들의 필사 훈련'

기자는 수습 기간 동안 혹독한 글쓰기 훈련을 받는다. 언론사마다 차이는 있지만, 대개 4~6개월 정도다. 이 시기 수습기자는 매일 취재를 마친 후 다시 회사로 복귀해 기사 작성 교육을 받는다. 예를들어, CBS는 자체 교육 매뉴얼을 갖추고 있다. 거기엔 '검거', '화재', '교통사고' 등 사건 유형별로 글의 순서, 문장 구성, 어미 처리 방식까지 기사 쓰기의 공식이 정리돼 있다. 처음엔 이 예시를 그대로 베껴 쓴다. 그다음엔 본인이 취재한 사건을 예시기사처럼 구성해 쓰는 연습을 한다. 이 훈련을 매일 저녁 반복한다. 예시기사를 보지 않아도 자연스럽게 쓸 수 있을 만큼 글쓰기의 틀이 몸에 배도록 만든다. 이게 바로 기자의 필사 훈련이다.

'읽고 쓰기의 생활화'

수습기자의 하루는 아침부터 글로 시작한다. 다른 매체의 '단독 기사'를 빠짐없이 챙기고 그 과정에서 하루 종일 활자를 읽게 된다. 하루를 마친 밤, 다시 회사로 복귀하면 기사 교육 외에도 하루를 돌아보는 글쓰기 과제가 주어진다. 형식은 자유. 일기처럼 쓰기도 한다. 이것 역시 글쓰기 훈련이다. 수습 기간 동안 읽고 쓰고, 다시 읽고, 또 쓰는 무한 반복의 순환이 이어진다. 이 과정을 성실하게 버틴 기자라면 글이 늘 수밖에 없다. 머리가 아니라 몸으로 익히는 글쓰기. 그것이 필사의 진짜 가치다.

'필사 교재는 멀리 있지 않다'

필사를 위해 꼭 특별한 책이 필요한 건 아니다. 중요한 건 '내 수준에 맞는 글'을 고르는 것. 누구는 읽는 눈은 높은데, 막상 쓰기는 서툴 수 있고, 그 반대도 있다. 그래서 필사는 수준별 맞춤 학습이 필요하다. 좋은 교재는 '내가 잘 썼다고 느낀 글'이다. 마음을 울렸던 글, 한 문장 한 문장이 인상 깊었던 글. 그 글이 바로 지금 당신에게 필요한 교재다. 그리고 신기한 일이 벌어진다. 과거엔 잘 썼다고 생각했던 글이 어느 날 보니 별로처럼 느껴질 때가 있다. 그건 당신의 글쓰기 눈과 손이 성장했다는 증거다. 그럴 땐, 새로운 교재를 찾아 다시 필사하라. 글을 읽는 눈이 변하면, 베껴 쓰는 손도 달라지기 마련이다.

'하루 일정 시간은 글을 써라'

필사는 몰아서 한다고 효과를 보는 게 아니다. 꾸준해야 한다. 온종일 베껴 쓴다고, 하루아침에 내공이 쌓이진 않는다. 하루에 30분, 혹은 1시간. 정해진 시간만큼 꾸준히 필사하라. 글쓰기 실력은 노력에 비례한다.

삼다설(三多說)

"글을 잘 쓰려면, 많이 읽고, 많이 쓰고, 많이 생각하라."

송나라의 문장가 구양수(歐陽脩)의 말이다. 이른바 삼다설(三多說). 좋은 글을 쓰는 데엔 왕도가 없다. 좋은 글이 무엇인지 끊임없이 읽고, 글을 읽으며 사색하고, 읽은 글을 직접 써보며 내 것으로 만든다. 이 세 가지를 반복하는 사람만이 글쓰기 내공을 키울 수 있다.

필사 추천 글감 5가지

- 처음 시작하는 분들을 위한 글감 추천 리스트

① 신문 칼럼
분량이 적당하고, 시의성 있는 주제를 명료하게 다룬 글이 많다.
조선일보, 한겨레, 경향신문 '사설', '시론', '칼럼' 등

② 브런치 인기 글
실용적인 글쓰기 스타일을 익히기 좋다. 일상, 에세이, 자기계발 등 다양한 장르에서 선택 가능.

③ 기업 블로그 콘텐츠
비즈니스 글쓰기 감각이 필요할 때 좋다. 예: 삼성 뉴스룸, SK 브로그, 현대카드 DIVE 등.

④ 인터뷰 기사 중 '심층 대화' 중심의 글
인터뷰어의 질문과 흐름 구성이 잘 드러난다. 말맛 살리기, 요점 정리 훈련에 유리.

⑤ 좋아하는 작가의 산문집이나 에세이
자신이 진심으로 좋아하는 글은 흡수 속도도 빠르다.

문장의 리듬감, 표현력, 감정선 파악에 유익.

- 하루 한번 내가 베껴 쓰고 싶은 글을 골라보자
Step 1. 마음을 움직였던 글을 떠올려보자
최근 읽은 글 중 인상 깊었던 한 편을 생각해보자. 그리고 그 글을 다시 한 번 꺼내어 읽어보자
Step 2. 왜 이 글이 좋았는지 짧게 적어보자
(예시)
- ✔ 문장이 간결하다
- ✔ 감정이 잘 드러난다
- ✔ 구성 전개가 탁월하다
- ✔ 표현이 참신하다
- ✔ 마음을 울렸다

Step 3. 베껴 써보자
책상 위에 공책을 펴고, 그 문장을 한 줄 한 줄, 음미하듯 써보자. 글의 리듬과 논리, 감정선이 손끝으로 스며들도록.

필사 노트 양식 샘플

날짜	글 제목	출처	필사 구간	필사 문장	느낀 점
2025.07.27	나를 일으킨 한 문장	브런치 〈OO의 글쓰기〉	1~2문단	"오늘도 쓰자. 오늘도 산다."	간결하지만 강한 울림. 내 글의 마무리 문장으로도 쓰고 싶다.

※ 노트 말고 워드나 노션에 정리해도 좋다. 필사는 쌓이는 만큼 글이 된다. 오늘도 한 줄, 한 문단.

필사 노트

날짜	글 제목	출처	필사 구간	필사 문장	느낀 점

3-2-2 필사하면 좋은 글

많이 읽어야 '글을 보는 눈'이 생기고, 많이 써봐야 '글을 쓰는 감각'이 생긴다. 이건 글쓰기의 순리다. 글쓰기를 잘한다는 이들이 입을 모아 "많이 읽고, 많이 써라"고 말하는 이유도 여기에 있다. 하지만 초심자에게 가장 큰 고민은 "무엇을 베껴 써야 할까?"이다. 막상 필사를 하려 하면, 어떤 글을 골라야 할지 막막해진다. 나도 그랬다. 글쓰기 초년병 시절, 매주 서점에 가서 '필사하기 좋은 책'을 고르고 또 골랐다. 그리고 매번 망했다. 남들이 추천한 책은 내 수준과 맞지 않았기 때문이다. 그렇게 시행착오를 겪으며 깨달았다.

"내 눈높이에 맞는 글은 내가 직접 찾아야 한다."

'필사 추천 글감' 고르는 법
- 읽었을 때 '잘 썼다'는 생각이 드는 글
- 문장의 리듬, 구성, 감정이 자연스럽게 스며드는 글
- 내가 언젠가 이런 글을 쓰고 싶다고 느껴지는 글

이런 글을 스크랩해서 베껴 쓰는 것이 가장 효과적인 훈련이다.

실전 팁
글의 수준은 다양하게 시도해 보자. 너무 어려운 글만 고르면 흥미를

잃기 쉽고, 너무 쉬운 글만 고르면 실력이 정체된다. 글을 많이 읽고, 많이 써야 어떤 글이 좋은 글인지, 어떤 문장이 잘 읽히는지 감각이 생긴다.

1. 글쓰기 내공을 높이는 3단계 연습법

필사는 출발점일 뿐이다. 진짜 실력은 필사한 글을 내 것으로 만드는 과정에서 쌓인다.

① 글감 스크랩법 — 내 취향의 문장을 모아보자

스크랩은 나만의 글쓰기 교과서를 만드는 일이다. 좋은 문장을 만나면 그냥 지나치지 않는다. 복사하거나 캡처하고, 밑줄을 긋고, 따로 정리해둔다. 글쓰기 아이디어와 문장력은 그렇게 쌓인다. 스크랩할 때는 이런 기준을 세워보자.

- ☑ 마음이 움직였던 문장
- ☑ 내가 쓰고 싶은 스타일의 글
- ☑ 표현이나 비유가 인상적인 문장
- ☑ 자주 쓰는 주제와 연결되는 글

노트에 손으로 써도 좋고, 노션이나 에버노트, 구글킵 같은 앱을 활용해도 좋다. 스크랩은 결국 내 글의 밑거름이 된다.

② '변형쓰기' 연습법 — 필사의 다음 단계

필사를 했다면, 이제는 그 문장을 바꿔 써보는 연습을 해보자. 이것이 바로 '변형쓰기'다.

예를 들어,

> "그날의 하늘은 온통 푸르렀다. 나는 마치 한 장의 엽서 속에 들어온 기분이었다."

〈고친 예〉

> "하늘은 그림처럼 맑았고, 나는 그 속에 갇힌 풍경이 된 것 같았다."

이렇게 바꿔 쓸 수 있다.

- 구조는 그대로 두고 단어를 바꿔보기
- 문장 순서를 바꿔보기
- 감정을 바꿔서 표현해보기

이런 연습을 반복하면 문장을 다루는 힘이 커진다. 글쓰기 실력은 손끝에서 길러진다.

③ **자기 글로 이어쓰기 — 드디어 나만의 글을 쓸 차례**

이제는 자신의 글로 이어 쓰기를 해보자. 필사한 문장에서 시작해 나의 생각을 확장하는 방식이다.

"이 문장과 비슷한 내 경험은 없을까?"

"이 문장으로 시작해서 내 이야기를 써볼 수 있을까?"

"나는 이 문장과 반대되는 생각을 가지고 있다면 어떻게 써야 할까?"

이런 질문을 던지면서 내 글로 이어가 본다. 이 단계까지 왔다면, 글쓰기 근육은 점점 더 단단해지고 있을 것이다.

구분	내가 오늘 한 것	여부
필사	오늘 한 편 이상 베껴 썼다	V / X
변형쓰기	3문장 이상 내 식으로 바꿔봤다	V / X
이어쓰기	필사에서 파생된 나만의 글을 써봤다	V / X

필사는 단순히 베끼는 연습이 아니다. 내 안에 있는 문장을 깨우는 시간이다. 한 줄의 필사에서 나만의 세계가 시작될 수 있다.

글쓰기 루틴 워크북 (주 5일 실천 루틴)

📅 **하루 3단계 루틴**

필사하기 — 좋은 글을 한 편 베껴 쓰기
변형쓰기 — 그 문장을 내 식으로 바꿔 써보기
내글쓰기 — 나만의 이야기로 확장해서 써보기

📅 **루틴 체크표**

구분	Day 1	Day 2	Day 3	Day 4	Day 5
필사하기	☐	☐	☐	☐	☐
변형쓰기	☐	☐	☐	☐	☐
내글쓰기	☐	☐	☐	☐	☐

📅 **Day 1**

단계	내용 작성란
필사하기	
변형쓰기	
내글쓰기	

📅 Day 2

단계	내용 작성란
필사하기	
변형쓰기	
내글쓰기	

📅 Day 3

단계	내용 작성란
필사하기	
변형쓰기	
내글쓰기	

📅 Day 4

단계	내용 작성란
필사하기	
변형쓰기	
내글쓰기	

📅 Day 5

단계	내용 작성란
필사하기	
변형쓰기	
내글쓰기	

2. 참신한 도입부

① 호빗도 '절대반지'도 英시골 방앗간과 작은펍에서 태어났다

〈2015년 7월 2일자 조선일보〉

> 1930년 무렵 여름이었다. 영국 옥스퍼드대 교수 JRR 톨킨(1892~19 73)은 노스무어 20번지 붉은 벽돌집 서재에 앉아 있었다. 부업으로 고교 수료시험 답안지를 채점하던 톨킨이 캡스턴 잎담배를 파이프에 다져 넣고 불을 붙였다. 열린 창으로 바람이 불어 담배 연기가 허공에 흩어졌다. 갑자기 짧은 문장 하나가 떠올랐다. "땅속 구멍에 호빗이 살고 있었다." 옮겨 적으며 그는 생각했다. '도대체 호빗이 뭐지?'

과거를 회상하는 장면으로 시작한다. 주인공을 제3자의 시각으로 묘사하고 있다. 동화같은 구성이다. 장면이 머릿속에 그려지는 듯하다. 문장력이 필요한 글이지만, 익혀두면 꽤 쓸모가 많은 도입부 구성이다.

글 구성 분석

구성 요소	설명
시간배경 설정	"1930년 무렵 여름이었다" → 구체적 연도 + 계절로 이야기 몰입감 상승
공간배경 설정	"노스무어 20번지 붉은 벽돌집 서재" → 실제 주소 + 시각적 묘사
인물묘사	"영국 옥스퍼드대 교수 J.R.R. 톨킨" → 실존 인물의 위치와 성격 제시

구체적 행위 묘사	"잎담배를 파이프에 다져 넣고 불을 붙였다" → 감각적 묘사로 생생함 강조	
극적전환 문장	"갑자기 짧은 문장 하나가 떠올랐다" → 드라마틱한 순간 포착	
메타적 질문 삽입	"'도대체 호빗이 뭐지?'" → 창작의 탄생 순간에 대한 내적 반응 포착	

이 글을 통해 배울 수 있는 글쓰기 훈련 포인트

훈련 요소	학습 포인트	적용 예시
장면으로 시작	독자의 머릿속에 '영화 한 장면'을 그려주기	"1998년 겨울, 나는 어느 고시원 창가에 앉아 있었다…"
인물의 일상 속 특별한 순간 포착	특별한 사람이 아닌, '지금 이 순간'의 감정을 잡아내기	평범한 독서, 커피 한 잔, 걷는 장면 속에서 통찰 발견하기
제3자 시점 연습	나 또는 실제 인물을 제3자로 묘사하며 서술 훈련	"그는 매일 아침 같은 시간, 같은 골목을 지나갔다…"
창작 탄생 순간 기록	'아이디어가 떠오른 순간'에 대한 기록은 모든 글쓰기에 유용	일기나 기록 글쓰기에서 '왜 이 생각을 하게 됐는가' 포착 연습
리드문 감각 익히기	기사의 리드문 역할: 독자의 '궁금증'을 자극하며 빠져들게 만드는 기술	질문형, 회상형, 장면형 리드문 연습해보기

실전 훈련법 제안

1단계. 필사하기

위 톨킨 도입부를 손으로 직접 필사하여 문장 흐름과 리듬감을 체득.

2단계. 변형쓰기

- **시제만 바꾸기**: "2024년 여름, 나는 작은 원룸 책상에 앉아 있었다…"

- **인물만 바꾸기**: "어느 중학생은 낡은 노트에 끄적이다 멈칫했다. 문장 하나가 떠올랐다…"

3단계. 창작하기

〈나의 창작 시작 순간〉이라는 주제로, 어떤 문장이 불현듯 떠오른 적이 있는지? 그때 나는 어디에 있었는지? 무엇을 하고 있었는지?

→ 200~300자 짧은 글쓰기 훈련으로 시작.

항목	요점 정리
핵심 구조	장면 연출 + 창작 순간 포착
훈련 목적	감각적 글쓰기 + 인물과 상황 묘사 훈련
활용 분야	자기소개, 에세이, 기사 리드, 인터뷰 오프닝 등 다양한 글의 첫 문장 구성에 유용
중요 포인트	구체적인 '시간·공간·행동'을 묘사할 수 있어야 몰입감이 생긴다

② 온라인 탓에 '삭제'된 동네서점, '복구 로딩중'

〈2016.1.12자 한겨레〉

> 지난 6일 오후, 서울 중구 청계천의 헌책방 '밍키'. 채오식(58) 사장이 수천권의 책이 꽂혀 있는 책장 앞에서 심사숙고하며 한 권, 한 권 책을 뽑아 들었다. 22년째 이곳을 지켜온 채 사장의 '안목'으로, 독자들이 원하는 '주제'에 맞춰 3권씩 책을 '간택'해달라는 주문을 수행중이다. 그가 선택한 책은 '설레어함'이라는 이름의 상자에 담겨 독자에 전달된다.
>
> 이날 독자들이 선택한 주제는 각각 '성찰'과 '여유'였다. 채 사장은 성찰 쪽엔 무라카미 하루키의 〈어둠의 저편〉등을, 여유 쪽엔 박완서의 〈너무도 쓸쓸한 당신〉등을 담았다. '책을 골라달라'는 주문은 한 달에 30상자 정도 수준. 아직 큰 수익이 되는 건 아니다. 하지만 채 사장은 "이 서비스에 참여하면서 독자들이 어떤 책을 찾는지 최근 트렌드를 배우고 있다"며 '손님이 끊이지 않던 시절로 돌아갈 수 있지 않을까' 기대를 키워가고 있다.
>
> 한국서점조합연합회의 2014년 발표에 따르면, 165㎡(50평) 미만의 동네서점은 2005년 2287개에서 2013년 1674개로 27% 정도 줄었다. 2000년대 초반 온라인 서점 등장이후 내리막길로만 치닫던 동네서점들이 자신들을 위협했던 온라인 플랫폼을 역으로 공략하며 반등을 꿈꾸고 있다. 각종 온라인 판매 플랫폼이나 애플리케이션을 활용해 동네서점만의 특색을 홍보하는 틈새 전략을 쓰고 있는 것이다.

글 구성 분석

구성 요소	설명
시간배경 설정	"지난 6일 오후" → 정확한 날짜와 시간대 제시로 독자에게 사건의 현장성 부여

공간배경 설정	"서울 중구 청계천의 헌책방 '밍키'" → 구체적 지명과 장소 이름으로 몰입감 향상
인물묘사	"채오식(58) 사장" → 연령, 직업, 성(姓)을 통해 인물의 사회적 위치와 배경 암시
구체적 행위 묘사	"심사숙고하며 한 권, 한 권 책을 뽑아 들었다" → 동작을 천천히 묘사하며 서점의 분위기와 인물의 진지함 전달
극적전환 문장	"그가 선택한 책은 '설레어함'이라는 이름의 상자에 담겨 독자에 전달된다" → 단순 서점 운영을 넘어서는 새로운 서비스 개념 등장
메타적 질문 삽입	"독자들이 어떤 책을 찾는지 최근 트렌드를 배우고 있다… 손님이 끊이지 않던 시절로 돌아갈 수 있지 않을까 기대를 키워가고 있다" → 인물의 내면적 동기와 기대를 드러내며 공감 유도

이 글을 통해 배울 수 있는 글쓰기 훈련 포인트

훈련 요소	배울 수 있는 점	적용 예시
장면으로 시작하는 기사형 도입	"밍키 책방의 한 오후"처럼 현장감 있는 문장으로 시작	나만의 체험이나 관찰에서 출발하는 글 연습
인물 중심 서사	채 사장을 중심으로 이야기를 전개하며 메시지를 전달	평범한 인물도 '스토리'로 연결하면 살아나는 구성
독자 이입 전략	'설레어함' 상자, '주제 선택' 등 독자의 감정을 자극하는 소재 활용	글 쓰기 전 "독자가 이 장면에서 무엇을 느낄까?" 자문

통계와 배경 정보 결합	구체적 수치(서점 감소율)를 자연스럽게 서사 뒤에 연결	내가 쓰는 글에도 한 가지 팩트나 통계를 함께 연결해보기
위기-전환 구조 연습	'사라진 동네서점 → 온라인을 활용한 역공'이라는 반전 구성	기존 실패 또는 어려움에 대한 반전 스토리 구상해보기

실전 훈련법 제안

1단계: 필사하기
- 위 기사 첫 2~3문단 필사 (문장 리듬, 어휘, 현장감 익히기)

2단계: 변형쓰기
- 주제를 바꿔 쓰기: 동네카페, 중고가게, 재래시장 등 다른 지역상권에 적용

 (예시) "지난 화요일 오후, 성수동의 수제 맥주 가게 'OOO'…" 식으로 변형

3단계: 내 글쓰기
- "디지털에 밀렸지만 되살아나고 있는 OO" 구조로 구성

 (예시) "손편지", "현상 필름", "테이프 음악", "어린이 서점", "지역 축제" 등

항목	핵심 내용
핵심 구조	현장 묘사 → 서비스 소개 → 통계 → 이슈 전환
강점 포인트	'현장감' + '스토리' + '팩트'가 결합된 구조
훈련 효과	기사형 글쓰기, 리드문 구성법, 통계 활용법까지 복합 학습 가능
추천 주제	지역 상권, 아날로그 문화, 사라진 직업, 골목 풍경 등으로 확장 가능

③ '선전 하늘은 드론 놀이터, 3만원이면 사서 띄운다'

〈2016.1.12자 중앙일보〉

> 윙윙~' '윙윙~'. 벌처럼 웅웅거리는 소리가 귀를 찔렀다. 지난 6일 오후 중국 선전(深?) 시내는 드론의 놀이터였다. 거리에서도 공원에서도 '윙윙' 소리를 내는 드론이 시도 때도 없이 머리 위를 날아다녔다. 행인들은 도심 곳곳을 곡예 비행하는 형형색색의 드론 움직임을 눈으로 쫓느라 걷다 멈추기를 반복했다. '세계 드론 1위'인 DJI 본사를 찾는 것은 어렵지 않았다. 모르는 사람이 없었다. 샤오미·알리바바도 못 이룬 '세계 1위의 꿈'을 실현한 최초의 중국 기업 DJI는 선전 시민들의 자부심이었다.
>
> DJI 본사 건물은 거대한 연구개발(R&D) 센터를 방불케 했다. 사옥 대부분이 기술 보안을 위한 통제구역이었다. DJI의 한국지역 담당인 문태현 매니저는 "본사 근무자 1500여 명 가운데 연구개발 인력이 약 70%"라고 했다. 본사 21층 사장실 문 앞에는 중국어로 '두뇌만 출입 가능, 감정은 뺄 것'이라는 문구가 붙어 있었다. 창업자인 왕타오(36) 사장의 '기술 제일주의'가 극명하게 드러난다.

이 글은 청각 자극으로 시작해 시각적 이미지로 전환되고, 도시에서 건물로, 다시 건물 내부로 이동하는 공간적 흐름을 따라 전개된다. 마지막에는 강한 상징어를 배치함으로써 메시지를 강조한다. 이러한 전개 방식은 독자의 감각을 자극해 몰입을 유도하고, 시선의 흐름을 공간 이동과 함께 자연스럽게 이끈다. 짧고 강렬한 문장을 통해 핵심 메시지를 부각시키며, 독자가 마치 현장에 함께 있는 듯한 생생한 체험감을 전달한다.

글 구성 분석

구성 요소	설명
청각적 배경 설정	"웡웡~" "웡웡-" → 소리 묘사로 시작해 독자의 감각을 즉시 자극, 몰입감을 높임
공간배경 설정(도시 외부)	"중국 선전 시내... 거리에서도 공원에서도" → 도시 전체를 드론 놀이터로 묘사하며 광범위한 현상 강조
군중 묘사 및 시각적 전환	"행인들은 드론 움직임을 눈으로 쫓느라 걷다 멈추기를 반복했다" → 청각에서 시각적 장면으로 자연스럽게 전환
장소 이동 도시→기업	"DJI 본사를 찾는 것은 어렵지 않았다" → 거리에서 기업 본사로 시선 이동 (공간 이동 서사)
인물 및 기업 묘사	"DJI는 선전 시민들의 자부심이었다" → 기업의 사회적 의미(자부심)를 짧은 문장으로 요약
공간 이동 본사 외부→내부	"DJI 본사 건물은... 통제구역이었다" → 외관 묘사에서 내부 탐색으로 점진적 진입 서사
인용, 상징어 삽입	"'두뇌만 출입 가능, 감정은 뺄 것'" → 기술 제일주의를 상징하는 문구로 기사 메시지를 강화

이 글을 통해 배울 수 있는 글쓰기 훈련 포인트

훈련 요소	배울 수 있는 점	적용 예시
감각으로 시작하는 글쓰기	청각(웡웡) → 시각(곡예비행, 형형색색 드론)으로 전환하며 독자의 몰입도를 높임	소리, 냄새, 온도 등 감각에서 출발하는 글 시도 (예: "지글지글 고기 굽는 소리에 이끌려…")

시선 따라가는 구성	거리 → 공원 → 사람들 시선 → DJI 본사 → 본사 내부로 공간 이동과 시선 이동이 연결됨	공간 이동 흐름을 따라 글 구조 짜기 (예: 마트 입구 → 계산대 → 점원의 말투)
리얼한 현장 묘사 훈련	드론이 도시 위를 날고, 사람들이 멈춰 서서 쳐다보는 동적인 묘사로 현장을 생생하게 재현	군중 반응, 배경 소리, 날씨 등 다양한 요소를 써서 풍부한 묘사 연습
'대상-공간' 연결	DJI가 단순한 회사가 아닌 "시민들의 자부심"이라는 정서적 연결을 통해 공간과 감정의 상호작용 보여줌	특정 공간에 얽힌 사람들의 감정, 기억, 자부심 등을 글에 녹여보기
인상적인 한 줄 마무리	"'두뇌만 출입 가능, 감정은 뺄 것'" → 기사 주제를 한 문장에 응축해 각인 효과	글의 마지막 또는 전환부에 의미 있는 '상징 문장' 직접 써보기
기업 서사와 기술 메시지 연결	단순한 기업 소개가 아니라 "기술 제일주의"와 "중국의 자부심"이라는 사회적 메시지와 연결	브랜드나 기술을 단순 설명이 아닌 서사·철학과 연결하는 글 훈련

실전 훈련법 제안

1단계. 필사하기

"윙윙~' '윙윙-'. 벌처럼 웅웅거리는 소리가 귀를 찔렀다. 지난 6일 오후 중국 선전 시내는 드론의 놀이터였다. 거리에서도 공원에서도 '윙윙' 소리를 내는 드론이 시도 때도 없이 머리 위를 날아다녔다."

→ 청각 묘사 → 장소 묘사 → 시각 묘사 구조 파악

2단계: 변형쓰기

일상 속에서 청각 → 시각으로 감각이 전환되는 짧은 상황을 묘사해보자 (약 3~5문장)

(예시) "지하철이 들어오는 소리가 터널을 울렸다. 쇳소리와 함께 불빛이 차창 너머로 번져왔다. 눈앞에 도착한 열차엔 사람들이 마치 그림처럼 멈춰 서 있었다."

3단계: 내 글쓰기

아래와 같은 이동 흐름으로 구성된 짧은 글을 써보자(300자 내외)

> [내 방 → 골목 → 카페 → 카운터 안쪽 직원 표정]
> 공간이 바뀔수록 묘사의 중심(소리 → 풍경 → 사람)도 자연스럽게 이동하게 연습. 시점의 '줌인' 또는 '줌아웃' 효과 활용

4단계. 상징 문장으로 마무리

자신이 묘사한 공간 또는 경험의 핵심을 한 줄로 요약해보자.(기억에 남는 '간판', '문구', 또는 비유적 표현도 OK)

(예시)

"이 골목엔 시간보다 냄새가 먼저 지나간다."
"이곳의 친절은 메뉴판보다 앞서 온다."
"여기선 기술이 감정보다 먼저 출근한다."

점검 체크리스트

자가 진단 질문	확인
감각 묘사를 2가지 이상 사용했는가? (청각/시각 등)	☐
공간이 2회 이상 이동하는 흐름이 있는가?	☐
마지막 문장이 핵심 메시지를 응축하고 있는가?	☐

④ [일사일언] 글, 제2의 인생 숙제

〈2015년 7월 2일자 조선일보〉

> 연극을 하다보면 이런 저런 이유로 어쩔 수 없이 연극을 그만두는 친구들이 생긴다. 그들은 대략 세 부류로 나뉜다. 먼저 좋은 관객으로 남고자 열심히 극장을 찾아오고 후원도 하는 부류가 있다. 또 하나는 연극과 전혀 상관없는 삶을 살며 추억의 한 페이지로 곱게 접어 두고 가끔 꺼내보며 미소 짓지만, 굳이 연극을 보러 다니느라 애쓰지는 않는 그런 부류다. 세 번째 부류도 연극을 보지 않기는 매한가지지만 대하는 태도가 사뭇 다르다. 지나가다 연극 포스터만 봐도 고개를 획 돌리고, 누군가 연극에 대한 얘기를 꺼내면 얼른 화제를 돌린다. 그에게 있어 연극은 어쩌면 처참하게 실패한 짝사랑 같은 것인지도 모른다.
>
> 내게 있어서는 글쓰기가 그랬다. 좋은 독자로 남겠다며 웃고 있다가도 훌륭한 글을 읽다 보면 부러움과 질투로 책장 넘기기가 힘들고, 글을 쓰겠다고 까불어대던 어린 날들의 기억이 부끄러워 혼자 얼굴이 벌개졌다. 그랬던 내게 10년 전 전화 한 통이 왔다.

내가 하고 싶은 이야기를 하기 전에 연극 쪽의 이야기를 언급함으로써 몰입도를 높이고 있다. 또한 앞에 사례를 제시함으로써 내게 글쓰기란 것에 대한 이야기를 풀어나가는 데 독자가 더 쉽게 받아들일 수 있는 장치를 마련했다.

글 구성 분석

구성 요소	설명
주제 우회 진입	"연극을 그만둔 친구들"이라는 비유적 사례로 시작 → 글쓰기 이야기로 직접 진입하지 않고 우회

분류형 서사	연극을 떠난 사람들을 3가지 부류로 나누어 설명 → 독자에게 공감과 몰입 유도	
감정적 전이 구조	"고개를 획 돌리고… 처참하게 실패한 짝사랑…" → 감정이 점차 딥해지며 글쓴이 자신의 감정으로 전환	
고백의 전환점	"내게 있어서는 글쓰기가 그랬다" → 주제를 드러내는 첫 직접 진술	
자기 성찰 및 내면 묘사	"책장 넘기기가 힘들고… 얼굴이 벌개졌다" → 질투, 부끄러움, 후회 등 복합 감정 표현	
사건 계기 등장	"그랬던 내게 10년 전 전화 한 통이 왔다" → 구체적 사건으로 전환 → 본격 서사의 시작 예고	

이 글을 통해 배울 수 있는 글쓰기 훈련 포인트

훈련 요소	배울 수 있는 점	실전 적용 예시
비유적 비교로 주제 도입	내 이야기를 직접 시작하지 않고 유사한 타인의 이야기나 사례로 주제를 돌려 접근	"운동을 그만두는 사람들도 크게 세 부류가 있다…"로 시작 후 '내가 운동을 그만둔 이유'로 연결
분류 구조 익히기	사례를 2~3가지 '부류'로 나누어 설명하면 글의 구조가 단단해지고 논리가 정돈됨	"퇴사를 고민하는 사람들엔 세 가지 유형이 있다…" 식 구성 연습
감정 곡선 쓰기 훈련	독백처럼 감정이 천천히 올라갔다 내려가는 흐름 익히기 → 질투→부끄러움→후회→희망	"처음엔 질투였다. 그 다음은 미움이었다. 그리고 나서야 조금은 부러워할 수 있었다."

전환점 설정	"전화 한 통이 왔다"처럼 구체적 사건이나 계기를 통해 서사 전환 연습	나의 인생 전환점이 된 순간을 '한 문장'으로 요약해 보는 훈련
자기 고백형 서사 연습	내면의 감정을 구체적 상황과 결합해 독자와의 정서적 공명 유도	감정을 수치화하거나 몸의 반응으로 묘사 (예: "혼자 얼굴이 벌개졌다")

실전 훈련법 제안

1단계. 필사하기

'~은 세 부류로 나뉜다' 형식 써보기

(주제) 여행, 퇴사, 독서, 실패, 관계 등

(예시) 글쓰기를 포기하는 사람들은 대개 세 부류로 나뉜다. 첫째, 마음만 먹고 시작하지 않는 사람. 둘째, 조금 쓰다가 포기하는 사람. 그리고 셋째, 누구에게도 보여주지 못하고 서랍 속에만 담아두는 사람.

2단계: 변형쓰기

나의 실패 경험을 '짝사랑'처럼 써보기

(주제) 창업, 글쓰기, 시험, 인간관계

(예시) "나에게 창업은… 참았던 고백 끝에 돌아서버린 사람 같았다." 처럼 감정이 섞인 대상처럼 인격화하여 묘사

3단계: 내 글쓰기

"그러던 어느 날 전화 한 통이 왔다"처럼 내 인생을 바꾼 계기를 1문장으로 써보자.

(예시)

"그날 밤, 익숙한 이름이 휴대폰에 떴다."

"한 줄 댓글이 내 잠든 마음을 흔들어 놓았다."

"메일함에 도착한 한 통의 합격 통지가 나를 다시 펜 앞에 앉혔다."

점검 체크리스트

자가 진단 질문	확인
직접적인 고백 대신 비유적 사례로 시작했는가?	☐
유형/부류를 나눠 설명했는가?	☐
감정의 흐름이 자연스럽게 드러났는가?	☐
내게 비슷한 '주제 대상'이 연결되는 문장이 있는가?	☐
구체적인 전환점(사건, 계기)이 등장하는가?	☐
독자의 감정 이입을 고려한 문장을 썼는가?	☐
형식보다 감정이 우선했는가?	☐
첫 문장과 마지막 문장의 연결이 자연스러운가?	☐

⑤ [personality] 최현석의 즐거운 취미생활 중

〈IZE 2015년 6월 29일자〉

> 요리 장갑을 낄 때도 한껏 폼을 잡는다. 큰 키 위로 손을 치켜들고 소금을 뿌린다. 그래서 붙은 별명이 '허세'와 '셰프'를 합친 '허 셰프'다. 최현석은 과거 FOOD TV [셰프 최현석의 크레이지 타임]이나 올리브 [2014 올리브쇼]에 출연 당시 "크레이지 셰프"로 불리며 독특한 요리로 관심을 모았다. 그러나 JTBC [냉장고를 부탁해] 이후 그는 '허셰프'가 되면서 마치 연예인처럼 그 자체로 관심을 받는 하나의 캐릭터가 됐다. 그가 캐논 카메라 CF에서 폼 잡고 요리하며 셀카를 찍다 직원들에게 들키는 코믹한 모습을 연출하거나, 심지어는 걸 그룹 씨스타의 'Shake it' 티저에 출연하며 "이제부터 나의 손목은 요리할 때 쓰이지 않는다. (씨스타와) 춤을 출 때 쓰일 것이다"라며 엉덩이를 흔들 수 있는 이유다. 최현석은 셰프지만, 누구도 그가 셰프 이외의 활동을 하는 것에 대해 어색해하지 않는다.

한 사람의 특징을 짚어주면서 앞으로 풀어나갈 인물에 대한 이야기를 썼다. 몰입도를 높이는 장치라고 할 수 있다. 이 장치는 블로그나 브런치 등 장문의 글쓰기에 응용하면 좋다. 장문은 독자의 흥미를 끌지 못하면 중간에 버림받게 된다. 말랑말랑하면서도 읽는 재미가 솔솔한 이야기. 부드러우면서도 맛깔나는 이야기. 사실을 기반으로 쓰는 기사와 또다른 재미를 안겨주는 글의 구조다.

글 구성 분석

구성 요소	설명
상징적 행동으로 시작	"소금을 뿌린다", "폼을 잡는다" → 한 컷으로 인물을 압축하는 대표 동작 묘사

별명 언급 성격 포착	"'허셰프'" → 대중적 별명을 활용해 유머 + 캐릭터 정체성 강조
경력 요약과 전환점 제시	FOOD TV → JTBC [냉부] → CF 및 예능 → 점진적 캐릭터화 흐름 설명
구체적 예시와 대사 인용	씨스타 티저 "나의 손목은 요리할 때 쓰이지 않는다" → 인용을 통한 생동감 & 재미 부여
핵심 메시지 문장	"그는 셰프지만, 누구도 셰프 이외의 활동을 어색해하지 않는다" → 주제 선언 + 정리 역할

이 글을 통해 배울 수 있는 글쓰기 훈련 포인트

훈련 요소	배울 수 있는 점	실전 적용 예시
'하나의 장면'로 시작	인물의 특징을 가장 잘 드러내는 행동/표정/버릇을 앞에 배치	"김OO은 웃을 때 입꼬리가 비 스듬히 올라간다. 인터뷰 내내 그 표정은 사라지지 않았다."
캐릭터 잡기	'허셰프' 같은 별명은 인물에 대한 정서적 거리감 해소 + 성격 요약 효과	"그를 우리는 '프레젠테이션 요정'이라 불렀다. 발표만 시작하면 어깨에 바람이 들어가"
활약상 맥락 연결	프로그램/활동 나열하며 '전환점' 위치 시각화	나의 커리어/관심사/삶의 전환점을 구체적으로 정리해보기

대사 인용으로 입체감 주기	실제 발언을 통해 인물의 개성과 말투를 글에 담기	"그는 늘 '망해도 괜찮아요, 그냥 또 시작하면 돼요'라고 웃으며 말했다."
마지막 주제 응축	"~이지만 ~하다" 형식 → 주제+반전 또는 넓은 해석 담은 문장 훈련	"그는 개발자지만, 사람 보는 눈은 시인에 가깝다."

실전 훈련법 제안

1단계. 필사하기

인물 한 명, 장면 한 컷으로 시작하기

(예시) 친구, 가족, 동료, 유명인 등 그 사람을 한 문장으로 시각화 "이사할 때마다 가장 먼저 커피머신부터 꺼내는 사람, 그가 내 룸메이트다."

2단계: 변형쓰기

별명 혹은 상징으로 성격 요약하기

(예시) "그녀는 '이모지 마녀'였다. 말보다 이모지로 감정을 더 잘 전달하니까."처럼 '말버릇', 'SNS 스타일', '복장' 등을 토대로 별명 짓기

3단계: 내 글쓰기

마지막에 '~지만 ~하다' 문장 넣어 써보기

(예시) "그는 수줍음이 많지만, 말 한마디로 사람을 움직이는 재주가 있다."처럼 한 단락의 끝에 인물에 대한 인사이트 또는 반전적 해석을

담아 마무리해보기

점검 체크리스트

자가 진단 질문	확인
시작이 '인물행동'이나 '유머/특징'으로 흥미 유도하는가?	☐
인물의 활동·경력을 정리하되 지루하지 않게 풀어냈는가?	☐
구체적인 예시나 발언을 활용해 캐릭터를 입체적으로 보여줬는가?	☐

3. 블로그, 에세이 등 1인칭 시점이 돋보이는 글

① "아빠가 왜 오른쪽 다리를 잃었는지, 이젠 두 아이들도 압니다"

〈2015년 6월 25일자 조선일보〉

〈원문〉

> 2002년 6월 29일, 이희완 소령(당시 중위)은 참수리 357정의 부(副)정장이었다. 그는 그날 적의 포탄에 오른쪽 다리를 잃었다. 아홉 살 딸과 여덟 살 아들은 그런 아버지에게 무슨 일이 있었는지 궁금해했다. 그럴 때마다 이 소령은 "나쁜 사람들 때려잡다가 다리를 다쳤다"고만 말했다. 아직 어린 아이들에게 교과서에도 없고, 잘 알려지지 않은 이야기를 해주기가 어려웠다.

〈고친 예〉

> 2002년 6월 29일, 당시 중위였던 나는 참수리 357정의 부(副)정장이었다. 적의 포탄에 오른쪽 다리를 잃었다. 아홉 살 딸과 여덟 살 아들은 내게 무슨 일이 있었는지 궁금해했다. 그럴 때마다 "나쁜 사람들 때려잡다가 다리를 다쳤다"고만 말했다. 아직 어린 아이들에게 교과서에도 없고, 잘 알려지지 않은 이야기를 해주기가 어려웠다.

이희완 소령의 얘기를 전달자의 입장으로 기자가 소개해주고 있다. 전지적 작가시점을 1인칭 주인공 시점으로 전환해봤다. 일기쓰기나 에세이, 블로그 글쓰기 훈련에 도움이 될만한 글이다.

글 구성 분석

구성 요소	수정 전 (3인칭)	수정 후 (1인칭)	설명
시점	기자가 이희완 소령을 설명	본인이 직접 자신의 경험을 서술	정보 중심 → 감정 중심 전환
대명사	"그는", "이 소령은"	"나는", "내게"	거리감 축소, 독자와의 정서적 밀착감 상승
감정선 노출	드러나지 않음 (객관 설명)	"아이들에게 설명하기 어려웠다" → 감정 내포	공감 유도 강화
문장 스타일	명확하고 간결한 보도문체	개인적이고 부드러운 회고체	에세이, 일기, 편지글과 어울림

이 글을 통해 배울 수 있는 글쓰기 훈련 포인트

훈련 요소	배울 수 있는 점	실전 팁
시점 전환 훈련	3인칭 → 1인칭으로 감정 밀도 높이기	뉴스 기사, 위인전, 신문 칼럼을 나의 이야기처럼 바꿔 써 보기
문장 구조 온도 변화	객관적 정보보다 정서적 이유 중심 서술	"~했다" → "~할 수밖에 없었다" 등 감정이 스며든 표현 사용
에세이화	'정보 전달형 문장'을 '회고형 감정문장'으로 재구성	"그는 다리를 잃었다" → "나는 그날 다리를 잃었다. 이후 세상이 달라졌다."

독자와 거리 좁히기	'그 사람의 이야기'에서 '내 이야기'로 감정 이입 유도	'나의 시점'에서 이야기를 들려주는 방식 연습
감정 묘사 훈련	직접적 감정보다는 행동이나 상황으로 감정 전달	"얼굴을 외면했다", "말끝을 흐렸다" 등 비유적 표현 활용

실전 훈련법 제안

1단계. 뉴스 기사 하나 선택해 1인칭 시점으로 바꿔쓰기

(예시) 윤봉길 의사 인터뷰 → "나는 그날 도시락에 폭탄을 담았다."처럼 역사 인물, 사회 인물, 직업인의 인터뷰 등의 기사 변형

2단계. 감정을 담은 '전환 문장' 만들기

(예시) "그는 아이들에게 사실을 말하기가 어려웠다."

→ (3인칭을 1인칭으로 전환)

"아직은 말할 수 없었다. 아이들의 눈을 마주칠 자신이 없었다."

3단계. 3문단 구성 훈련 (사실 → 감정 → 회고)

문단	내용
1문단	사실 그대로 전달 (예: 날짜, 사건, 인물)
2문단	그 사실에 대한 내 감정, 고민 표현
3문단	시간이 지난 후의 생각이나 회고적 통찰 추가

점검 체크리스트

항목	여부
시점을 3인칭 → 1인칭으로 정확히 전환했는가?	V / X
감정을 드러내는 문장 또는 상황이 있는가?	V / X
'정보 전달'보다 '감정 공유'가 우선시되었는가?	V / X
독자가 '내 이야기처럼 느낄 수 있는' 문장이 있는가?	V / X
마무리가 감정적으로 닫히거나, 생각할 여운을 남겼는가?	V / X

② "취직하는 순간 꿈은 사라져" 30대 직장인 김 씨의 비망록

〈노컷뉴스 2013년 4월 4일자〉

> 오늘은 일찍 귀가했다. 오랜만에 아내, 4살 된 딸과 함께 치킨을 주문해 먹었다. 힘든 직장생활에서도 내가 웃을 수 있는 유일한 때가 가족들과 오붓하게 치킨을 먹을 때다. 내가 번 돈으로 맛있는 걸 먹으며 가족의 정을 느낄 수 있는 치킨 타임이 나는 가장 행복하고 감사하다. 그러나 이런 날은 한 달에 서너 번 뿐이다. 내일 아침 또 다시 전쟁터 같은 일터에 나가야 한다. 내일 역시 아침 7시 반까지 출근해서 거래처 영업과 야근, 회식을 거쳐 새벽에 퇴근하게 되겠지. 따져보면 회사에서 보내는 시간만 하루 12~14시간이다. 가끔씩 일이란 나에게 무엇인지 묻곤한다. 일이란 건 돈을 버는 수단일 뿐이다. 그렇게 생각해야 일 때문에 받는 스트레스가 줄어든다. 그 이상의 의미를 부여하기 시작하면 너무 힘들어진다. 하지만 그렇게 선을 그어 봐도 허탈한 마음을 달랠 수 없다. 내게 주어진 대부분의 시간을 나는 일을 위해 소비하게 되기 때문이다. 결국 내 인생의 대부분이 수단화되고 있는 셈이다.

직장인 김씨의 이야기를 담았다. 일기 형식을 차용했다.

글 구성 분석

구성 요소	내용 요약 및 설명
평범한 일상 장면	"치킨을 주문해 먹었다" → 구체적인 상황 묘사로 몰입감 상승
가족과 정서적 위안	"치킨 타임이 가장 행복하고 감사하다" → 감정의 진정성 표현
직장생활 현실 고백	"전쟁터 같은 일터… 하루 12~14시간" → 사실 기반 묘사
내적 질문 제기	"일이란 나에게 무엇인지 묻곤 한다" → 철학적 질문 삽입

삶의 수단화에 대한 회의	"내 인생의 대부분이 수단화되고 있다" → 본질을 묻는 결론	

이 글을 통해 배울 수 있는 글쓰기 훈련 포인트

훈련 요소	배울 수 있는 점	실전 적용 팁
일기체 형식 연습	하루의 구체적 장면을 감정과 연결해 쓰는 훈련	"오늘 나는 무엇에 감사했고, 무엇에 지쳤는가?"로 시작
감정의 층차 표현	기쁨 → 피로 → 허탈 → 철학적 질문 흐름	감정 변화선을 최소 3단계 이상 구성
시간 순 흐름 유지	오늘 → 내일 → 삶 전체로 시선을 넓힘	'현재 묘사 → 미래 예측 → 인생 회고' 순서 유지
본질적 질문 쓰기 훈련	"일이란 나에게 무엇인가"처럼 자신에게 던지는 질문 삽입	"나는 왜 이 일을 계속하는가?", "내 시간은 누구의 것인가?" 식 자기질문 쓰기
구체성과 철학성의 균형	치킨·출근시간 등 구체적 디테일과 철학적 고민을 함께 배치	구체 묘사 1 : 철학 질문 1의 비율로 문단 구성

실전 훈련법 제안

1단계. 오늘 하루를 일기체로 써보되 '감정변화 3단계'를 포함할 것

(예시) 기쁨의 순간 → 불편함 → 삶의 질문

오늘은 집에 일찍 들어왔다. 아이가 내 품에 안겨 자는 순간만큼은 세상이 잠시 멈춘 것 같았다. 하지만 씻으며 생각이 많아졌다. 내일 다시 마주할 보고서 더미와 악마같은 부장의 얼굴. 나는 왜 내 시간을 이렇게 써야만 하는 걸까?

2단계. "일에 대해 이렇게 생각한다" 형식으로 철학적 단문 쓰기

(예시) "일이란, 나를 지키기 위한 방패 같으면서도, 나를 가장 먼저 무너뜨리는 벽 같다."

3단계. 다음 프롬프트를 활용해 글 확장

"나는 가장 행복할 때 _____."

"내가 가장 외롭다고 느끼는 순간은 _____."

"그런데 문득 이런 생각이 들었다. _____."

점검 체크리스트

자가 진단 질문	확인
현실의 구체적인 장면(장소, 시간, 상황)이 포함되었는가?	☐
감정의 변화가 2단계 이상 드러나는가?	☐
'나'의 내면을 되돌아보는 문장이 포함되어 있는가?	☐
삶의 의미를 되묻는 질문이 글 안에 등장하는가?	☐
마지막에 감정적 또는 철학적 여운이 남는가?	☐

4. 돋보이는 현장감

① 65년만에 만난 아내에게 "여전히 예쁘네"

〈2015.10.24 노컷뉴스〉

"아, (옛날) 그대로 예쁘네… 왜 결혼(재혼) 안했어?"
"왜 사진 하나 안찍어놓고 갔어. 애한테 아버지라고 보여줄 게 아무 것도 없었어…"

65년만에 재회한 팔순의 노부부는 24일 단체상봉장에서 서로를 향한 애틋한 심정을 눈물로 주고받았다. 남측의 남편 전규명씨(86)는 북에 남아 있던 부인 한음전씨(87)를 이날 오후 금강산 이산가족면 회소에서 만나, 그동안 못해준 칭찬을 몰아서 하려는 듯 아내에게 "예쁘다"는 말을 수차례 했다. 휠체어에 앉은 채 상봉장에 먼저 들어서 남편을 기다린 한씨는 입구 쪽에서 눈을 돌리지 못한 채 간간이 손수건으로 눈가를 닦았다. 단체상봉 행사시작 직전인 오후 3시 25분쯤 남편 전씨 역시 휠체어를 타고 들어와 왼쪽 옆에 자리했다. 노부부는 몇초 간 서먹서먹한 표정으로 서로를 바라본 뒤 "나 전규명이오"하는 남편의 인사, "나는 한음전"이라는 부인의 답변으로 대화를 시작했다. 남편은 이윽고 "아, 그대로 예쁘네"라며 부인의 손을 꼭 잡았다. 부인도 맞잡았다. 부인은 남편과 헤어진 뒤 태어난 북측 아들 전완석씨(65)를 가리키며 "쟤가 당신 아들"이라고 소개했다. 남편은 "내 아들이라고?"라며 잠깐 아들을 돌아보는 이내 아내에게 시선을 돌렸다. "(아내가) 이쁜데 키가 작네. 이상하네, 그때는 키가 컸는데…"라며 대화를 이어갔다. 노부부는 북측 가족사진을 꺼내 놓고 작고한 전씨의 모친과 친척에 대해 잠시 대화했다. 전씨는 남측에서 재가해 낳은 아들 만석씨(57)를 소개했다. 남편은 다시 부인의 뺨을 만지며 "어떡해, 이뻐서"라고 말했다. "우리 아들(북측 아들) 모르겠느냐"는 질문에 전씨는 "모르겠다"는 답만 되뇌었다.

서로의 건강 얘기를 하던 북측 아내는 돌연 "당신죽은 줄만 알고 살았어. 간 줄 알았어"라면서 큰 소리로 울음을 쏟아냈다. 남편이 달래며 "이렇게 만났잖아. 나 어때?"라고 묻자 아내는 "이뻐"라고 화답했다. 부부는 "이제 나는 죽어도 원이 없다"는 말을 주고받았다. "당신 나간지 석달 만에 낳은 애"라고 부인이 재차 아들을 소개하자, 전씨는 그제서야 북쪽 아들을 손짓해 불렀다. "어머니 결혼(재혼)했느냐"는 아버지 물음에 아들은 "안했습니다. 저랑 어머니랑 (둘이 살았습니다)…"라고 답했다. "그렇게 고왔는데, 왜 결혼을 안했느냐"는 남편의 질문이 야속했는지 북쪽의 아내는 크게 흐느꼈다. 남편의 어깨를 손으로 치기도 했다. 한씨는 흐느끼면서 "왜 사진 하나 안찍어 놓고 갔어. 사진 하나라도 찍어 놓고 가지. 쟤(아들)한테 아버지라고 보여줄 게 아무 것도 없었어"라고 섭섭한 마음을 토로했다. 노 부부는 "이제 죽어도 원한이 없다"는 말을 거듭 했다. 2차상봉 첫째날인 24일 오후 5시30분 첫 일정인 단체상봉이 마무리됐다. 남북의 90가족(남측 254명, 북측 188명)은 금강산호텔에서 진행된 2시간 동안의 만남에서 짧으나마 회포를 풀었다. 이날 7시 30분부터는 다시 2시간 동안의 환영만찬에서 만남을 이어간다. 이어 25일 개별상봉·공동중식·단체상봉, 26일 작별상봉까지 총 6차례 12시간 혈육의 정을 나누게 된다.

이산가족 상봉 현장에서 본 사례를 기사로 녹여냈다. 수식어도 넘치지 않게 잘 쓴 기사다. 현장의 생생함을 글로 전달하는 게 어려운 일인데 현장감이 돋보인다.

글 구성 분석

구성 요소	내용 요약 및 설명
장면 중심 묘사	"휠체어에 앉은 채 상봉장에 먼저 들어서…" 등 현장의 '행위와 시선'을 중심으로 구체적 장면 전달

대화로 감정 전달	기사 전체의 감정 곡선을 인터뷰나 실제 대화로 전달하여 사실이 아니라 정서에 집중하게 함	
수식 최소화	"눈가를 닦았다", "뺨을 만지며 말했다" 등 과장 없는 표현으로 감정의 여백과 여운 확보	
대사 - 표정 - 행동의 삼박자	"왜 사진 하나 안찍어놓고 갔어"라는 말과 함께 손으로 어깨를 친 장면 → 복합적 감정의 물리적 표현	
시간 흐름의 정돈	첫 상봉 → 소개 → 울음 → 회한 → 다시 대화 등, 2시간 만남을 기승전결처럼 배치	
기사 구조와 배려	끝에 공식적 정보와 행사 흐름을 정리하여 독자에게 사실 전달 기능도 놓치지 않음	

이 글을 통해 배울 수 있는 글쓰기 훈련 포인트

훈련 요소	배울 수 있는 점	실전 팁
현장감 있는 서술법	대사와 구체적 묘사로 감정과 공간을 동시에 보여 주는 법	"누가 어디에 앉아 있었는가?"부터 정리 후 글쓰기
대화문 중심 전개 훈련	설명보다 직접 인용을 활용해 감정이 자연스럽게 전달되도록 함	"감정을 묘사하지 말고, 말하게 하라" 훈련
감정의 밀도 쌓기	격한 감정 없이도 여운 깊게 전달하는 기법	짧은 대사 + 행동 묘사 조합으로 감정 누적하기

감정- 사실 균형 잡기	마지막 문단에서 행사 정보를 배치해 감성적 몰입 후 정보 정돈	르포형 기사나 브런치글에도 활용 가능
시간 흐름 정돈 훈련	만남 → 첫 대사 → 자식 소개 → 감정 폭발 → 해소 → 마무리	글을 쓸 때 '순서 흐름도'를 먼저 짜보기

실전 훈련법 제안

1단계. 현장 장면 재현하기

다음 장면을 글로 표현해보자

"두 노인이 서로 이름을 말하기 전까지의 약 10초간 상황"

→ 시선, 자세, 눈물, 손짓 등 오감 묘사 위주

2단계. 대사로만 구성된 감정 에세이 쓰기

(예시)

- 주제: "10년 만에 만난 친구와의 대화"

- 조건: 묘사 없이 대사만으로 장면을 구성

- 목표: 대사만으로 상황과 감정이 느껴지도록 쓸 것

3단계. '사건 + 감정 + 공식 정보'의 삼단 구성 연습

① 사건 : 실제 있었던 사건의 상황 재현

② 감정 : 사건 속 인물의 감정 표현 (대화/표정 포함)

③ 공식 정보 : 이 사건의 배경 정보나 수치적 맥락 정리 (언론기사처럼)

점검 체크리스트

자가 진단 질문	확인
구체적인 장면이나 행동 묘사가 포함되었는가?	☐
인용된 대화문이 단순 정보 전달을 넘어 감정 전달까지 하고 있는가?	☐
감정을 직접 묘사하기보다는 상황과 말투로 유도했는가?	☐
장면 순서와 감정 흐름이 자연스럽게 연결되었는가?	☐
감성적 서술 이후 필요한 정보가 정돈되었는가?	☐

② 7년전 새벽 그 '참사 현장'에 다시 서다

〈2016.01.13자 한겨레〉

찬바람이 쌩쌩 불어 절로 옷깃을 여미게 했던 13일 오전, 서울 용산구 한강로 일대엔 경쟁하듯 올라가는 주상복합건물 공사현장에서 나는 소음이 쩌렁쩌렁 울렸다. 분주한 이곳과는 달리 길 건너엔 황량하다 싶을 정도의 텅빈 공간이 있다. 7년 전 '용산참사'가 일어났던 '남일당' 터다. 몇년째 주차장으로 쓰이고 있는 이곳에 서면 본보기주택(모델하우스) 2동이 눈에 들어온다. 외벽엔 '누가 용산을 대표하는가', '동작 센트럴 서희스타힐스/조합설립인가/접수임박'이라는 대형 펼침막이 걸려 있다.

2009년 1월20일, 강제철거에 항의하며 남일당 망루에 올랐다가 경찰특공대의 진압 과정에서 숨진 철거민들을 추모하는 이들이 남일당 터에 다시 모였다. 용산참사 7주기 추모위원회는 이날 기자회견을 열어 참사 진상규명과 책임자 처벌을 요구했다. 이들은 "참사 유가족들과 생존 철거민들에겐 2009년 1월20일 이후는 멈춰진 시간이었지만, 진압 책임자 김석기(당시 서울지방경찰청장)는 공기업(한국공항공사) 사장도 모자라 총선 출마를 선언하며 유가족들의 가슴에 대못을 박고 있다"고 호소했다.

글 구성 분석

구성 요소	내용 요약 및 설명
현재 시점의 현장 묘사	"찬바람", "소음", "텅빈 공간" 등 오감 자극형 현장 스케치로 독자 몰입 유도
공간의 대비 구조	"경쟁하듯 올라가는 건물" vs "황량한 남일당 터" → 사회적 무관심의 시각화
시간의 거리를 강조	"7년 전", "몇 년째", "이곳에 서면…" 등 시간 경과와 정지의 교차 서술

대형 문구·현수막 인용	"누가 용산을 대표하는가" → 사회적 질문을 직접적으로 던지는 장치
감정·분노의 직접 인용	유가족·철거민의 목소리를 기자 회견 인용 형태로 날것 그대로 전달
인물 대조 효과 사용	유가족 vs 김석기 (공기업 사장→총선 출마자) → 도덕적 역전 구도 연출

이 글을 통해 배울 수 있는 글쓰기 훈련 포인트

훈련 요소	배울 수 있는 점	실전 적용 팁
르포 구조 구성력	공간+감정+기억을 한 문단에 녹여내는 구성 감각	'시간이 흐른 장소'와 '정지된 장소'를 대비시켜 보기
공간 감각 훈련	현장을 묘사할 때 시각·청각·촉각을 동시에 활용하는 방식	"이곳에 서면…" 문장으로 감각적 전환 시작하기
인용과 논평의 균형	감정적 진술(유가족)과 배경 정보(공사장, 총선 등)의 균형 조절법	'인용→사실 설명→비판적 여운' 구조 반복
사회적 질문 설정법	"누가 용산을 대표하는가"처럼, 한 문장이 기사의 핵심 문제의식을 담고 있음	기사 중간에 의문형 현수막·문구 활용 연습
정치적 대조 장치 훈련	가해자로 지목된 인물의 '현재 위치'를 병치해 비판 강화	'진상규명 요구자' vs '출세한 책임자' 구도 설정 연습

실전 훈련법 제안

1단계. 간이 멈춘 장소"를 찾아 글로 표현해보기

(예시)

- 주제: "그날 이후 멈춰 있는 골목..사고 이후 현재의 모습"
- 조건:

현재 모습(공사/개발 등) 묘사 포함

과거 사건에 대한 간접 정보 삽입

생존자 또는 지역주민의 인터뷰 인용(가상 포함)

2단계. 사회적 무관심 vs 생존자의 시간 정지 대비 글쓰기

(예시)

"이곳의 시간은 멈췄는데, 도시의 시간은 무심하게 흘러가고 있었다."

"도로 건너에선 크레인이 바쁘게 움직이고 있었지만, 나는 그날로 되돌아간 듯 멈춰 있었다."

3단계. 현장 사진 1장 or 구글 지도에서 공간 1곳을 보고 다음 프롬프트에 따라 글쓰기

프롬프트	쓰기 예시
이곳에 서면 무엇이 보이는가	오래된 전봇대, 잔디 대신 흙먼지, 잊힌 비석…

이곳에 서면 무엇이 들리는가	공사 차량 소리, 바람 소리, 침묵 속 울음 같은 정적
이곳에 남아 있는 것은 무엇인가	쓰러진 현수막, 낡은 안내판, 지나가는 시민의 무관심

점검 체크리스트

자가 진단 질문	확인
현재 구체적 장면(시간·공간·소리·기후 등)이 묘사됐나?	☐
과거 사건의 정보가 자연스럽게 삽입되었는가?	☐
현재와 과거가 대비되며 사회적 질문을 유도하는 구조인가?	☐
감정적 대사 또는 피해자 관점이 직접 인용되었는가?	☐
비판 대상 또는 문제 구조가 명확하게 설정되었는가?	☐

5. 네이티브 애드를 고민하는 블로거에게 도움

마케팅 관련한 글쓰기에 도움이 될 글이다. 트렌드를 짚어주고 이에 따른 업황에 대해 잘 설명해주고 있다. 글이 가볍지도 않고 그렇다고 너무 딱딱하지도 않다. 상품에 대한 설명도 광고같지 않게 적절하게 잘 담아냈다.

① 불황엔 미니스커트? 올해는 '미니백'

〈2015.06.24자 매일경제〉

오랜 불황이 소비를 바꾸고 있다. 과거에는 경기가 좋지 않을 땐 무조건 소비를 줄였지만, 이제는 자신을 위한 최소한의 소비는 유지하면도 방식을 바꾸는 쪽으로 진화하고 있다. 이 같은 트렌드를 가장 잘 보여주는 것이 바로 여성 명품백이다. 불황일 때 여성들이 가라앉은 기분을 띄우기 위해 미니스커트를 입는다는 이른바 '미니스커트 효과' 대신에 '미니백 효과'가 새로운 트렌드로 주목받고 있다. 기존 작은 가방보다 더 작은 그야말로 '미니 사이즈' 핸드백이 인기를 끌고 있는 것이다. 이는 자기를 위한 '가치 소비'를 포기하지 않는 여성들이 상대적으로는 적은 금액으로 자신의 개성을 표출하려는 욕구에서 출발했다는 분석이다. 실제 같은 디자인이라도 미니백은 라지 사이즈나 스몰 사이즈 백보다 최대 50%가량 저렴하다. 업체들도 이 같은 트렌드에 발맞춰 전에 없던 미니 사이즈 백들을 잇달아 출시하고 있다.

24일 해외패션 사업을 하고 있는 신세계인터내셔날에 따르면 럭셔리 브랜드 셀린느 마르니 등에서 '미니백' 국내 판매가 지난해에 비해 많게는 두 배 이상 늘어났다. 불황에도 '완판' 수준의 호응을 얻은 미니백도 더러 있다. 셀린느의 '트리오백'은 지난해보다 국내 수입량을 180% 늘렸음에도 불구하고 전 색상·사이즈가 매진됐다.

작은 가방 세 개를 붙여 놓은 독특한 형태의 이 가방은 작긴 해도 수납성이 좋은 데다 가격도 셀린느 일반 핸드백의 절반 수준인 120만~140만원 선이어서 소비자들 반응이 뜨거웠다. '완판백'으로 유명한 마르니의 '트렁크백'은 이번 FW(가을·겨울) 시즌을 겨냥해 미니 사이즈를 출시해 호평을 받고 있다. 250만원대의 라지 사이즈나 230만원대인 미디움 사이즈에 비해 상대적으로 저렴한 180만원대에 내놓은 게 성공적이었다는 평가다. 신세계인터내셔날 관계자는 "스몰백이 워낙 인기가 있어 올해 FW시즌 처음으로 더 작은 미니 사이즈를 출시했는데 구하지 못해 난리"라면서 "가격 메리트에 휴대성이 좋은 게 인기 요인"이라고 설명했다.

레저를 즐기는 방식도 바뀌고 있다. 돈을 들여 먼 곳으로 피서를 떠나는 대신 집이나 집 앞 공원 등에서 여름휴가를 즐기는 '베란다 캠핑' 등 이른바 홈 바캉스가 인기를 끌고 있다. 온라인 쇼핑몰 G마켓이 최근 한 달간 여름 휴가상품 매출을 분석한 결과 팝업텐트 사이드테이블 파라솔 야전침대 등 베란다 캠핑용품 판매가 크게 늘었다. 평평한 장소에 던지기만 하면 텐트 모양대로 쉽게 펴지는 '팝업 텐트'는 매출이 전년 대비 146% 급증했다. 집 안 거실에 특별한 장치 없이 가볍게 펴놓는 것만으로도 아이들에게 캠핑 분위기를 선사할 수 있어 인기라는 분석이다. 좁은 공간에서도 캠핑 기분을 낼 수 있는 미니 사이드테이블(177%), 파라솔(56%), 야전침대(35%), 돗자리(10%) 판매도 크게 늘었다. 뜰에 작은 정원이 있는 가구는 야외벤치나 정원그네 등으로 기분을 내고, 튜브풀 등을 설치해 가족끼리 물놀이를 즐기는 사례도 늘고 있다. G마켓에서 야외벤치 판매는 273%, 대형 풀장튜브는 10%, 아이용 풀장튜브도 13% 각각 증가했다.

글 구성 분석

구성 요소	내용 요약 및 설명
핵심 트렌드 선언	"오랜 불황이 소비를 바꾸고 있다" → 문제 제시형 도입으로 흡입력 확보

소비자 심리 설명	'미니백 효과' → 기존의 '미니스커트 효과'를 인용해 트렌드 해석과 명명
통계·가격 정보 제공	"180% 증가", "120만원~140만원" → 믿을 수 있는 데이터와 구체적 수치
성공 사례 서술	셀린느·마르니의 '완판' → 브랜드 이미지 강화와 제품 신뢰 유도
다른 분야 확장	"홈 바캉스" 트렌드로 확장 → 핵심 키워드를 다르게 확장하는 병렬 구조
사용자 맥락 반영	'집에서 즐기는 캠핑' 등 소비자 경험 기반으로 문제 해결 제안
광고 느낌 없는 톤	"~에 따르면", "~라는 분석이다" → 객관화된 정보 전달 어조

이 글을 통해 배울 수 있는 글쓰기 훈련 포인트

훈련 요소	배울 점	실전 적용 팁
트렌드 → 사례 구조 익히기	하나의 사회적 트렌드에서 두 개 이상의 상품 사례로 확장	"Z세대 소비 트렌드 → 텀블러 / 패션 / 여행 앱" 등으로 훈련
제품 홍보의 비직접성	브랜드 이름을 노출해도 광고처럼 보이지 않게 연결	"~라는 분석이다", "관계자는 말했다" 식 표현 익히기
수치·가격 활용 훈련	가격 차이, 성장률 등을 적절히 삽입해 설득력 강화	전년 대비 %, 동급 대비 %로 수치 전환해 서술

'대조 구도' 주제 각인	미니스커트 vs 미니백 / 해외여행 vs 홈 바캉스	"과거 A vs 요즘 B" 프레임 자주 연습
소비자 심리 묘사	"자신을 위한 최소한의 소비", "기분을 띄우기 위한" → 심리와 행동의 연결 고리 표현 연습	
상품명 사용법 연습	셀린느, 마르니 등 브랜드가 강조되어도 전혀 부자연스럽지 않음	"브랜드명 + 맥락 + 소비자 반응" 3단 서술법 연습

실전 훈련법 제안

1단계. 유사 네이티브 애드 글 써보기

(예시)

- "요즘 직장인 점심시간 트렌드는 '0.5시간 피크닉'"
- "불황에도 '자기관리템'은 완판 — 폼롤러·홈트기기 인기"
- "출근길이 바뀌고 있다, 요즘 직장인의 카페 선택법"

(조건)

- 실제 브랜드 2곳 이상 활용
- 수치/가격 포함
- 소비자 심리 해석 필수
- '광고 같은 문장' 없이 '기사처럼' 서술

점검 체크리스트

항목	체크
하나의 명확한 트렌드를 중심으로 전개되는가?	V / X
통계·수치가 구체적으로 제시되었는가?	V / X
브랜드명이 광고 문장 없이 자연스럽게 녹아 있는가?	V / X
소비자의 심리적 변화와 행동이 연결되어 서술되었는가?	V / X
과거 vs 현재의 대조 구도가 설득력을 높이고 있는가?	V / X
2가지 이상의 사례가 병렬적으로 다뤄졌는가?	V / X
단어 선택이 중립적이고 설명 위주인가?	V / X

② 두부찌개냐고요? 외모에 속지 마세요 '젓국 갈비'랍니다

〈2016.01.14자 경향신문〉

'젓국 갈비'를 아시나요?

강화의 새우젓이 유명한 것은 알아도 '젓국 갈비'는 이름부터 생소할지 모르겠다. 젓국 갈비는 고려시대 임금 수라상에 올린 음식이다.

강화읍 고려궁지 옆에 있는 '왕자정'에 가면 대대로 내려오는 젓국 갈비의 맛을 음미할 수 있다. 언뜻 보기엔 맑은 두부국 같다. 보글보글 끓는 냄비를 들여다 봐도 희멀건 국물에 두부와 배추뿐이기 때문이다. 하지만 한 숟가락 떠먹는 순간 맛에 놀란다. 두부와 배추 밑에 돼지갈비를 놓고 새우젓을 듬뿍 넣어 푹 삶아 내는데 속이 후련하다. 쫄깃쫄깃한 고기를 씹다가 부드럽게 삶아 낸 배추를 건져 먹는 맛이 일품이다. 반찬으로 나온 순무 김치와 손두부도 맛있다. 3~4인분에 3만원. (032)933-7807

강화산성 남문 쪽에도 젓국 갈비집이 있다. 강화도 주민들이 자주 찾는 '신아리랑집'이다. 4인 기준으로 3만5000원. (032)933-2025

강화산성 남문 쪽에도 젓국 갈비집이 있다. 강화도 주민들이 자주 찾는 '신아리랑집'이다. 4인 기준으로 3만5000원. (032)933-2025

강화 서쪽 해안가인 외포리에 가면 꽃게탕 집들이 줄지어 있다. '충남 서산집'이 가장 유명하다. 꽃게는 속이 알차고 국물은 호박이 들어가서 달달하다. 이 집을 찾는다면 간장게장도 추천 메뉴. 짜지 않고 비린내도 나지 않는다. 알이 꽉 찬 게장에 쓱싹쓱싹 비벼 먹다보면 밥그릇이 금세 빈다. 곁반찬으로 내온 밴댕이 무침과 어리굴젓에도 손이 자꾸 간다. 간장게장 1인분 2만원. 꽃게탕은 냄비 크기에 따라 4만~7만원이다. (032)933-1667

외포리 젓갈시장에도 한 번 들러보자. 시장으로 들어서면 낙지젓, 창난젓, 밴댕이젓 등 16가지가 넘는 감칠맛 나는 젓갈류들이 입맛을 다시게 한다. 용기에 꾹꾹 눌러 담아주는 인심은 덤이다. 강화 새우젓은 갯벌과 조수 간만의 차가 심한 바다에서 자라 껍데기가 얇다. 임진강과 예성강, 한강이 만나는 강화 앞바다에서 주로 잡혀 맛이 좋다. 동절기에는 오전 8시30분부터 오후 5시30분까지 문을 연다. 젓갈 1통에 1만~2만원선이다. (032)932-9337

외포리에서 10분 정도 거리에 있는 건평항 주변은 한가롭게 낙조를 즐기며 생선회를 즐길 수 있는 곳이다. 점포는 9개뿐이다. 요즘에는 숭어가 제철이다. 숭어 1㎏에 1만~1만5000원선. 광어회 한 상 차림은 3만원선이다.

따끈한 커피 한잔이 생각나면 지중해식 카페인 '산토리니'가 괜찮다. 바다와 맞닿은 건평리 해변의 커피 전문점이다. 이곳 펜션에선 하룻밤 묵을 수도 있는데 11만원부터 있다. (전화번호)

강화 맛집을 소개하는 글이다. 대놓고 홍보하다보면 블로거지로 오해받을 수 있는데 자연스럽게 정리한 느낌이다. 첫 시작을 반문으로 시작한 것도 눈에 띈다. 소개하고자 하는 요리에 대한 배경도 알려주고, 음식의 맛도 현란하게 소개했다. 강화산성, 남문쪽 → 서쪽 해안가 → 외포리 젓갈시장 → 외포리에서 10분 더 가서 → 커피한잔으로 마무리했다. 이러한 동선에 따른 흐름을 잡아주면 좋다. 단순히 업체를 홍보하는 것이 아니라 요리에 대한 평가와 특징을 잘 짚어주면 거부감보다는 가보고 싶은 느낌이 더 든다.

글 구성 분석

구성 요소	설명
후킹 질문(반문)	독자의 흥미를 끌기 위한 질문형 도입으로 글의 주제를 자연스럽게 제시함
음식의 배경 정보	소개할 음식의 유래나 지역적 의미를 설명하여 문화적 깊이를 부여함
시각적 묘사와 반전	음식의 외형과 실제 맛의 차이를 강조하여 독자의 궁금증과 호기심 유발
감각 묘사	시각, 미각, 촉각 등 다양한 감각어를 활용하여 음식의 매력을 생생히 전달함
동선에 따른 구성	지역 이동 흐름에 따라 맛집과 장소를 자연스럽게 연결해 독자 몰입도 향상
실용 정보 제공	가격, 전화번호, 위치 등 독자가 활용 가능한 구체 정보를 간결히 정리함
감성적 마무리	여행의 여운을 남기기 위해 풍경·카페·숙소 등 감성 요소로 마무리함

이 글을 통해 배울 수 있는 글쓰기 훈련 포인트

훈련 요소	배울 점	적용 팁
후킹 시작법	질문 또는 가벼운 반문으로 시작하면 독자의 시선을 끈다	"이 음식, 정말 두부찌개일까요?" 등
음식 + 이야기 결합법	단순 맛집 소개가 아니라 음식의 역사성/지역성을 얹어 설득력 상승	예: 젓국 갈비 → 고려시대 수라상

감각 묘사력	'비주얼→냄새→식감' 순으로 묘사하는 연습 필요	"보글보글", "후련하다", "쫄깃쫄깃" 등 감각어 정리해 둘 것
여정 흐름 구성	지역의 지리적 이동 동선에 맞춘 글쓰기 흐름은 블로그나 가이드북에서 필수	"A점 → A점 인근 → 근처 명소 → 마무리 카페" 흐름 익히기
정보의 과잉 피하기	너무 많은 정보보다 "간결하게 핵심 정보 + 감성 묘사" 병행	전화번호, 가격, 위치 1줄 요약 연습하기
과한 홍보 톤 지양	객관적인 어조, 사실 기반 평가로 신뢰 확보	"쓱싹쓱싹 비벼먹다 보면 밥그릇이 빈다" 식 표현 연습

실전 훈련법 제안

우리 동네에 있는 "잘 알려지지 않은 맛집"을 강화 맛집 기사처럼 써보자.

- 후킹 문장부터 시작
- 음식의 유래 또는 상호명에 얽힌 스토리
- 감각 묘사 (시각, 미각, 후각) 3종 이상 포함
- 가격·위치·전화번호 등의 실용 정보 명확히
- 한 끼 여정 흐름으로 마무리 (예: 식사 → 산책 → 커피)

점검 체크리스트

자가 진단 질문	확인
음식 소개를 스토리처럼 풀었는가?	☐
시각/미각/촉각 등 감각어가 잘 쓰였는가?	☐
정보(가격, 전화번호 등)가 과하지 않고 실용적인가?	☐
글 전체 흐름이 여행처럼 유기적으로 연결되어 있는가?	☐
직접적 광고 느낌 없이 자연스러운 소개가 되었는가?	☐
마지막 문단에서 감성적 마무리 또는 추천 포인트가 포함되어 있는가?	☐

③ 熱나는 패션아이템…한겨울 가볍게 굿~샷

〈2016.01.13 매일경제〉

차가운 겨울 날씨도 한국 주말골퍼들의 열정은 막지 못한다. 게다가 올해는 엘니뇨 현상으로 따뜻한 겨울이 계속된다. 하지만 방심은 금물이다. 산악 지형의 골프장이나 바람 한 점 막아줄 곳 없는 허허벌판에 있는 골프장에서도 '체온 유지'는 필수조건이다.

하지만 무조건 따뜻해야 한다며 두껍게 옷을 입으면 스윙 자체가 안 된다. 게다가 멋있지도 않다. 올겨울에는 멋진 스윙도, 세련된 스타일도 놓치지 말자. '후끈'하게 체온을 올려줄 아이템이 줄줄이 쏟아지고 있기 때문이다.

가장 눈에 띄는 아이템은 타이틀리스트어패럴의 '히트 업 베스트'다. 간단하게 뜨끈뜨끈하게 열이 나는 조끼를 입었다고 생각하면 된다. 이 제품은 티셔츠나 스웨터 등 상의 위에 덧입는 충전식 발열 조끼다. 온도도 강중약 3단계로 조절할 수 있으니 외부 기온에 따라 적절하게 선택하면 된다. 배터리를 한 번 충전하면 강으로 4시간, 약으로는 10시간까지 발열이 가능하다. 게다가 안전하다. 전기장판 등에 사용되는 일반 니크롬선을 사용하지 않았다. 탄소발열섬유 소재의 특수 발열판을 내장해 원적외선까지 나온다.

골프치는 사람들에게는 스타일이 중요하다. 세련된 스타일의 옷을 입어야 한다. 하지만 겨울에는 춥다. 따뜻한 겨울이 계속된다고 하지만 방심은 금물이다. 따뜻하면서도 세련된 스타일의 골프옷이 있다.

이런 내용으로 풀어냈다. 추운 겨울에서 따뜻하면서도 세련된 스타일의 골프복으로 글을 풀어나가는 논리의 흐름을 주목하면 좋다. 억지스럽지 않게 풀어가야 한다. 글은 문장과 문장이 유기적으로 연결돼 흘러가야 하는데, 이 흐름이 단절되면 장사꾼이미지를 줄 수 있다. 마케팅 글쓰기, 네이티브 애드 글쓰기를 하고자 할 때는 두고두고 명심해야 할

부분이다.

글 구성 분석

구성 요소	설명
계절성 & 시의성 강조	'겨울', '엘니뇨', '따뜻한 겨울' 등 계절 이슈를 도입에 활용하여 독자의 공감과 몰입 유도
현실 문제 제시	"체온 유지"와 "두꺼운 옷의 불편함" 등 실제 골퍼들이 겪는 고민을 언급하며 문제 인식 유도
기대감 유도 문장	"멋진 스윙도, 세련된 스타일도 놓치지 말자"와 같이 해결책에 대한 기대감과 흥미 유발
제품 제시의 자연스러운 전환	문제 → 해결 구조 속에 제품을 삽입해 광고성이 느껴지지 않도록 자연스럽게 연결
기능 중심의 정보 제공	발열 시간, 온도 조절 단계, 충전 시간 등 실용 정보로 신뢰도와 설득력 확보
기술적 차별성 강조	니크롬선 대신 탄소발열섬유, 원적외선 등 특수소재 설명으로 제품의 기술적 우위 부각
문장 흐름의 유기성	문제-대안-해결책 순으로 논리 구조가 매끄럽게 흘러감. 중간에 끊기지 않고 리듬을 유지함

훈련 포인트

문제 인식에서 출발하라: 고객의 '불편함'이나 '걱정'에서 글을 시작하면 광고 같지 않게 설득 가능

제품은 중간에 조용히 등장시켜라: 제품을 갑작스럽게 소개하지 않고,

기능은 이야기처럼 소개하라: 단순 나열이 아닌, '왜 이 기능이 필요한지'를 상황과 연결해 설명

실전 훈련 제안

"겨울철 사무실 근무자용 방한 아이템"에 대해, 위 기사처럼 흐름을 설계해 글을 써보자

 - **도입**: 겨울철 실내 냉기와 장시간 앉아있는 직장인의 고충 묘사

 - **전개**: 두꺼운 패딩은 부피 크고 움직임 불편 → 얇고 따뜻한 아이템의 필요성

 - **해결**: 무릎담요, 히팅방석 등 아이템 소개 (기능 중심 정보 포함)

 마무리: "일 잘하는 사람의 겨울 책상엔 따뜻한 디테일이 있다"

6. 에세이 쓰기에 도움이 되는 글

인터넷 직구로 검증…모뉴엘에 떼일 뻔한 850억원 지켰다

〈2015년 1월 27일자 중앙일보〉

[사건:텔링] 매출 2000억원 회사 제품

2012년 10월 늦은 밤 서울 회현동 우리은행 본점 산업분석팀. 야근을 하다 갑자기 궁금해졌다. 이틀 전 대기업 심사부에서 보낸 한 장의 공문이 떠올랐다. 이미 850억원을 빌려 간 모뉴엘이란 회사가 추가 대출을 요청해 왔다고 한다. 한데 어딘가 개운치 않은 구석이 있다고 했다. 인터넷을 검색해 봤다. 대뜸 '마이크로소프트(MS)의 빌 게이츠 회장이 극찬한 회사'란 기사가 떴다. 심사부가 건넨 서류를 살펴봤다. 최근 몇 년 사이 매출이 하루가 다르게 늘었다. 이자도 꼬박꼬박 갚았다. 심사부 직원들이 직접 본사를 찾아가 경영진도 만나 봤지만 결정적인 부실 증거는 나오지 않았다고 한다.

그런데 이상하다. 두 달 전 은행으로 옮겨 오기 전까지 증권사에서 정보기술(IT) 업체만 13년 팠던 나다. '모뉴엘.' 어렴풋이 들어 봤지만 도대체 뭘 만드는 회사인지 알지 못했다. 인터넷을 뒤지니 홈시어터컴퓨터(HTPC)로 대박을 냈다고 한다. HTPC라면 나도 좀 알지. 모뉴엘이 수천억원어치 수출했다는 HTPC가 어떤 제품인지 찾아보자. 이럴 때를 대비해 미국 내 가상주소와 우편번호도 확보해 뒀다. 구글·이베이를 검색했다. 애플, 델(Dell), HP, 소니 제품들이 나왔다. 모뉴엘 제품은 눈 씻고 찾아봐도 없었다. 아마존·베스트바이·월마트도 샅샅이 뒤졌다.

그러나 모뉴엘 제품은 흔적조차 없었다. 답답해 쇼핑몰 담당자에게 e메일을 보냈다. 돌아온 답도 한결같았다. '현재 해당 제품은 재고가 없어 구하기 어렵습니다'. HTPC로 매출액을 2000억원이나 올렸다는데 미국 어느 쇼핑몰에서도 구입은커녕 카탈로그조차 구할 수 없다는 게 말이 되나? 의문은 꼬리를 물었다.

그러고 보니 모뉴엘이 만든다는 제품은 하나같이 매니어용이었다. 일반인에겐 생소하니 주변에서 흔히 볼 수 없다. 회사는 하루가 멀다 하고 언론의 집중 조명을 받는데 대표 상품은 구경하기 어렵다? 어딘가 냄새가 났다. 심사부와 영업부서에 이 사실을 알렸다. 대출 회수를 검토해야 한다고 했다.

영업부서는 펄쩍 뛰었다. '매출이 폭발적으로 늘어나는 신데렐라 같은 회사다. 이런 고객을 발굴해도 모자랄 판에 거래를 끊다니'. 이자를 연체한 적도 없지 않으냐는 볼멘소리도 나왔다. 다시 서류를 꼼꼼히 훑어봤다. 모뉴엘이 홍콩을 거쳐 미국 대형 유통업체인 ASI에 물건을 납품했다는 기록이 눈에 들어왔다. 옳지! 수출을 했다니 ASI가 발급해 준 확인서가 있겠군. 심사부에 확인서를 받아보라고 했다.

그런데 며칠 후 모뉴엘로부터 뜻밖의 답이 돌아왔다. "납품업체인 우리가 '을'인데 어떻게 미국에 증빙을 달라고 합니까." ASI 말고는 모뉴엘이 HTPC를 납품하는 곳이 없었다. 더 이상 망설일 이유가 없었다. 영업부서에선 아우성이었지만 심사부도 내 편으로 돌아섰다. 대출금 850억원 전액 회수 결정이 내려졌다. 의견이 받아들여져 기분은 좋았지만 마음 한구석에서 불안감을 떨칠 수 없었다. 혹시 넝쿨째 굴러 들어온 호박을 걷어차 버린 건 아닐까. 공연한 트집으로 경쟁사 좋은 일만 시켜 준 건 아닌지 밤에 잠이 오지 않았다. 우리가 거래를 끊은 이후로도 승승장구하는 모뉴엘을 볼 때마다 가시방석에 앉은 기분이었다. 그렇게 1년 넘게 흐른 지난해 10월 22일 아침. 조간신문을 들추다 눈이 번쩍 뜨였다. '혁신 가전업체 모뉴엘, 법정관리 신청'.

이후 검찰 수사 결과가 발표될 때마다 가슴을 쓸어내렸다. 상품가치가 없는 폐컴퓨터를 HTPC로 둔갑시켜 가격을 부풀렸단다. 2009년부터 6년간 120배까지 부풀려 3조원이 넘는 수출 실적을 위조했다니. 2년 전 미국 온라인쇼핑몰을 다 뒤져도 HTPC를 찾을 수 없었던 까닭을 그제야 알 것 같았다. 게이츠의 격찬도 지어낸 얘기였다. 묵은 체증이 쑥 내려갔다. 오랜만에 두 다리 뻗고 자야지. 그런데 지난주 초 회사에서 연락이 왔다. 24일 은행 경영전략 회의에 참석하란 통보였다. 모뉴엘 회수 결정에 공을 세운 선배한 분과 내게 표창을 준다고 했다. 시상식장에 섰다.

이광구 행장님이 칭찬을 하시더니 대뜸 선배를 불러내 "부지점장으로 승진시킨다"고 발표했다. 가슴이 뛰기 시작했다. "강윤흠 차장." 내 이름이 호명됐다. "포상금 300만원과 함께, 이른 시일 내 정규직 전환을 약속드립니다." 머리가 멍했다. 집에 있는 가족들 얼굴이 스쳐 지나갔다. 생각해 보면 직장생활 만 16년간 단 한순간도 계약직 신세를 면치 못했다. 대학에서 독어독문학을 전공하고 한때 외교관을 꿈꿨지만 졸업 즈음 국제통화기금(IMF) 사태가 터졌다. 1999년 구직시장은 유독 추웠다. 경영·경제 전공자 말고도 받아 주는 직장을 찾다 증권사에 들어갔다. 벤처가 뜨고 정보통신이 붐을 일으키던 시절. 인문계 졸업생으로 이공계 출신들을 제치고 IT 분야를 맡았다. 그 흔한 석사 학위 하나 없이 이어 간 애널리스트 생활은 위험하면서도 짜릿했다. 내 이름 석 자를 걸고 시장과 대면하는 일. 매분 매초가 가시밭길이었다.

한때는 남들이 부러워하는 고액 연봉자 대열에 든 적도 있다. 그러나 연말이 되면 어김없이 실적 압박에 시달렸다. 늘 고집을 부리기가 힘에 부쳤다. 불안해서, 눈치가 보여서 뜻대로 마음대로 분석 결과를 발표하지 못할 때가 많았다. 전망이 어둡다는 부정적 분석은 회사에 이득이 되지 않는다. 업계에선 소신 있는 애널리스트가 적었다. 이직을 결심한 건 그때다. 연봉이 반 토막 날지언정 '소신'을 지키고 싶었다. 명함만 바뀐 '전문계약직.' 이직 당시 주변 반응은 반반이었다. 잘했다는 격려와 후회하지 않겠느냐는 걱정이 동시에 나왔다. 그래도 모뉴엘 사건 후 나이 마흔둘에 처음 정규직 전환을 눈앞에 두고 있으니 잘한 결정 같다. 시상식장에서 만난 동료가 웃으며 말했다. "은행을 너무 몰라서 겁이 없었던 거야."

글 구성 분석

구성 요소	설명
도입 (문제의 발단)	"850억 대출 심사"라는 구체적 사건을 단서 삼아 시작. 독자의 흥미 유도

배경설명	기자가 사건을 인지하게 된 계기와 해당 기업에 대한 초기 정보 탐색 경로 설명
조사 과정(전개)	인터넷 검색, 해외 직구 시도, 쇼핑몰 문의 등 문제 의심과 확인 과정을 묘사
내부 갈등	심사부·영업부와의 의견 충돌, 불안감과 긴장감을 통해 독자의 몰입도 상승
결정과 결과	대출 회수 결정, 이후 모뉴엘의 법정관리 소식으로 판단의 정당성 입증
반전 요소	법정관리 소식과 함께 '게이츠의 격찬'이 가짜였다는 사실 드러남
감정 이입	포상 소식과 함께 처음 정규직 전환이라는 인생 전환점 도달 (감정 곡선 고조)
개인 서사 회고	계약직 16년의 인생, IMF세대, 인문계 출신의 IT 전문가로 살아온 삶 회상
교훈과 마무리	소신을 지킨 선택이 결국 인정받는 이야기로 마무리하며 여운을 남김

이 글을 통해 배울 수 있는 글쓰기 훈련 포인트

포인트	설명
스토리텔링 구조 훈련	사건 → 조사 → 갈등 → 반전 → 결말의 서사 구조를 따른다. 단순 설명이 아닌 '이야기'로 전개되는 글을 익힐 수 있다.
내러티브 저널리즘	기자의 감정, 생각, 선택이 자연스럽게 녹아 있으며, '팩트 중심 보도'가 아닌 '기자의 서사'가 강조된다. 실명화된 경험담은 신뢰와 몰입감을 높인다.

개인 서사의 직조	단순한 성공기/실패담이 아닌, 개인의 경력, 사회 흐름, 시대 배경(IMF 등)과 연결되며 '인간적인 글'로 완성된다.
긴 글의 리듬감 유지	긴 글이지만 '궁금증 → 해결 → 반전'이 반복되며 지루하지 않다. 각 문단의 연결과 긴장감 전개 연습에 적합하다.

실전 훈련법 제안

훈련 과제	구체적 방법
'내가 겪은 탐사기' 써보기	실제로 경험한 일(사기, 구매 실패, 불신)을 소재로 의심 → 확인 → 판단 → 결과의 흐름으로 글을 써보자.
5단 구성 훈련	도입(발단) → 조사 과정(탐색) → 갈등 및 회의 → 결정과 반전 → 감정적 마무리 구조를 따라 글을 쓴다.
페르소나 바꿔쓰기	'기사형(3인칭)'으로 된 글을 '1인칭 회고록' 형태로 바꿔 써본다. 독자 몰입감을 높이는 시점 전환 연습이다.
묘사 확장 훈련	'어떤 물건을 찾아내는 과정'을 10문장 이상 묘사하며 정보 수집-의심-검색-실망의 감정선을 묘사해 본다.
제목 짓기 훈련	'시간 흐름형', '감정 유발형', '핵심 메시지형' 등 다양한 방식으로 이 글의 제목을 다시 지어본다.

점검 체크리스트

자가 진단 질문	확인
사건 전개가 시간 순 또는 논리 순으로 연결되어 독자가 따라가기 쉬운가?	☐
단순 사실 전달을 넘어, 나의 판단과 감정, 망설임이 드러나는가?	☐
장문과 단문이 적절히 혼용되어 글의 호흡이 지루하지 않은가?	☐
도입부에서 '왜 그랬을까?'라는 질문을 자연스럽게 만들고 있는가?	☐
정보 전달, 사건 재현, 개인적 메시지가 균형 있게 조화를 이루는가?	☐

7. 보고서 쓰기 등에 유용한 깔끔하게 쓴 글

① 넓은 국토와 풍부한 資源.. "아프리카의 잠자는 사자"

〈2015년 6월 25일자 조선일보〉

> '아프리카의 잠자는 사자.' 콩고민주공화국을 표현할 때 자주 쓰는 말이다. 아프리카 2위의 광대한 국토, 인구 4위(7550만명)의 풍부한 인적 자원, 거기에 구리·말라카이트 등 광물 자원 매장량까지 풍부하다. 국토의 젖줄 콩고강 유역은 아마존 다음으로 손꼽히는 울창한 삼림 지대라서 '아프리카의 허파'라고도 한다.
> 하지만 이런 조건에도 콩고민주공화국은 이웃 나라에 비해 정치·경제적 발전이 더딘 것으로 평가돼왔다. 역설적으로 천혜의 자연환경이 오히려 독이 된 측면이 있다. 1960년 벨기에에서 독립한 뒤에도 자원 이권을 노린 서구 열강의 진출이 이어졌다. 장기독재와 쿠데타 등이 반복되는 정치 불안정으로 국민의 생활고가 계속됐다.
> 200개가 넘는 부족과 토착어가 있는 다종족·다언어 사회라는 점도 발전의 걸림돌이 됐다. 특히 개발이 덜 되고 정글이 우거진 동부 지역은 정부의 통제가 거의 되지 않는 틈을 악용해 인접한 우간다·르완다·부룬디 등의 종족 간 '싸움터'로 이용되면서 정세 불안의 요인이 됐다.
> 하지만 2000년대 이후 동아프리카의 종족 분쟁이 잦아들고, 이 지역이 빠르게 경제성장을 이뤄가면서, 인접국에 비해 압도적인 국토 면적과 인구를 가진 콩고민주공화국이 새로운 '강자'로 떠오를 수 있다는 전망이 나오고 있다. 최근에는 연평균 8% 안팎의 높은 경제성장률을 기록하고 있다. 이에 따라 중국·프랑스·일본·벨기에 등 경제 강국들의 진출이 갈수록 활발해지고 있다.

'콩고민주공화국'이란 나라에 대해서 잘 정리했다. 자칫 처음 접하는 이들에게 어려울 수 있는, 생소해서 집중력이 떨어질 수 있는 나라에 대해 거부감이 들지 않도록 쉽게 잘 풀어냈다. 특히, 잘 읽히지 않을 수 있는 '나라의 세부 면적, 광물자원 매장량, 정치/사회/경제 현황 등 주요 쟁점'도 자연스럽게 잘 담아냈다.

보고서 역시 이래야 한다. 상사가 보고서를 읽으면서 바로 이해하도록 써야 한다. 비록 문장이 아닌 짧은 줄임형태로 하는 보고서가 많지만, 이렇게 쉽게 풀어낸 보고서라면 읽는 재미가 더해져 더 효과적이라고 생각한다.

글 구성 분석

구성 요소	설명
제목	"넓은 국토와 풍부한 資源… 아프리카의 잠자는 사자" – 핵심 키워드를 포함한 요약형 제목. 보도성 글의 리드 역할을 하며 나라에 대한 관심 유도.
도입	'아프리카의 잠자는 사자'라는 은유적 표현으로 콩고민주공화국의 잠재력을 함축적으로 소개.
1단락	국토·인구·자원 등 강점 요인을 간단한 수치와 설명으로 정리. 배경 이해에 필요한 기본 정보 제공.
2단락	정치·경제적 낙후 원인을 설명하며, 역설 구조로 글의 중심 주제를 전환.
3단락	다종족·다언어 사회, 동부 분쟁 등 사회·문화·안보적 약점을 보완 설명. 맥락화된 배경 제시.
4단락	2000년대 이후의 변화와 가능성 강조. 성장률 수치와 함께 외국 투자 움직임까지 언급하며 미래 전망 제시.

| 결론 없음 | 결론 단락은 명시적으로 없지만, 마지막 문장에서 '경제 강국들의 진출'로 글의 흐름을 마무리. |

이 글을 통해 배울 수 있는 글쓰기 훈련 포인트

포인트	설명
단락별 정보 구조화 능력	각 단락마다 하나의 핵심 논점을 중심으로 정리. 복잡한 주제를 '구조화된 단락'으로 풀어가는 기술.
독자 친화적 정보 전달	생소한 국가 정보를 어렵지 않게 설명. 전문가가 아닌 일반 독자도 이해할 수 있도록 용어 선택과 정보 배치에 신경 씀.
배경→문제→전망의 흐름 구성 훈련	보고서나 시사 에세이에서 자주 활용되는 '배경→문제점→전망'의 기본 구조를 체득하기에 적합.
간결하고 논리적인 문장 구성	문장이 길지 않지만, 정보 밀도가 높고 문장 간 논리 연결이 매끄러움. '한 문장에 하나의 정보' 원칙이 잘 지켜짐.
데이터 및 사실 활용 훈련	인구, 성장률, 자원 종류 등 수치를 넣되 설명이 친절함. '데이터+맥락'을 함께 설명하는 훈련에 적합.

실전 훈련법 제안

훈련 과제	구체적 내용
'정보 정리형 보고서' 써보기	생소한 나라(예: 방글라데시, 파라과이 등)를 선정해, 배경-문제-전망 순으로 구성된 4단락짜리 보고서 쓰기.
'경제성장률' 관련 글쓰기	특정 국가의 GDP 성장률 데이터를 찾아 해당 수치의 의미와 배경을 해석해보는 글 구성 연습.
'역설적 구조'로 글 써보기	긍정 요소(자원, 인구 등)를 먼저 서술한 뒤, 그 요소가 오히려 부작용을 유발한 사례로 이어지는 글 구성 연습.
'문단별 요약' 훈련	각 문단을 1문장으로 요약해 보고, 이를 다시 모아 '1페이지 보고서 개요'로 정리해보기.
'쉬운 언어로 풀기' 훈련	'다언어 사회', '이권 다툼', '자원 매장량' 같은 개념을 중학생 수준으로 쉽게 풀어 설명해보기.

점검 체크리스트

자가 진단 질문	확인
도입 → 문제점 → 현황 분석 → 전망의 구조가 자연스럽게 연결되는가?	☐
수치만 나열하지 않고 그 의미를 자연스럽게 문장으로 설명하고 있는가?	☐
생소한 국가/주제여도 독자가 부담 없이 읽을 수 있게 서술 했는가?	☐
각 문단이 한 가지 논점에 집중해 정리되었는가?	☐

② 장수하늘소 멸종위기 벗어난다

〈2016.01.13자 한겨레〉

> 멸종위기종인 장수하늘소의 사육기간을 기존의 3분의 1로 줄인 사육기술이 개발돼 대량증식 길이 열렸다.
> 산림청 국립수목원은 "2014년 8월 중국에서 수컷 1개체, 암컷 2개체를 수입해 사육기술 연구에 들어가 알에서 성충까지 16개월만에 자랄 수 있는 인공먹이와 서식환경을 만드는 데 성공했다"고 13일 밝혔다. 지금껏 알에서 성충이 되기까지 48개월이 걸렸으며, 자연 상태에서는 5~7년이 소요된다.
> 국립수목원은 이 기술을 적용해 토종 장수하늘소를 증식하면 멸종위기에서 벗어날 수 있고 서식처 환경 선호도, 산란 특성, 비행거리 등 생태연구가 가능하게 될 것으로 내다봤다. 국립수목원 관계자는 "광릉숲의 대표 곤충인 토종 장수하늘소 복원 연구를 진행할 수 있는 계기를 마련했다. 장수하늘소의 복원과 사육을 연구하는 나라는 한국이 유일해 사실상 세계 최초의 의미도 있다"고 말했다.
> 장수하늘소는 아시아와 유럽, 아프리카 북부 등에서 서식하는 딱정벌레류 가운데 가장 큰 종으로, 우리나라 곤충 가운데 처음으로 1968년 천연기념물(218호)로 지정됐다. 경기도 광릉숲 일대와 강원도 소금강 등에 서식한 것으로 알려졌으나, 개체수가 매우 적어 환경부의 멸종위기야생동식물 1급으로 지정돼 있다.

첫 문장에 핵심 내용을 적는다. 리드다. 두 번째 문장에 주체를 밝혀주고 직접 인용을 한다. 통상 이 때 밝혔다를 써준다. 첫 문장에 기존의 3분의 1로 줄였다고 했으니, 이전까지 걸렸던 기간을 알려준다. 이번 개발의 의의를 적어준다. 관계자 멘트를 인용하면 낯부끄러운 이야기도 쓸 수 있다. 마지막으로 장수하늘소에 대한 설명을 적어준다. 장수하늘소가 무엇이고, 어디에 사는지 등에 대한 것을.

글 구성 분석

구성 요소	설명
리드 (첫 문장)	"멸종위기종인 장수하늘소의 사육기간을 기존의 3분의 1로 줄인 사육기술이 개발돼 대량증식 길이 열렸다." → 가장 핵심적인 성과와 의미를 요약.
주체 및 사실 전달	"산림청 국립수목원은 … 만들었다고 13일 밝혔다." → '주체 + 날짜 + 직접인용 + 성과'를 구조적으로 전달.
배경설명	"지금껏 … 자연 상태에서는 5~7년이 소요된다." → 이전과 비교해 개발 성과의 의미를 강조.
의의 및 전망	"멸종위기에서 벗어날 수 있고 … 연구가 가능하게 될 것으로 내다봤다." → 기술 성과가 향후 어떤 영향을 줄 수 있는지 전망 제시.
관계자 멘트 인용	"복원 연구를 진행할 수 있는 계기를 마련했다…" → 낯선 독자에게도 친숙하게 전달할 수 있는 감성적 요소 추가.
기초 정보 제공	"장수하늘소는 … 곤충 가운데 처음으로 … 지정됐다." → 독자의 이해를 돕기 위한 설명으로 글 마무리.

이 글을 통해 배울 수 있는 글쓰기 훈련 포인트

훈련 포인트	설명
리드문 훈련	첫 문장에 핵심 성과를 간결하게 정리하는 법. '누가 무엇을 어떻게 했고, 왜 중요한가'를 한 줄에 담는 훈련
팩트 전달 구조 익히기	[사건 → 주체 → 날짜 → 직접인용]의 정보 구조. 보도문 및 보고서 초안 쓰기에도 응용 가능.
비교 강조 방식	"기존 48개월 → 16개월로 단축" 식의 성과 부각 방식. 숫자 활용을 통해 설득력 강화.

'의미와 전망' 확장 훈련	단순 사실이 아니라 '이 기술이 왜 중요한지'를 덧붙이는 문장 전개법.
마무리 정보 제공법	글 말미에 배경정보(용어 해설, 역사적 맥락 등)를 추가해 글의 완성도 높이기. 보도자료 및 해설형 콘텐츠에 유용.

실전 훈련법 제안

훈련 과제	구체적 내용
리드문 작성 훈련	뉴스 기사 3건의 리드문만 따로 써보고, 첫 문장에서 핵심 정보가 잘 드러나는지 비교 점검하기.
주체 중심 요약 훈련	'국립수목원이 ~을 했다'처럼 주체+행위 중심으로 요약하는 습관 들이기.
전후 비교 서술 연습	'이전 A였던 것이 B로 단축되었다'는 구조를 다른 사례(예: 신약 개발, 배터리 기술, IT 속도 개선 등)로 응용해보기.
직접인용+기능 서술 연결 훈련	관계자 발언을 기사에 적절히 녹여 넣으며 문장을 부드럽게 전환하는 연습.
'기초 설명 덧붙이기' 훈련	기사 끝에 등장하는 용어나 대상에 대해 '모르는 사람도 이해할 수 있도록' 친절하게 설명해보기.

점검 체크리스트

자가 진단 질문	확인
독자가 처음 문장을 읽고 '무슨 일이 벌어졌는지' 알 수 있는가?	☐
누가 무엇을 했는지 한 문장 안에서 파악 가능한가?	☐
변화의 크기를 수치로 보여주고, '왜 의미 있는지' 설명했는가?	☐
인용이 글의 감정선이나 전문성을 높이는 데 기여했는가?	☐
생물학이나 환경에 대한 배경지식이 없어도 읽는 데 무리가 없는가?	☐

8. 행사 글 및 보도자료 쓰기에 참고하면 좋은 글

① 충칭~상하이 임시정부의 발자취.. 32일 자전거 대장정

〈2015.06.26자 조선일보〉

> 오는 8월 3일부터 9월 3일까지 32일간 진행되는 한·중 청년 자전거 대장정은 중국 충칭(重慶)에서 열리는 임시정부 청사 리모델링 기공식과 함께 시작된다. 국가보훈처와 조선일보 공동 주최로 열리는 이날 임정 청사 기공식 및 대장정 출정 행사에는 중국 당국과 우리 공관 관계자, 교민 등이 참석할 예정이며, 한류 공연도 이어진다.
> 대장정팀은 이후 임시정부가 활동했던 치장(綦江)과 창사(長沙), 전장(鎭江), 항저우(杭州) 등을 거쳐 임시정부가 처음 수립됐던 상하이까지 총 2800㎞를 달린다. 난징(南京)에서는 난징대학살기념관을 방문해 희생자를 애도한다.
> 대장정 마지막 날인 9월 3일에는 훙커우 공원에서 상하이 임시정부청사까지 한·중 공동 피날레 라이딩을 한 뒤 임정 청사 재개식에 참석한다. 이 자리에선 임시정부 청사 재개관의 의미를 알리는 세리머니와 함께 축하 행사가 열릴 예정이다.

행사 보도자료는 짧게 쓰는 것이 좋다. 어차피 길게 써봤자 끝까지 읽지 않는다. 핵심 내용만 추려야 한다는 점에서 행사 보도자료와 보고서는 일맥상통한다. 첫 문장에는 행사의 개요를 적어준다. 일시, 장소, 행사 주제 등에 대한 핵심 개요다. 두 번째 문장에는 행사에 참석하는 귀빈이나 주요 참석자들에 대해서 알려주는 것이 좋다. 세 번째 문장에는 행사 목적이나 이번 행사가 가지는 가치 등에 대해서 적어준다. 마지막으로 행사 주요 일정을 적어준다. 행사 자료는 4줄 정도가 적당하다. 나

머지 하고 싶은 말이나 일정은 포스터나 표로 담아 전달하는 것이 효과적이다.

글 구성 분석

구성 요소	설명
행사 개요 (첫 문장)	"8월 3일부터 9월 3일까지 32일간… 충칭에서 임시정부 청사 리모델링 기공식과 함께 시작된다." → 일시, 장소, 주제를 한 문장에 요약.
참석 인물 소개	"국가보훈처와 조선일보 공동 주최… 중국 당국과 우리 공관 관계자, 교민 등이 참석할 예정" → 주최·주관과 주요 참석자 명시.
행사 목적/의의	"임정 청사 기공식 및 대장정 출정… 희생자를 애도… 의미를 알리는 세리머니" → 행사의 역사적 의미, 목적을 서술.
상세 일정 소개	"충칭 → 치장 → 창사 → 상하이… 피날레 라이딩, 재개관식, 축하 행사" → 전체 루트 및 주요 행사 일정 소개.

이 글을 통해 배울 수 있는 글쓰기 훈련 포인트

훈련 포인트	설명	적용 예시
1문장에 행사 개요 담기 훈련	보도자료 첫 문장에 행사명, 기간, 장소, 출발 이벤트까지 담는 연습.	나만의 체험이나 관찰에서 출발하는 글 연습
주최·참석자 정보 압축 훈련	'누가 주최했고, 어떤 사람들이 오는가'를 군더더기 없이 담아내기.	평범한 인물도 '스토리'로 연결하면 살아나는 구성

가치·목적 서술법 익히기	단순 나열이 아닌 '왜 이 행사를 하는가'에 초점을 둔 설명 방식.	글 쓰기 전 "독자가 이 장면에서 무엇을 느낄까?" 자문
일정 요약 정리 훈련	긴 여정을 한두 문단에 축약하는 흐름 구성력 기르기.	내가 쓰는 글에도 한 가지 팩트나 통계를 함께 연결해보기
전체 분량 4줄 내외로 요약하는 능력	짧지만 임팩트 있는 행사 보도자료 요약 훈련. 보고서 요약과도 유사.	기존 실패 또는 어려움에 대한 반전 스토리 구상해보기

실전 훈련법 제안

훈련 과제	예시
행사 보도자료 4줄 요약 훈련	"2025년 10월 1일 광화문에서 열리는 'AI 윤리 컨퍼런스 2025'는… OECD AI 가이드라인 발표와 함께 막을 연다. 국내외 50여 개 기업과 연구자가 참여하며, 정부와 시민단체 대표가 기조연설자로 나선다. 이번 행사는 AI의 공정성과 투명성 확보를 위한 국제협력 촉진을 목표로 한다. 오후 2시부터는 정책 대담, 혁신 사례 발표 등이 이어질 예정이다."
참석자 명시 문장 구성 훈련	"교육부 장관, OECD 교육정책위원회 위원장, AI교육 스타트업 대표 등이 참석할 예정" 같은 식의 압축된 구성.
일정 요약력 향상 훈련	장기 행사라면 대표 코스 또는 주요 날짜만 추려내어 한 문단으로 쓰는 연습.

점검 체크리스트

자가 진단 질문	확인
일시, 장소, 핵심 행사를 요약했는가?	☐
누가 주최하고 누가 참석하는가?	☐
단순 일정 나열이 아니라 '이 행사 왜 중요한가'를 전달했는가?	☐
4~5줄 내외로 핵심 정보를 요약했는가?	☐
일정 순서나 공간 이동이 혼란스럽지 않게 구성됐는가?	☐

※ 행사 보도자료 배포시에는 보조 자료와 함께 배포하면 더 효과적이다.

② 인천시, 송도 공동주택용지 매각

〈2016.01.14 문화일보〉

> 인천시가 올해 4300억 여 원 규모의 송도국제도시 땅을 매각한다.
> 시는 부채를 조기 상환하기 위해 송도국제도시 일대 공동주택용지를 매각하는 것을 골자로 한 '공유재산 매각입찰공고'를 최근 냈다고 14일 밝혔다. 시의 매각 대상은 송도 6·8공구 A2(7만4023㎡), A5(6만8619㎡), A6(5만5277㎡) 등 3개 필지며 매각 예정가는 각각 1880억 원, 1339억 원, 1078억 원이다. 입찰서 제출 기한은 오는 2월 18일까지다.
> 시는 이들 땅의 사업성을 높이기 위해 입주 가구 수를 늘리는 등 관련 지구단위계획을 변경했다. 시는 A2블록은 기존 1330가구에서 1530가구로, A5블록은 432가구에서 650가구로, A6블록은 282가구에서 530가구로 각각 가구 수를 늘렸다.
> 그러나 이번에 매각되는 A5블록과 A6블록은 5층으로 층수가 제한돼 있어 사업성이 다소 떨어진다는 평가를 받고 있는 데다 최근 부동산 경기가 부침이 심해 유찰 가능성도 배제할 수 없다.

이런 자료는 의식의 흐름순으로 쓰면 좋다. 읽는 이가 궁금해 할 것을 순차적으로 풀어주면 된다.

첫째줄은 매각 규모가 간략하게 언급되면 좋다. 만약 4322억원이라면 이걸 다 명시할 필요는 없다. 독자가 인지하기 쉽게 4300억원 규모라고 하는 것이 더 직관적이다. 두 번째 줄에는 "매각 주체가 ~~ 공고를 냈다고 밝혔다"로 써주면 된다. 여기까지는 공식같은 것이다. 그 다음부터는 독자가 궁금해 할 것을 순차적으로 적어준다.

매각 이야기다. 매각 대상과 가격이 가장 먼저 궁금하다. 도대체 어디에 있는 것을 매각한다는 것인지다. 그래야 살지말지를 결정한다. 살지

말지를 결정했다면 입찰 기한을 알아봐야 한다. 네 번째 들어와야 하는 이유다. 시가 이 땅과 관련해 한 이야기를 써주면 좋다. 이건 넣어도 그만 안넣어도 그만이다. 마지막으로 땅과 관련한 세간의 평가를 적어주면 좋다. 저평가 또는 고평가 된 땅인지, 사업을 할만한 부지인지 등에 대한 분석이 있으면 좋다. 유찰 가능성도 언급해주면 좋다. 독자에게 판단할 수 있는 다양한 정보를 주는 셈이다.

글 구성 분석

구성 요소	설명
매각 개요 (리드)	"인천시가 올해 4300억 여 원 규모의 송도국제도시 땅을 매각한다." → 전체 내용을 요약한 핵심 리드문.
매각 주체 및 공고 발표	"시는 부채를 조기 상환하기 위해…공유재산 매각 입찰공고를 냈다고 밝혔다." → 주체, 목적, 공고 형식 명시.
매각 대상·면적·가격 정리	"송도 6·8공구 A2·A5·A6…예정가는 각각 1880억, 1339억, 1078억 원" → 구체적인 정보 한눈에.
입찰 일정 및 조건	"입찰서 제출 기한은 오는 2월 18일까지." → 실질적인 참여 정보를 명확하게.
사업성 제고 조치 설명	"가구 수를 늘리기 위해 지구단위계획을 변경했다." → 땅의 경쟁력 향상을 위한 노력.

평가 및 유찰 가능성	"층수 제한 등으로 사업성이 다소 떨어진다는 평가…유찰 가능성도 배제할 수 없다." → 독자의 판단을 돕는 정보 제공.	

이 글을 통해 배울 수 있는 글쓰기 훈련 포인트

훈련 포인트	설명	적용 예시
리드문 압축 훈련	"누가, 무엇을, 얼마에, 왜"를 1문장으로 요약하는 능력.	나만의 체험이나 관찰에서 출발하는 글 연습
독자의 궁금증 흐름 설계	궁금한 순서대로 정보 제공: "어디? 얼마? 언제까지? 어떤 조건?"	평범한 인물도 '스토리'로 연결하면 살아나는 구성
숫자 처리 훈련	4322억 → 4300억 규모처럼 과도한 정밀함 대신 직관성을 우선하는 숫자 요약 방식.	글 쓰기 전 "독자가 이 장면에서 무엇을 느낄까?" 자문
정책자료 요약력 강화	공고문, 행정자료를 6문단 내로 요약하는 요령을 습득.	내가 쓰는 글에도 한 가지 팩트나 통계를 함께 연결해보기
평가 문장 쓰기 훈련	"~라는 평가다 / 유찰 가능성도 배제할 수 없다"와 같이 중립적 어조로 정보를 마무리하는 방법.	기존 실패 또는 어려움에 대한 반전 스토리 구상해보기

실전 훈련법 예시

아래 정보로 보도자료를 작성해보자.

> (지자체) 부산광역시
> (매각 부지) 센텀2지구 C3블록 9만㎡
> (용도) 첨단산업용지
> (매각 예정가) 2140억 원
> (입찰 마감일) 2025년 9월 10일
> (계획) R&D 및 AI기업 유치 위해 용도지정 변경
> (평가) 상업시설과 혼합 불가로 개발 제약, 고가라는 지적도

〈작성 예〉

> 부산시가 센텀2지구 내 2140억 원 규모의 첨단산업용지를 매각한다. 시는 지역 경제활성화를 위해 센텀2지구 C3블록 9만㎡를 매각하는 '공유재산 매각입찰공고'를 냈다고 26일 밝혔다.
> 매각 예정가는 2140억 원이며, 입찰 마감은 9월 10일까지다.
> 시는 R&D 및 AI 기업 유치를 위해 관련 용도지정을 변경했다고 설명했다. 다만 상업시설과 혼합 개발이 불가한 점, 고가라는 지적 등으로 유찰 가능성도 제기된다.

점검 체크리스트

자가 진단 질문	확인
규모, 매각 대상, 주체가 한 문장에 요약되었는가?	☐
구체적인 지명, 면적, 예상가가 숫자 단위와 함께 제시됐는가?	☐
독자가 실질 행동(참여 여부)을 판단할 수 있는가?	☐
용도 변경, 지구단위계획 등 부가 설명이 쉽게 이해되는가?	☐
"~라는 평가다", "~가능성도 있다" 문장으로 마무리됐는가?	☐

9. 잘 쓴 보도자료

새로운 주택임대차표준계약서로 '수리비 분쟁' 예방하세요

현재 전·월세 계약에 쓰이는 계약서는 법으로 정해진 통일된 형식이 없고, 특히 수리비에 대한 항목이 없는 경우가 많아서, 임대인-임차인 간 수리비 항목에 대한 책임이 명시되지 않아 사후 분쟁이 발생했을 때 임차인이 법의 보호를 받기 힘들었습니다.

이에 서울시는 법무부와 공동으로 임대인 및 임차인의 의무와 권리 범위를 명확하게 규정한 새로운 주택임대차표준계약서를 추가 보급합니다.

'13년 6월 발표한 주택임대차표준계약서에 '분쟁발생 사전방지'를 한층 강화하는 항목을 추가한 것으로 임대인, 임차인과 개업공인중개사는 서울시 전월세보증금지원센터 홈페이지에서 서식을 내려 받아 사용할 수 있습니다.

달라지는 주택임대차표준계약서는 ▲입주 전·후 수리비 부담 등 임차인 보호 조항 추가 신설 ▲계약서 분량 축소 ▲전자서식 제공 등 3가지가 특징입니다.

우선, 임대인-임차인간 분쟁발생의 대다수를 차지하는 수리비 부담의경우 원인규명이 쉽지 않은 만큼 수리가 필요한 시설물 및 비용 부담에 대해 임대차 계약시 미리 합의하면 관련 분쟁을 사전에 방지할 수 있을 것으로 기대됩니다.

예컨대, 임대인과 임차인은 계약서에 따라 ▲임차주택의 수리가 필요한 시설물 유무 ▲수리가 필요한 시설물이 있다면 언제까지 수리가 완료돼야 하는지 ▲약정한 시기까지 미완료시 어떤 식으로 수리비를 부담할지 등을 미리 합의할 수 있습니다.

계약서 분량도 기존 3장에서 2장으로 간소화하고, 계약 체결시 반드시 알아야 할 법령사항은 별지로 구성했습니다.

개업공인중개사들의 이용 편의를 위해 기존에 종이서식으로만 제공해 일일이 수기로 작성해야 하는 불편함을 개선, 민간회사와 협력하여 부동산정보망인 '부동산렛츠'와 '알터'에 전자서식 형태로도 등재합니다.

주택임대차표준계약서는 임차인의 계약 체결부터 종료까지 법적 보호를 받을 수 있도록 계약 체결 전에 반드시 알아야 할 ▲권리 순위 ▲중개대상물 확인·설명 ▲계약의 시작 ▲기간연장 ▲계약의 종료 및 중개수수료 등 계약 내용이 포함되어 있습니다.

임대인의 미납 국세와 확정일자 현황을 반드시 확인해야 한다는 점,보증금을 돌려받기 위한 우선변제권의 확보 방법, 세입자가 임대차기간에 낸 장기수선충당금을 집주인이나 관리사무소에 청구해 받는방법 등도 명시돼 계약서 조항을 꼼꼼하게 확인하면 당사자간 사후분쟁 발생은 물론, 개업공인중개사의 분쟁책임 감소도 기대됩니다.

달라진 주택임대차표준계약서는 내용은 간소화하면서도 임대인 및 임차인의 의무와 권리 범위를 명확히 규정했기 때문에 임대차 분쟁 감소에 기여할 것이며, 주택임대차표준계약서 보급을 위해 개업공인중개사들을 대상으로 홍보하는 한편, 중앙정부에 계약서식의 법제화도 건의할 예정입니다.

글 구성 분석

구성 요소	설명
문제제기 (현황과 불편)	전·월세 계약서에 수리비 항목이 없어 임차인이 피해를 보는 사례 설명. 문제의 '배경'을 현실적으로 제시.

개선조치 발표	서울시와 법무부가 공동으로 표준계약서를 보완해 배포한다는 '정책 해결책' 제시.
핵심 변화 3가지 요약	수리비 조항 추가, 분량 축소, 전자서식 제공 등 핵심 변화 '3가지'로 구체화.
구체 예시설명	임대인·임차인 간 합의 예시를 통해 바뀐 계약서 내용이 어떻게 활용되는지 실례로 설명.
사용자 편의 설명	전자서식 제공 등 사용자 불편 개선 방안 소개.
법적 보호 효과 강조	새 계약서를 통해 세입자가 받을 수 있는 보호조치 상세 설명.
향후 계획 및 의의	정책적 의미 요약 + 중앙정부 법제화 건의 계획까지 포괄.

이 글을 통해 배울 수 있는 글쓰기 훈련 포인트

포인트	설명	적용 예시
정책 자료를 뉴스처럼 풀어 쓰는 법	관공서 자료도 독자의 눈높이에서 풀어내면 '쉽고 흥미로운' 정책 기사로 탈바꿈 가능.	나만의 체험이나 관찰에서 출발하는 글 연습
구조화된 정보 제공	문제 → 조치 → 구체 변화 → 예시 → 편의 요소 → 법적 효과 → 향후 계획 순으로 '논리적 흐름' 유지.	평범한 인물도 '스토리'로 연결하면 살아나는 구성

구체 예시의 힘	"수리비 항목이 추가되면 이렇게 됩니다"라는 구체 사례는 추상적인 정책을 독자가 쉽게 이해하게 돕는다.	글 쓰기 전 "독자가 이 장면에서 무엇을 느낄까?" 자문
숫자·형식 정보는 요약으로 제시	"기존 3장에서 2장으로 축소"처럼 명확하게 수치화해서 전달.	내가 쓰는 글에도 한 가지 팩트나 통계를 함께 연결해 보기
정책자료의 언어를 생활화	"보증금 우선변제권", "확정일자 확인" 등 법률용어도 맥락을 주면 쉽게 설명 가능.	기존 실패 또는 어려움에 대한 반전 스토리 구상해보기

실전 훈련법 제안

아래 정책을 보도자료 형식으로 요약해보세요

(정책명) 청년 주거안정 월세지원
(내용)
만 19세~34세 이하 청년 대상
최대 10개월간, 월 20만원 월세 지원
소득·자산 기준 충족 시 신청 가능
온라인 신청, 2월 1일부터 접수 시작

〈작성 예〉

> 서울시가 청년 주거안정을 위해 만 19세~34세 이하 청년에게 월 20만원의 월세를 최대 10개월간 지원한다.
> 시는 소득 및 자산 기준을 충족하는 무주택 청년을 대상으로 한 '청년 월세지원사업'을 시행한다고 1일 밝혔다. 온라인 신청은 2월 1일부터 서울주거포털을 통해 가능하다.
> 이번 사업은 고물가·고금리 시대에 청년의 주거비 부담을 줄이고, 자립 기반을 마련하는 데 목적이 있다. 시는 신청자에게 선정 결과와 함께 개별 지원금 지급 일정도 안내할 예정이다.

점검 체크리스트

자가 진단 질문	확인
정책이 나온 배경과 기존 문제점이 독자 눈높이로 잘 설명 되었는가?	☐
'무엇을, 누가, 어떻게 개선' 했는지 정확하게 적었는가?	☐
수치와 목록을 활용해 달라진 점이 눈에 띄게 정리되었는가?	☐
일반 독자가 쉽게 이해할 수 있는 활용 시나리오가 제시되었는가?	☐
"공인중개사 편의 위해", "계약서식 쉽게 다운로드 가능" 등 읽는 이의 편익이 언급되었는가?	☐
정책을 통해 달성하고자 하는 '사회적 효과'가 정리되었는가?	☐

10. 기행문/여행기 쓰기에 참고하면 좋을 기사

韓 콩고민주共에 國立박물관 지어줘.. 中·日과 '援助 삼국지'

〈2015.06.25자 조선일조〉

인구 700만명으로 동·남아프리카 최대 도시인 콩고민주공화국 수도 킨샤사에서 한국·일본·중국이 '건축 3국지'를 펼친다. 중국이 지은 국회의사당과 일본이 건립한 국립간호학교 건물 사이의 넓은 땅에 아프리카 최신식 국립중앙박물관을 한국이 짓는 것이다. 제3세계 지역에 대한 한국 최초의 '문화 원조'다. 내년 초 예정된 착공을 앞두고 격전 예정지를 미리 다녀왔다.

지난달 29일 킨샤사 시내. 1974년 무하마드 알리와 조지 포먼의 복싱 대결이 열렸던 라파엘 경기장에서 차를 10여분쯤 달려 널찍한 대로에 들어섰다. 1만 5152㎡(약 4600평) 빈 땅이 나왔다.

흰 담에는 하회탈과 봉산탈 등 한국 전통 탈들과 알룽가 탈, 헴바탈 등 콩고 전통 탈들이 나란히 그려져 있었다. 갓 쓰고 족두리를 쓰거나, 시커먼 술을 주렁주렁 달았다는 점이 겨우 국적(國籍)을 알려줄 뿐, 익살스럽거나 구슬퍼 보이는 각양각색 표정이 한국의 문화를 빼닮아 있었다.

콩고국립박물관의 앙리 분조코 부관장이 "형제·가족 같지 않으냐. 우리도 놀랐다"고 했다. 담 안에는 사람 키높이만 한 풀이 우거져 있고, 발밑에는 도마뱀이 우글댔다.

2019년이면 이곳에 연면적 6421㎡에 전시실·수장고·학예연구실·교육시설 등을 갖춘 국립중앙박물관이 문을 연다. 2000만달러(214억원)의 사업 비용은 물론 설계·시공까지 한국 정부와 한국 기업이 앞장서고, 개관 뒤 운영 노하우도 상명대학교에서 전수한다.

일제 강점기 조선총독부를 20년 전까지 국립중앙박물관으로 써왔던 우리가 이제는 한 나라의 박물관을 책임지고 만드는 것이다. 권기창 주콩고민주공화국 대사는 "우리 공공외교가 경제원조에서 한 나라의 문화와 자존심을 지켜주는 것으로 진화하는 첫걸음"이라고 했다.

이 나라 국립박물관을 어떻게 한국이 지어주게 됐을까. 2011년 7월 이명박 당시 대통령 내외가 방문했을 때 정부 대표단 방문 일정에 1970년에 문을 연 국립중앙박물관 본관이 포함돼 있었다. 민속탈 수천개가 쌓인 수장고를 둘러본 방문단은 탄성을 자아내면서도 낡고 좁은 시설을 안타까워했다. 이를 계기로 두 나라 사이에 협력 얘기가 오가다 지난해 10월 건립 계획이 최종 확정됐다.

박물관 부지 오른편엔 1979년 중국 정부가 지어준 육중한 국회의사당 건물이 있다. 큰길을 마주하고는 지난해 일본 국제협력기구(JICA)가 건립을 지원한 국립간호학교 캠퍼스가 있다. 현대식 건축물이지만 '콩고민주공화국'의 정체성을 찾긴 어렵다. 하지만 두 건물 사이에 들어설 국립박물관은 다르다. 설계 단계부터 현지 문화예술인들 의견을 적극 수렴했다. 설계를 총괄한 정림건축 윤태웅 소장은 "벽돌을 차곡차곡 쌓은 듯한 외벽, 납작하게 세모꼴로 올리고 금속성 재료로 마감하는 지붕 등 이 나라 전통 가옥의 만듦새를 반영했다"고 했다.

코이카 콩고민주공화국 사무소 이정욱 소장은 "중국과 일본 건물의 육중한 모양새가 '도와주는 대가로 이득을 챙기는' 강대국형 원조를 의미한다면, 한국이 짓는 국립박물관의 디자인은 '영혼과 영혼을 나누는 우정 쌓기'"라고 했다.

국립박물관 관계자들에 이끌려 현 박물관 수장고로 향했다. 선반마다 차곡차곡 자리한 탈들이 희로애락(喜怒哀樂) 각양각색 표정으로 눈을 마주치며 '어서 오라' 말하는 듯했다. 원거리 통신수단의 역할을 했던 기다란 북 '로콜레', 야생동물 목조각 '담부아'부터 20세기를 풍미한 권력자 모부투의 의자까지…. 일부 목조각과 탈에는 벨기에가 빼돌렸던 것을 어렵게 찾아왔다는 특별 안내문이 붙어 있었다. 학예연구실 한편엔 이 나라를 이루는 200여개 부족이 저마다의 종족어로 노래한 카세트 테이프가 벽면을 가득 메우고 있었다.

하지만 수장고는 낡고 전시관은 작았다. 콩고강 하구 언덕에 있어 전망은 좋지만 접근성은 불편하다. 새 박물관은 이런 고민들을 단번에 해결해줄 것이다. 전시관을 나설 때 때마침 한 무리의 초등학생들이 재잘거리며 찾아왔다. 그 모습을 물끄러미 바라보던 장피에르 디카타 박물관 교육국장이 말했다. "이 아이들의 미래를 (한국인) 당신들이 가꿔주는 겁니다."

글 구성 분석

구성 요소	설명
도입 (흥미 유도형 프롤로그)	'아프리카 건축 3국지'라는 비유적 표현으로 독자의 흥미 유도 + 현장 접근 시점 제시
현장 묘사 1 (풍경·문화 접점)	킨샤사 시내의 박물관 예정지 묘사, 한국과 콩고의 전통 탈 유사성으로 문화적 친근감 유도
사업 개요 설명	박물관의 규모, 설계·시공 주체, 운영계획까지 구체적으로 전달
사업 추진 배경 회고	이명박 전 대통령의 방문, 박물관의 상태 목격 → 협력 논의 → 계획 확정까지의 경위 설명
주변국 원조 건물 비교	중국·일본 건축물과 한국 박물관 디자인의 차별성을 문화적으로 비교 분석
설계 철학 강조	설계 과정에 현지 문화를 반영한 건축철학 소개(정림건축 인터뷰 포함)

문화 외교 메시지 삽입	KOICA 소장의 비유를 통해 한국형 원조의 철학을 드러냄 ('영혼과 영혼을 나누는 우정')
수장고 방문기 (현지 문화 자산 소개)	탈과 목조각, 역사적 유물, 부족 언어 기록물 등 콩고 문화의 다양성과 보존 현황 소개
문제점 제시 및 기대 효과	수장고의 낙후성과 신박물관의 필요성 강조 + 교육효과 기대감까지 연결
여운 있는 마무리	아이들의 방문 장면과 교육국장의 인상적인 말로 감정적 울림을 남기며 마무리

이 글을 통해 배울 수 있는 글쓰기 훈련 포인트

훈련 포인트	설명
'현장감 + 정보'의 조화	르포 형식으로 생생한 현장을 전달하면서도 구체적인 수치·사업 배경·국제 맥락까지 정보를 빠짐없이 제공함.
공간 묘사와 상징성 연결	단순한 건축 프로젝트가 아니라 문화 정체성과 외교 전략이 깃든 공간으로 설득력 있게 풀어냄.
인용과 서사의 밸런스	전문가 인터뷰(건축가, 외교관, 현지 관계자)를 서사 흐름 속에 자연스럽게 배치해 독자의 신뢰감을 높임.
비교와 대조의 활용	중국·일본 사례와 한국의 프로젝트를 '형태와 철학'의 관점에서 비교해 중심 메시지를 강화함.

감정의 여운을 남기는 마무리	초등학생과 박물관장이 등장하는 마지막 장면은 정보 중심 기사에 '감성적 울림'을 더해줌. 여운 있는 결말 연습에 적합.

실전 훈련법 제안

해외 공공외교 프로젝트 소개 기사 쓰기

단계	실전 훈련법
Step 1. 기초 정보 구성	▶ 주제 프로젝트의 개요, 위치, 비용, 설계 특징 등을 정리해 두기 (예: A국의 도서관 건축 지원 사례 등)
Step 2. 현장 프롤로그 쓰기	▶ 시작은 "당신이 현장을 찾은 기자"라는 전제 하에 풍경·인물·사물 묘사를 중심으로 5문장 정도 묘사 연습
Step 3. 객관 정보 전개	▶ 중간에는 설계 철학, 추진 배경, 사업의 의의 등을 사실 중심으로 구성. 숫자와 인용문 포함 필수
Step 4. 비교 구조 넣기	▶ 같은 지역에서 진행된 타국의 유사 사례와 차이를 짚어주는 문단 삽입
Step 5. 인물의 멘트로 마무리	▶ 현지 관계자나 아이, 또는 프로젝트 담당자의 짧은 대사로 여운 남기기

점검 체크리스트

자가 진단 질문	확인
첫 문장에서 독자의 이목을 끌 수 있는 이미지나 상황을 묘사했는가?	☐
사업의 규모, 위치, 비용, 주체 등 필수 정보를 빠짐없이 정리했는가?	☐
같은 맥락에서 타국 사례 또는 과거 사례와의 비교를 통해 강조점을 줬는가?	☐
정보 중심의 문단에 사람 이야기를 끼워넣어 생동감을 더했는가?	☐
장소, 사물, 유물 등을 단순 나열이 아닌 상징적 의미로 풀어냈는가?	☐
감정적 울림이 있는 인용이나 장면으로 마무리했는가? 기억에 남는 결말인가?	☐

11. 조사한 내용을 글로 잘 풀어낸 기사

KAIST, 강의 동영상 미리 줬더니 학생 토론 참여율 99%

〈2015.09.07자 중앙일보〉

KAIST 석현정 산업디자인학과 교수는 매주 1시간30분 분량의 동영상을 제작한다. 학교 스튜디오에서 녹화한 자신의 강의에 자료 영상·그림, 자막은 물론 배경음악까지 넣다 보면 10시간 넘게 걸릴 때도 있다. 동영상 강의를 미리 본 학생들은 3면이 칠판인 강의실에서 팀별 토론을 하거나 과제를 발표한다. 석 교수는 조교들과 함께 강의실을 돌며 질문을 던지고 물음에 답할 뿐이다.

2015 대학교육의 창간 질 평가 <상> 재학생들이 본 우리 학교

이 대학은 '수업에서 (교수는) 강의하지 말자'를 원칙으로 삼는 이런 수업을 '에듀케이션 3.0'이라고 부른다. 현재 100여 개 강의가 진행 중이다. 석 교수는 "감독 겸 배우가 된 것처럼 힘들지만 수업 중 조는 학생이 사라졌다"며 웃었다. 학생의 학습량은 오히려 늘었다. KAIST 학생의 학습량(주당 30.5시간), 수업 중 토론 참여(학생 99%) 모두 본지가 조사한 37개 대학 중 1위였다.

이 대학을 포함해 전남대·포스텍(옛 포항공대)이 37개 대학 중 '최상'을 차지했다. 재학생이 평가하는 교육의 질, 만족도가 높게 나온 결과다. 이들 대학을 찾아가 보니 여느 대학과 달리 일방통행 수업을 개선하고 교수·학생 간 소통을 높이려 노력했다. 여론조사기관인 리서치앤리서치 정종원 팀장은 "교수가 학생 상담에 적극적이고 수업 혁신에 힘쓰는 학교일수록 재학생의 전반적인 만족도가 높게 나타났다"고 말했다.

전남대는 '교수와의 의사소통'(2위), '과제 시험에 대한 자세한 피드백'(2위) 등 교수·학생 관계에서 최상위권이었다. "졸업 후 동문회 참여하거나 기부금을 내고 싶다"는 학생 비율(83%)도 가장 높았다.

비결은 다양한 공동체 활동. 이 대학은 2005년부터 교수·학생, 선후배, 교수 간 소모임을 지원하는 '아하! 학습공동체' 프로그램을 진행 중이다. '이뭣고-교학상장(敎學相長)'은 희망하는 신입생 누구나 전공 교수와 2주에 한 번 이상 상담하는 프로그램이다. 이혜인(20·자율전공학부1)씨는 "교수님을 자주 뵙다 보니 수업에서도 스스럼없이 물어볼 수 있다. 공부·학교 생활 전반에 큰 도움이 된다"고 말했다.

포스텍 학생들은 학교가 제공하는 지원 서비스에 대한 만족도가 높았다. 건강, 학사 행정, 상담, 도서관·기숙사 등 시설, 장학금에 대한 만족도가 37개 조사 대학 중 1위다. 신입생의 학업을 돕는 'SMP(Student Mentoring Program)'는 성적이 우수한 3·4학년생이 후배 4~5명의 '과외 교사'가 되는 프로그램이다. 전자전기공학과 남모(21)씨는 "1학년 때 튜터 선배가 수업에서 다루지 않는 문제 풀이를 도와줬는데 고등학교 선생님보다 쉽고 재미있게 가르쳐 줬다"고 전했다. 또 기숙사 층마다 담당 교수를 두고 학생의 고민을 상담한다.

이번 평가에서 '상' 등급을 받은 서강대·성균관대·이화여대도 수업 질을 높이려는 노력이 활발하다. 재학생들로부터 '교양과목이 흥미롭다'는 평가(인문사회계 4위)를 받은 서강대는 2013년부터 매 학기 '교양교과 제안전'을 열고 있다. 학생이 배우고 싶은 과목을 제안하면 학교는 신규 강의로 개설한다. 지금까지 3D 프린팅 디자인, 현대 중동의 이해 등 11개 강의가 생겼다. 지난해 개설된 '공정무역과 사회적 기업' 수업은 박성수(24·경영4)씨가 제안했다. 박씨는 "내게 필요한 강의가 생겨 좋았고, 학교가 학생과의 소통을 원한다는 걸 확인해 기뻤다"고 말했다.

성균관대는 학생들로부터 '교육 과정이 시대 흐름에 맞게 변화한다'는 항목에서 4위를 차지했다. 이 학교는 지난해 교수 업적평가 기준을 고쳤다. 융합과목이나 토론수업을 개설·운영하는 교수를 우대하기 위해서다. 교수·학생 간담회를 활성화하기 위해 경비도 지원해 준다. 조원빈 정치외교학과 교수는 "수강생과 편하게 대화해 보니 그동안 몰랐던 면모를 알게 됐다. 그렇게 만난 학생은 수업에 더 열심"이라고 말했다. 이화여대는 교환학생 등 국제화 프로그램에 대한 만족도(3위)가 높다. 특히 학생들 사이에선 '교수 인솔 해외 학습 프로그램'이 인기다. 전공 교수가 직접 기획해 미국·유럽·아시아 대학과의 공동 수업·세미나를 진행하는데 2008년 시작돼 올여름까지 179개 팀 2500명이 참여했다.

글 구성 분석

구성 요소	설명
흥미로운 사례 도입	KAIST 석현정 교수의 강의 방식을 구체적으로 소개하며 기사 서두를 장식함. 영상 제작에 들이는 시간, 수업 방식, 강의실 분위기 등을 '이야기처럼' 풀어내 독자의 몰입도를 높임.
주제 선언 (핵심 포인트)	KAIST의 '에듀케이션 3.0'이란 수업 방식과 그 효과를 수치(토론 참여율 99%)와 함께 전달함. '교수는 강의하지 않는다'는 도발적인 원칙으로 주목도 상승.
평가 결과 소개	KAIST, 전남대, 포스텍이 교육 질 평가에서 '최상'으로 평가되었음을 제시하며 기사 전체의 객관성을 확보함.
대학별 성과 사례 소개	각 대학이 '어떻게 수업 질을 개선하고 소통을 강화했는지'에 대한 구체적 사례를 소개함. 대학별로 별도 소제목 없이 자연스럽게 연결되며 기사 흐름 유지.
정리 및 시사점	직접적 결론 없이도, 독자가 "좋은 교육이란 무엇인가?"에 대해 생각하게 만드는 열린 구조로 마무리 됨. 평가 결과보다 실천 사례에 집중하면서 본질적인 교육 혁신의 방향성을 제시함.

이 글을 통해 배울 수 있는 글쓰기 훈련 포인트

항목	설명
사례 중심 구성	이론이나 수치보다 생생한 사례를 앞에 배치해 글의 몰입도를 높임. 기사도 콘텐츠도 '사람 이야기'로 시작하면 강력해진다.
조사 결과를 '흐름'으로 풀기	단순 나열이 아닌 이야기의 흐름 속에서 데이터와 수치를 녹여냄. 읽는 사람도 자연스럽게 정보에 접근하게 된다.
묶고, 비교하고, 연결하라	한 대학만 보여주는 게 아니라 여러 대학 사례를 비교·묶음 처리하며 공통점과 차이를 동시에 보여줌. 독자의 시야를 넓히는 방식.
수치와 해석의 균형	'99% 토론 참여율' 같은 강력한 수치를 제시하면서도, 그 수치가 왜 의미 있는지를 맥락 속에서 설명해 줌.
교육 기사의 모범 구조	교육 혁신 사례를 보여줄 때, 제도 → 실천 → 반응 → 시사점 순으로 짜는 구성의 좋은 예시.

실전 훈련법 제안

훈련명	내용	예시
'사례 → 수치 → 해석' 연결 훈련	흥미로운 사례를 제시하고, 그에 대한 데이터를 보여준 뒤 해석을 붙이는 3단 구조로 연습	"서울 S여고는 야간 자율학습을 폐지했지만, 학생 자율학습 시간이 평균 2시간 증가했다. 강제성이 사라지니 오히려 집중력이 높아졌다는 분석이다."

다대다 비교문 쓰기	세 개 이상의 사례(학교·기업·지역 등)를 공통 주제 아래 비교·정리하는 글쓰기 훈련	"세 대학은 모두 '교수-학생 소통 강화'에 주력했다. KAIST는 토론수업, 전남대는 상담 프로그램, 포스텍은 멘토링 제도를 통해 이를 실현했다."
기사 구조 따라쓰기	실제 신문 기사를 바탕으로 '사례 → 데이터 → 해석 → 비교 → 시사점' 구조로 나만의 콘텐츠를 써보기	"유튜브 10대 인기 채널은 모두 '짧고 몰입감 있는 콘텐츠'를 중심으로 구성돼 있다. 1인 미디어 학습이 확산되는 이유다."

점검 체크리스트

자가 진단 질문	확인
이야기를 끌어당기는 사례로 시작했는가?	☐
독자의 신뢰를 높일 수 있는 구체적인 수치를 포함했는가?	☐
수치와 사례에 대한 설명과 의미 부여가 이루어졌는가?	☐
하나의 사례에 머물지 않고 다른 대상과 비교해주었는가?	☐
'그래서 이 기사가 왜 중요한가'를 말해주는 시사점이 포함되었는가?	☐
각 문단이 자연스럽게 연결되며 흐름을 끊지 않았는가?	☐

12. 외신을 번역해서 기사화한 글

영어를 한글로 단순 직역했다고 글이 되지 않는다. 직역한 글은 다시 의역이란 작업을 거쳐 매끄럽게 고쳐줘야 한다. 원문에 표현과 수식어가 너무 많아 도저히 한국어로 의역하기 복잡할 때는, 우선순위에 따라 가장 불필요한 수식어를 과감히 생략해 문장을 단순화한다. 직역했을 때 앞뒤 구문 순서가 어긋나는 점을 고려해 적절히 순서를 뒤바꿔 의역하는 것도 외신 번역을 잘하는 팁이다. '영어->직역->의역->퇴고' 이런 과정을 거치길 추천한다.

① U.S. Will Track Secret Buyers of Luxury Real Estate

〈2016.01.14자 뉴욕타임스〉

Concerned about illicit money flowing into luxury real estate, the Treasury Department said Wednesday that it would begin identifying and tracking secret buyers of high-end properties. The initiative will start in two of the nation's major destinations for global wealth: Manhattan and Miami-Dade County. It will shine a light on the darkest corner of the real estate market: all-cash purchases made by shell companies that often shield purchasers' identities. It is the first time the federal government has required real estate companies to disclose names behind cash transactions, and it is likely to send shudders through the real estate industry, which has benefited enormously in recent years from a building boom increasingly dependent on wealthy, secretive buyers.

직역하면,

불법 자금이 고급 부동산 시장에 흘러들어간 것과 관련, 재무부가 수요일, 비밀 구매자들의 신원과 구매절차 확인에 착수할 것이라고 말했다.
이 계획은 글로벌 부의 최대 종착지인 2곳에서 시작될 예정이다. 바로 맨하탄과 마이애미 데이드 카운티다. 이 조사는 부동산 시장의 어두운 사각지대를 밝게 비출 것이다: 유령회사에 의한 모든 현금 구매, 종종 구매자들의 신원을 숨기는 방식으로 이뤄진. 이번 케이스는 연방정부가 부동산 회사들에게 현금 거래 뒤의 명의를 밝히라고 요구한 첫번째 경우다. 그리고 이번 조치는 최근 몇년간 부유한 비밀구매자들에 더더욱 의존한 건설붐으로부터 엄청나게 이득을 본 부동산 산업계를 떨게 만들 것이다.

이를 고치게 되면,

고급 부동산 시장에 흘러들어간 불법 자금과 관련해, 재무부가 비밀 구매자들의 신원과 구매 절차를 추적하는 조사에 착수할 방침이라고 14일 밝혔다.
☞ 육하원칙중 누가(재무부) 언제(14일:수요일), 무엇을(불법 자금이 고급 부동산 시장에 흘러들어간 것) 부분을 기사체로 적절히 정리했다.

이번 조사는 전세계 부(富)가 모이는 최대 종착지인 맨하탄과 마이애미 데이드 카운티에서부터 시작될 예정이다. 이번 조사로 유령회사들이 구매자들의 신원을 숨기는 방식으로 시행한 현금구매에 따른 부동산 시장의 어두운 이면을 낱낱이 드러낼 수 있을 것으로 기대된다.
☞ global wealth를 말 그대로 '부'라고 직역하면 어떤 부인지 헷갈릴 수 있으니 이럴 경우에는 괄호 치고 한자를 병기해 뜻을 강조했다. 또 영어는 문장을 보조 설명할 때 :를 붙여 설명하기도 하지만, 한국어에는 없는 표기법이기 때문에 적절히 문장을 합치거나 의역해야 한다. 곁가지를 쳐내면, 유령회사들의 현금구매로 인한 어두운 이면에 당국이 빛을 비출 것이다, 라는 게 포인트. 설명에 살을 붙인다. 빛을 비춘다는 표현은 한국어에서 어색하니 의미가 통하게 낱낱이 드러낸다 정도로. 어미를 will에 맞춰 단순히 '~할 것이다'로 끝내면 기사체에 맞지 않으니 기대된다 정도로 고쳤다.

또 이번 조사는 연방정부가 부동산 업계에 대해, 현금 거래의 명의자를 공개하라고 요구한 첫 번째 사례다. 이번 조치로 인해 최근 몇년 간 건설붐으로부터 엄청난 이득을 본 부동산 산업계가 상당히 긴장할 것으로 예상된다.
☞ '또' 등의 적절한 연결성 접속사 사용. 원문에 표현과 수식어가 너무 많아 도저히 한국어로 의역하기 복잡할 때는, 우선순위에 따라 가장 불필요한 수식어를 과감히 생략해 문장을 단순화한다. 여기서는 '부유한 비밀 구매자들에 의존한'이 되겠다. 부유한 비밀구매자라는 부분은 기사 내내 통용되고 있는 대상이므로 굳이 따로 지칭할 필요도 없고, 건설붐과의 연결관계 등 추가 설명이 필요하다면 다른 문장을 통해 설명해주면 된다.

글 구성 분석

구성 요소	기사 내용 예시	설명
리드문 (핵심 요약)	"고급 부동산 시장에 흘러든 불법 자금과 관련해, 재무부가 비밀 구매자들의 신원과 구매 절차를 추적하는 조사에 착수할 방침이라고 14일 밝혔다."	육하원칙(누가, 언제, 무엇을)을 모두 포함. 핵심 정보 압축 전달.
배경 및 현황 설명	"이번 조사는 맨해튼과 마이애미 데이드 카운티에서부터 시작될 예정이다. 이번 조사로 유령회사들이 현금으로 부동산을 사들이는 방식의 어두운 이면이 드러날 것으로 기대된다."	왜 이 조사가 중요한가? 어떤 문제를 해결하려는가? 배경설명.
제도적 변화의 의의	"이번 조치는 연방정부가 부동산 업계에 대해 현금 거래의 명의자를 공개하라고 요구한 첫 사례."	새 정책의 '최초성', '제도적 의미' 강조. '처음'이라는 사실로 뉴스 가치 부여.
영향 및 전망	"이번 조치로 인해 최근 몇 년 간 건설붐으로부터 엄청난 이득을 본 부동산 산업계가 긴장할 것으로 예상된다."	이 조치가 어떤 영향을 줄 것인지 예측. 이해관계자의 반응 가능성 포함.
기사 어조 및 문장 구성 전략	- "기대된다", "착수할 방침이다", "~될 것으로 보인다" 등 신중한 어미	

이 글을 통해 배울 수 있는 글쓰기 훈련 포인트

항목	설명
직역과 의역의 차이 이해하기	단순한 단어 치환이 아니라, 기사 문맥에 맞는 의미 전달이 되도록 재구성하는 것이 핵심이다.
육하원칙에 따라 재배열	영어 문장은 시제 중심, 한국어 문장은 정보 중심이므로, '누가-언제-무엇을' 구조로 순서를 재조정해야 한다.
수식어 가지치기	원문의 화려한 수식어는 번역하면 오히려 어색하다. 주어-동사-목적어의 뼈대 문장만 남긴 뒤 필요한 설명만 보완한다.
자연스러운 어미 처리	"~일 것이다"보다는 "~할 예정이다", "기대된다", "보인다" 등 기사체에 맞는 어미로 마무리하는 것이 중요하다.
연결어로 문장 흐름 만들기	영어는 문장 단위 전환이 뚜렷하지만, 한국어는 연결성과 리듬이 중요하다. '이번에는', '또', '이에 따라', '이 같은' 등 접속어 사용이 글 흐름을 유연하게 만든다.

실전 훈련법 제안

훈련 유형	설명
직역→의역 전환 훈련	영어 기사를 한국어로 '직역한 초안'을 먼저 쓰고, 이를 독자가 읽기 쉬운 기사체로 의역해 다시 써보는 연습
문장 순서 바꾸기 훈련	영어 원문은 말미에 핵심 정보가 나올 때가 많다. 이를 앞으로 끌어와야 자연스러운 한글 문장이 된다.
수식어 삭제 훈련	복잡한 문장에서 수식어를 과감히 줄여 핵심만 남긴 문장 만들기

점검 체크리스트

자가 진단 질문	확인
영어 단어를 그대로 한국어로 옮기고 있진 않은가? 문맥이 매끄러운가?	☐
영어의 어순(주어-동사-설명-결과)을 한국식 육하원칙 구조(주어-언제-무엇)로 정리했는가?	☐
한 문장 안에 너무 많은 수식어가 있진 않은가? 핵심 정보가 드러나는가?	☐
"~할 것이다"로 끝내는 단순 번역체가 아닌가? 기사체 문장으로 다듬었는가?	☐
문장 간 전환이 어색하지 않은가? '또한', '이 같은', '이에 따라' 등의 연결어를 적절히 사용했는가?	☐
문장이 길거나 무거워서 독자의 이해를 방해하지는 않는가? 불필요한 정보는 제거했는가?	☐

② California lottery says it has a winner in $1.6 billion Powerball jackpot

〈2016.01.14자 로이터〉

At least one unidentified person in California won the massive $1.59-billion Powerball lottery on Wednesday, officials said after drawing the winning numbers for the world's largest potential jackpot for a single player. The winning ticket was sold at a 7-Eleven convenience store in Chino Hills, a suburb east of Los Angeles, California Lottery officials said. No other states have reported selling a winning ticket for the $1.586-billion prize. Crowds descended on the store after word emerged where the winning ticket had been bought, to snap pictures and congratulate the clerk. The store will receive a $1-million bonus for selling the ticket.

직역하면,

최소한 한 명의 신원이 밝혀지지 않은 캘리포니아 사람이 엄청난 1.59billion 달러 파워볼 복권에 수요일 당첨됐다. 관계자들은 1명의 싱글 플레이어가 탈 수 있는 전세계 최대 규모의 잭팟 번호를 발표한 결과, 캘리포니아 당국 관계자에 따르면 당첨 복권은 로스엔젤레스 동부 교외의 치노힐스에 있는 세븐일레븐 편의점에서 팔렸다. 당첨 복권이 팔렸다고 보고한 다른 주는 없다. 인파가 가게에 몰렸다, 당첨 복권이 팔렸다는 소식이 퍼지자 점원과 기념사진을 찍고 축하하기 위해. 가게는 100만 달러의 보너스를 당첨 복권을 판 대가로 받을 예정이다.

이를 고치게 되면,

이번 수요일 15조원 규모의 파워볼 복권에 신원이 밝혀지지 않은 캘리포니아 출신이 최소 한 명 당첨된 것으로 나타났다. 이번 파워볼 복권은 개인이 당첨될 수 있는 전세계 최대 규모의 '잭팟'으로 화제를 모은 바 있다.
☞ 첫 문장을 한국어로 번역하면 순서가 엉망. 한국어에 맞게 윤문하려면 시간과 장소, 인물 순서로 문장을 재배열해야 한다. '관계자들'이란 말은 문장 흐름상 사족이고, 이 문장은 원문에서도 '최대 규모'라서 주목받았다는 점을 강조하기 위해 들어간 것인 만큼 '화제를 모은 바 있다' 정도의 한국어 표현을 자체적으로 넣어 마무리해줬다.

캘리포니아 당국에 따르면 이번 당첨 복권은 캘리포니아 로스앤젤레스 동부 교회의 치노힐스 지역 세븐일레븐 편의점에서 팔린것으로 나타났다. 캘리포니아 외에 다른 주에서 당첨 복권이 팔렸다는 소식은 전해진 바 없다.
☞ '이번' 등의 지시명사(?) 를 적절히 활용해 무엇을 지칭하는지 헷갈리지 않게 명시. 영어에는 the라는 정관사가 있지만 한국어에는 따로 없으니까.

당첨 복권이 팔렸다는 소식이 퍼지자, 해당 편의점에는 점원과 기념사진을 찍는 등 축하하려는 인파가 몰려들었다. 이 편의점은 당첨 복권 판매에 대한 보너스로 100만 달러 상당의 보너스를 받게된다.
☞ 직역했을 때 앞뒤 구문 순서가 어긋나는 점을 고려해 적절히 순서를 뒤바꿔 의역하는 점이 관건.

글 구성 분석

구성 요소	기사 내용 예시	설명
리드문 (핵심 요약)	"이번 수요일 15조원 규모의 파워볼 복권에 신원이 밝혀지지 않은 캘리포니아 출신이 최소 한 명 당첨된 것으로 나타났다. 이번 파워볼 복권은 개인이 당첨될 수 있는 전세계 최대 규모의 '잭팟'으로 화제를 모은 바 있다."	핵심 정보(언제, 무엇, 누구)를 압축적으로 전달. '왜 뉴스가치가 있는가'를 동시에 담음. 직역체가 아닌 매끄러운 기사체 문장.
배경 및 주요 정보 정리	"캘리포니아 당국에 따르면 이번 당첨 복권은 캘리포니아 로스앤젤레스 동부 교외의 치노힐스 지역 세븐일레븐 편의점에서 팔린 것으로 나타났다."	리드문 다음에 사건의 구체적 장소·배경을 바로 제시. 구체성과 신뢰 확보. '~에 따르면' 등의 인용형 기사 문장 구조 활용.
부연 설명 및 상황 묘사	"캘리포니아 외에 다른 주에서 당첨 복권이 팔렸다는 소식은 전해진 바 없다."	사건의 단독성 강조. 정보의 완결성과 독자의 궁금증 해소. 직역보다는 '소식은 없다' 등의 자연스러운 종결어미 사용.
현장 분위기 묘사	"당첨 복권이 팔렸다는 소식이 퍼지자, 해당 편의점에는 점원과 기념사진을 찍는 등 축하하려는 인파가 몰려들었다."	영어 원문에서는 병렬적이거나 수동적 표현을 사용했지만, 한국어 문장은 원인→결과 순으로 자연스럽게 재배열. 시각적 상황 묘사.

추가 정보 (보너스 등)	"이 편의점은 당첨 복권 판매에 대한 보너스로 100만 달러 상당의 보너스를 받게된다."	독자에게 추가 정보 제공. '보너스'를 반복하지 않도록 표현 중복을 줄이는 문장 다듬기 적용 가능.

이 글을 통해 배울 수 있는 글쓰기 훈련 포인트

- 직역 후 윤문하는 습관: 기사의 구조와 정보 흐름을 직역한 뒤, 자연스럽게 윤문하는 '논리적 재배열' 연습 필요
- '지시어'와 '지명'의 반복 사용: 번역 시 명확한 지시가 어려우므로 '이번', '해당' 등의 지시어와 '캘리포니아' 같은 지명을 생략 없이 반복해 맥락 혼선을 방지
- 시각 묘사 훈련: "기념사진을 찍는 인파", "점원이 축하받는 장면" 등 현장 재현력이 중요

실전 훈련법 제안

[외신 번역 기사 연습 템플릿]

1. 외신 기사 원문 선택
2. 직역(노트 작성) — 문장 단위로 의미 분석
3. 한국어 기사체 재작성 — 문단별 재배열 및 논리흐름 점검
4. 리드문 작성 훈련 — 육하원칙 + 뉴스가치 강조
5. 현장 분위기 or 배경설명 재구성 훈련

점검 체크리스트

자가 진단 질문	확인
핵심 정보가 압축되어 있는가?	☐
'시간 → 장소 → 사건' 구조로 배치했는가?	☐
수동 표현을 능동적으로 바꾸었는가?	☐
독자가 대상과 맥락을 혼동하지 않는가?	☐
"~할 것으로 보인다", "~로 나타났다" 등 적절한 마무리 어미를 사용했는가?	☐

13. 글쓰기의 다양한 방법: 사물의 의인화

[시론] 백수오 파동의 진실을 아시나요

〈2015.05.11자 중앙일보〉

> 난 최근 한국에서 '가짜 백수오(白首烏)'란 오명(汚名)을 뒤집어쓴 식물, 이엽우피소입니다. 국내에서 '진짜 백수오'로 인정되는 것은 은조롱이란 식물의 뿌리인데 은조롱의 별칭이 격산우피소예요. 결국 나와 은조롱은 모두 '우피소'(牛皮消) 패밀리의 일원인 셈입니다.
> 난 원산지가 중국이며, 중국·부탄·네팔·인도·파키스탄 등에서 주로 자라는 식물이에요. 어쩌다가 한반도까지 오게 됐는데 사연은 이렇습니다.
> 내가 한반도에 처음 들어온 시기는 1990년대 초입니다. 그 이전에 문제가 하나 생겼어요. 당시 '진짜' 백수오의 원료인 은조롱을 재배하던 국내 농가들은 식물을 받치는 지주 설치비용이 많이 들고 노동력이 엄청 소요되며 생산성이 떨어져 골치를 앓았어요. 재배를 기피하는 분위기였죠. 그 대안으로 중국에서 도입한 게 내 씨앗입니다. 난 주로 경북 영주 지역에 심어졌는데 최근까지 농가는 물론 관련 업체에서도 인기가 높았어요. 은조롱보다 생산수율은 높은데 가격은 절반 수준이었기 때문이죠.
> 사실 국내에서 나와 은조롱은 이번 사고가 발생하기 전까지 거의 구분 없이 사용됐습니다. 관련 학술지인 '한국약용작물학회지' 2005년 13권에 실린 논문 제목이 '백수오(이엽우피소)의 무(無)지주 재배방법에 따른 생육 및 수량'이었을 정도였어요. 백수오와 나를 사실상 같은 식물이라고 봐 괄호 안에 나를 묶은 것입니다. 심지어 그 논문에선 진짜 백수오인 '은조롱'을 '백수오 재래종'이라고 표현했습니다. 이번 사건이 터지기 불과 1년 전, 역시 '한국약용작물학회지'에 발표된 논문에도 "···대부분의 농가에서 은조롱 대신 이엽우피소가 재배되고 있는 실정"이라고 기술된 대목이 있어요.

그렇다면 왜 은조롱은 '진짜', 난 '가짜'일까요? 대한약전 외 한약(생약) 규격집에 "백수오의 기원(起源) 식물은 은조롱"이란 내용이 포함돼 있기 때문입니다. 하지만 중국의 중약대사전과 중약지(中藥志)에선 은조롱·이엽우피소·대근우피소, 셋 모두가 백수오의 기원 식물입니다. 따라서 나는 한국에선 '가짜'가 분명하지만 중국에선 '진짜' 백수오입니다. 다만 중국의 약전(藥典)엔 내가 등재돼 있지 않습니다.

이번 가짜 백수오 사태에서 마지막 쟁점으로 남은 것은 나를 섭취한 분들의 건강상 피해 여부입니다. 만약 내가 건강에 해로운 식물이 맞다면 나를 주원료로 한 제품을 구입한 분들은 환불은 물론 손해배상까지도 받을 수 있을 것입니다. 하지만 건강에 별 영향이 없다면 백수오 파문은 진정 국면에 접어들 것으로 보입니다.

나는 스스로 변호하기 위해 나의 독성과 관련된 연구논문이나 보고서가 있는지를 검색해 봤습니다. 내가 많이 함유된 사료를 암퇘지에게 먹이면 유산 위험이 높아진다는 84년 연구 결과가 미국식품의약국(FDA)의 '독성 식물 데이터베이스'에 실려 있었습니다.

미국 국립의학도서관 논문검색 엔진인 'Pubmed(www.pubmed.gov)' 등에 내 학문명(Cynanchum auriculatum)을 치고 검색해 봐도 독성에 관한 내용은 찾기 힘들 것입니다. 오히려 암 예방, 식욕 억제, 간 섬유화 치료, 면역력 강화 등 나의 긍정적인 약효를 밝힌 논문들이 주류를 이루고 있어요. 'Pubmed'에서 나를 대상으로 한 연구논문은 31편이 검색됩니다. '진짜' 백수오인 은조롱 (Cynanchum wilfordii)을 다룬 연구논문(24편)보다 더 많습니다. 하지만 나와 은조롱 모두 한국인에게 신뢰받는 건강기능식품이 되기엔 연구가 너무 부족했다는 것을 고백합니다.

현재까지 연구된 결과로 은조롱과 나 중 어느 쪽의 약효가 더 뛰어나며, 간(肝) 독성 등 부작용이 더 적은지를 판정하긴 힘들다고 봅니다. 이 정도로 '보일 듯 말 듯한' 연구 결과만으론 '간 독성을 포함해 어떤 독성이 있다'고 판정하지 않는 것이 독성학계의 상례입니다. 만약 내가 조만간에 '간 독성이 있다'는 결론이 내려진다면 은조롱은 물론 다른 대부분의 허브(생약)들도 여기서 자유로울 수 없을 것입니다. 생약은 대부분 간(肝)에서 대사(代謝)되며 '약과 독은 동전의 양면'이란 말에서 엿볼 수 있듯이 독성이 없는 것은 약성도 없기 때문입니다.

> 일단 나와 은조롱은 '우피소 패밀리'에 속하는 만큼 비슷한 약성과 독성을 나눠 가졌을 가능성이 큽니다. 외양으로 둘을 식별하기도 힘든데 우리 둘의 장단점에 대해 정확하게 평가하는 일은 더욱 어려운 작업이 될 것입니다. 비유컨대 품종이 다른 닭이 낳은 황색 계란과 백색 계란, 한우와 육우, 인삼과 장뇌삼의 효능·건강에 미치는 영향 등을 비교 평가하기 힘든 것과 같은 이치입니다.
> 내가 정말 독성을 가졌는지는 앞으로 식품의약품안전처 등에서 정밀하게 밝혀낼 것입니다. 저로 인해 너무 큰 파문이 일어났으니까요. 하지만 당장 나로 인해 한국인이 너무 심한 스트레스와 혼란을 겪는다면 오히려 그것이 건강상 더 큰 손해일 수 있습니다.
>
> 박태균 식품의약 칼럼리스트 중앙대 의약식품대학원 겸임교수

글쓰기에는 다양한 방법이 있다. 그 중 하나가 '사물의 의인화'다. 사물에 생명을 불어넣은 뒤 우리에게 말하듯 글을 써내려가는 방식이다. 주인공이 되어 말을 할 수도 있고 제3자의 시각으로 보고 듣고 느낀 것을 전달할 수도 있다. 의인화를 하게 되면 좋은 점이 내가 하고 싶은 이야기를 가감없이 할 수 있다. 거침없이 전달할 수 있다는 점에서 효과적이다. 감정몰입도 쉽게 된다. 다만, 근거 없는 주장은 역시나 금물! 상대방을 설득하기 위해 논리적인 탄탄함은 필수다.

글 구성 분석

구성 요소	기사 내용 예시	설명
(도입) 주인공 자기소개	"난 최근 한국에서 '가짜 백수오'란 오명을 뒤집어 쓴 식물, 이엽우피소입니다."	- 1인칭 도입으로 독자의 시선을 단번에 끌어당김 - '의인화' 기법으로 감정 몰입 유도

(배경) 어떻게 한국에 들어오게 되었나	1990년대 초 한국 도입, 은조롱 대체 작물로 선택됨	- 사건의 배경설명- 단순 지식 전달을 이야기로 풀어냄
(갈등) 왜 '가짜'가 되었나	한약 규격집에 은조롱만 '진짜'로 명시되어 있었기 때문	- 제도와 분류 기준의 상대성 강조- 중국에서는 '진짜' 백수오라는 반전 제시
(전개) 학문적 근거 제시	학술지 인용, FDA 독성 자료, PubMed 검색결과 언급	- 단순 감정 호소에 머무르지 않고 논거와 정보를 통해 자신을 방어함
(비교) 은조롱 vs 이엽우피소	약효, 독성 연구 비교 / '보일 듯 말 듯'한 데이터	- 양자 간 우열 판별이 어려운 현실을 비유로 설명(계란, 한우 등)
(전망) 향후 검증과 사회적 메시지	"정밀 검증은 식약처가 할 것… 과도한 공포가 건강에 더 나쁠 수도"	- 균형 잡힌 결론 / 이성적 태도 제시- 메시지를 독자에게 돌리는 방식의 여운

서사 구조 흐름

이 글은 다음과 같은 감정 흐름 + 정보 흐름이 결합된 복합적 구조를 가진다.

1인칭 서사 도입

→ 재배·이용의 맥락 소개

→ 사회적 낙인(가짜)이라는 갈등 제시

→ 논문·데이터로 자기 방어

→ 은조롱과의 유사성 비교

→ "나는 정말 해로운가?"라는 질문 제기

→ 합리적 결론과 독자에게 던지는 화두

글 구성의 전략적 포인트

전략 요소	설명
의인화 도입 → 감정 몰입	'식물의 말'처럼 쓴 시점 덕분에 기존 논설보다 훨씬 감성적 접근 가능
논리 + 정서의 균형	감정적으로 억울함을 호소하되, 데이터와 논문을 적극 인용
다중 독자 고려	전문가 독자에게는 정보와 논거 제공, 일반 독자에게는 친근한 어조와 비유 제공
비유와 유추의 활용	"황색 계란 vs 백색 계란", "한우 vs 육우" 등 감각적이고 직관적인 비유
여운 있는 마무리	'독보다 스트레스가 더 해로울 수도 있다'는 반전적 메시지로 정서적 여운 강화

이 글은 '논란의 사물'을 주인공 삼아 감정과 정보, 사실과 비유, 개인의 억울함과 사회적 기준을 동시에 직조한 의인화 칼럼의 대표적 사례다.

이 글을 통해 배울 수 있는 글쓰기 훈련 포인트

항목	설명
사물 의인화 기법	이 글은 '이엽우피소'라는 식물이 자기 입으로 말하는 형식을 택해 사물에 생명을 부여한 대표적인 사례다. 글쓴이의 의도와 감정을 효과적으로 전달할 수 있고, 독자에게 친근감을 준다.
사실 전달과 감정 전달의 균형	의인화로 감정을 담아내면서도, 학술 논문, FDA데이터, PubMed 검색 결과 등 풍부한 팩트를 함께 제시해 설득력을 높였다. 감정에 치우치지 않고, 논리와 정보가 뒷받침되어야 한다는 점을 잘 보여준다.
자기 변호 구조	의인화된 주인공이 자신을 변호하는 서사 구조를 통해 독자의 이해와 공감을 유도한다. '나는 가짜가 아니다'라는 주장을 펼치되, 스스로 한계를 인정하며 신뢰를 확보한다.
배경 정보와 맥락 제공	이엽우피소와 은조롱의 유래, 학술 인용, 국제 비교(중국 vs 한국의 기준) 등 배경지식과 맥락을 풍부하게 담아 '정보 전달형 에세이'로도 손색없다.
대중적이면서도 전문적인 문장 구조	용어 설명(예: 우피소, 간 독성, 생약 등)과 비유(예: 한우 vs 육우, 황색 계란 vs 백색 계란 등)를 통해 독자의 이해를 돕는다. 복잡한 이슈를 쉬운 비유로 푼 사례로 유용하다.

실전 훈련법 제안

의인화 글쓰기 워크아웃 예제

훈련 단계	실전 훈련 예시
Step 1. 소재 정하기	의인화할 대상을 선택한다: 예) 전기차 배터리, 마스크, 버려진 스마트폰, 와인병, 폐교 건물 등
Step 2. 자기소개 서술	"나는 누구입니다. 어디서 왔고, 어떤 삶을 살았으며, 지금은 어떤 상황에 처해 있지요."처럼 도입부를 자기소개 형식으로 서술
Step 3. 갈등 또는 쟁점 드러내기	"나를 둘러싼 오해는 이러합니다. 하지만 사실은…"과 같이 반론 또는 문제 제기
Step 4. 근거 제시	자신을 설명하거나 방어하는 데 필요한 정보, 통계, 논문 등을 서술
Step 5. 감정과 메시지 전달	"나는 억울합니다", "나도 진짜이고 싶어요", "인간들이 나를 이렇게 만들었어요" 등 감정 표현과 함께 사회적 메시지를 담는다

점검 체크리스트

자가 진단 질문	확인
생명을 가진 것처럼 말하고 있는가?	☐
글 흐름이 일관되고 읽기 쉬운가?	☐
논문, 데이터, 비유 등으로 신뢰를 더했는가?	☐
비유, 유사사례 등으로 이해를 도왔는가?	☐
독자에게 남기는 한마디가 있는가?	☐

14. 리뷰 쓰기에 참고하면 좋은 기사

노천탕 갖춘 테마온천·워터파크 할인 꿀팁

〈2016.01.13자 한겨레esc〉

웬만한 워터파크·테마온천 입장권의 정상가는 여름 성수기 기준으로 3만~7만원대다. 겨울엔 실내외 시설 전체를 사철 운영하는 일부 테마온천을 제외하곤 대부분의 워터파크들이 비수기 가격을 적용한다. 겨울 한철 실내 물놀이시설을 중심으로 운영하며, 실외에선 온수풀이나 테마노천탕 등만 열어두기 때문이다. 겨울 비수기 가격이라 해도 1인당 2만~5만원대에 이르는 이용료가 부담스럽기는 마찬가지다. 하지만 이 값을 다 내고 이용할 필요는 없다. 입장권 구매 방식이나 이용 시기 선택, 업체 이벤트 등을 활용해 다양한 할인혜택을 받을 수 있기 때문이다. 물론 중복 할인은 안되고, 할인에 필요한 증명서 지참은 필수다. 겨울 온천·워터파크 싸게 이용하는 방법을 정리했다.

소셜코머스 잘 찾으면 절반 가격
테마온천·워터파크들은 업체별로 쿠팡·티몬·위메프 등 소셜코머스를 정해 입장권을 할인 판매하는 곳이 많다. 소셜코머스에선 미리 입장권을 대량으로 확보해놓고 기간을 정해 싸게 판다. 잘 고르면 많게는 정상가의 절반 안팎까지 싸게 입장권을 살 수 있다. 업체에 따라 행사 시기가 다르고, 소셜코머스마다 가격 차이가 있으므로 되도록 많이 찾아다니며 비교해보는 게 좋다. 인근 스키장·썰매장 등과 연계한 할인상품도 있다. 단, 소셜코머스 할인은 대부분 성인권 기준으로 이뤄진다는 것도 알아둬야 한다.

방학 중 학생 할인, 생일 할인
겨울방학을 맞아 학생 특별할인 행사를 하는 곳도 많다. 대명 비발디파크 오션월드의 경우 중·고·대학(원)생에게 정상가 대비 40% 할인된 3만원에 입장권을 제공(3월1일까지)한다.

> 단, 누리집 회원가입 뒤 학생 할인 쿠폰을 내려받아 지참해야 한다. 학생이 3명 이상이면 단체 추가할인이 적용(2만7500원)된다. 한화리조트 설악워터피아도 대학(원)생에게 3월1일까지 50% 할인혜택을 준다. 생일 할인도 있다. 비발디파크 오션월드는 생일(주민등록 기준) 전후 7일 안에 오면 본인과 동반 1명에게 40%를 할인해준다.

할인 꿀팁이라는 것은 가격 저렴하지만 가볼만 한 곳을 알려주겠다는 이야기다. 서문을 적어줬다. 글을 모아쓰기 할 때에는 늘 전체를 아우르는 서문을 적어줘야 한다. 첫 단락이 그것이다. 아주 평이하지만, 튀지 않는 깔끔한 글쓰기에 참고하면 좋다. 그리고 쓰고자 하는 것들을 소제목으로 만들어서 분량을 비슷하게 맞춰 써주면 깔끔하다.

글 구성 분석

구성 요소	설명
서론 (문제 제기 + 전체 안내)	겨울 워터파크·테마온천도 비용이 비싸다는 인식 → 하지만 '할인' 방법이 있다며 독자의 니즈와 연결
소제목 1 소셜코머스 할인	구체적 구매처(쿠팡·티몬·위메프) 제시, 절반 가격도 가능함을 설명
소제목 2 학생 및 생일 할인	연령·시기 특화 할인 정보 소개, 조건과 예시도 함께 제공

팁 요약 및 마무리 (암시적 결론)	중복 할인 불가 / 조건 확인 필수 등 실용 조언으로 마무리

이 글을 통해 배울 수 있는 글쓰기 훈련 포인트

훈련 포인트	설명
정보성 글에 어울리는 서론 작성법	독자의 실질적 문제(비싼 요금)를 언급하며 관심을 끌고, 글 전체의 흐름을 예고함
소제목 활용해 구조적 글쓰기	각 항목을 명확한 제목(혜택 종류별)으로 나누어 읽기 쉬움과 정돈된 인상을 줌
구체적인 예시와 조건 제시	할인율, 쿠폰, 대상자 범위 등 '적용 조건'을 상세히 제공함으로써 신뢰도 확보
단락 간 균형	소제목마다 비슷한 분량과 구조로 정리되어 있어 가독성이 높음
독자를 '정보 수용자'로 배려	구입 방법, 주의사항, 한계까지 안내함으로써 '친절한 설명' 완성

실전 훈련법 제안

훈련 항목	연습 예시
주제 서문 쓰기	"겨울 여행, 비용은 부담인데 즐길 거리는 없을까? 따뜻한 물놀이를 합리적으로 즐기는 법을 소개한다."
소제목 분류 훈련	"① 온라인 구매 할인", "② 오프라인 이벤트 할인", "③ 지역 연계 상품" 등으로 분류 후 각 항목별로 사례 작성

비교 서술 훈련	쿠팡 vs 티몬 vs 위메프의 가격 차이 비교, 성인권 vs 학생권 혜택 비교 등 정량적 차이를 중심으로 비교 연습	
조건 안내 문장 쓰기	"단, 본인 확인을 위한 학생증을 지참해야 하며, 중복 할인은 불가하다" 등 사용 조건을 명확히 문장화	
마무리 조언 문장 쓰기	"할인도 좋지만, 사전 확인은 필수! 잘못 구매하면 환불이 어렵다"와 같은 현실 조언 넣기 훈련	

점검 체크리스트

자가 진단 질문	확인
독자의 관심을 끄는 문제 제기나 질문으로 시작했는가? / 글의 목적과 방향이 분명히 드러나는가?	☐
소제목이나 단락 구분으로 정보가 논리적·체계적으로 정리되었는가? / 한 단락에 하나의 핵심 메시지만 담았는가?	☐
각 항목에 사례, 숫자(연도, 가격, 수치 등)나 인용을 넣어 설득력을 높였는가?	☐
독자가 궁금해할 조건·제한·주의 사항을 미리 짚어주었는가? / 지나치게 전문적이지 않고 독자 눈높이에 맞췄는가?	☐
전체 글이 일정한 분량과 리듬으로 이어지는가? / 문장이 지나치게 길거나 단조롭지 않은가?	☐
글의 핵심 메시지가 마지막까지 일관되게 유지되었는가? / 결론에서 독자에게 생각할 거리를 남겼는가?	☐

글쓰기에 정답은 없다

사람이 저마다 개성이 있듯,

글쓰기에도 개성이 있다

"글쓰기 어떻게 해야 하나요?"

많은 분이 내게 묻는다. 여기에 내 대답은 하나다.

"글쓰기엔 정답이 없어요"

그러면 이렇게 묻는다.

"글을 잘 쓰려면 어떻게 해야 하나요?"

이 대답도 뻔하다.

"많이 읽고 많이 써보세요."

또다시 묻는다. "많이 읽고 많이 쓰는데 안 늘어요. 어떻게 해야하죠?"라고 말이다. 여기에 난 답한다.

"꾸준히 해야 늘어요"

어떤 이는 이런 내 말에 실망하기도 한다. 하지만 또 어떤 이는 무언가 깨달았는지 의미심장한 표정을 짓고는 돌아선다.

그 후... 간혹 어떤 분은 확실히 글쓰기가 늘었다며 연락을 주곤한다. 그리고는 다시 묻는다.

"실력을 더 키우고 싶은데 글 어떻게 써야 할까요?"

내 대답은 하나다.

"글쓰기엔 정답이 없어요"

그리고 차근차근 이야기한다. 글이란 것은 마치 하나의 인격체와 같아요. 글 쓰는 이의 개성이 들어가게 마련이죠. 글은 그래야 한다고 생각해요. 단순히 주입식 교육으로 천편일률적으로 만들어낼 수 없는 거로 생각해요. 글을 어느 정도 쓰는 분들이라면 그다음부터는 본인만의 필체를 만드는 데 집중해야 한다고 봐요. 제가 생각하는 글쓰기는 그래요...

고생하셨습니다.
끝까지 함께 해주셔서 감사합니다.
- 신동진 올림

[에필로그/2025]
다시 꿈을 쓰다

잠시 멈추었던 꿈을 다시 이어가게 된 것은 서강대학교 메타버스전문대학원에 입학하면서부터였다. 그날 이후 나는 다짐했다. 내 커리어는 스스로 설계하고 증명해야 한다고. 누군가의 평가에 머무르지 않고, 나만의 무대를 만들어가겠다고. 그 다짐은 나를 가상융합 비즈니스의 세계로 이끌었고, 이제는 '규제'와 '정책'이라는 익숙한 언어를 '미래'와 '기술'이라는 새로운 문법으로 다시 써 내려가고 있다.

이번 개정판《AI시대 글쓰기 공식 3GO》는 2021년 6월 17일 개정판 작업을 시작으로 4년2개월 동안 고치고 또 고치기를 거듭한 결과물이다. 첫 책이 나온 지 10년 만이기도 하다. 그런 의미에서 이번 개정판은 단순한 책의 업데이트가 아니라, 새로운 도약을 알리는 선언이며, 내가 30대의 가장 빛나던 시절에 품었던 꿈을, 50대의 성숙과 열정으로 다시 이어가는 약속이기도 하다.《신동진 기자의 글쓰기 3GO》를 처음 세상에 내놓던 날, 나는 젊었고, 내 커리어는 살아 숨 쉬었으며, 자존감은 하늘을 찔렀다. 그날의 설렘은 아직도 생생하다.

그리고 10년이 지난 지금, 나는 여전히 꿈꾼다. 흰머리는 늘었고 주름은 깊어졌지만, 마음은 그때보다 더 뜨겁다. 나는 이제 삶을 스스로 설계하며, 글을 통해 새로운 길을 개척하고자 한다. 이 책은 그 첫걸음이며, 다시 시작되는 여정의 증표다.

==글은 나의 과거였고, 지금은 나의 미래다. 나는 오늘도 꿈을 쓴다., 그 길을 끝까지 걸어갈 것이다.==

모든 것이 뜨겁게 타오르던 2025년 8월의 여름이 저물고,
서늘한 바람이 스치는 10월의 가을 길목에서
신동진 드림.

[에필로그/2016]

지금도 믿기지 않는다. 글쓰기를 무척 어렵게 여기던 내가 책을 내다니. 그것도 글쓰기에 관한 책이라니.

"형님, 책 제안이 들어왔어요"

2년 전, 페이스북 〈기자의 글쓰기〉 부운영자 주명이의 전화 한 통에서 시작된 책 출간 프로젝트. 돌이켜보면 첫 시작은 무모했다. 기자로서 첫 발을 내디뎠을 때처럼. 그 때는 아무도 예측하지 못했다.

이렇게 긴 여정이 될 줄은.

"저랑 작업하시면 1년 이상 걸릴 수도 있습니다"

"네! 괜찮습니다. 좋은 책을 만들 수 있다면요"

홍성신 팀장님의 우스갯소리, 그리고 이를 가볍게 여기고 화답했던 내 말은 현실이 됐다.

"이렇게 해서는 책으로 낼 수가 없습니다"

"네 저도 지금 수준에서는 제 이름이 부끄러워 출간할 수 없을 것 같습니다"

우리는 수시로 만나 책 방향에 대해 논의했다. 난 참 많이 서툴렀다.

"보완했습니다. 다음에 언제 볼까요?"

기자 생활을 하며 시행착오를 거쳐 깨달은 '좋은 글 쓰는 방법'을 글로 정리해내기란 결코 쉽지 않았다. 좋은 책을 만들겠다고 시작한 책 작업은 어느 순간부터 나 자신과의 싸움이 됐다.

뭔가 떠오르면 일단 써놔야 직성이 풀리는 성격 탓에 정돈되지 못한 글들을 쏟아냈다. 그렇게 익지 않은 글자들이 모니터를 가득 채웠다가 버려졌다. 쏟아내던 순간에는 만족했지만, 시간이 흐른 뒤 돌아보면 스스로 납득되지 않는 글이었다.

시간은 계속 흘렀고, 더딘 진행 속도에 역량의 한계를 느끼며 괴로워하기도 했다. 그러나 모든 일에는 끝이 있다. 1년 10개월 전 겨울에 시작한 첫 미팅, 봄을 지나 여름, 가을, 겨울, 또 다시 맞게 된 봄, 그리고 여름.... 그 긴 여정의 마침표를 드디어 찍었다.

이 책은 비록 내 이름으로 출간하지만, 수많은 이들의 노고가 담겨있다. 출판업계에서 오랜 노하우를 가지고 있는 홍 팀장님은 책다운 책이 되도록 만들어주셨고, 내 인생의 멘토인 주명이는 바쁜 시간을 쪼개고 쪼개 늘 내 이야기에 귀 기울여줬다. 작업 과정에서 중심을 잡아준 주명이와 홍 팀장님께 거듭 감사드린다.

많은 이들의 진심어린 코멘트 덕택에 책은 더욱 알차게 구성됐다. 나를 아껴주시는 주위 모든 분들의 걱정과 도움으로 이 책은 완성될 수 있었다. 지금의 내가 있을 수 있듯이 말이다.

마지막으로 페이스북 〈기자의 글쓰기〉를 사랑해주시고, 제 책을 기꺼이 선택해주신 분들에게 감사드리고 싶다. 책을 통해 더욱 가까워질 수 있으리라 믿는다. 더 자주, 더 가깝게 소통하는 계기가 된다면 더 바랄 것이 없겠다.

앞으로도 껍데기가 아닌 콘텐츠로 인정받는 기자가 되도록 늘 고민하겠다. 글로 누군가에게 도움이 되고, 도움을 주고받는 서로가 함께 성장할 수 있도록.

- 2016.07.29.

신동진.

Special Thanks to

지금 막 최종 표지와 내지 검수를 마쳤습니다.

이 책이 세상에 나오기까지, 저 혼자 힘으로는 결코 올 수 없었습니다.

무엇보다 책 표지 디자인을 함께 고민해준 아들 신예환, 그리고 언제나 곁에서 지켜주며 응원해준 아내에게 먼저 깊은 사랑과 감사를 전합니다.

(물론 초안 표지와 내지 디자인을 잡아주시고 최종 디테일을 잡아주신 디자이너님들 덕분에 멋진 최종 결과물이 나온 것도 잊지 않습니다~! 오해 금지 😊)

서강대학교 메타버스전문대학원에서 현대원 선생님을 만나고, 이석근 지도교수님께 배우며, 박정준 선배님, 박선호 교수님, 장호영 형님, 박종형 대표님, 임주영 누님, 임정훈 선배님, 신정돈(정돈이), 현기정 원우님, 김하영 원우님, 김한얼 원우님, 이기훈 원우님을 알게 된 것은 제 삶에 큰 선물이었습니다. 그리고 늘 열정 넘치는 김태훈 교수님까지!

그 덕분에 제 인생이 180도 바뀌었음을 실감합니다. 사람 때문에 웃고, 사람 때문에 울기도 했지만, 서강대 메타버스전문대학원에 온 것은 제 인생에서 가장 중요한 선택이자 가장 잘한 선택이라 믿습니다.

스무 살 자대 배치 때 처음 만나 이제 햇수로 30년을 함께해온 소중한 인연, 언제나 저를 신뢰해주신 이찬현 형님께도 특별히 감사드립니다. 그 따뜻한 믿음이 제 발걸음을 끝내 멈추지 않게 했습니다.

그리고 소중한 인연들

김철기 대표님, 조희현 선배님, 권선무 전무님, 유진호 교수님, 옥성환 대표님, 오창훈 실장님, 정태형님, 의석형님, 동기형님, 김휘석 형님, 박춘연 원장님, 희정 누님, 이제는 대표님이 되신 현희 선배, 현철이 형, 처남 형진이, 김상현 팀장님, 영진이랑 광원이, 진우 형, 이명철 형님, 신동진(동명이인), 나의 자랑 위춘재, 세문이, 현찬이, 종헌이, 동기 덕형이(하덕형), 김수영 기자님, 장성주 기자님, 수열이, 천호, 곽대원 대표님, 준영이, 종익님, 남수, 재형이, 김소연 기자님, 김태민 대표님, 이영표 상무님, 최범락 이사님, 늘 마음이 20대인 대훈이(Moon), 중학교 시절 16살에 만나 30년 지기가 된 상훈이, 지금의 내가 있을 수 있게 엄하게 고3 시절을 다독여주신 김상원 선생님, 경신고 총동문회 전 사무국장님이신 황문효 선배님, 태영이형, 홍천농업전문고등학교 김학호 부장님, 3년째 열심히 글쓰기를 배우는 신지민님, 조은영 대표님(?), 김정규 변호사님(이남식 팀장님 포함), 이기문C(ㅎㅎㅎ), 정욱이 형, 성익 형님, 홍성신 팀장님, 초식남 카카오 레이몬드 진우, 노원지사 권국정 부장님, 문송자 누님, 임호규 부장님, 황공수 차장님, 제 마음 건강을 항상 보살피며 관리해주시는 이석 원장님, 피부과 안경미 원장님, 병철이, 상범이, 근평이, 마음속에 늘 고마움이 깊이 새겨진 나의 30대를 빛나게 만들어준 주명이…

쓰다 보니 "내가 감사 인명사전을 쓰고 있나?" 싶을 정도네요. 하지만 사실 다들 제 인생의 중요한 문장을 함께 써주신, 앞으로 써주실 분들입니다.

요즘 AX사업본부에서 함께 부딪히며 성장하는 든든한 버팀목들

홍승훈 팀장님, 김성민 부장님, 김승찬 부장님, 김연종 팀장님, 장윤정 팀장님, 김충호 팀장님, 최은영 차장님, 이원유 차장님, 김양훈 차장님, 이승주 차장님, 이장우 TF장님, 이하영 과장님, 전현우 과장님, 박병휘 과장님, 조희진 과장님, 권승현 과장님, 정범근 대리님, 오다영 대리님— 덕분에 KT에서 적응하며 잘(?) 직장생활하고 있습니다. 올해 정말 너무 다사다난했습니다. 감사합니다.

메타원에서 늘 고생하는 (나이순?) 김진성, 김으뜸, 신선우, 오준석, 류성윤 감독님, 신승준, 강지수, 하경선, 정수연, 배현영님 그리고 졸업했어도 3기 동기들을 살뜰히 챙겨주신 3인방 이기훈 형님과 오명국 형님, 배관용 형님, 요즘 글쓰기에 여념 없는 허지윤, 그리고… 갑자기 휴학계를 내고 잠수타버린 이신욱 원우님, 그리고 쏘이를 위해 애써주시는 고광행 선배님까지. 여러분 덕분에 학교도, 현장도, 제 마음도 든든했습니다.

무엇보다, 이 책이 나올 수 있었던 가장 큰 원동력은 제 브런치 구독자분들입니다. 꾸준히 찾아와 주시고, 발행하는 글마다 아낌없는 공감과 '좋아요(Like it)'로 힘을 보태주신 모든 분들께 깊이 감사드립니다.

모두의 응원과 격려가 모여 이 책이 비로소 세상에 나올 수 있었습니다.

이 책을, 제 곁에서 묵묵히 저를 응원해주고 지지해주신 모든 분들께 바칩니다.

그리고 마지막으로, 지금 이 책을 손에 들고 계신 구매자분들께도 진심으로 감사드립니다. 이 책이 마음에 드셨다면, 주변에도 한 권쯤 권해주시면… 제겐 더 큰 힘이 됩니다. 😊

그리고 여기 언급된 분들은 굳이 말하지 않아도, 알아서 사서 1+1 하시고 주변에 푸짐하게 나눠주실 거라 믿습니다. 🙂

정말 감사합니다.

※ 혹여 이름이 빠져 서운하신 분이 계시다면, 언제든 톡 주세요. 커피든 밥이든 제가 책임지겠습니다. (이쯤 되면 "스페셜 땡스투 밥 모임" 하나 열어야 할지도 모르겠네요. 🙂) 언제든 편히 연락 주시길. 다시 한번, 진심으로 감사합니다.

— 제 이야기는 여기까지! 정말, 진짜 끝 —

★ 책은 끝났지만,
당신의 이야기는 이제 시작입니다.

Good Luck!
행운을 빕니다! 🍀